HISTORY OF SOCIAL WELFARE (2nd ed.)

사회복지역사 2판

임종호 · 심석순 · 심상용 공저

학지사

2판 머리말

이 책은 사회복지의 역사에 대한 단순한 기술서가 아니다. 저자들은 그간의 연구 및 교육 활동의 경험과 성과를 바탕으로 이 책을 집필하였다. 특히 역사서적의 특성을 고려하여 단편적인 지식 전달을 넘어 체계적이고 종합적인 이해를 돕기 위해 노력하였다. 이 책을 통하여 저자들은 사회복지역사에 대한 이론적 지식과 통사적 이해라는 두 가지 목표를 달성하고자 한다. 이론적 지식 측면에서는, 사회복지발달이론을 비롯해 사회복지발달단계, 사회복지 발전과 위기, 복지국가론과 복지국가의 재편 등의 내용에 상당한 비중을 두고 집필하였다. 통사적 이해 측면에서는, 한국과 외국의 사회복지역사에 대하여 여러 나라의 특성에 대한 체계적인 이해와 함께 시기별 변화의 맥락, 배경, 실제에 대해 조망할 수 있도록 구성하였다. 이 책만으로도 충분히 교양을 습득하고 학습할 수 있도록 하기 위하여 모든 장에서 용어에 대한 설명, 맥락의 제시, 표와 그림을 통한 정리 등에 많은 노력을 기울였다. 많은 사람이 사회복지역사에 관한 이론과 다른 나라의 역사에 대해 이해하기 힘들어한다는 점을 잘 알고 있기 때문이다.

최근 급변하는 사회복지 환경의 주요 특징은 인구 구조의 변화, 사회문제의 다양화, 사회적 위험 증가로 인해 다양해지는 복지 수요와 사회 구조의 변화가 필수적으로 뒤따른다. 따라서 2판에서는 분출되는 복지욕구에 대응하기 위한 각 나라의 연금개혁, 사회보장 재정, 사회서비스 등의 사회복지제도의 변화와 역사를 중점으로 수정과 보완 과정을 거쳤다.

첫째, 이론적 지식 제공을 목표로 하는 제1장, 제5장, 제6장에서는 심화된 전문적 내용을 다루면서도 가독성을 높이기 위해 노력하였다. 제1장에서는 산업화이론, 독점자본이론, 사회민주주의이론, 이익집단 정치이론, 국가중심적 이론을 다루고 있는데, 실제 현실과 정책 사례 등을 제시하여 이해를 돕고 있다. 제5장에서는 복지국가의 발전과 위기에 대해 각 단계를 서술하고 실제 정책과 각국의 예를 통하여 설명하고 있다.

제6장에서는 젠더레짐을 포함한 복지국가의 유형화를 제시하고, 복지국가의 재편 방향에서는 제4차 산업혁명, 혁신 및 소득기반성장 등 최근의 환경 변화를 반영하고 있다.

둘째, 빈민법, 스핀햄랜드제도, 신빈민법을 다룬 제2~4장에서는 표와 그림을 통한 정리, 자세한 설명 등의 방법을 통해 배경, 맥락, 실제 등을 정리함으로써 사회복지역사에 대한 이해도를 높이기 위해 충실히 노력하였다. 사회복지역사에서 이 시대가 차지하는 중요성을 고려하여 독자들이 생동감 있게 이해할 수 있도록 각별히 주의를 기울였다.

셋째, 제7~12장에서는 한국을 제외하고도 무려 6개국의 역사를 다루고 있는데, 가급적이면 2020년 이후 최근의 상황까지 반영하기 위해 노력하였다. 각국의 역사는 시기별로 맥락, 배경, 실제에 대한 조망을 종합해 통사적으로 기술하되, 마지막 절에서는 해당 국가의 사회복지의 특징을 설명하고 최신 자료에 기초해 제도별 특징이나 전망을 요약 · 정리하였다.

각국의 역사에서 저자들은 다음의 사안에 주안을 두었다. 제7장 영국의 역사에서는 복지제도 확충 과정과 최근까지의 변화를 상세히 정리하였고, 복잡한 연금개혁에 대해 소개하고 이해를 돕기 위해 노력하였다. 제8장 미국의 역사에서는 부의 소득세, 근로세액공제제도에 대하여 자세히 설명하고, 최근 오바마 케어가 트럼프 대통령에 의해 변질된 상황까지 반영하였다. 제9장 독일의 역사에서는 실업보호제도의 변화, 부모휴가제도의 변화와 최근 상황, 연금제도개혁을 위한 논의에 대하여 심층적으로 다루었다. 제10장 프랑스의 역사에서는 자선과 공공부조시대를 거쳐 사회보험시대, 프랑스의 사회보장제도와 사상에 대해 다루었다. 그리고 복지국가 위기에 따른 연금제도, 질병보험, 가족수당의 개혁에 대해 논한 뒤, 새로운 국면에 처한 프랑스 사회복지의 미래에 대해 분야별로 상세히 검토하고 있다. 제11장 스웨덴의 역사에서는 적녹연합, 살쇠바덴협약, 연대임금정책, 렌-메이드네르 모델, 연금개혁과 최근의 부모휴가제도에 대하여 자세히 다루었다. 제12장 일본의 역사에서는 제2차 세계대전 이전과 이후의 일본의 역사적 배경과 맥락을 충실히 기술하였고, 1990년대 이 제도 후의 지속 가능성과 강화를 논한 뒤 제도별 발전과정, 복지국가로서 일본의 위기와 최근 변화에 이어 일본 사회복지의 미래를 상세히 다루고 있다.

마지막 제13장 한국의 역사에서는 근대화 이후의 사회복지역사에 대해 정권별로 맥락, 배경, 내용을 소개하고 표로 요약하였다. 7개 분야로 나누어 최근까지의 변화와 제도 현황을 상세히 설명하고 표와 그림으로 정리하였다. 또한 최근 사회복지 환경의 변화를 정리하고 시각적인 설명까지 보충하기 위해 노력하였다. 나아가 한국 사회복지의 현재를 조망하기 위하여 주요국의 사회복지제도 비교, 사회복지지출 전망, 복지국가로서 한국의 과제 제시 등의 내용을 다루었다.

사회복지학 전공 학도들이 초판을 읽어 주고 사랑해 준 덕분에 2판이 나올 수 있었다. 진심으로 감사를 드린다. 또한 초판 발행부터 주저자로서 왕성한 활동을 해 온 (故) 심상용 교수님이 유명을 달리한 것에 대해서는 하늘이 무너지는 듯한 애석함과 함께, 최후의 순간까지 이 책에 대한 열정을 놓지 않고 당부한 것들을 조금이라도 더 담아내고자 하였다. 더 나은 책을 만들고자 하는 노력은 단순히 다시 찍어 내는 '쇄'가 아니라, 내용을 '개정'하여 더 완벽하고 유익한 책을 만들기 위해 노력하였다.

이 책이 나오기까지 학지사 관계자들의 많은 노고가 있었다. 부족한 문장을 다듬고 꼼꼼히 교정하는 작업은 매우 고된 일이다. 또 많은 표와 그림을 담고 있는 이 책을 예쁘게 만들어 주신 공이 크다. 지면을 빌려 김진환 사장님, 박현우 선생님의 노고에 심심한 사의를 표하는 바이다. 독자들의 많은 질책을 바라며, 저자들은 현재에 안주하지 않고 더욱 매진할 것을 약속드린다.

2025년 9월

저자 일동

1판 머리말

이 책은 사회복지의 역사에 대한 단순한 기술서가 아니다. 저자들은 그간의 연구 및 교육 활동의 경험과 성과를 바탕으로 이 책을 집필하였다. 특히 역사서적의 특성을 고려하여 단편적인 지식 전달을 넘어 체계적이고 종합적인 이해를 돕기 위해 노력하였다. 이 책을 통하여 저자들은 사회복지역사에 대한 이론적 지식과 통사적 이해라는 두 가지 목표를 달성하고자 한다. 이론적 지식 측면에서는, 사회복지발달이론을 비롯해 사회복지발달단계, 사회복지 발전과 위기, 복지국가론과 복지국가의 재편 등의 내용에 상당한 비중을 두고 집필하였다. 통사적 이해 측면에서는, 한국과 외국의 사회복지역사에 대하여 여러 나라의 특성에 대한 체계적인 이해와 함께 시기별 변화의 맥락, 배경, 실제에 대해 조망할 수 있도록 구성하였다. 이 책만으로도 충분히 교양을 습득하고 학습할 수 있도록 하기 위하여 모든 장에서 용어에 대한 설명, 맥락의 제시, 표와 그림을 통한 정리 등에 많은 노력을 기울였다. 많은 사람이 사회복지역사에 관한 이론과 다른 나라의 역사에 대해 이해하기 힘들어한다는 점을 잘 알고 있기 때문이다.

첫째, 이론적 지식 제공을 목표로 하는 제1장, 제5장, 제6장에서는 심화된 전문적 내용을 다루면서도 가독성을 높이기 위해 노력하였다. 제1장에서는 산업화이론, 독점자본이론, 사회민주주의이론, 이익집단 정치이론, 국가중심적 이론을 다루고 있는데, 실제 현실과 정책 사례 등을 제시하여 이해를 돕고 있다. 제5장에서는 복지국가의 발전과 위기에 대해 각 단계를 서술하고 실제 정책과 각국의 예를 통하여 설명하고 있다.

제6장에서는 젠더레짐을 포함한 복지국가의 유형화를 제시하고, 복지국가의 재편 방향에서는 제4차 산업혁명, 혁신 및 소득기반성장 등 최근의 환경 변화를 반영하고 있다.

둘째, 빈민법, 스핀햄랜드제도, 신빈민법을 다룬 제2~4장에서는 표와 그림을 통한 정리, 자세한 설명 등의 방법을 통해 배경, 맥락, 실제 등을 정리함으로써 사회복지역사에 대한 이해도를 높이기 위해 충실히 노력하였다. 사회복지역사에서 이 시대가 차지하는 중요성을 고려하여 독자들이 생동감 있게 이해할 수 있도록 각별히 주의를 기울였다.

셋째, 제7~12장에서는 한국을 제외하고도 무려 6개국의 역사를 다루고 있는데, 가급적이면 최근의 상황까지 반영하기 위해 노력하였다. 각국의 역사는 시기별로 맥락, 배경, 실제에 대한 조망을 종합해 통사적으로 기술하되, 마지막 절에서는 해당 국가의 사회복지의 특징을 설명하고 최신 자료에 기초해 제도별 특징이나 전망을 요약·정리하였다.

각국의 역사에서 저자들은 다음의 사안에 주안을 두었다. 제7장 영국의 역사에서는 복지제도 확충 과정과 최근까지의 변화를 상세히 정리하였고, 2016년까지의 복잡한 연금개혁에 대해 소개하고 이해를 돕기 위해 노력하였다. 제8장 미국의 역사에서는 부의 소득세, 근로세액공제제도에 대하여 자세히 설명하고, 최근 오바마 케어가 트럼프 전 대통령에 의해 변질된 상황까지 반영하였다. 제9장 독일의 역사에서는 실업보호제도의 변화, 부모휴가제도의 변화와 최근 상황, 연금제도개혁을 위한 논의에 대하여 심층적으로 다루었다. 제10장 프랑스의 역사에서는 자선과 공공부조시대를 거쳐 사회보험시대, 프랑스의 사회보장제도와 사상에 대해 다루었다. 그리고 복지국가 위기에 따른 연금제도, 질병보험, 가족수당의 개혁에 대해 논한 뒤, 새로운 국면에 처한 프랑스 사회복지의 미래에 대해 분야별로 상세히 검토하고 있다. 제11장 스웨덴의 역사에서는 적녹연합, 살쇠바덴협약, 연대임금정책, 렌-메이드네르 모델, 1959년과 1998년의 연금개혁과 최근의 부모휴가제도에 대하여 자세히 다루었다. 제12장 일본의 역사에서는 제2차 세계대전 이전과 이후의 일본의 역사적 배경과 맥락을 충실히 기술하였고, 1990년대 이 제도 후의 지속 가능성과 강화를 논한 뒤 제도별 발전과정, 복지국가로서 일본의 위기와 최근 변화에 이어 일본 사회복지의 미래를 상세히 다루고 있다.

마지막 제13장 한국의 역사에서는 교양 차원에서 누구나 쉽게 이해할 수 있도록 많은 분량을 할애하여 심혈을 기울였다. 근대화 이후의 사회복지역사에 대해 정권별로 맥락, 배경, 내용을 소개하고 표로 요약하였다. 7개 분야로 나누어 최근까지의 변화와 2020년 제도 현황을 상세히 설명하고 표와 그림으로 정리하였다. 또한 최근 사회복지 환경의 변화를 정리하고 시각적인 설명까지 보충하기 위해 노력하였다. 나아가 한국 사회복지의 현재를 조망하기 위하여 주요국의 사회복지제도 비교, 사회복지지출 전망, 복지국가로서 한국의 과제 제시 등의 내용을 다루었다.

이 책이 나오기까지 학지사 관계자들의 많은 노고가 있었다. 부족한 문장을 다듬고 꼼꼼히 교정하는 작업은 매우 고된 일이다. 또 많은 표와 그림을 담고 있는 이 책을 예쁘게 만들어 주신 공이 크다. 지면을 빌려 김진환 사장님, 성스러움 선생님, 홍은미 선생님의 노고에 심심한 사의를 표하는 바이다. 독자들의 많은 질책을 바라며, 저자들은 현재에 안주하지 않고 더욱 매진할 것을 약속드린다.

2021년 2월

저자 일동

차례

Chapter 04 … 신빈민법 • 83

Chapter 05 … 복지국가의 발전과 위기 • 105

Chapter 06 … 복지국가론과 복지국가의 재편 • 127

Chapter

13 … 한국 사회복지의 역사 • 349

사회복지발달이론

1. 산업화이론

지난 세기 동안 사회복지는 비약적으로 발전해 왔다. 특히 복지국가의 확립 이후, 1970년대 중반 복지국가의 위기가 도래할 때까지 복지국가는 30여 년간 이른바 황금기(golden age)라 불릴 만큼 최고조로 성장(growth to limit)하였다. 이와 같은 사회복지의 성장과 발달을 어떻게 설명할 수 있을까?

사회복지의 발달을 설명하는 대표적인 이론은 산업화이론이다. 이 이론은 복지국가 발전을 설명하는 이론들 가운데 가장 먼저 등장했고, 일반적으로 가장 많이 다루어지는 이론이다. 여기서는 김태성, 성경륭(2000)의 분류에 따라 사회적 관점에 초점을 맞춘 접근과 경제적 관점에 초점을 맞춘 접근으로 구분해 논의한다.[1)]

1) 사회적 관점에 초점을 맞춘 산업화이론

사회적 관점에 초점을 맞춘 산업화이론은 산업화와 경제성장으로 인한 변화 때문에 전

1) 이하에서 별도의 인용을 하지 않은 내용은 김태성, 성경륭(2000); Hicks & Esping-Andersen (2005); Wilensky & Lebeaux (1965)에 바탕을 두고 있다.

통사회에서는 볼 수 없었던 사회문제가 야기되었다고 본다(Stinchcombe, 1985; Wilensky & Lebeaux, 1965; Wilensky, 1975). 이에 따라 산업화이론은 국가는 자본주의 산업화가 낳은 사회적 위험(social risk)에 대응하기 위해 불가피하게 사회복지를 발달시키지 않을 수 없었다는 논리를 전개한다. 그 이유는 다음과 같다.

첫째, 노동시장에서 노동력의 상품가치를 잃게 되면 노동자와 그 가구는 소득이 중단되거나 상실되는 위험에 처하게 된다. 산업화는 국민 대다수를 스스로의 노동력을 상품화하여 계약에 의해 자본가에게 고용되어야 하는 노동자의 신분으로 바꾸어 놓았다. 전통사회에서는 누구나 평생 한 지역에서 자영농, 소작농, 소상공인 등으로 큰 변동 없이 일할 수 있었다. 그러나 산업사회의 노동자들은 산업재해, 산업구조 변화, 실업, 은퇴, 상해 등으로 인해 노동능력이나 노동기회를 상실하면 노동시장에서 상품가치를 잃게 되고, 노동자와 그 가구는 소득상실의 위험에 직면한다.

둘째, 산업화로 인한 도시화는 전통사회에서는 볼 수 없었던 문제들을 야기하였다. 전통사회에서는 소규모인 친밀한 지역단위 공동체가 분산적으로 존재하였고, 노동력에 대한 수요가 크지 않았기 때문에 거대도시가 형성되지 않았다. 그러나 산업화로 인해 노동력에 대한 수요가 집중적으로 창출되는 산업시설이 등장하였다. 나아가 생산과정의 분업화로 산업시설의 지역적 집중이 필연적으로 요구되어 도시화를 가속화하였고, 도시화는 노동력 재생산에 필요한 각종 서비스를 연쇄적으로 발달시켰다. 이처럼 급속한 산업화와 도시화로 개별 가구나 소규모의 공동체 차원에서는 근본적인 대처가 불가능한 범죄문제, 주택문제, 위생문제 등이 빈발하자 국가의 개입이 필요하게 되었다.

셋째, 산업화는 가족 및 인구 구조에 일대 변화를 초래하였다. 제1문명이었던 과거의 농업·수공업 시대에는 생산 자체가 긴밀한 가족제도를 필요로 했기 때문에 대가족제도에 기반을 두고 있었다. 당시에는 높은 출산율에도 불구하고 영양부족, 의학기술의 미발달, 신분사회의 극심한 수탈의 영향, 잦은 전쟁과 자연재해의 피해 등으로 인해 영아사망률이 높고 평균수명도 짧았다. 이 때문에 오랫동안 인구는 급격한 증가 없이 일정 수준을 유지하였다. 그러나 산업화 이후 새로운 현상이 나타났다. 제2문명인 산업혁명 이후에는 산업생산이 더는 가족제도를 중심으로 이루어지지 않게 되고 핵가족이 주요 가족형태로 자리 잡게 되었다. 사별 이외에 이혼과 동거의 해체로 인해 한부모가구와 단독가구가 증가하는 등 다양한 가족형태가 출현하였다. 제3문명인 전자·정보 시대에 이르러서는 단독가구가 대거 등장하면서 가족형태의 다양화를 가속화하고 있다(박찬구, 2016). 또한 산업화 이후에는 아동의 역할과 가치가 변화했는데, 산업화와 노동수요의 변화로 인해 아동노동의 가치가 저하하고 아동에 대한 교육투자의 필요성이 대두되었다. 한편, 의학기술의 발달로 인해, 수명이 연장되고 출산율 저하에 따른 고령화 현상이 나타났다. 게다가 산업화와 도시화로 인해 인구이동이 가속화되면서 특히 농촌에는 노인인구가 증가하였다. 이와 같은 가족형태의 다양화와 고령화의 결과, 소득보장, 교육투자, 양육과 양로에 대한 서비스 등 전통적인 가족기능으로는 충족할 수 없는 다양한 사회적 욕구가 출현하였다.

넷째, 여성의 경제활동 참여로 인해 전통적인 성별 역할분업을 지속하기 어려워지자 국가의 개입이 필요해졌다. 전통사회는 남성이 소득활동에 종사하고 여성은 가사와 양로 및 양육 등 무급 가족노동을 담당하는 성별 역할분담을 기초로 운영되었다. 그러나 대중교육과 민주주의의 발달로 여성의 교육수준이 향상되고 여성의 권리의식이 신장되었으며 여성의 사회참여가 증가해 왔다. 또 산업화로 인해 경공업, 서비스업 등에서 여성노동력에 대한 수요가 창출됨에 따라 여성의 노동시장 참여 확대는 불가피한 경향으로 자리 잡았다.

그러나 여성의 노동시장 참여로 부족해질 수밖에 없는 가족기능이 사회적으로 보충되지 않으면, 여성은 일터와 가정에서 이중의 부담을 지게 되어 일-가정 양립에 어려움을 겪을 수밖에 없다. 그 결과 여성은 임신 · 출산 · 양육 · 양로 등으로 인한 경력단절, 그로 인한 숙련의 퇴화, 일자리 질과 소득수준의 저하 등의 곤경에 처하게 된다. 따라서 전통적으로 여성이 도맡아 왔던 가사와 양로에 대한 보충적 서비스 제공, 유급 모성휴가 등 생애주기상 불가피한 임신 · 출산 부담의 사회화, 영유아에 대한 보육서비스 제공 및 부모휴가 확대와 그 비용의 사회화, 남성의 부모휴가 및 육아참여 확대, 나아가 가정 내 성별 역할분담 재조정 등의 이슈가 끊임없이 제기되고 있다.

2) 경제적 관점에 초점을 맞춘 산업화이론

사회복지의 발달은 산업화의 부작용과 문제를 치유하기 위한 수동적인 대응인 것만은 아니다. 사회복지제도는 산업화를 달성하거나 앞당기는 데 필요했기 때문에 발달했다는 적극적인 설명이 가능하다. 즉, 사회복지의 발달은 자본주의의 산업화의 필요성에 부응하려는 적극적인 대응이라는 의미를 갖는다는 것이다(Rimlinger, 1971). 이는 최근 사회복지제도 도입과 확대에 대한 자본의 이해관계가 주목됨에 따라 더욱 강조되고 있다(Jessop, 2002).

자본주의의 산업화의 필요성에 부응할 동기는 다음과 같다.

첫째, 자본주의 산업화는 국민의 절대 다수인 노동인구를 계약에 의해 노동력을 판매해야 생계를 유지할 수 있는 노동자 신분으로 바꾸어 노동력을 상품화하였다. 질병, 산업재해,

실업으로 인해 노동력의 질이 훼손되면 양질의 노동력공급의 부족으로 이어질 수밖에 없다. 그런데 질병, 산업재해, 실업은 각각 열악한 노동조건과 생활환경, 산업구조의 특징, 산업구조의 변화와 경기변동을 반영하는 사회적 위험이다. 따라서 개별 자본이 이에 대처하기란 사실상 불가능하다. 산업재해의 경우, 개별 자본은 재해근로자에 대한 보상 때문에 파산하는 위험에 처하기도 한다. 그러므로 질병, 산업재해, 실업의 사회적 위험에 대처하여 노동력의 질을 유지하고 재생산하기 위한 국가의 개입이 필요해졌다. 이에 따라 사회적 위험에 대한 부담을 사회적으로 분산하기 위해 국가 주도로 질병보험, 산재보험, 실업보험 등 사회복지제도를 운영하게 되었다. 이처럼 양질의 노동력공급과 노동력의 원활한 재생산을 위한 국가의 개입은 자본 측의 공통된 요구이기도 하다.

둘째, 자본주의의 혁신은 새로운 노동력에 대한 수요를 창출한다. 이는 새로운 산업적 수요에 부응하지 못하는 기존 노동력의 가치하락으로 이어진다. 과학기술혁명, 신기술의 도입, 산업구조 변화로 인해 새 분야에서의 질 좋은 숙련 노동력에 대한 수요가 발생하지만, 개별 가족이 노동력에 대한 훈련기능을 담당하기에는 한계가 있다. 새로운 기술을 갖춘 숙련 노동력공급이 부족하면 노동력에 대한 수요가 충족되지 못해 산업구조의 변화가 지체되고, 자본주의 경제발전은 어려움에 처하게 된다. 따라서 국가가 직업훈련 등 적극적 노동시장정책의 책임을 떠맡지 않을 수 없다.

셋째, 자본주의 경제는 주기적인 불황이나 공황을 겪을 수밖에 없기 때문에 자본주의의 재생산이 위협받게 된다. 자본 간의 치열한 경쟁, 자본의 집적과 집중, 노동력의 과도한 착취, 산업구조의 변화 등은 경제의 양극화를 낳고 노동자의 저임금과 실업으로 인해 유효수요 부족으로 이어지기 때문이다. 따라서 주기적인 경제적 파국을 막고 경제의 선순환을 유도하기 위해 유효수요를 창출하기 위한 국가의 개입이 요청되어 왔다. 이때 사회복지제도는 노인, 실업자, 빈곤계층 등 취약계층의 구매력을 높여 유효수요를 창출하기 때문에 경기회복을 돕는 자본주의 경제의 자동안정장치(auto-stabilizer) 기능을 한다.

넷째, 사회복지제도는 국가의 조세수입을 확대해 국가역량(nation capacity)을 신장하는 선순환 효과를 발휘하기도 한다. 산업화로 인해 건실한 경제성장을 이루면 일반 국민의 소득이 신장되어 국민의 담세능력이 증진되고, 그 결과 조세수입이 증가해 국가는 사회복지정책에 사용될 재원을 확충하게 된다. 반대로 불황이나 공황 때에는 일자리 제공과 소득보장 등 사회복지정책의 수요가 증가하지만, 국가의 조세수입이 신장되지 않아 정책수요를 충족하지 못하는 한계에 봉착하게 된다. 이때 정부가 적자재정편성 등 팽창적인 재정정책으로 사회복지정책을 확대하면, 소득분배를 개선해 서민경제를 활성화하는 효과를 발생한다. 그 결과, 산업정책과 사회복지정책에 소요되는 재원을 더욱 확충하는 상생효과를 거둘 수 있다.

3) 평가

나아가 산업화이론의 주창자들은 모든 나라에서 산업화가 이루어지면 사회복지발달이 서로 유사한 수준에 이를 것이라는 수렴이론(convergence theory)을 내세우기도 하였다(Wilensky, 1975). 윌렌스키(Wilensky, 2002)는 산업화를 경험한 선진자본주의 국가들에는 가족관계의 변화(출산율 감소, 여성노동시장 참여 증가), 대중교육의 확산, 치안 확보 등 여덟 가지의 수렴적 경향이 있다고 보았는데, 사회복지제도 발달을 그중 하나로 꼽았다.

산업화이론의 주장은 경험적으로도 입증된다. 윌렌스키(Wilensky, 1975)에 의하면, 고령화에 대응하기 위한 연금 지출의 확대는 경제성장과 관련이 깊고, 경험적으로 사회적 지출은 GDP, 산업화수준, 인구사회학적 변수들과 정관관계를 갖는다. 힉스(Hicks, 1999)는 긴 역사적 기간을 추적해 경제성장은 초기의 사회복지제도 도입을 설명하는 요인임을 실증하였다.

산업화이론은 최근의 사회복지제도의 확장을 설명하는 주요 논리로 발전하고 있다(심상용, 2009). 새로운 사회적 위험(New Social Risk: NSR)이 출현해 이에 대한 국가의 적극적인 대처가 필요해지자, 복지국가는 새로운 복지제도 도입에 박차를 가하고 있기 때문이다(Bonoli, 2006). 대표적인 새로운 사회적 위험으로는 탈산업화, 여성의 경제활동 참여 증가, 가족관계의 변화가 주목된다.[2)]

지금은 사회적 서비스의 확대수준이 차이가 있지만, 이는 새로운 사회적 위험의 출현과 심각성이 국가마다 차이가 있기 때문이라고 본다. 발달된 자본주의국가들은 새로운 사회적 위험에 대처하기 위해 사회적 서비스를 확대하고 있기 때문에 결국 유사한 수준으로 수렴될 것이라는 가정이 가능하다. 이를테면, 1980년대와 1990년대의 복지국가의 확대는 이혼 및 동거의 해체와 한부모가구 증가, 노동시장유연화와 밀접한 관련이 있다고 주장한다(Scarbough, 2000).

산업화이론은 다음과 같은 점에서 한계가 지적된다(김태성, 성경륭, 2000).

2) 탈산업화, 여성의 경제활동 참여 증가, 가족관계의 변화의 영향에 대해서는 제6장에서 자세히 다룬다.

첫째, 이 이론은 구체적인 사회복지제도의 도입에 대한 인과관계를 설명하지는 못한다. 산업화가 사회복지에 대한 욕구를 증대하는 것이 사실이라 해도, 사회복지제도가 진공상태에서 작동하지 않는 한 불가피하게 각 국가의 문화와 정치과정이 영향을 끼칠 수밖에 없다는 것이다(Hicks & Esping-Andersen, 2005). 둘째, 실증적인 측면에서도 산업화가 진전된 이후에는 적용성이 떨어진다는 비판이 있다. 산업화가 달성된 뒤에는 산업화 변수(GNP, 도시화, 산업인구 종사 비율)보다 사회민주주의이론(혹은 권력자원이론)과 이익집단 정치이론의 변수(좌파정당, 노조조직률, 이익집단의 활동 등)가 더 큰 영향을 끼친다는 것이다(김태성, 성경륭, 2000; Cameron, 1978; Korpi, 1982).

2. 독점자본이론

지금까지 설명한 바와 같이 산업화이론은 자본주의 산업화에 따른 기능적 필요에 초점을 맞추어 사회복지의 발달을 설명하였다. 그런데 독점자본이론(혹은 네오마르크스주의이론)은 생산양식, 계급관계, 노동력 재생산, 자본축적 등 자본주의의 경제적 · 계급적 속성에 주목하여 복지국가의 발달을 설명하려 한다. 여기에서는 도구주의 관점과 구조주의 관점으로 구분해 소개한다(Esping-Andersen, 1985).

1) 도구주의 관점

도구주의 관점은 국가는 자본가들의 이익을 집행하는 도구에 지나지 않는다고 본다. 자본주의사회에서는 자본가들이 경제 부문을 독점하기 때문에 국가는 이들의 요구에 수동적으로 따를 수밖에 없다고 보는 것이다(Miliband, 1969).

이 논리는 다음과 같이 구성된다(김태성, 성경륭, 2000). 자본주의사회에서의 복지정책은 자본가들의 필요에 의해 생긴다. 자본가들은 자본축적의 필요성, 공황 등의 자본축적의 위기나 폭동 등 대중의 정치적 도전으로부터 자본을 보호하려는 공통의 이익을 갖고 있다. 이를테면, 미국의 뉴딜정책이나 사회보장법은 자본주의의 경제위기를 극복하고 경제체제의 효율과 정치적 안정을 달성하기 위해 자본가들이 제안해 실행된 것이다.

이때 대규모 자본가들은 자본주의 발전의 미래를 내다보고 장기이익을 추구할 줄 알기 때문에 눈앞의 단기이익에만 몰두해 노동자들에 대한 과도한 착취에 혈안이 되는 소규모 자본가들을 설득해 복지정책을 추구하게 된다. 따라서 본질적으로 복지정책은 물질적 부, 지위, 정치적 힘 등 자본가들의 자원을 약화시키지 않는다. 오히려 복지정책의 구체적인 내용은 자본의 이익에 도움이 되는 것이다. 이를테면, 산재보험은 산업재해 발생 때 자본가들이 입는 소송비용이나 시간 손실 같은 손해를 줄이기 위해 고안된 것이다.

2) 구조주의 관점

구조주의 관점도 도구주의 관점과 마찬가지로 국가는 자본주의 경제체제의 유지와 재생산에 이해관계를 갖고 있다고 본다. 그런데 도구주의 관점과는 달리, 국가는 자본가와 직접적이고 종속적인 관계를 맺지 않고, 자본주의 경제구조를 매개로 객관적인 관계를 형성한다고 본다. 만약 국가가 자본가들의 직접적인 통제를 받는다면, 단기이익만을 추구하는 개별 자본가들의 속성으로 인해 사회적 안정이 불가능해져 자본가계급의 장기적 이익을 보장할 수 없기 때문이다. 구조주의의 관점은 오코너(O'Connor, 1973)로 대표되는 자본논리적 마르크스주의, 고프(Gough, 1979)와 오페(Offe, 1984)의 통합주의적 마르크스주의로 구분할 수 있다.

(1) 자본논리적 마르크스주의

오코너의 자본논리적 마르크스주의를 살펴보자. 우선, 자유경쟁자본주의는 자본의 집적과 집중에 의해 독점자본주의 단계로 변화한다. 자본주의가 독점 부문을 중심으로 성장하면 경쟁에서 도태된 잉여자본(시장에서 가치가 실현되지 않는 자본)과 잉여인구(고용되지 않는 인구)가 필연적으로 발생한다. 잉여자본과 잉여인구는 경제불황과 대량실업으로 직결된다.

표 1-1 국가의 축적기능과 정당화기능(오코너)

	성격	구성	예시
축적기능	생산적 투자, 이윤율 증가에 기여	사회적 투자(노동력 생산성 향상 위한 지출)	기술개발투자, 직업훈련 등
		사회적 소비(노동비용을 낮추기 위한 지출)	사회보험, 보육지출 등
정당화기능	소비적 성격, 사회조화에 기여	사회적 비용지출(비노동인구 대상 지출)	기초노령연금 등

그러면 자본주의 국가에게는 잉여자본과 잉여인구를 관리할 과업이 부여된다. 잉여자본문제를 해결하기 위해서는 독점자본의 생산물의 소비를 촉진해야 하고, 잉여인구문제로 인해 발생하는 사회적 불안정을 해결해야 한다.

따라서 국가는 두 가지 성격의 지출을 하지 않을 수 없다.

첫째, 사회적 자본에 대한 투자다(축적기능). 이 지출은 간접적이기는 하지만 생산적인 성격을 갖기 때문에 자본주의의 축적을 원활히 하는 생산적인 투자에 속한다. 축적기능은 사회적 투자와 사회적 소비로 구성된다. 사회적 투자는 노동력의 생산성을 높임으로써 이윤율을 증가시키기 위한 지출을 말하며, 기술개발투자, 직업훈련 등의 적극적 노동시장정책이 여기에 속한다. 사회적 소비는 노동력의 재생산비용, 즉 노동비용을 낮추어 이윤율을 증가시키기 위한 지출인데, 노동인구에 대한 사회복지제도, 즉 실업보험, 질병보험 등 사회보험을 예로 들 수 있다.

둘째, 사회적 비용지출이다(정당화기능). 이 지출은 소비적인 성격을 갖지만 사회조화에 기여하기 때문에 국가는 자본주의체제를 정당화하기 위해 이 역할을 떠맡지 않을 수 없다. 사회안정을 위협할 수 있는 비노동인구를 통제하기 위한 공적 부조 프로그램이 여기에 속한다.

한마디로 요약해 국가는 축적과 정당화기능을 담당한다. 즉, 자본주의가 독점자본주의 단계가 됨에 따라 국가는 잉여자본과 잉여인구의 문제를 해결하기 위해 사회적 자본에 대한 투자를 통해 자본이 이윤을 원활히 창출할 수 있도록 해야 하고(축적기능), 사회조화와 사회안정을 유지해야 한다(정당화기능). 그렇게 되면 자본주의 경제는 원활히 작동하게 되고, 그에 힘입어 독점자본의 비중도 더욱 커지게 된다. 이처럼 복지국가 확대와 독점자본 부문의 확대는 상호적 관계에 있다. 즉, 복지국가 확대는 독점자본 부문이 확대된 결과이면서 동시에 독점자본 부문의 확대를 낳는 원인이다.

(2) 통합주의적 마르크스주의

다음으로 고프와 오페의 통합주의적 마르크스주의를 살펴보자. 이들의 주장을 통합주의적 마르크스주의라고 부르는 이유는 국가의 작동에는 여러 가지 요인이 복합적으로 영향을 끼쳐 국가가 자본가들에 대해 상대적 자율성을 갖는다고 보는 데 있다. 자본주의 국가가 자본가들에게 종속되어 그 이익을 단순히 대변하거나(도구주의 관점) 자본축적의 안정성을 보장하기 위해 기능하는 것(자본논리적 마르크스주의)으로만 보지 않는 것이다.

고프에 의하면, 자본축적을 위해서는 가족단위 노동력의 재생산과 비노동인구 유지가 필요하다. 복지국가는 이와 같은 가족의 소비기능을 보장하기 위한 불가피한 개입의 산물이

표 1-2 가족의 소비기능 보장을 위한 국가의 역할(고프)

	국가의 역할	예시
노동력 재생산 대책	적정 수준의 가족임금 확보 지원	사회적 임금 제공, 소비재의 내용과 성격 규제, 재화 · 서비스 정부보조 및 직접 제공
	가족 내 무급서비스 제공 보조	아동양육수당, 아동양육기간의 연금 가입기간 산입, 부양가족 공제제도
비노동인구 대책	비노동인구의 노동력 유지 및 활성화	적극적 노동시장정책, 양육 · 양로 등 돌봄 공백에 대한 지원

다. 즉, 자본축적을 위해서는 노동력의 재생산을 필요로 하고, 이는 국가와 가족 간의 관계에 변화를 낳아 가족기능까지 변화시킨다는 것이다.

먼저, 자본주의 사회를 유지하고 자본축적을 원활히 하기 위해서는 노동력의 재생산이 필요하다. 노동력의 재생산을 위해서는 시장에서 적절한 재화나 시비스를 구입할 수 있는 적정 수준의 임금이 확보되어야 하고, 가족 내의 무급서비스도 제공되어야 한다. 또한 비노동인구 유지와 활성화도 자본주의 경제를 위해 매우 중요하다. 현재는 비노동인구이지만 잠재적으로 노동인구가 될 수 있는 인구들의 노동력을 유지해야 한다. 비노동인구 중 특히 여성이 경제활동에 참여하게 되면 전통적인 가족기능이 변화해 양육, 양로 등 돌봄에 공백이 발생하기 때문에 국가는 이에 대해서도 대처할 필요가 있다.

현실적으로, 임금 수준이 적정하지 않거나 가족기능이 부족해 무급서비스가 충분하게 제공되지 못한다면 노동력의 재생산은 어려워진다. 이때 국가개입이 불가피하다. 국가가 개입할 수 있는 방법은 적정 수준의 임금을 제공하기 위한 사회적 임금 제공(예: 각종 수당제도와 사회보험 등의 사회복지제도), 소비재의 내용과 성격에 대한 규제(예: 휴대전화요금 가격 규제, 전 · 월세 상한제), 특정 재화나 서비스에 대한 정부보조(예: 주택구입자금 보조), 특정 재화나 서비스의 직접 제공(예: 공공임대주택), 가족 내 무급서비스 제공자에 대한 지원(예: 아동양육수당, 아동양육기간에 대한 연금 가입기간 산입, 부양가족 공제제도), 노동력의 질적 유지를 위한 프로그램(예: 교육훈련 등의 적극적 노동시장정책), 미래의 노동세대인 아동의 양육기능의 사회화(예: 보육서비스) 등이 있다.

오페에 의하면 자본주의체제는 경제체제, 정치-행정체제, 규범-정당화체제로 구성된다. 경제체제는 자본축적을 위해 생산과 교환이 이루어지는 체제다. 규범-정당화체제는 복지제도 등 사회적 안정의 역할을 담당하는 체제다. 정치-행정체제는 이 두 체제를 관리하

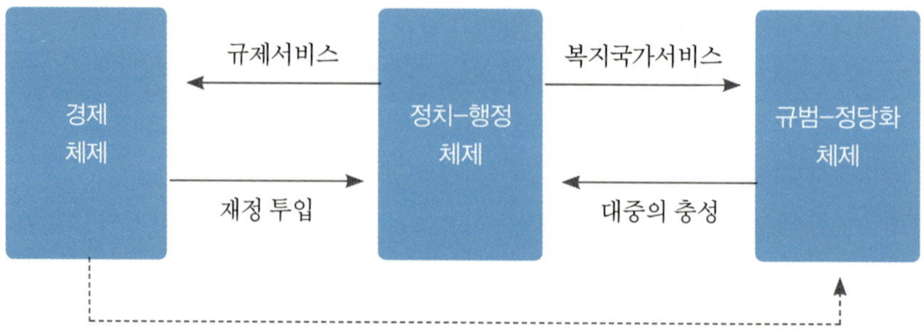

[그림 1-1] 세 가지 하위체제와 그 관계(오페)
출처: Offe (1984), p. 52 [그림 2].

는 역할을 한다.

경제체제는 자본축적을 통해 복지서비스의 재원을 마련하는 원천으로서의 순기능을 한다. 그러나 현실에서 경제체제는 노동과 자본을 불충분하게 이용해 심지어 노동력을 강탈(dispossession)하는 시장실패(market failure)의 경향이 있다. 이는 규범-정당화체제인 복지제도에 지나친 부담을 주는 역기능으로 작용한다. 따라서 정치-행정체제가 개입해 경제체제와 규범-정당화체제 간의 충돌을 해결해야 한다. 무엇보다 경제체제가 정상적으로 기능을 수행하도록 하기 위해 자본과 노동을 충분히 활용해야 한다. 이를 위해 규제, 유인책, 공공투자 같은 방법으로 정치-행정체계가 개입해 관리적 재상품화(administrative recommodification)해야 한다.

이처럼 복지국가의 팽창은 자본과 노동을 충분히 활용하게 하기 위해 경제에 개입해 통제를 강화하려는 정치-행정체제의 확대로 설명할 수 있다. 국가는 정치-행정체제를 통해 경제체제가 자본축적을 지속할 수 있도록 적극 개입하고, 그 성과로 재원을 확충해 사회복지를 확대하기 때문이다.

3) 평가

자본축적, 계급투쟁, 노동력 재생산 등 자본주의의 속성에 주목한 독점자본이론(혹은 네오마르크스주의이론)은 기여와 한계를 동시에 갖고 있다(김태성, 성경륭, 2000). 기여의 측면은 다음과 같다.

첫째, 자본주의와 복지국가의 관계에 대한 거시적 이해와 폭넓은 시각을 제공하였다. 국가의 복지 확대가 자본주의체제의 정치적 안정뿐 아니라 자본축적과 자본주의의 재생산에 어떻게 기여하는지 구체적으로 규명하였다. 둘째, 사회보험과 공적 부조 등의 구체적인 사회복지제도의 배경과 맥락을 분석하는 데 도움을 주었다. 사회복지제도는 자본주의의 계급관계와 경제구조를 매개로 운용되기 때문에 자본주의 정치경제에 대한 구조적인 시각을 견지할 때 개별 사회복지제도에 대한 심층적인 이해가 가능해진다.

한계점으로는 다음과 같은 점이 지적된다.

첫째, 민주정치에서의 행위자의 역할을 소홀히 하였다. 자본주의 경제의 자본축적의 필요성에 지나치게 주목하는 경제적 결정론의 경향이 있다는 지적을 피하기 어려운 것이다. 둘째, 스웨덴과 미국 등 발달된 자본주의국가에서의 복지국가 발전 정도의 차이를 설명할 수 없다는 지적도 있다. 복지제도가 자본축적의 기능적 도구라는 이 이론의 전제가 맞는다고 해도, 주도세력이 누구냐에 따라 상이한 전략적 의미를 가질 수 있기 때문이다. 특히 노동자계급이 중간계급과 연합하여 오랫동안 집권해 온 스웨덴에서는 노동자계급의 세력 확대와 사회민주주의체제 수립의 전략적 목표 아래 복지제도를 확충해 왔다.

3. 사회민주주의이론

지금까지 살펴본 바와 같이 산업화이론과 독점자본이론은 사회복지제도 발달에 대해 산업화의 기능적 필요, 자본주의의 축적과 계급갈등 완화를 통한 체제 정당화의 필요 등 기능적 필요성에 의한 대응으로 설명된다(김태성, 성경륭, 2000). 그러나 이 이론들은 거시적 설명에만 치우쳐 있어 개별 국가와 사회에 구체적으로 적용하기에는 한계가 있다. 따라서 복지국가 발달을 설명하는 중범위(middle-range) 수준의 이론이 필요하다.

1) 사회민주주의이론의 내용

사회민주주의이론(혹은 권력자원이론)은 복지국가의 동학(dynamics)에 주목해 사회복지의 발달을 노동운동의 정치적 세력 확대의 결과로 이해하려 한다(Hisks & Esping-Andersen, 2005). 대표적으로 코르피(Korpi, 1982)는 자본가계급이 생산수단에 대한 통제력을 갖고 있어 노동자계급에 비해 힘의 우위에 있다는 점을 인정한다. 그러나 비대칭적인 권력관계는 노동자계급의 정치적 동원, 정치적 통일, 중간계급과의 동맹, 선거정치의 활용 등을 통해 얼마든지 변화될 수 있다고 본다.

스웨덴 등 북유럽국가들은 노동자계급의 권력자원 확충과 사회민주주의 정치의 작동에 힘입어 복지국가의 발달을 이루었다. 이 국가들에서 자본가계급 우위의 비대칭적 권력관계가 변화한 데에는 다음과 같은 복합적인 요인들이 작동하였다(김태성, 성경륭, 2000; Pierson, 1991).

첫째, 노동자계급의 선거권 확립, 둘째, 노동자계급의 이익을 대변하는 사민당의 발전, 셋째, 강하고(encompassing, 높은 노동조합 조직률을 의미) 중앙집권화된 노동조합의 존재, 넷째, 우익정당의 약화, 다섯째, 노동자계급의 강한 계급의식과 종교·언어·인종적 분열의 약화 등이 그것이다.

사회민주주의이론(혹은 권력자원이론)은 다음과 같은 동학에 따라 노동자계급의 정치적 영향력이 확대되어 왔다고 본다(김태성, 성경륭, 2000).

첫째, 노동자계급은 의회민주주의를 활용해 다수의 무산자(have-nots)의 힘으로 정치영역을 장악할 수 있다. 노동자계급은 진보정당을 통해 의회에 진출해 영향력을 확충하고, 단독 혹은 연립정부 형태로 국정운영에 참여할 수 있다. 정치영역에서 의회를 장악한 노동자계급의 힘은 경제영역을 장악하고 있는 자본가계급의 힘에 필적할 수 있게 된다.

진보정당은 중간계급과의 동맹을 통해 자본가계급을 고립시키고 영향력을 확대할 수 있어야 한다(Esping-Anderson, 1985). 이를 위해 스웨덴의 소득비례형의 부가연금제도(Allmnna Tillggs Pension: ATP) 도입 등 중산층이 선호하는 정책에 대해 고려하고, 화이트칼라 노동조합과의 연대와 중산층의 정당 가입 확대 등 진보정당의 외연을 확대하기 위해 노력해야 한다.

둘째, 의회와 행정부에서 영향력을 획득한 노동자계급은 소비의 국가화(nationalization of consumption)를 추진할 수 있다. 개별 자본은 생산수단을 사적으로 소유하고 있지만, 자본가들의 이해를 대변하는 정당이 국정운영의 주체가 되지 못함에 따라 정치적 영향력이 반감된다. 반면, 집권에 참여하는 진보정당은 행정부를 통해 국가정책을 결정할 수 있는 지위를 얻는다.

따라서 생산수단을 국유화하지 않고서도 공공정책을 통해 관리된 자본주의를 운영할 수 있다(Pierson, 1991). 이를테면 조세정책(누진과세), 재정정책(국가재정확대)을 통해 국가책임을 강화하면 개인과 가족이 부담할 사적 소비를 줄이고 국가책임을 강화할 수 있다. 그 결과, 건강·교육·복지 등의 영역에서 민간공급보다는 국가책임이 강화되어 사적 소비를 축소하고 소비의 국가화를 진전시킬 수 있게 된다. 이처럼 소비와 투자를 공공화함으로써 자본주의를 적절히 관리해 나갈 수 있게 되는 것이다.

셋째, 민주정치를 통해 정치적 영향력을 획득한 노동자계급은 노동시장정책과 복지정책을 통해 노동자계급의 사회적 시민권을 확립할 수 있다. 먼저, 진보정당은 노동시장에 대한 규제를 강화해 노동자계급의 권익을 보호할 수 있다. 진보정당은 최저임금제, 고용보호정책, 임금격차 축소를 위한 임금조정, 직업훈련 등 적극적 노동시장정책 등을 강화하는 경향이 있다(Rueda & Pontusson, 2000).

또한 노동자계급의 복지국가전략의 핵심은 공공 부문의 사회적 서비스 공급을 확대하는 것이다. 국가가 사회적 서비스를 직접 공급하려면 건강 · 교육 · 복지를 담당하는 공공 부문 사회적 서비스노동자들을 필요로 한다. 이들은 사회적 서비스의 국가공급 등 복지국가 확대에 결정적인 이해관계를 갖기 때문에 노동자계급 복지정치의 원동력으로 작용한다. 실제로 공공 부문 서비스노동자들은 노동조합 가입률이 높고 진보정당에 대해 높은 헌신성을 보인다(Huber & Stephens, 2006).

넷째, 노사정 간의 타협을 제도화하여 사회민주주의적 조합주의(corporatism)를 실현함으로써 노동자계급의 영향력을 공고하게 확립할 수 있다. 중앙집권화된 노동조합의 정상(peak)조직과 자본가의 정상조직은 개별 사업장 위주의 단기이익(예: 임금인상)을 양보하고 노동자계급의 포괄적 이익을 위해 정부와 함께 장기적 거래에 나설 수 있다. 이때 노동자계급의 이해를 반영하는 정부는 노사 간의 합의를 보증하는 포용적인(inclusive) 역할을 담당할 수 있다.

노사정 간의 타협은 노동자의 임금인상 억제와 자본가의 투자 확대와 물가안정의 교환, 나아가 국가의 사회복지 확대를 통한 사회적 임금 확충으로 구체화된다. 진보정당의 장기집권과 지속적인 경제성장은 교환의 성과를 가시화하는 우호적인 여건으로 작용한다. 그 결과, 낮은 노동비용으로 안정적인 자본축적이 가능해져 자본가의 순응을 이끌 수 있다. 또 노동자들에게도 장기적 이익을 제공해 진보정당에 대한 노동자의 신뢰도 공고화될 수 있다. 임금인상과 파업을 자제하며 단기이익을 양보한 노동자들에게 국가가 복지정책을 확대해 사회적 임금을 확충해 주기 때문이다(Hicks & Misra, 1993).

2) 평가

사회민주주의이론(혹은 권력자원이론)은 노동자계급의 정치적 영향력을 중시함으로써 복지국가 발전을 규명하는 설명의 폭을 넓히는 중요한 기여를 하였다. 이 이론은 스웨덴 등 북유럽국가들의 노동자계급의 장기집권과 경제적 사회적 성취에 기반을 두고 있다는 점에서 강력한 이론적 근거를 제공하고 있다. 최근에도 북유럽국가들은 대체로 강력한 노동조합과 진보정당의 영향력을 유지하고 있기 때문이다.

이 국가들은 특히 제2차 세계대전 이후부터 일찍이 적극적 노동시장정책, 공공 부문 사회적 서비스정책을 면밀히 확충해 왔다(심상용, 2009). 이를테면 1960년대 노동력 부족 사태가 발생하자 여성의 경제활동 참여를 확대해 무료 출산, 공보육, 출산휴가 및 부모휴가, 공공 양로서비스 등 양육·양로에 대한 사회적 책임성을 확대하였다. 이는 '여성고용에 의한 건강·교육·복지 등 공공 부문의 확대 → 공공 부문에서의 노동조합조직 확대 및 친복지정치 세력 확충 → 사회적 서비스정책에 대한 노동조합과 좌파정당의 영향력 확대'의 선순환 관계의 공고화로 이어졌다(Ferrarni & Forssén, 2005).

또한 여러 실증을 통해 노동조합과 좌파정당의 힘은 복지국가의 발달을 설명한다는 점이 입증되었다(심상용, 2014). 힉스(Hicks, 1999)에 의하면, 전간기(戰間期), 1950년대, 1950년대 이후의 복지국가 발달은 노동조합 조직률의 확대와 관련이 있다. 또 1960년대, 1970년대, 1980년대 초반에는 진보정당이 복지국가 발달에 크게 영향을 끼쳤다(Huber & Stephens, 2001). 1990년대 이후에도 노동조합 조직률, 노사정 간의 조합주의, 진보정당 의석수, 진보정당의 누적 집권기간 등은 복지국가 확대와 소득 불평등 및 빈곤 감소, 여성 빈곤 완화와 양성 간의 불평등 축소에 가장 크게 영향을 끼치는 요인으로 입증되고 있다(Brady, 2003).

그럼에도 불구하고 이 이론은 모든 상황에서 적용될 수 있는 건 아니다(김태성, 성경륭, 2000). 무엇보다 복지국가의 초기단계에서는 적용성을 갖기 어렵다. 영국의 베버리지보고서에 이은 복지국가 확립, 독일의 비스마르크의 「사회입법」, 미국의 「사회보장법」 등은 사실상 자본가계급과 보수정치세력이 주도해 이루어졌기 때문이다. 노동자계급의 기여나 영향력은 미미하였고, 심지어 진보정당과 노동조합은 사회복지의 확대가 노동운동의 자율성과 통합성을 약화할 수 있다며 반대하기까지 하였다(Rimlinger, 1971).

4. 이익집단 정치이론

이익집단 정치이론은 비교적 최근에 발달한 이론이다. 이 이론은 자본가계급과 노동자계급으로 사회가 양극화될 것이라는 정치경제학의 순수한 가정이 점점 현실적인 설명력을 갖지 못한다고 본다. 즉, 계급 이외에 문화적 측면의 다원적인 요인들(plurality of sources)이 작용해 사회가 이질화되고 있기 때문에 사회에는 거대 계급과는 달리 이기적인 이해관계를 추구하고 자신들의 배타적인 이익을 지키기 위해 몰두하는 이익집단화 경향이 확대되고 있다는 것이다(Dahl, 1982). 이처럼 계급정치와 달리 이익집단정치에서는 사회구성원 간에는 공공선에 대한 거대한 목표의식조차 갖고 있지 않고 자신들의 특수이익을 추구한다는 점이 공통적으로 강조된다.

1) 이익집단 정치이론의 내용

이 이론의 내용은 다음과 같이 요약된다.

첫째, 현대사회에서는 전통적인 계급 균열의 물질적 기반이 해체되고 전통적인 계급 내부의 이질화가 심화되고 있다. 임금근로자의 상층부는 화이트칼라, 전문직 등이 차지해 전통적인 노동자계급이 아니라 중산층화되고 있다. 전통적인 노동자계급 내에서도 이해관계가 불일치하는 현상이 확대되고 있다. 숙련노동자와 비숙련노동자 간의 전통적 균열도 여전히 존재한다. 게다가 최근에는 서비스 산업화와 노동시장의 유연화와 함께 고용구조가 다각화되어 파트타임과 임시직 노동자 등 비정규직의 확대가 보편화되면서, 정규직과 비정규직 간에는 이해관계가 상충되는 경향이 있다.

심지어 자본가들 간에도 이질화가 심화되고 있다. 이를테면, 국제 경쟁에 민감한 제조업과 주로 국내시장에 매진하는 서비스업 간에는 노동자의 숙련 수준과 고용보호에 대한 이해관계가 일치하지 않는다. 제조업 자본가는 국제경쟁력 강화를 위해 숙련노동자의 보호를 지향하고, 실업보험 등을 통해 단기실업으로 인한 숙련 퇴화를 예방할 장치를 강구할 유인이 존재한다. 반면, 서비스업 자본가는 비숙련노동자의 저임금 및 단기고용에 기반을 두고 있기 때문에 이와는 상반된 선호를 갖고 있다(Mares, 2003).

이처럼 전통적인 계급 균열이 약화되자 노동과 자본 간의 대립전선이 약화되고 이기적인 이해관계를 추구하는 이익집단정치가 현저해졌다. 특히 노동자계급 내에서 이익집단들이 출현해 자신들의 배타적 이해관계를 추구하고 있다. 거대 계급은 구성원들의 이해관계가 구체적이지 않기 때문에 개인들의 무임승차(free-riding) 경향을 통제하기 힘들다. 반면, 작은 이익집단의 구성원들은 개인적으로 밀접한 이해관계를 갖게 되기 때문에 거대 계급보다 응집력이 강하다(Olson, 1982, 1995).

나아가 다수파 노동자집단은 자신들의 파편적 이익을 추구한다. 이를테면, 중산층의 요구에 의해 고부담-고복지에 기반을 둔 소득비례형 사회보험이 확대되어 복지국가의 발전이 이루어졌다. 이에 따라 현재 사회복지제도는 소득재분배의 성격보다는 기여수준과 급여를 엄격히 연계하는 보험수리원칙(actuarial principle)이 공고해지는 경향이 있어 평등의 전통적인 사회복지가치와 부합하지 않는다(Mishra, 1990). 이는 기초적인 소득보장을 위한 보편적 복지제도와 공적 부조제도를 위주로 설계되었던 초기와는 매우 상이한 경로라 할 수 있다.

둘째, 전통적인 계급 이외에 다양한 이익집단이 확대되고 있다. 먼저, 사회복지제도 확대는 새로운 균열과 대립을 양산한다. 복지생산자(공급자), 소비자(수혜자)의 이전계급들(transfer classes, 국가의 복지지출에 의존하는 계급들)이 형성되었는데, 이들은 공급자주의와 소비자주의라는 상충하는 이해관계를 갖는다. 납세자들은 비납세자들의 사회복지를 위해 조세부담을 져야 하는 이해관계를 갖는다(Papadakis, 1993).

다음으로, 인구집단이나 특정한 욕구 그룹은 기존의 계급대립 외부의 이익집단으로 결속하는 경향이 있다. 청년, 여성, 장애인, 노인, 지역 그룹 등은 보편적인 요구로 희석되지 않는 독립적인 욕구와 이익을 갖고 있다. 특히 현대사회에서 노인세대는 욕구와 이익의 동질화, 세대적 동질성이라는 특징을 공유하고 있다. 점차 숫자가 늘고 있는 노인세대는 가장 강력한 이익집단으로 평가받고 있는데, 여론에 대한 영향력과 투표권 등 강력한 정치적 자원을 보유하고 있기 때문이다(Franzese, 2002).

셋째, 이와 같은 다차원적인 균열 구조는 불가피하게 정치과정에도 반영되어 계급정치와는 다른 경향이 나타나게 된다. 먼저, 정치적 의사결정에서 귀속적 지위(ascriptive status, 개인의 자질이나 재능의 차이와 상관없이 출생 시에 특정 집단에 속하여 그 구성원이 되는 지위를 말함)에 따른 문화적 요인의 중요성이 부각되고 있다. 전통적인 문화적 요인에는 인종, 종교, 지역, 언어 등이 고려되었고, 최근에는 성, 연령 등의 요인이 부각되고 있다(Kananen et al., 2006; Williamson & Pampel, 1993).

다음으로, 이익집단정치가 활성화된 결과 계급 간 수직적 재분배의 전통적인 의제보다 세대 간 재분배 혹은 집단 간 수평적 재분배 이슈가 지배적인 위치를 점하게 된다(Kananen et al., 2006). 예를 들어, 이익집단들은 빈곤층과 실업자 보호에는 소극적이다. 반면, 영유아, 아동, 여성, 노인 등 특정 세대는 동질적인 욕구에 따른 고유의 선호를 갖고 있다. 현대사회에서는 국가적인 복지자원 배분을 둘러싸고 이익집단들 간의 이해관계가 상충되는 현상이 두드러지고 있다.

마지막으로, 기존 정당들은 점차 탈계급화, 즉 중도화(catch-all)되고 있다(Esping-Anderson, 1985). 선거정치의 경쟁에서 정당들은 유권자들의 표를 의식할 수밖에 없다. 따라서 집합적인 계급적 균열의 약화와 이익집단의 출현 때문에 정치가들은 계급적 기반에 기초해 좌파정당과 우파정당을 지지하는 경향이 줄어드는 현상을 수용하지 않을 수 없다. 그 결과, 정당들이 이익집단들의 요구에 부응해 중도화됨으로써 전통적인 계급정당으로서의 성격이 약화되고 있다.

2) 평가

이익집단 정치이론은 기존의 계급적 균열이 약화되고 다양한 이해관계가 출현하는 현대의 상황을 반영하는 데 기여하고 있다. 또 노인복지 확대 등의 이슈를 둘러싼 현대의 민주적 정치과정의 역동성에 대해 이해할 수 있게 해 주었다. 구체적인 현실과 정치과정에 대한 관찰에 근거하고 있다는 장점을 갖고 있기 때문이다. 전통적인 계급 균열의 물질적 기초가 약화되고 있다는 주장은 충분히 근거를 갖고 있다.

사회복지제도의 소득재분배 성격이 약화되고 기여수준과 급여를 엄격히 연계하여 보험수리원칙(actuarial principle)이 공고해지는 현상은 이익집단정치의 활성화와 관련이 있는 것으로 평가되기도 한다(Pierson, 1994). 다원주의를 표방하는 국가들에서 이익집단들은 기존의 전통적인 계급 균열 외부에 현존한다. 최근 복지자원의 배분을 둘러싸고 세대 및 인구집단 간 선호의 상충과 정치적 이해의 불일치는 정치적 갈등의 원인으로 지목되기도 한다(Kananen et al., 2006). 정당들의 포괄정당화는, 특히 최근 네덜란드, 남유럽, 독일 등에서 기민당과 사민당의 연정과 정치적 지향의 수렴 현상을 설명하는 이론적 기반이 될 수도 있다(Fagnani, 2012; Van Kersbergen, 1996).

그렇지만 이익집단정치의 활성화는 발달된 자본주의 국가들 중 정치적으로 다원화된 미국 등에서 주로 목격되는 현상이라는 점을 고려해야 한다(김태성, 성경륭, 2000). 노사정 간의 사회적 조정을 중시하고 사회민주당이 장기 집권했던 북유럽국가들, 노사 간의 산업별 조정에 기반을 둔 유럽대륙국가들은 각각 노사정 혹은 노사 간의 사회적 이익대표체제에 크게 의존하기 때문이다.

이를테면, 여성운동의 독립적인 영향력은 미국 등에서 주로 관찰되는 현상이다. 스웨덴에서는 남성 위주의 노동운동과 여성운동의 이해관계가 충돌하는 과도기를 거쳐 노동조합운동과 진보정당이 여성권익신장과 사회적 서비스의 공적 공급에 대해 여성운동과 공통적인 의견을 갖게 되었다. 이처럼 사회적 이익대표체제가 확립되어 있는 국가들은 계급정치 중심의 기존 이익대표체제를 작동시켜, 남성과 여성의 이해관계를 효과적으로 조정해 왔다는 점을 고려할 필요가 있다(Ferrarni & Forssén, 2005).

5. 국가중심적 이론

지금까지의 이론들은 사회복지에 대한 수요에 주목하여 사회복지 발달을 설명한 사회중심적 접근이라 할 수 있다. 산업화이론은 산업화로 인한 사회적 경제적 수요, 독점자본이론(혹은 네오마르크스주의이론)은 자본자계급의 자본축적의 수요, 사회민주주의이론(혹은 권력자원이론)과 이익집단 정치이론은 각각 노동자계급의 활동과 이익집단들의 이익에 초점을 맞추고 있기 때문이다.

반면, 국가중심적 이론은 사회복지를 제공하는 공급자의 측면에서 국가기구를 중심으로 복지국가 발달을 설명하려 한다(김태성, 성경륭, 2000). 산업화, 독점자본, 노동자계급, 이익집단 등의 수요 측면의 요인들이 사회복지 확대에 영향을 끼치는 점은 인정되나, 이들의 요구는 국가기구를 통해 관철될 수밖에 없기 때문에 사회복지 확대를 설명하기 위해서는 국가의 역할에 대한 규명이 필요하다는 것이다.

1) 국가중심적 이론의 내용

국가중심적 이론은 단일한 이론으로 보기는 어렵다. 각국 사회복지정책의 작동에 대한 다양한 개별 사례연구나 비교연구를 통해 사회복지정책의 의제가 형성되고 국가 차원의 정책이 결정되는 과정의 공통점과 차이점에 주목하고 있기 때문이다. 대표적인 이론적 주장들은 다음과 같다(김태성, 성경륭, 2000).

첫째, 사회문제를 다루고 사회복지정책을 결정하는 국가관료기구와 개혁적인 전문관료와 정치가의 역할에 주목하는 견해가 있다(김태성, 성경륭, 2000; Weir & Skocpol, 1985). 예를 들어, 20세기 초기 미국과 영국은 산업화수준이 유사했고 사회적 위험에 대한 보호를 요구하는 노동자계급의 욕구도 높았다. 그러나 영국이 일찍이 사회보험제도를 도입한 반면, 미국에서는 지역별로 운영되는 「빈민법」 이외에 별다른 변화가 없었다(Orloff & Skocpol, 1984). 미국은 국가관료기구가 제대로 갖추어져 있지 않았고, 뚜렷한 정책정당이 형성되지 못했으며, 정당의 지도자가 복지확대의 의지를 갖고 있지도 않았기 때문이다.

반면, 영국은 1834년 「신빈민법」 제정 때 이미 왕립빈민법위원회와 중앙감독청을 중심으로 구빈행정이 중앙집권화되어 사회복지정책에 대한 국가관료제를 발달시켰다. 이어 보통선거권의 확립과 함께 1906년 총선에서 자유당-노동자연합(Lib-Lab)에 힘입어 자유당이 토리당을 누르고 집권에 성공하자, 자유당은 중앙집권적인 국가관료제를 활용해 노동자계급의 광범위한 지지에 힘입어 근대적인 사회복지제도를 확립함으로써 영국 복지국가의 기틀을 다질 수 있었다.

둘째, 정책의 형성 및 집행과정을 주도하는 정책집행자들의 선호는 사회복지정책의 도입과 변화에 영향을 끼칠 수 있다. 헤클로(Heclo, 1974)는 전후 영국과 스웨덴의 사회개혁과정을 비교분석하여 정책집행자들의 정책운영에는 국가적으로 특수한 기제가 작동한다는 점을 밝혔다. 실제로 정책의 형성과 집행에 참여하는 관료 등은 이전 정책의 결정, 성공, 실패, 정부부처 간의 세력관계 등에 대해 독특하게 정치적 학습이 되어 있는 상태다. 과거의 경험은 현재와 미래의 정책결정에도 영향을 끼치는 정치적 학습효과를 발휘하기 때문이다.

따라서 사회복지의 확대를 원하는 사람들은 기존 정책집행자들의 사회복지정책의 형성과 집행의 정치적 학습과정에 대해 이해할 필요가 있다(김태성, 성경륭, 2000). 이는 사회복지정책 욕구가 어떻게 정책의제로 부각되는가, 어떤 정책대안이 채택되는가, 정책이 누구에 의해 집행되는가 등에 대한 특유의 경로가 형성되고 있음을 의미하기 때문이다(Almond & Powell, 1978).

예를 들어, 복지국가의 근로빈곤층 대책은 크게 두 가지로 대별할 수 있다(Lødemel, 2000; Peck, 2001). 하나는 노동권을 기반으로 직업훈련 기회와 고용지원서비스를 제공하는 등 적극적 노동시장정책 차원의 인적자본개발에 대한 투자를 중시하고, 일자리를 제공하되 근로의무는 부과하지 않는 전통적인 실업수당제도를 복지권 차원에서 운영하는 등 시민적 권리 중시의 근로빈곤층대책이 있다. 다른 하나는 근로빈곤층의 근로의무를 강조해 미이행 시에 공적 부조 수급권을 박탈하고, 일하지만 빈곤한 근로빈곤층에 대해서는 근로장려세제 등으로 소득을 보충해 주어 당근과 채찍을 사용하는 탈수급과 근로의무 중시의 근로빈곤층대책[이른바 근로우선(work first) 관점]이 있다.

시민들의 복지에 대한 국가책임을 강조하는 유럽식 복지국가에서는 노동권과 복지권 등 시민적 권리를 보장하는 근로빈곤층대책이 선호되고, 탈수급과 근로의무 중시의 대책에 대해서는 빈곤의 원인을 개인 차원으로 한정하고 시민적 권리를 제약하기 때문에 수용성이 높지 않을 것이다. 반면, 자유주의적 시장경제논리가 강하게 작동하는 영미형의 국가에서는 복지에 대한 개인책임을 강조하기 때문에 탈수급과 근로의무 중시의 근로빈곤층대책에 대해서는 수용성이 높다. 그러나 복지에 대한 국가책임과 노동권과 복지권 등 시민적 권리를 중시하는 대책의 도입에 대해서는 어려움을 겪을 것이다.

셋째, 사회복지정책을 담당하는 정부 관료기구들의 내부이익을 추구하는 속성은 사회복지 확대에 영향을 끼친다(김태성, 성경륭, 2000). 정부 관료기구들은 자신의 이익을 극대화하기 위해 예산을 팽창시키는 경향이 있고, 이를 위해 기존 사회복지제도를 확대하고 새로운 프로그램을 도입하려 애쓴다(De Viney, 1984). 이는 한번 도입된 초보적이고 미숙한 제도가 폐지되지 않고 점차 확대되는 경향을 설명한다. 또 정부부처 간에는 정책의 소재를 둘러싸고 끊임없이 이익 갈등이 벌어지기도 한다. 정책 아이템의 확대는 해당 정부 관료기구의 위상과 영향력을 확립하는 기반이 되고, 해당 부처의 규모를 확대하는 지름길이기도 하다(Hicks & Esping-Andersen, 2005). 이처럼 정부 관료기구들의 내부이익을 추구하는 속성을 잘 파악해 대처하면 사회복지제도의 도입과 효과적이고 신속한 확대에 성공할 수 있다. 정부 관료기구는 자신들의 내부이익을 확보하는 데 도움이 되는 정책을 도입하는 것에 우호적일 것이고, 영향력이 큰 정부부처는 제도의 신속한 발전의 기반을 제공하기 때문이다.

우리나라의 경우, 정권교체 때마다 보건복지부, 여성가족부, 고용노동부 간에 사회복지 관련 정책의 소재를 두고 이해관계가 형성되고 조정의 필요성이 제기돼 온 경험이 있다. 이를테면, 저출산 · 고령화정책이 보건복지부 소관 업무로 조정되는 과정에서 보육업무 등 저출산대책 관련 업무가 보건복지부로 이관되기도 했다. 또한 보건복지부와 고용노동부 간에는 근로빈곤층 관련 정책 면에서 업무조정의 필요성이 제기돼 왔다. 예를 들어, 보건복지부의 자활사업 및 취업지원 중심의 희망리본사업과 고용노동부의 주로 차상위계층 대상의 취업성공패키지사업의 중복 가능성 때문에 희망리본사업은 2015년에 취업성공패키지사업과 통폐합되기도 하였다.

넷째, 각 국가들의 헌법 구조의 차이는 거부점(veto point)의 제도화 여부를 결정하기 때문에 사회복지제도 확충에 영향을 끼친다(Hicks & Esping-Andersen, 2005). 거부점이란 소수의 힘으로 입법과 정책 추진을 저지할 수 있는 제도화된 능력의 보유를 의미한다(Skocpol & Amenta, 1986). 헌법 구조에 거부점의 수가 많으면 복지국가의 확장에 어려움을 겪게 된다.

이를테면, 연방제도와 양원제도는 지역과 상원이 거부점이 될 수 있어 중앙정부와 하원의 적극적인 정책 추진에 제동을 걸 수 있다. 주요 정책 사안을 국민투표에 회부하는 절차를 운영하는 스위스의 독특한 국민투표제도 또한 유권자의 거부권을 제도화해 운영하는 경우다. 반면, 단원제에 근거를 둔 의회제도는 다수 정치세력의 의지에 따라 정책을 추진할 수 있게 하는 기반을 제공한다(Lijphart, 1984).

다섯째, 정치제도는 정당의 구성과 정당 간 관계에 영향을 끼치기 때문에 복지국가 확대에 기여한다(심상용, 2016; Sim, 2017). 이념형의 정치제도는 합의제모델(consensus model)과 다수제모델(majority model)로 대별된다.

표 1-3 민주주의 정치제도의 유형

	정치문화	의회제도와 정부형태	정치세력의 형성
합의제모델	타협 · 조정	비례대표선거제도(비례적 대표성 확립) 내각책임제도(의회와 행정부의 연계)	• 다당제 형성(소수정당 진출에 유리) • 연합내각 구성(중도좌파 연립정부 형성) • 진보정당의 영향력 확대와 복지 확대 주도 가능
다수제모델	갈등적	다수대표의 소선거구제도(승자독식 및 사표양산) 대통령제도(행정부 우위 정부 · 의회관계)	• 양당제도 주축(소수정당 의회 진출에 장벽) • 단독정부 구성(소수정당의 국정참여 곤란) • 중산층 의식해 증세와 복지 확대에 소홀

다수제모델은 유권자가 대통령을 직접 선출하기 때문에 의회와 행정부의 연계가 부족하고 의회의 다수와 행정부의 집권세력이 불일치하는 균열이 발생한다. 대통령은 의회로부터 독립적으로 국정운영의 권한을 행사하기 때문에 행정부 우위의 정부-의회관계가 형성된다. 의회제도는 한국의 소선거구제처럼 최다득표당선제인 다수대표제(majority representation system)를 운영한다. 다수대표제는 득표율과 관계없이 무조건 1등이 의석을 독차지하기 때문에 2등 이하의 낙선자에 대한 유권자의 투표를 사표(死票)로 만드는 승자독식의 선거제도이고, 유권자 표의 등가성은 부정된다. 대체로 다수제모델은 의회 구성 면에서 양당제도를 주요 특징으로 한다. 다수대표제는 득표율과 의석이 불일치하는 불비례제도여서 소수정당의 영향력 확장에 매우 불리하다(Lijphart, 1999). 중위투표자이론에 의하면, 다수제모델에서는 한 표라도 더 받으려는 정당들은 중위투표자의 지지를 얻기 위해 포괄정당을 지향하고, 증세를 싫어하는 중산층의 정치적 이익에 복무하기 위해 복지 확대에 소홀한 경향이 있다(Iversen & Soskice, 2008).

합의제모델은 의회를 통해 행정부의 수반을 간접 선출하는 내각책임제를 운영해 의회와 행정부가 연계되고, 국정에 대한 의회 다수 세력의 영향력이 강하다. 의회제도는 비례대표선거제도를 운영한다. 득표율에 상응해 의석수가 정해지는 방식이어서 비례성이 확보되기 때문에 사표가 없어 유권자의 표의 등가성은 확립되고, 과반의석수를 차지하는 정당의 출현이 어려운 반면, 다당제가 구조화된다(Lijphart, 1999). 자신에게 투표한 유권자들의 표가 사표가 되지 않기 때문에 소수정당은 의회 진출에 매우 유리한 환경이 조성된다. 또한 합의제모델에서는 단독집권보다는 연립내각이 구성되는 경향이 있다. 단독 과반의석을 차지하는 정당이 출현하기 힘든 다당제하에서는, 정통성 있는 수상 선임에 필요한 과반의석수 확보를 위해 연립내각 구성이 불가피하기 때문이다. 한편, 좌파정당들은 비례적 대표성이 확립되기 때문에 중위투표자를 의식하지 않고, 자신의 정체성에 따라 사회복지정책을 확대할 수 있다. 논리적으로, 부자보다 가난한 사람이 훨씬 더 많은 소득함수를 반영하면 우파정부보다는 중도좌파 연립정부가 성립되는 경우가 더 많다. 일반적으로, 소득-인구수 함수에서는 가난한 사람의 숫자가 훨씬 많고 부자로 갈수록 숫자가 줄어드는 우하향의 인구 분포를 보이기 때문에, 계급투표의 원리가 적용되면 좌파정당과 중도정당의 의석수의 합은 과반을 넘을 수 있다. 이 경우, 좌파정당은 국정운영에 참여할 수 있게 돼 복지정책을 확대할 수 있는 기회를 얻는다(Iversen & Soskice, 2008).

그리하여 합의제모델에서는 타협과 조정의 정치문화가 자리 잡는다. 비례대표선거제도로 사표 없이 의석수의 비례성이 확보되는 한 극단적인 선거경쟁을 펼칠 이유가 없고, 다당제가 구조화되고 연립정부가 구성돼 정책실행에서 협상과 타협이 일상화되기 때문이다. 반면, 다수제모델에서는 갈등적 정치문화가 형성돼 많은 사회적 비용을 지급하게 된다. 다수대표의 원리가 적용되는 소선거구제는 1등이 의석을 독차지하는 승자독식제도여서 '전부 아니면 전무'식의 극단적인 갈등적 선거경쟁이 펼쳐진다. 게다가 양당제도는 협상과 타협의 조정 역할을 할 수 있는 제3세력의 출현을 좀처럼 허용하지 않고, 국민으로부터 직접 선출된 대통령은 의회와의 관계에서 우위를 차지하기 때문에 현직 대통령에 대한 의회 안팎의 찬반세력을 고착화한다.

2) 평가

국가중심적 이론은 공급자로서의 국가의 적극적 역할을 강조함으로써 기존의 수요 중심이나 사회중심 접근의 한계에서 탈피해 복지국가 발전에 대한 설명의 폭을 넓혔다(김태성, 성경륭, 2000). 개별 국가에 대한 사례연구나 비교연구를 통해 사회복지제도의 도입과 확대에 영향을 끼치는 각국 국가 구조의 특이성을 분석함으로써 복지국가연구의 지평을 확대하는 데 큰 공헌을 하고 있다.

최근에는 패널연구방법의 활성화로 복지국가 확대, 소득불평등 및 빈곤에 영향을 끼치는 제도적 요인을 규명하는 국제비교 다변량 시계열연구가 가능해져 가설의 체계적인 검증이 이루어지고 있다(Bonoli & Reber, 2010; Iversen & Soskice, 2008). 최근 연구에 의하면 거부점을 제도화하는 헌법 구조의 차이, 비례대표선거제도 등의 정치제도들은 좌파정당의 의석수 확대, 좌파정당의 누적 집권기간과 밀접한 관련이 있고, 복지국가의 발달과 사회문제의 해결에 영향을 끼치는 요인임이 검증되고 있다.

사회복지정책에 대한 수요는 국가 관료기구와 정치제도를 통해 여과되고 구체적인 정책으로 성립된다. 따라서 사회복지정책에 대한 수요 측면의 요인과 공급 측면의 요인을 총체적으로 고려할 때 사회복지제도의 도입과 변화에 대한 폭넓은 설명력을 확보할 수 있을 것이다. 그런 점에서 사회복지제도의 공급 측면의 요인인 국가에 대한 관심은 더욱 확대될 필요가 있다.

참고문헌

김태성, 성경륭(2000). **복지국가론**. 경기: 나남.

박찬구(2016). **생활 속의 응용윤리: 딜레마와 마주하다**. 서울: 세창.

심상용(2008). 독일 노동레짐의 지속과 변화에 관한 연구: 협상구조, 노동규제, 복지제도를 중심으로. **사회복지연구**, 38, 165-191.

심상용(2009). 여성의 일-가정 양립을 위한 사회적서비스정책의 발달과 전망: 근대화 관점, 계급동원 관점, 신제도주의 관점의 적용. **사회복지정책**, 36(4), 27-54.

심상용(2016). 독신모가구 빈곤의 거시적 결정요인 국제비교: 한국을 포함한 OECD 19개국을 대상으로(1981~2012). **한국사회복지학**, 68(3), 51-71.

Almond, G. A., & Powell, G. (1978). *Comparative Politics*. Boston: Little Brown.

Bonoli, G. (2006). New Social Risks and the Politics of Post-industrial Social Policies. In K. Armingeon & G. Bonoli (Eds.), *The Politics of Post-Industrial Welfare States: Adapting Post-war Policies to New Social Risks* (pp. 3-26). Oxford and New York: Routledge.

Bonoli, G., & Reber, F. (2010). The Political Economy of Childcare in OECD Countries: Explaining Cross-National Variation in Spending and Coverage Rates. *European Journal of Political Research, 49*, 97-118.

Brady, D. (2003). The Politics of Poverty: Left Political Institutions, the Welfare State and Poverty. *Social Forces, 82*, 557-588.

Cameron, D. (1978). The Expansion of the Public Economy. *American Political Science Review, 72*, 1243-1261.

Dahl, R. A. (1982). *Dilemmas of Pluralist Democracy: Autonomy vs. Control*. New Haven: Yale

University Press.

De Viney, S. (1984). The Political Economy of Public Pension: A Cross-national Analysis. *Journal of Political and Military Sociology, 12*, 295-310.

Esping-Andersen (1985). *Politics against Markets*. Princeton: Princeton University Press.

Fagnani, J. (2012). Recent Reforms in Childcare and Family Politics in France and Germany: What was at Stake? Children and Youth Services Review, 34, 509-516.

Ferrarni, T., & Forss?, K. (2005). Family Policy and Cross-National Patterns of Poverty. In O. Kangas & J. Palme (Eds.), *Social Policy and Economic Development in the Nordic Countries* (pp. 118-146). Hampshire and New York: Palgrave Macmilan.

Franzese, R. J. (2002). *Macroeconomic Policies of Developed Democracies*. New York: Cambridge University Press.

Gough, I. (1979). *Political Economy of the Welfare State*. London: Macmillan.

Heclo, H. (1974). *Modern Social Politics in Britain and Sweden*. New Haven: Yale University Press.

Hicks, A. (1999). *Social Democracy and Welfare Capitalism: A Century of Income Security Politics*. New York: Cornell University Press.

Hicks, A., & Esping-Andersen, G. (2005). Comparative and Historical Studies of Public Policy and Welfare State. In T. Janoski, R. Alford, A. Hicks, & Mildred A. Schwartz (Eds.), *The Handbook of Political Sociology: States, Civil Societies, and Globalization*. New York: Cambridge University Press.

Hicks, A., & Misra, J. (1993). Political Resources and the Growth of Welfare in Affluent Capitalist Democracies, 1960~1982. *American Journal of Sociology, 99*(3), 678-710.

Huber, E., & Stephens, J. D. (2001). *Development and Crisis of the Welfare State: Parties and Policies in Global Markets*. Chicago: University of Chicago Press.

Huber, E., & Stephens, J. D. (2006). Combating Old and New Social Risk. In K. Armingeon & G. Bonoli (Eds.), *The Politics of Post-Industrial Welfare States: Adapting Post-War Policies to New Social Risks* (pp. 143-168). Oxford and New York: Routledge.

Iversen, T., & Soskice, D. (2008). Partisan Politics, the Welfare State, and Three Worlds of Human Capital Formation. *Comparative Political Studies, 41*(4/5), 600-637.

Jessop, B. (2002). *The Future of the Capitalist State*. London: Blackwell.

Kananen, J., Taylor-Gooby, P., & Larsen, T. P. (2006). Public Attitudes and New Social Risk Reform. In K. Armingeon & G. Bonoli (Eds.), *The Politics of Post-Industrial Welfare States: Adapting Post-war Policies to New Social Risks* (pp. 83-99). Oxford and New York:

Routledge.

Korpi, W. (1982). *The Democratic Class Struggle*. Boston: Kegan Paul.

Lijphart, A. (1984). *Democracies: Patterns of Majoritarian and Consensus Government in Twenty-one Countries*. New Haven: Yale University Press.

Lijphart, A. (1999). *Patterns of Democracy: Government Forms and Performance in Thirty-Six Countries*. New Haven and London: Yale University Press.

Løemel, I. (2000). Discussion: Workfare in the Welfare State. In I. Løemel, & H. Tricky (Eds.), 'An *Offer You Can Refuse? Workfare in International Perspective* (pp. 295-343). Bristol: The Policy Press.

Mares, I. (2003). *The Politics of Social Risk: Business and Welfare State Development*. Cambridge: Cambridge University Press.

Miliband, R. (1969). *The State in Capitalist Society*. New York: Basic Book.

Mishra, R. (1990). *The Welfare State in Capitalist Society: Policies of Retrenchment and Maintenance in Europe, North America and Australia*. New York: Harvester Wheatsheaf.

O'Connor, J. (1973). *The Fiscal Crisis of the State*. New York: St. Martin's.

Offe, C. (1984). *Contradictions of the Welfare State*. London: Hutchinson.

Olson, M. (1982). *The Rise and Decline of Nations*. New Haven: Yale University Press.

Olson, M. (1995). The Devolution of the Nordic and Teutonic Economies. *American Economic Review, 85*, 22-27.

Orloff, A. S., & Skocpol, T. (1984). Why Not Equal Protection?: Explaining the Politics of Public Social Spending in Britain and the Unite States, 1880s~1920s. *American Sociological Review, 49*, 726-750.

Papadakis, E. (1993). Class Interest, Class Politics and Welfare State Regime. *The British Journal of Sociology, 44*, 249-270.

Peck, J. (2001). *Workfare States*. New York & London: The Guilford Press.

Pierson, C. (1991). *Beyond the Welfare State: The New Political Economy of Welfare*. Cambridge: Polity.

Pierson, P. (1994). *Dismantling the Welfare State: Reagan, Thatcher and the Politics of Retrenchment*. Cambridge: Cambridge University Press.

Rimlinger, G. (1971). *Welfare Policy and Industrialization in Europe, America, and Russia*. New York: Weiley.

Rueda, D., & Pontusson, J. (2000). Wage Inequality and Varieties of Capitalism. *World Politics, 52*, 350-383.

Scarbough, E. (2000). West European Welfare States: The Old Politics of Retrenchment. *European Journal of Political Research, 38*, 225-259.

Sim, Sang-Yong. (2017). A Comparative Study of the Institutional Factors Influencing Working Poverty: Focusing on Two-parent Households in Developed OECD Countries. *The Korean Social Security Studies, 33*(4), 185-209.

Skocpol, T., & Amenta, E. (1986). States and Social Politics. *Annual Review of Sociology, 12*, 131-157.

Stinchcombe, A. L. (1985). The Functionalist Theory of Social Insurance. *Politics and Society, 4*(4), 411-430.

Van Kersbergen, K. (1996). *Social Capitalism: A Study of Christian Democracy and the Welfare State*. London: Routledge.

Weir, M., & Skocpol, T. (1985). State Structures and the Possibility for 'Keynesian' Responses to Great Depression in Sweden, Britain and the United States. In P. B. Evans, D. Rueschemeyer, & T. Skocpol (Eds.), *Bringing the State Back In* (pp. 107-151). Cambridge: Cambridge University Press.

Wilensky, H. L. (1975). *The Welfare State and Equality: Structural and Ideological Roots of Public Expenditures*. Berkeley: University of California Press.

Wilensky, H. L. (2002). *Rich Democracies: Political Economy, Public Policy and Performance*. Berkeley: University of California Press.

Wilensky, H. L., & Lebeaux, C. N. (1965). *Industrial Society and Social Welfare*. New York: Russell Sage.

Williamson, J. D., & Pampel, F. C. (1993). *Old-Age Security in Comparative Perspective*. New York: Oxford University Press.

빈민법

1. 중세 봉건사회의 빈민구제

일반적으로, 유럽에서의 중세는 4세기 후반부터 15세기 전반에 걸친 시대를 지칭한다. 이 시대는 공동체 사회를 이루고 있으며, 대표적인 사회체제는 봉건제도였다. 중세사회의 특징은 직접생산자인 농노가 경제 외적 강제에 의해 영주의 지배 아래 종속되어 있는 특징적인 사회관계 위에서 존립한다는 것이다. 봉건사회에서 농노들이 생활하였던 장원은 각각 독립한 자급자족적인 촌락공동체였고, 농노들에게 공동체적 규제력의 원천이며, 상호부조의 기반이었다.

봉건사회는 신분이 이동되지 않는 시대로 빈민의 문제는 봉건영주의 책임하에 상호부조를 통해 구제를 받았다. 당시는 기독교가 정신적 지주 역할을 맡고 있었기 때문에 교회와 수도원이 주축이 되어 자선활동을 통해 노인, 병자, 장애인, 고아, 부랑자, 여행자 등을 대상으로 구제활동을 펼치는 것이 일반적이었다. 그리고 봉건제도하에서 발생한 빈민들에 대한 대처는 관할 영주의 소관으로 별도의 국가 차원의 구제 조치가 그다지 필요치 않았다. 그리고 집 없는 부랑자나 걸인, 극빈자에 대해서는 수도원이나 교회 또는 자선원(hospital)[1]에서

1) 자선원은 빈민을 포함하여 병자, 행인, 부랑인 등에게 단기간 음식과 보살핌을 제공하던 일시보호시설을 의미한다(김종일, 2016).

글상자 2-1 11~14세기 중세봉건제 개요

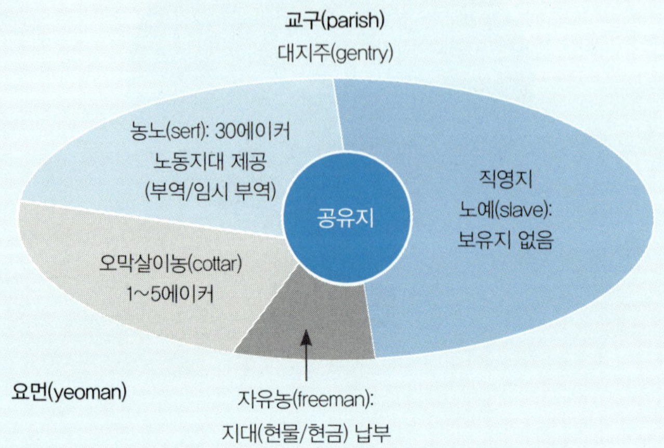

봉건사회의 지배층은 귀족과 젠트리(gentry), 성직이었다. 젠트리는 대지주들로서, 일부는 기사(knight) 작위를 갖고 있었다. 젠트리 밑에는 농촌의 자영농민인 요먼(yeoman)과 도시의 상인·법률가 등의 중간계층이 있었다. 요먼은 대체로 자영농이면서 소작인을 몇 명 거느렸다. 상인은 해외 무역과 사치품 교역을 통해 부를 축적했으며, 중세 후기부터 사회적 지위가 상승하였다. 피지배층은 영주의 땅을 경작하는 농민과 장인이었다. 농민은 농노(serf), 오막살이농(cottar, bordar), 노예(slave)로 층화되어 있었다. 농노는 30에이커(Acre; 4,047m^2; 1,224평) 정도의 농토를 보유하였고 오막살이농은 그보다 매우 적은 1~5에이커에 불과한 소규모 농토를 보유하였다. 반면에 노예는 보유지 없이 영주의 직영지를 경작하였다(원석조, 2012).

돌보는 것이 일반적이었다.

무엇보다 중세시대에 등장한 빈민구제를 위한 정부의 초기 입법은 순수한 의미의 「빈민구제법」이라기보다는 주요 대상인 걸인과 부랑인을 단속하고자 하는 목적이 강하였다(감정기 외, 2010).

이 같은 특성은 1349년에 제정된 「노동자법(The Statute of Labourers)」의 제정 의도와 내용을 보면 알 수 있다. 이 법의 제정 배경은 지중해 연안에서 온 배 안에서 살던 쥐로부터 전염된 대재앙인 흑사병(Black Death) 창궐로 인한 노동 가능 인구의 감소와 밀접하게 관련되어 있었다.

[그림 2-1]에서 알 수 있듯이 1348년에서 2년 동안 유럽 전역을 휩쓸고 지나간 흑사병은 감염된 사람의 90%가량을 사망에 이르게 한 매우 끔찍한 대재앙이었으며, 영국에서는 2년

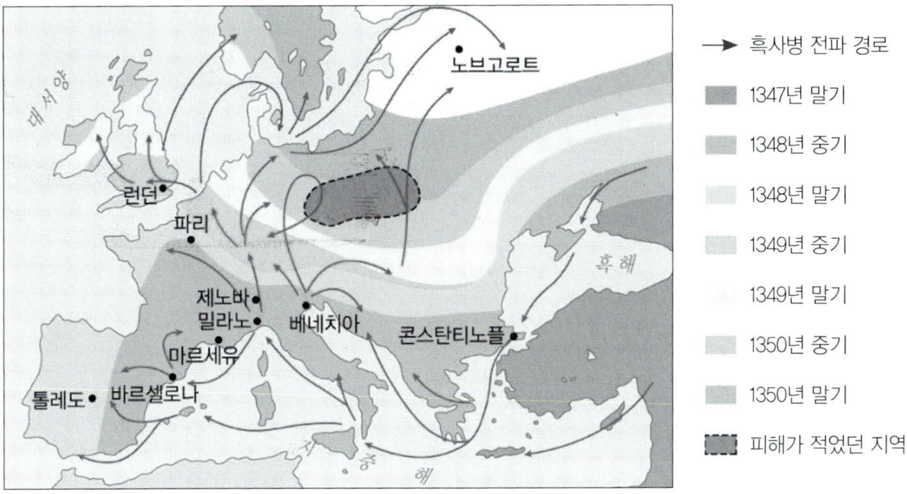

[그림 2-1] 흑사병의 전파

동안 영국 국민의 1/3 이상이 이 병의 감염으로 사망하였다. 흑사병에 따른 노동력의 급격한 감소는 그 반대급부로 임금의 상승을 불러왔다. 이에 증가한 임금을 억제하고자 1349년 지주계급의 요구를 받아들여 에드워드 3세(Edward III)가 일명 「노동자법」을 제정하였다. 「노동자법」의 주요 내용으로 걸식과 부랑을 금지하고 60세 이하의 모든 사람은 원칙적으로 일을 해야 한다. 최고임금을 법으로 규정하되 과거 수준에 비해 높은 임금을 받을 수 없도록 하였으며, 지주 상호 간의 농민쟁탈을 억제시키고, 농민은 자신의 장원을 떠나지 못하도록 하였다. 그리고 영주가 시키는 노동을 영주가 주는 임금으로 의무적으로 할 것을 규정하였다(박태정, 2014; De Schweinitz, 1961).

또한 이 법은 1388년에 제정된 「케임브리지법(The Statute of Cambridge)」에 의해 보다 구체화되었다. 이 법에 따라 농민의 임금을 고정시켰고 임금상승을 불러오는 일체의 노동자의 이동을 금지하였다(감정기, 최원규, 진재문, 2010; 원석조, 2012; Fraser, 1973). 이와 더불어 노동능력이 있는 걸인과 노동능력이 없는 걸인을 구별하여 전자는 강제로 취로시킨 반면, 후자에 대해서는 출생지 혹은 본래 주거지에서 구제받도록 규정하였다(이계탁, 1988).

이처럼 1349년 「노동자법」을 시작으로 이후 1601년 「엘리자베스 빈민법」 이전까지 제정된 법들은 주로 구걸 및 유랑을 강제로 금지하고, 이들을 구제하기보다는 잔혹한 처벌을 가함과 동시에 출신지로 강제 송환하는 등의 내용이 주를 이룬다. 또한 이들 법의 목적은 빈민을 이동하지 못하게 농촌에 고착시켜 필요할 때면 언제든지 농업노동을 확보하고 흑사병 이전의 값싼 임금으로 노동하게 만들고자 하는 데 있었다(김연희, 1985).

그러나 「노동자법」의 실효성은 별로 크지 않았다고 한다(김종일, 2016). 우선, 노동력이 절대적으로 부족한 분야에서는 시장원리가 작동해 고용주들이 높은 임금을 감수하려 하였다. 고용주에 대한 미미한 수준의 처벌은 이와 같은 현상을 부추겼다. 또한 새로운 산업의 등장과 지리적 차이로 인해 반시장적인 통일적 임금 규제가 사실상 작동하기 어려웠다.

2. 빈민법 제정의 배경

영국에서 절대왕정이 성립하는 15세기 말 이후에 빈민문제는 중대한 국면에 접어들게 된다. 그 원인으로 사회・제도적인 변화로 중세의 중심 제도인 봉건제가 서서히 해체에 접어들고, 부랑자와 빈민 등의 구제 역할을 담당했던 수도원이 해산되고 그 재산 또한 국가에 몰수되었으며, 인클로저운동의 확산으로 농민의 토지박탈 현상이 생겨났으며, 일자리를 잃은 농민은 부랑자가 되거나 도시 빈민으로 전락하여 부랑자와 빈민의 수가 급격히 증가하였다. 그리고 경제적으로는 중상주의 경제사상의 영향에 따른 대외무역을 통해 국가의 부를 확대하는 정책과 이를 위한 부의 창출의 도구이자 값싼 노동력 제공자로서 빈민관리의 필요성을 인식하게 되면서 「빈민법」 제정의 직간접적인 원인이 되었다.

1) 봉건사회의 해체와 사회변화

중세 봉건사회의 붕괴 과정은 장원중심의 자급자족 자연경제 속에 화폐경제가 조금씩 침투하면서 시작되었다. 무엇보다 십자군원정을 통한 동서문명의 접촉, 항해술의 발달과 신대륙의 발견 등으로 화폐경제가 활발해짐에 따라 화폐의 유용함을 알게 된 영주는 영주의 직영지를 대여하여 부역과 현물 대신 화폐로 수납하게 된다. 그리고 상업과 무역의 성행으로 상업혁명시대가 도래하였다(김연희, 1985). 즉, 15세기 후반부터 18세기에 걸쳐 영국에서는 가내공업에서 양모공업과 상업무역활동이 번창함에 따라 국제적인 양모 가격의 상승으로 양・목축업이 호황을 누리게 되고, 이에 지주들은 농사보다 더 많은 이윤을 창출하기 위해 자신의 농토와 공유지를 목축지화하는 인클로저운동(enclosure movement)을 감행하였다.

그 결과, 수많은 소작농이 토지로부터 추방되었으며, 일자리에서 강제로 쫓겨난 농민들은 생계수단을 잃고 부랑자가 되거나 빈민으로 전락하였다. 이 당시 인클로저운동으로 말미암아 3만 5,000명에서 4만 명의 소작인과 가난한 농민이 아무 생업의 수단과 보장 없이 도시로 이주하였다. 그러나 도시로 이주한 이들을 흡수할 수 있는 대규모의 공장이 없었기 때문에 이들의 빈민화는 더욱 심화되었다(김영정, 1959). 이러한 현상을 토머스 모어(Thomas More)는 저서 『유토피아(Utopia)』(1516)에서 "양이 사람을 잡아먹는다."라는 유명한 말로 비판하였다(원석조, 2011).

부랑자와 빈민 발생의 또 다른 원인으로 헨리 8세(Henry VIII) 재임 당시에 강행된 종교개혁을 들 수 있다. 종교개혁의 단행으로 교회령이 국가에 몰수되고 수도원이 강제로 해산되면서, 빈민과 부랑자 발생 사태를 한층 더 악화시켰다. 당시 헨리 8세는 캐서린 왕비와의 이혼문제를 둘러싸고 로마 교황청과 갈등 끝에 로마 가톨릭과 관계를 단절한 후, 자신이 영국의 정치적 수장일 뿐만 아니라 종교 수장임을 선포한 수장령(首長令, Acts of Supremacy)을 발표하였다(박광준, 2002). 이에 수도원을 강제로 해체하고 교회가 소유하고 있던 토지, 건물 등을 몰수하였다. 이러한 조치로 수도원을 통해 보호를 받던 많은 피보호자는 강제로 추방되면서 빈곤에 처하게 되었다. 수도원의 폐쇄로 수도승이나 수도원에 봉직하던 성직자, 수도원에 고용된 일반인 등 1만 명 이상이 갑자기 일사리를 잃게 되었기 때문이다. 디킨스(Dickens)의 조사에 따르면 그 수치가 더욱 많아 8만 명에 달했다고 한다(허구생, 2006). 또한 수도원 해산으로 수도원 중심의 구제사업도 중단되는 결과를 초래하여 빈민문제가 더욱 악화되었다. 이는 달리 해석하면, 그동안 수도원이 실시해 오던 구제사업을 사회 내지 국가가 대신 맡지 않으면 안 되는 원인을 제공했다고 볼 수 있다(김영정, 1959).

2) 중상주의의 등장

(1) 중상주의의 특성

중상주의의 대두는 그 시기가 정확하지 않지만, 대략 근세 절대주의 국가의 성립기로부터 자유방임이 본격화된 산업혁명 도래기의 중간에 해당되는 15세기 중반부터 18세기 중반에 등장하였다.

봉건주의시대가 영주를 중심으로 한 지방분권적인 성격이 강했다면, 중상주의시대는 중앙집권적인 절대왕정 시기였다. 국가는 금과 은을 확보하고, 값싼 자원·재화와 노동력을 제공받고, 공산품 판매처를 확보하는 등 배타적인 약탈적 상거래를 위해 식민지경영에 열을 올렸다. 중상주의를 주도한 세력은 이윤의 원천이 생산과정(기술혁신과 노동생산성 향상)이 아니라 유통과정(생산에 투입된 비용과 시장가격의 차액)에 있다고 생각해 상업을 통해 부를 축적한 신흥부르주아계급이었다(최혜지 외, 2008). 또한 이 시기는 거대 상업자본의 등장, 인클로저 운동 등의 영향으로 자본주의적 생산양식이 뿌리내릴 수 있는 물적 기초가 된 '본원적 축적(本源的 蓄積)'[2]에 커다란 영향을 미쳤다.

중상주의의 모든 출발은 국부 개념에서 비롯된다. 중상주의에서 국부는 다양한 의미를 내포하고 있다(김연희, 1985).

첫째, 국부란 한 나라가 보유하고 있는 금과 은의 양이다. 따라서 금과 은에 대한 애착은 보호무역론, 식민지 개척 및 사치 단속 등의 정책을 채택하게 하였다. 둘째, 국부란 인구의 크기를 의미하였다. 더 많은 재화를 생산하기 위해서는 더 많은 노동력을 필요로 했기 때문에 각종 결혼 유인책을 포함한 인구증가정책이 실시되었다. 셋째, 국부의 개념은 노동력에 있었다. 노동자들이 일을 많이 할수록 국가에게 더 많은 이익을 가져다준다고 생각하였다. 그래서 노동 가능 인구에 대한 효과적 관리에 관심을 가졌다.

따라서 「빈민법」은 중상주의 관점에서의 노동력 개념에서 파생한 정책의 일환이다. 잠재 실업자인 빈민을 노동력의 원천으로 간주하며, 이들을 효율적으로 관리하여 생산능력을 고취하고 국가의 부를 증대하기 위한 목적으로 제정되었다고 볼 수 있다.

(2) 중상주의 빈민관

중상주의자들은 노동력을 국부의 기반으로 생각하였고, 따라서 국부의 증대를 위해서 인구의 증가정책을 폈다. 대표적으로 제안된 인구증가정책으로 성직자 터커(Josiah Tucker)는 미혼자에 대한 작위와 수당 지급을 제한하는 반면, 기혼자에게는 도제살이의 의무를 해제하고 직업을 제공함은 물론 일정 정도 거주지도 이전할 수 있도록 허용할 것을 제안하였다.

프랑스의 콜베르(Colbert) 재상 역시 중상주의에 입각한 가족의 수와 규모를 확대시킬 목적으로 20세 전에 결혼을 한 사람에게는 25세까지 비특권계급이 부담하는 세금인 인두세를 면제해 주고, 21세에 결혼하는 사람에게는 24세까지 인두세를 면제하였다. 세금면제 혜택 또한 10명의 생존해 있는 자녀가 있는 가장이나 출산자녀 수가 12명인 가장에게 주어졌다. 원래 세금이 면제되었던 귀족에게는 10명의 생존한 자녀를 가진 경우에는 1천 리브

2) 본원적 축적은 원시적(原始的) 축적이라고도 하는데, 생산자(농민)와 생산수단(토지)을 분리해 노동자를 대량으로 양산해 내는 동시에 생산자의 손을 떠난 생산수단(토지)을 자본으로 전환함으로써 자본주의의 획기적 출발점을 만든 역사적 과정을 말한다. 자본주의적 생산이 이루어지려면, 화폐 및 생산수단의 소유자인 자본가가 존재해야 하고, 다른 한편으로는 생산수단으로부터 박탈돼 노동력을 상품화해야만 생존할 수 있는 생산수단(토지)으로부터 자유로운 임금노동자가 존재해야 하기 때문이다.

르의 연금이 그리고 총 12명의 자녀를 둔 경우에는 2천 리브르의 연금이 매년 지급되었다(Rimlinger, 1971).

그리고 빈민을 경제활동을 통한 국부 확장의 중요한 수단으로 여겼기 때문에, 비록 빈민들이 게으르고 무지하며 도덕적 결함이 있는 존재일지라도 국부의 축적을 위해 유용하고 필요불가결한 존재로 간주하였다. 그래서 국가를 부유하고 강력하게 만들기 위해 근면하고 훈련받은 많은 빈민과 걸인을 노동하게 만들고자 하였다.

중상주의 사상의 또 다른 주요한 특징은 빈민을 근면하게 유지하기 위해서 저임금의 신조를 강력히 주장하였다는 것이다. 대표적인 중상주의자인 맨더빌(Mandeville)은 "노예들이 허용되는 자유로운 국가에서 가장 확실한 부는 다수의 근면한 빈민에 있다."라고 하면서, 빈민들은 경제활동에 필요한 하나의 도구로써 최소한의 생계만을 지원해 주어야 하며, 만일 그들의 생활이 윤택해지거나 부유해지면 경제구조가 허물어지고 국가적으로 불이익을 가져다준다고 주장하였다. 이처럼 중상주의자들은 빈민의 임금수준을 낮게 유지하는 것이 국제경쟁력 면에서도 유리하고 빈민을 근면하게 만드는 길이라고 여겼다(최혜지 외, 2008).

> 저임금은 빈민들을 더 오래 그리고 더 열심히 일하게 하며, 또한 저임금을 받으면 그들이 외국에서 생산된 물품들을 살 수 없게 되고 그것은 돈이 자국 내에서만 머물도록 하여, 결국 자국에게 유리한 통상의 균형을 확보할 수 있다(박광준, 2002; Day, 2000).

한편, 중상주의자들은 빈민에 대해서 온정주의 태도를 취하기도 하였다. 온정주의 태도는 빈민에 대한 국가의 의무를 포함하고 있다. 빈곤의 궁극적 원인은 개인의 결함이지만, 지도·감독할 책임은 국가의 의무로 보고 국가의 빈민구제정책을 시행할 필요성을 주장하였다. 그러나 구제정책 역시 빈곤을 제거하거나 빈민의 고통을 덜어 주는 목적보다는 빈민의 나쁜 노동 습관을 고침으로써 국부의 근원인 노동력이 훼손되지 않도록 하는 데 있었다(감정기 외, 2004; 김연희, 1985).

영국에서 중상주의 사상은 엘리자베스 1세 통치 시기의 주요 경제사상으로 채택되어 빈민정책을 수립하는 데 영향을 주었다. 특히 빈민을 국부에 기여할 수 있는 잠재적 자원인 노동력의 원천으로 간주하였다. 이를 바탕으로 노동인구의 효율적 관리라는 측면에서 생산이념을 강조하는 빈민정책을 수립하고, 값싼 노동력이 다른 나라들과 경쟁에서 우위를 점할 수 있다는 전제에 입각해 국가의 빈민에 대한 저임금을 정당화하는 이데올로기를 토대로 노동정책을 실시하였다.

3. 튜더왕조의 빈민법

역사학자들은 1485년부터 시작된 튜더왕조(Tudor, 1485~1603)[3]로부터 중세시대가 끝나고 절대왕정이 시작된 것으로 보고 있다(원석조, 2012). 튜더왕조는 30년의 긴 시간 동안 치룬 장미전쟁에서 승리한 랭커스터가의 헨리 튜더(Henry Tudor)가 헨리 7세(Henry VII)로 즉위하면서 시작되었다. 튜더왕조에 접어들어 중상주의가 본격화되었고, 이에 따른 봉건제의 해체, 헨리 8세가 단행한 수도원 폐쇄, 인클로저운동의 확대 등은 빈민의 급격한 증가를 불러왔다.

무엇보다도 이 시대는 대량 빈민 이외에도 걸식, 부랑자의 증대와 도적의 횡행으로 치안이 매우 혼란스러웠다. 나아가 노동능력이 없는 빈민뿐만 아니라 오히려 노동능력이 있는 빈민의 발생이 더욱 심각한 사회문제로 등장하였다(이계탁, 1988).

특히 부랑자들은 당시 영국 주마다 300~400명에 이를 정도로 많이 분포되어 있었다. 이들은 수도원 해체와 인클로저운동의 결과로 갈 곳이나 일자리를 잃은 농촌지역의 빈민들로, 절도나 구걸을 하며 떠돌아다녔다. 또한 1589년 포르투갈 원정에서 귀환한 군인 중에서 해산 후 고향으로 돌아가지 않은 상당수가 부랑빈민으로 합류하기도 하였다. 이들은 권총과 그 밖의 금지된 무기로 무장한 집단이었기 때문에 국가적으로 커다란 위협요소가 되었다.

윌리엄 해리슨(William Harrison)은 16세기 영국의 빈민을 세 유형으로 분류한 바 있다.

첫째, 신체 무능력한 진짜 빈민, 둘째, 불의의 사고나 재난으로 인한 빈민, 셋째, '모든 걸 먹어 치우고 난동이나 부리는 낭비벽이 있는 빈민(thriftless poor)과 이곳저곳을 돌아다니며 일을 찾아 헤매지만 소득이 없는 뿌리 없는 방랑자(vagabond), 왕국 전체를 이리저리 몰려다니는 불량배(rogue)와 매춘부(strumpet)'들이다. 이 중 마지막 유형의 빈민들이 부랑자들의 주요 구성원이라면서 이들의 위험성을 지적하였다. 다른 한편, 부랑자는 '주인 없는 자들(masterless men)'이라 불리며, 높은 이동성을 바탕으로 시장 등 주로 공공장소에서 활동하며 불온한 루머나 선동적인 메시지를 퍼트리고 폭동을 일으켰다. 정부 입장에서 부랑자는 커다란 부담이 아닐 수 없었다(허구생, 2006).

3) 튜더왕조는 장미전쟁(1455~1485년, 붉은 장미인 랭커스터가와 흰 장미 가문인 요크가 간의 전쟁)에서 승리한 랭커스터가의 헨리 7세가 즉위함으로써 세워졌다. 튜더왕조의 역대 왕들은 헨리 7세, 헨리 8세, 에드워드 6세, 메리 1세, 엘리자베스 1세다.

표 2-1 엘리자베스 빈민법 이전의 빈민 관련 입법

구분	내용
「노동자법」(1334)	• 흑사병에 따른 임금상승 억제 필요성 대두 • 걸식과 부랑 금지, 노동의무 부과, 최고임금 규제 및 과거 임금수준 유지, 지주 간의 농민 쟁탈 금지 • 장원 이탈 금지, 영주 책정 임금 수용
「케임브리지법」(1388)	• 노동자법 구체화 • 임금 고정, 이동 금지 • 노동 가능 걸인은 강제 취로조치, 노동 불능 걸인은 원거주지에서 구제하도록 조치
「걸인과 부랑자 처벌법」(1531)	• 수도원 해체, 인클로저운동, 포르투갈 전쟁 귀환 군인 등으로 부랑민 급증 • 노동 가능한 부랑자와 걸인은 단속과 처벌의 대상으로 탄압 • 노인과 노동불능자에 대해서는 걸식 허락
기부 중심의 교구 구빈세 신설(1536)	• 빈민의 구제와 노동에 필요한 기금과 물자조달을 위해 교구단위로 기부 제도화 • 공적 기부금을 개인적으로 처분하면 처벌
「건장한 부랑자 및 걸인법」(1536)	• 수도원 해체로 발생한 빈민대책으로 제정 • 빈민에 대한 구제와 노동 위해 교구 단위로 공적 기부 활용 • 미성년 걸인은 도제로 활용 • 위반 시 엄격히 처벌 • 「엘리자베스 빈민법」의 기본 원칙 태동에 영향
「부랑자 처벌 및 빈민과 무능력자 구제법」(1547)	• 노동 가능 빈민과 부랑자에게 가장 엄격한 규정 마련 • 노예제 재도입, 낙인, 사형 등의 처벌 동원
지방세인 교구구빈세 신설(1572)	• 노동 불능 빈민구제를 위해 교구별로 누진소득세 신설 • 구빈세 납부 거부 시 처벌 • 치안판사에게 구빈사업에 대한 책임 부과
「빈민강제노동법」(1576)	• 노동 가능 빈민은 작업장, 노동 무능력 빈민은 자선원 입소 • 노동 거부 및 나태한 빈민은 교정원에서 처벌 • 사생아 양육의무를 부모 책임으로 규정 • 엄격한 처벌 규정 운영
「빈민구제를 위한 법」(1597)	• 부랑자 단속 조항과 빈민구제 조항 분리 • 빈민감독관제도 신설 • 실업자 구직활동관리, 노동 불능 빈민을 위한 보호시설 설치, 부랑자와 노동자들을 원 소속 교구로 송환하는 책임 부과 • 가족 간의 상호부조 의무화

출처: 원석조(2019), pp. 23-24 〈표 2-1〉을 참고하여 새로 구성함.

부랑자와 빈민이 증가하고 이들이 국가와 사회의 질서를 해치는 커다란 위협집단으로 등장하자, 헨리 8세는 이들 중 노동능력이 있는 빈민들의 활동을 억압하고 처벌하기 위한 법률을 1531년과 1536년 두 차례에 걸쳐 제정하였다.

1531년에 제정한 「걸인과 부랑자 처벌법(An Act Concerning Punishment of Beggars and Vagabonds)」은 튜더왕조 이전의 제 법률에 비교했을 때, 나태라는 문제를 처리하기 이전에 진정으로 곤란한 자에게는 시여가 주어져야 하는 점을 인정하였다. 즉, 이 법률에 의해 치안판사, 시장 및 주 장관 등은 시여나 자비에 의해 생활하는 노인과 노동능력이 없는 자를 조사하여 등록한 다음 이들에게 걸식을 허락하였다.

이 법률은 경제적 곤궁을 구제해야 할 책임이 국가에 있음을 인식하였다는 점 그리고 노동능력이 없는 빈민과 노동능력이 있는 빈민을 처음으로 구별한 점, 정부에 의한 최초의 구빈대책을 명시하고 있다는 점에서 「엘리자베스 빈민법(구빈민법)」의 기원으로 볼 수 있다. 그럼에도 불구하고 노동 가능한 부랑자와 걸인 등은 단속과 처벌의 대상으로 탄압하였기 때문에 이 법률의 진정한 목적은 이들의 처벌에 있었다(김동국, 1994).

1536년에는 기부 중심의 교구구빈세를 신설하였다.

첫째, 빈민(pauper)의 구제와 노동에 필요한 기금 및 물자의 조달은 자선이나 시여의 형태로 하되, 이를 교구위원들이 주민들에게 희사를 권유하는 방법으로 집행한다. 이때 제공된 시여물품은 임의로 징수하되 개인적 처분은 허용되지 않고, 징수는 기부의 의무를 지고 있는 개인이나 단체가 공동기금함이나 공공적 징수의 형태로 해야 한다. 둘째, 만약 이를 위반하면 위반자에게 벌금이 부과되며, 관계 출납장부도 기록·배치해야 한다.

역시 1536년에 제정된 「건장한 부랑자 및 걸인법(An Act for Punishment of Sturdy Vagabonds and Beggars)」은 수도원 해체로 발생한 빈민대책으로 제정되었다(김동국, 1994). 이 법의 주요 내용을 살펴보면 다음과 같다.

첫째, 치안판사[4] 및 시장은 관리인을 선정하여 5~13세까지의 미성년 걸인을 도제로 보내고, 12~16세까지의 소년이 이를 거부하거나 이유 없이 달아날 경우 태형에 처한다. 둘째, 부랑인이 재차 체포된 경우에는 태형과 함께 오른쪽 귀를 자르고, 첫 번째인 경우에는 순회재판소(quater session)에서 유죄판결을 받으면 사형에 처할 수 있다(Nicholls, 1967).

4) 치안판사는 종신직으로, 지주계급인 젠트리(gentry) 중에서 국왕 혹은 의회가 임명하며, 교구 단위를 넘는 지역을 관장한다(김종일, 2016). 치안판사는 질서의 유지와 지방행정의 책임을 맡고 단순한 경찰권을 넘어선 광범위한 지역적 책임을 졌다(박광준, 2002).

이후 이 법들은 「엘리자베스 빈민법」의 기본 원칙을 태동시키는 데 영향을 미쳤다. 무엇보다 걸식의 금지, 노인과 노동능력이 없는 자에게 제공할 시여의 조직적인 모집과 분배, 또한 빈민을 두 계층으로 분류하여 노동할 의사가 있는 자에게 일자리를 주는 반면, 일하려고 하지 않는 자는 처벌하고 빈곤아동은 도제로 보내고 나태한 아동을 부모 혹은 도제생활로부터 격리하는 법령 내용은 「엘리자베스 빈민법」과 매우 흡사하다(Fraser, 1970).

헨리 8세가 사망한 후 집권한 에드워드 6세(Edward VI)는 집권 초기인 1547년에 「부랑자 처벌 및 빈민과 무능력자 구제법(An Act for the Punishment for the Vagabonds and for the Relief of the Poor and the Impotent Persons)」을 제정하였다. 이 법은 노동능력이 있는 빈민과 부랑자에게 가장 엄격한 규정을 두고 있다. 즉, 노동능력이 있으면서도 3일 이상 노동을 거부하는 노동자에게 적용할 노예제를 재도입하였고, 부랑자 가슴에 V(vagabond)자 낙인을 찍어 그들을 고발한 자(informants)의 노예로 2년 동안 보내졌으며, 도망갈 경우에는 이마에 S(slave)자 낙인을 찍어 평생 노예로 살게 하였다. 그럼에도 다시 도망갈 경우에는 중죄인으로 사형에 처하도록 하였다(김동국, 1994).

한편, 부랑자의 자녀에게 일을 가르치고자 하는 자에게는 부모의 허락 없이 도제로 삼을 수 있도록 하고 남자는 24세, 여자는 20세까지 일하게 할 수 있었다. 만일 그 도제가 도망했을 경우에는 남은 도제기간을 노예로 삼을 수 있게 하였다. 이 같은 노예조항은 극단적이긴 하나 어떤 의미에서는 획기적인 발상이기도 하였다. 왜냐하면 16세기에 노동력 이외에 별다른 생활수단이 없는 빈민이 실업상태에 놓인다면 그 자체가 이미 법적으로 범죄를 구성하는 것이었기 때문이다. 따라서 노예조항은 이들 잠재적 '범죄자'들에게 공공재원이 아닌 '민간 고용'을 통해 일자리를 제공한다는 생각에서 나온 것이며, 거부자에 대한 무거운 형벌은 이들의 민간 고용을 유인하기 위한 일종의 추진 장치였다고 할 수 있다(허구생, 2006). 이와 같은 부랑자와 빈민에 대한 억압 중심의 법은 소위 '피의 입법'이라 불렸다.

엘리자베스 1세(Elizabeth I)의 집권 초기인 1570년대는 2개의 「빈민법」이 제정되었다. 이 법률들은 빈민구제의 핵심이라 할 수 있는 구빈세의 강제징수와 공공고용의 도입을 법에 명시함으로써 빈민정책 발전의 근간이 되었다.

1572년에는 지방세인 교구구빈세(the Parish Poor Rate)를 신설하였다. 신체무능력 빈민의 구제를 위해 교구(parish)[5] 별로 강제적인 누진소득세를 신설하고 고지된 구빈세의 납

5) 교구(教區: parish)는 오랫동안 주교구(主教區: diocese)와 동일한 의미로 사용되었다. 13세기에 와서 비로소

부를 거부하는 자는 치안판사[6]에게 출두시켜 납부할 때까지 투옥할 수 있게 하였다(허구생, 2006). 1576년에는 「빈민강제노동법(An Act for Setting the Poor on Work and for Avoiding Idleness)」을 제정하여 노동 가능한 빈민은 작업장(workhouse)에 보내어 강제로 일을 시키고, 노동무능력자는 자선원(charitable hospitals)에 입소시켜 보호하며, 노동을 거절하거나 나태한 빈민은 교정원(house of correction)에 보내어 처벌하였다. 교정원은 치안판사의 명령에 의해 각 군에 1~2개소씩 설치하였고, 운영비는 과세에 의해 조달하였으며, 치안판사는 교정원의 관리를 위해 감찰관과 감시인을 임명하였다. 그리고 종래에는 교구의 부담으로 되어 왔던 사생아의 양육의무를 부모의 책임으로 규정하였다.

이 법의 특징은 '비자발적 실업' 문제의 해결을 위해 신체 건강한 빈민들에게 일자리를 제공하고, 모든 시와 자치 도시로 하여금 양모, 대마, 아마, 철 등의 재료를 비축하도록 의무화하여 일자리가 없는 신체 건강한 빈민을 작업장에 고용하도록 규정하였다는 점이다. 노동을 기피하려는 '부랑인'과 '비자발적 실업노동자'를 구분하고, '비자발적 실업노동자'들은 치안판사가 구빈세로 조성된 빈민구제 재원의 잉여자금을 활용해 재량으로 공공고용을 시행하도록 하였다(허구생, 2006).

그러나 교구 내에서 구제를 받으면서 다른 교구로 구걸을 다니는 노동능력이 없는 빈민에게는 처음에는 채찍질을 가하고 다음에는 부랑자로서 처벌하며, 사형까지 처할 수 있도록 규정하였다(김동국, 1994; 송정부 외, 1995; 허구생, 2006). 즉, 부랑인에게는 더욱 엄한 처벌을 가하였는데, 14세 이상의 초범인 부랑자에게 보증인이 없으면 매질을 하고 귀에 구멍을 뚫었으며, 재범일 경우 중죄인(felon) 취급을 하여 성직자의 권한으로 교수형에 처할 수 있도록 하였고, 재차 범죄를 저지르면 성직자의 허가 없이도 사형에 처할 수 있게 함은 물론 이들을 구제하는 자에게 벌금을 부과하였다.

주교구란 말이 주교가 통치하는 공동체를 가리키는 전문용어가 되었다. 주교구란 교회의 소관 관청에 의해 설립된 지역적 단체다(기독교대백과사전, 1997). 교구는 관구의 기초조직으로 마을(지역)에 신부가 상주하는 성당이 있는 최소한의 단위다(박병현, 2010). 당시의 교구는 영국민의 자연적 생활단위였다. 교구민들은 교구 안에서 태어나고 세례를 받고 결혼하고 사망하고 묻혔으며 스스로 자신의 고향이라고 인식되었다. 그리고 도움이 필요할 때 원하면 도움을 받을 수 있는 곳도 교구였다. 따라서 부랑 시 자신의 교구로 회귀하곤 하였다(송정부 외, 1995; Bruce, 1961).

6) 1572년 법 이후 구빈사업의 책임도 치안판사(justices of the peace)에게 맡겼다(박광준, 2002). 중앙정부의 임명을 받고 추밀원(privy council)의 감독을 받았다. 넓은 소유지를 가지고 있어 등용될지라도 경제적으로 독립해 있었으며, 각기 그 지방의 교구생활에 중요한 역할을 담당하였을 뿐만 아니라 매년 4회에 걸쳐 빈민감독관(overseers)의 보고를 받고 감독하였다(김영정, 1959).

1597년에 제정된 「빈민구제를 위한 법(The Act for the Relief of the Poor)」은 부랑자 단속 조항과 빈민구제 조항을 분리하고, 빈민감독관(overseer of the poor)[7)]을 두어 이들에게 실업자를 위한 구직활동관리와 자활능력이 없는 자들을 위한 보호시설 설치의 책임을 부과하였다(Haggingbotham, 2000). 또한 부랑하는 교구민과 노동자들의 원 거주지로 송환하는 책임도 부과하였다. 이와 함께 가족들 간의 상호부조를 의무화하였다(김동국, 1994).

이처럼 튜더왕조시대의 「빈민법」의 특징은 부랑을 억제하고 이들에 대한 노동을 강제하며, 임금을 흑사병 발생 이전의 임금수준으로 통제하였다. 또한 농업노동자들을 농촌에 정착시켜 농업노동력을 확보하려는 목적으로 제정된 억압적 구빈정책이었다. 구빈의 책임을 교구에게 부여하였다는 점은 그 책임이 어디까지나 도덕적인 것에 불과한 것이었지 지금처럼 사회적인 것으로 인식하지 않았음을 의미한다(George, 1973; Trattner, 1979). 그러나 기존의 자선을 통한 빈민구제와 같은 자발성의 원칙을 버리고 강제적 세금을 통해 빈민구제에 필요한 재원을 확보하였다는 점에서는 그 의의가 크다(허구생, 2006).

4. 엘리자베스 빈민법

튜더왕조의 「빈민법」은 1601년 「엘리자베스 빈민법(Elizabeth Poor Law)」으로 집대성되었다. 이 법은 새롭게 갑자기 등장한 법이 아니라 엘리자베스 여왕 집권기에 처음 제정된 1572년 법에서 출발하여 20년이 경과된 1597년 법까지 그동안 산발적으로 제정되었던 빈민과 부랑자에 대한 억압 입법들을 재편성 · 정비한 것이다. 무엇보다 이 법은 빈곤에 대한 국가의 책임을 처음으로 천명하고 중세시대에 빈곤을 개별적인 시혜의 대상으로 바라보던 관점을 제도적인 시각에서 바라보게 하였다는 점에서 의의가 크다(김연희, 1985; 최혜지 외, 2008).

이 법은 빈민구제와 관련하여 새롭게 만들어진 획기적인 법률이기보다는 이미 제정되어 있던 기존의 법률들을 집대성한 법률이라는 특성이 강하며(Mcintosh, 2014), 실제로는 1597년의 법을 개정한 것이었다. 본래의 명칭은 「빈민구제를 위한 법(The Act for the Relief of the Poor)」이지만 보통 「구(舊)빈민법(Old Poor Law)」[8)] 또는 「엘리자베스 빈민법(Elizabeth Poor

7) 빈민감독관은 구빈위원으로 번역되기도 하는데, 치안판사가 임명하고 관리하였으며, 평신도로 구성되는 교구위원들 중 주로 사목위원(churchwarden)(개신교식으로는 장로 혹은 집사)이 참여하였고, 차지농(借地農), 즉 기업농과 중소상공업자가 대부분이었다고 한다(김종일, 2016).

글상자 2-2 엘리자베스 1세

엘리자베스 1세는 1533년 9월 7일 그리니치에서 헨리 8세와 그의 제1계비 앤 불린의 딸로 태어났다. 본명은 엘리자베스 튜더(Elizabeth Tudor)다. 엘리자베스 1세는 평생을 독신으로 지냈기 때문에 '처녀 여왕(The Virgin Queen)'이라 불렸고, 그녀를 마지막으로 튜더 왕가는 단절되었다. 그녀는 늘 "과인(寡人)은 국가와 결혼하였다."라는 말을 공공연하게 입버릇처럼 말해 국민들을 기쁘게 하였다. 영국 절대주의의 전성기를 이룬 왕으로 영국을 정치와 상업 및 예술 분야에서 유럽 열강의 지위로 끌어올렸다.

글상자 2-3 1601년 「엘리자베스 빈민법」

CAP. II.

An Act for the Relief of the Poor.

BE it enacted by the Authority of this present Parliament, That the Churchwardens of every Parifh, and four, three or two fubftantial Houfholders there, as fhall be thought meet, having refpect to the Proportion and Greatnefs of the fame Parifh and Parifhes, to be nominated yearly in *Eafter* Week, or within one Month after *Eafter*, under the Hand and Seal of two or more Juftices of the Peace in the fame County, whereof one to be of the *Quorum*, dwelling in or near the fame Parifh or Divifion where the fame Parifh doth lie, fhall be called Overfeers of the Poor of the fame Parifh: And they, or the greater Part of them, fhall take order from Time to Time, by, and with the Confent of two or more fuch Juftices of Peace as is aforefaid, for fetting to work the Children of all fuch whofe Parents fhall not by the faid Churchwardens and Overfeers, or the greater Part of them, be thought able to keep and maintain their Children: And alfo for fetting to work all fuch Perfons, married or unmarried, having no Means to maintain them, and ufe no ordinary and daily Trade of Life to get their Living by: And alfo to raife weekly or otherwife (by Taxation of every Inhabitant, Parfon, Vicar and other, and of every Occupier of Lands, Houfes, Tithes impropriate, Propriations of Tithes, Coal-Mines, or faleable Underwoods in the faid Parifh, in fuch competent Sum and Sums of Money as they fhall think fit) a convenient Stock of Flax, Hemp, Wool, Thread, Iron, and other neceffary Ware and Stuff, to fet the Poor on Work: And alfo competent Sums of Money for and towards the neceffary Relief of the Lame, Impotent, Old, Blind, and fuch other among them, being Poor, and not able to work, and alfo for the putting out of fuch Children to be Apprentices, to be gathered out of the fame Parifh, according to the Ability of the fame Parifh, and to do and execute all other Things as well for the difpofing of the faid Stock, as otherwife concerning the Premiffes, as to them fhall feem convenient:

Opening section of the 1601 Act

8) 「구빈민법」이란 명칭은 통상적으로 1834년에 제정된 「빈민법」과 구별 짓기 위해 사용한다. 이에 1601년에 제정된 「엘리자베스 빈민법」을 「구빈민법」, 1834년에 제정된 「빈민법」을 「신빈민법」으로 분류하고 있다.

Law)」이라 불린다(Hagginbontham, 2000).

1) 엘리자베스 빈민법의 기본 원칙

국부를 중시하고 그 수단으로서 빈민들의 값싼 노동력을 정당화하는 중상주의 사조는 구제와 노동유인의 양면성을 갖춘 「엘리자베스 빈민법」 제정의 기본이념이 되었다. 이 법은 국가책임하에 노동능력이 있음에도 취업하지 않는 빈민에게 일을 강제하고, 노동능력이 없는 빈민에게는 구제를 실시하는 것을 주요 내용으로 제정하였으며, 다음과 같은 여섯 가지 원칙을 포함한다(이계탁, 1988).

첫째, 국가에 대한 의무로서 국민은 빈민구제를 위해 필요한 구빈세(poor rate)를 납부하여야 한다. 둘째, 구빈세의 부과와 빈민구제는 교구 단위로 치안판사의 감독하에 행한다. 셋째, 노동 불가능한 빈민은 생활하고 있는 교구에서 그 지역의 비용으로 구제되어야 한다. 넷째, 자식을 돌보기 어려운 사람들의 자녀에게 직입을 가르쳐서 취업하도록 해야 한다. 다섯째, 성인부랑자와 걸인은 형법으로 억압하여야 한다. 여섯째, 활동이 가능한 사람에게는 일을 주어 노동하도록 하여야 한다. 이처럼 「엘리자베스 빈민법」은 스스로 생계를 유지할 수 없거나 일상적인 일자리를 가지지 못한 사람은 혼인 여부에 관계없이 일을 해야 한다는 노동의 의무를 기본 원칙으로 하고 있다(Rimlinger, 1971).

또한 행정은 교구 단위, 다소 큰 북부지역 교구는 군구(township) 단위로 조직 · 운영하고 그 책임 또한 지역 교구사무실에 맡기며, 빈민지원을 구호(relief)라는 명칭 아래 구빈세라는 지방세를 걸어 해결하였다. 「엘리자베스 빈민법」에 대한 국가 차원의 구호는 최후에 제공되었다. 이는 가족이나 자선에 따른 지원이 빈민의 욕구에 적합하지 않을 때만 제공한다는 원칙의 실현이었다(Miller, 2012).

더욱이 이 법은 교구에서 태어나 적어도 그 지역에서 3년 이상 거주한 사람으로서 가족이나 친족의 부양을 받을 수 없는 빈민을 돕는 것은 그 지방의 공동체인 교구가 책임지도록 하였지만, 빈민과 무능력자의 부모나 자녀는 이들을 부양해야 한다는 1598년 초안의 규정을 1601년 본 법안에서 조부모의 부양의무로까지 확대하였다. 이들 부양의무자가 부양능력이 있는 경우에는 자선구호 대상으로 등록하지 못하게 함으로써, 가족이나 친족이 빈민을 일차적으로 부양해야 한다는 '친족부양책임의 원리'를 채택하였다(김기원, 2000).

2) 엘리자베스 빈민법의 적용 대상

「엘리자베스 빈민법」의 가장 큰 특징은 노동능력의 유무에 따라 구제대상인 빈민을 다음과 같이 세 가지 유형으로 분류하고, 그에 상응하는 대응책을 강구하였다는 점이다(김동국, 1994).

첫째, 노동능력이 있는 빈민(the able-bodied poor)은 소위 구제를 받을 '가치가 없는 빈민(the underserving poor or the unworthy poor)'으로 규정하고, 결혼 여부를 막론하고 스스로 생활을 영위할 수 있는 능력을 가진 자에게 일을 시켰다. 건장한 걸인(sturdy beggars)으로도 불렸던 이들은 교정원 또는 작업장에 수용되어 강제로 노동을 해야 했다. 교정원 내에서도 노역하기를 거부하면 감옥에 투옥되었다. 또한 시민들이 이들에게 자선을 베푸는 것을 금지하였으며, 다른 교구로부터 이주해 온 빈민들은 지난 1년 동안 거주했던 곳으로 되돌려 보냈다. 이는 종전의 빈민 관계법들이 지녔던 징계조치로서의 성격을 그대로 재현한 것이다.

둘째, 노동능력이 없는 빈민(the impotent poor)이다. 병자, 노인, 맹인, 정신이상자, 신체장애인 및 아동을 부양해야 하는 편모 등이 대부분인 이들은 '가치 있는 빈민(the deserving poor or the worthy poor)', 즉 마땅히 도움을 받을 만한 가치가 있는 빈민으로 분류되어 원조를 받을 수 있는 구빈원(almshouse)[9]에 수용, 보호하여 원내구호(indoor relief)를 하였다. 만일 노동능력이 없는 빈민들이 거주할 집을 갖게 되거나 자택에서 원조하는 것이 비용 절감에 도움이 될 경우, 빈민감독관들은 식량 · 의복 · 연료 등의 현물을 공급하면서 원외구제(outdoor relief)를 실시하였다.

셋째, 부모의 양육을 받을 수 없는 빈곤아동인 요보호아동(dependent children)이다. 대부분 고아이거나, 기아 등의 이유로 부모로부터 버림을 받았거나, 부모가 너무 가난하여 양육할 능력을 상실한 아동이 대상이었다. 이들은 보호를 원하는 가정에 위탁되거나 최저 입찰자에게 맡겨졌다. 노동이 가능하다고 여겨지는 8세 이상의 아동으로 가사 또는 기타 일을 할 수 있는 남자아이들은 24세까지 도제(apprentices)계약을 맺어 도제봉공인(徒弟奉公人)으로서 장인(匠人)에게 기술을 배우며 생활하였고, 소녀들은 21세 또는 결혼할 때까지 집안일을 돌보는 하녀로서 도제생활을 하게 하였다. 이 아동들을 데려다 양육하겠다는 시민이 있으면 정부는 이를 허락하였고, 때로는 경매입찰자에게 주어지기도 하였다.

9) 구빈원은 전통적인 빈곤층을 대상으로 하는 수용시설을 말한다.

이상과 같이 노동력을 기준으로 빈민들을 분류한 이면에는 그들의 생활을 향상하려는 순수한 인도주의적 동기보다 빈민들을 보다 체계적으로 분류함으로써 떠돌이 생활을 하며 사장될 수 있는 노동력을 조직화하여 사회의 생산력을 제고하고자 하는 의도가 강하였다. 그리고 노동력을 기준으로 빈민들을 분류함으로써 그들을 보다 쉽게 관리하고자 한 지배계급의 자기 보호적이고 전근대적인 발상이 내재해 있음을 짐작할 수 있다(김동국, 1994).

그러나 구빈원이나 작업장 등에서 빈민들을 분류하여 보호한다는 방침은 한 번도 실현된 적이 없었다. 그 이유는 구빈원과 작업장을 별도로 설립하거나 구빈원 안에 여성, 노인, 장애인 등을 보호하기 위한 건물을 별도로 건립할 만한 재정능력을 가진 지방정부가 없었고, 능력이 있다 하더라도 그것을 실천에 옮기고자 하는 의지를 가진 지방정부가 없었기 때문이다. 이후 차츰 구빈원과 작업장은 작업장으로 통일되어 갔다(원석조, 2012).

3) 엘리자베스 빈민법의 운영재원 및 행정체계

「엘리자베스 빈민법」은 구빈기금을 위한 구빈세를 징수하는 원칙을 확립하고 효과적인 행정단위로 교구를 채택하였으며 빈민의 유형에 따라 구제 방법도 달리 채택하였다.

구빈사업에 소요되는 재원은 1572년부터 교구(parish)를 단위로 주민이 납부하는 구빈세(poor rate)를 중심으로 하였으며, 재원은 교구 단위로 자치적으로 사용되었다. 당시 교구는 약 1만 5,000개 정도였고 교구당 평균 300명 정도가 생활하고 있었다(박광준, 2002). 그리고 교구 내의 빈민 수에 따라 교구의 구빈세 부담 또한 달랐기 때문에 빈민이나 부랑인이 자신의 교구로 유입되는 것을 저지하고자 하였다. 또한 구빈세의 갹출을 교구민에게 의무화하고 징수 및 빈민구제의 사무는 빈민감독관(overseers of the poor)이 행하도록 하였다(원용연, 1990).

일반적으로, 구빈세를 과세하는 목적은 다음과 같다(김동국, 1994).

첫째, 부모가 부양할 수 없다고 간주하는 아동의 취업을 지원하기 위해서다. 둘째, 자신을 부양하지 못하고, 또 생계를 유지할 수 있는 통상적인 직업을 가지지 못한 기혼 및 미혼인 빈민의 취업을 지원하고자 하는 목적이 있었다. 셋째, 아마(亞麻), 대마(大麻), 양모(羊毛), 철(鐵), 그 밖의 도구와 원료를 제공해 빈민을 노동에 종사하도록 하기 위해서다. 넷째, 빈곤하면서도 일할 수 없는 신체장애인, 노동능력이 없는 자, 노인, 시각장애인 및 기타 빈민의 구제에 사용하기 위해서다.

「빈민법」을 집행하기 위한 행정체계는 추밀원(privy council, 樞密院)을 중심으로 중앙집권적 빈민통제를 특성으로 하였다. 그리고 빈민의 관리를 국가의 책임으로 하되, 빈민의 권리는 수용하지 않았으며 각 교구에는 빈민감독관(overseers)을 두었다(감정기 외, 2010). 앞서 설명하였듯이, 빈민감독관은 1572년에 처음 등장하였는데, 지방의 지주인 젠트리(gentry) 출신의 치안판사(justices of the peace)가 교구민 중에서 임명하고 관리하였다. 빈민감독관은 매년 교구에서 부활절에 임명되며 매월 한 번씩 당해 교구의 교회에 모여 구제사업의 계획과 결과를 검토하도록 규정하였다(김영정, 1959).

교구마다 2명에서 4명의 빈민감독관을 선출하였고, 이들은 교구민에게 구빈세를 징수하고 구호신청자의 자격 부여 여부를 결정하였으며, 음식물과 돈의 배분, 구빈원의 지도와 감독 등 전반적인 구빈행정을 담당하였다(감정기 외, 2010). 만일 교구민이 구빈세를 납부하지 않았을 경우, 치안판사는 이들을 소환하여 벌금, 차압, 수감 등의 형벌을 부과하였다.

5. 빈민법의 평가

「엘리자베스 빈민법」은 기존에 산발적으로 시행되어 오던 개별 「빈민법」들을 하나로 통합하여 체계화한 것이다. 이 법은 빈민에 대해 양면적인 시각을 견지했는데, 빈민은 게으르고 나태하며 사회불안을 야기하는 존재라는 시각을 가졌지만, 다른 한편으로는 중상주의 사상에 바탕을 둔 국부 창출의 주체이자 노동력 제공자로서 빈민구제를 중시하였다. 또한 구빈의 책임을 이제는 교회가 아닌 국가가 최초로 졌다는 점에서 큰 의의가 있다. 이를 위해 정부는 구빈세를 징수하고 교구에 구빈감독관을 임명하여 구빈업무와 지방세 징수업무를 관장케 함은 물론 구빈원과 작업장을 통한 원내구호를 실시하였다.

한편, 본래 이 법은 빈민통제에 목적을 두었기 때문에 대상자 선정의 엄격성을 견지하였고, 원외구호를 일정 수준 인정하면서도 본연의 방식은 원내구호를 기본 원칙으로 유지해 강제노동과 처벌 등 빈민 억압정책을 주로 적용하였다. 특히 빈민에 대한 가족 및 친족의 우선책임을 명시하고 대상자 선정에서도 엄격한 자산조사를 하였다는 점에서 공적 부조제도의 시초라 할 수 있다. 그럼에도 빈민구제에 대한 국가(지방정부)의 책임을 최초로 규정하고 행정체계를 마련한 것은 빈민에 대한 공적 개입과 (지방정부 중심의) 행정체계 구축의 시도라고 할 수 있는데, 이는 향후 근대적인 사회복지제도를 도입할 때 행정적 기반이 되었다고 평가되기도 한다.

지금까지의 논의를 정리하면 다음과 같다. 인클로저운동 이후, 영국은 토지집중도가 높아 일찍이 농업 분야의 자본주의화가 완성되었다(김종일, 2016). 이에 농촌에서는 경기 변동에 따른 실업과 계절적 실업 등 농업자본주의의 현상이 만연하게 되었다. 따라서 안정적인 농업노동력 확보의 필요성이 대두하게 된 것이다. 농업자본가나 기업농들은 노동 가능 빈민의 노동력 유지에 도움이 된다는 생각에서 「빈민법」에 찬성하고, 작업장을 일종의 인력

표 2-2 「빈민법」의 이해(「정주법」「작업장법」 포함)

구분	내용
배경	• 화폐경제의 침투와 함께 본격화된 상업무역 활성화로 양모산업 육성을 위한 인클로저운동이 전개돼 농민들의 토지 추방 본격화 • 헨리 8세의 수장령 선포로 수도원이 폐쇄돼 1만 명 이상의 실업자 양산 • 포르투갈 원정 이후 상당수 군인들이 부랑빈민 대열에 합류 • 중상주의의 관점에 따라, 급증하는 빈민과 부랑자를 값싼 노동력으로 관리할 필요성 대두
내용	• 주요 원칙(노동 가능 빈민에게 근로의무 부과, 빈민구호는 최후의 수단) – 구빈세 운영, 교구 단위의 치안판사가 감독, 지역 차원의 노동 불능 빈민 구제, 빈곤층 자녀에게 직업을 가르치고 취업시킬 것, 성인부랑자와 걸인은 형법으로 억압, 노동 가능 빈민은 일을 주어 노동하도록 할 것 – 친족부양의 원리 • 적용 대상 – 노동 가능 빈민: 작업장 수용, 노동 거부 시 교정원 입소, 타 교구로부터의 유입 차단 – 노동 불능 빈민: 구빈원에 수용하거나 원외구호 제공 – 요보호아동: 가정위탁과 입찰을 통해 도제생활 강제 • 운영 및 행정체계 – 교구 단위의 구빈세로 운영 – 빈민감독관제도 • 「빈민법」의 효과적인 정착 위해 「정주법」과 「작업장법」 제정 – 「정주법」: 빈민의 부랑자화와 지역이동 억제, 출생, 결혼, 도제, 일정 기간의 거주, 일정 기간의 취업을 기준으로 엄격한 정주 자격 부여 – 「작업장법」: 노동 가능 빈민의 구제 조건으로 억압적 작업장 수용, 작업장 민간위탁제도 활용
결과 및 영향	• 빈민의 분류 및 보호원칙(작업장, 구빈원)은 실현되지 못함 • 억압적인 구빈정책으로써 공적 부조제도의 시초 • 작업장의 지나친 비인도성으로 인해 구제 회피 현상 만연 • 자본주의화가 완성된 농업 분야에서 계절적 노동자를 안정적으로 확보하는 데 기여 • 도시산업화가 완성될 때까지 근로 가능 빈민을 통제·관리해 사회질서를 유지하려는 공적 개입의 산물

주: 「정주법」과 「작업장법」에 대해서는 제3장에서 세부적으로 다룸.

시장(labor exchange)으로 활용하기도 했다고 한다. 반면, 당시는 아직 도시산업화가 본격화되기 이전이어서 도시노동시장이 활성화되지 않았기 때문에, 농업 분야의 과잉노동력인 근로 가능 빈민에 대한 근대적인 노동시장대책이 불가능한 상황이었다.

따라서 「빈민법」과 뒤이어 제정된 「정주법」과 「작업장법」의 발상에 따라 근로 가능 빈민을 작업장에서 강제노동을 대가로 근로자임금의 15% 정도를 제공하는 조치가 이루어졌다. 당시 근로자의 임금으로는 비참한 생활상에서 벗어나지 못하였음을 고려할 때, 작업장에서의 처우가 얼마나 비인간적인 수준이었는지를 짐작할 수 있다. 이는 농민들을 토지에서 추방해 농업 분야의 자본주의화를 완성하고 농업 분야의 산업예비군을 최소한의 비용으로 관리하는 한편, 중상주의의 사상에 따라 노동 가능 빈민들의 값싼 노동력을 공적으로 활용하려는 조치이기도 하였다. 나아가 도시산업화가 완성될 때까지 근로 가능 빈민을 통제하고 관리해 사회질서를 유지하는 공적 개입의 산물이기도 하였다.

참고문헌

감정기, 최원규, 진재문(2010). **사회복지의 역사**. 경기: 나남.

고세훈(2011). **영국정치와 국가복지: 신(New)자유주의에서 신(Neo)자유주의로**. 경기: 집문당.

기독교대백과사전편찬위원회(1997). **기독교대백과사전**. 서울: 기독교문사.

김근홍, 서화자, 심창학, 이만식, 함세남, 홍금자(2007). **사회복지 역사와 철학**. 서울: 학지사.

김기원(2000). **공공부조론**. 서울: 학지사.

김기원(2009). **사회복지법제론**. 서울: 나눔의 집.

김동국(1994). 음모이론의 관점에서 본 엘리자베스 빈민법의 성립과 변천과정. **한국사회복지학, 24**, 35-58.

김동국(1997). 영국 빈민법사를 통해 본 복지국가 성립의 내부적 조건. **사회복지연구, 7**, 부산대학교 사회복지연구소.

김연희(1985). 영국 구빈법의 사상적 배경. **한국사회복지학, 6**, 23-44.

김영정(1959). 튜돌시대의 빈민법고찰. **서양사론, 2**, 1-12.

김종일(2016). **빈민법의 겉과 속: 근대 영국의 빈민 정책과 빈민의 삶**. 서울: 울력.

박광준(2002). **사회복지의 사상과 역사: 마녀재판에서 복지국가의 선택까지**. 경기: 양서원.

박병현(2005). **사회복지의 역사**. 경기: 양서원.

박태정(2014). **사회복지역사 탐구**. 서울: 학지사.

박혜영(2014). 구빈법 개정에 담긴 공리주의적 도덕원리와 후기 워즈워스의 경제사상: 벤담과의 비교를 중심으로. **영미문화연구**, 127, 59-84.

송정부, 원석조, 박현경, 유수현, 한혜빈, 최선화, 이혜경, 현외성, 김성천, 이성기, 박능후(1995). **사회복지의 역사(개정판)**. 서울: 이론과 실천.

신섭중, 박광준, 천세충, 유광호, 나병균, 박병현, 김형식, 임춘식, 이수영, 손준규, Thomlison, R. J. (1996). **세계의 사회보장: 역사, 현황, 전망(제2판)**. 서울: 유풍출판사.

원석조(2011). **사회복지발달사**. 경기: 공동체.

원석조(2012). **사회복지역사의 이해(4판)**. 경기: 양서원.

원석조(2019). **영국 사회복지의 역사: 빈민법에서 복지국가까지**. 경기: 공동체.

원용연(1990). 영국의 구빈법과 사회보험 형성에 관한 고찰: 복지개념의 공동체 패러다임과 관련하여. **전북대학교 산업경제연구소 논문집**, 20, 555-567.

이계탁(1988). 영국의 사회복지사 고찰. **도시행정학보**, 1, 117-135.

최혜지, 김영란, 김종범, 순덕기, 이명남, 이옥선, 이창수, 조은경, 진석범(2008). **사회복지사상**. 서울: 학지사.

한국복지연구회(1995). **사회복지의 역사**. 서울: 이론과 실천.

허구생(1998). 토머스 스타키, 리처드 모리슨의 휴머니즘과 튜더 빈민법. **영국연구**, 2, 1-20.

허구생(2006). **빈곤의 역사, 복지의 역사(4판)**. 경기: 한울아카데미.

Bruce, M. (1961). *The coming of the Welfare State*. London: B.T. Batsford.

Day, P. (2000). *A New history of Social Welfare*. Boston: Allyn & Bacon.

De Schwentz, K. (1961). *England's Road to Social Security: From the Statute of Laborers in 1349 to the Beveridge report of 1942*. Barnes.

Fraser, D. (1973). *The Evolution of the British Welfare State*. London: Macmillan.

George, V. (1973). *Social Security and Society*. London: RKP.

Haggingbotham, P. (2000). www.workhouse.org.uk.

Mcintosh, M. K. (2014). Poor relief in Elizabethan English communities: an analysis of Collector's accounts. *Economic review, 67*(2), 331-357.

Miller, E. (2012). English pauper lunatics in the era of the old poor law. *History of Psychiatry*, 318-328.

Nicholls, G. (1967). *A History of English Poor Law*. NY: Sentry Press.

Rimlinger, G. (1971). *Welfare policy and industrialization in Europe, America, and Russia*. 한국사회복지학연구회 역(2009). **사회복지의 사상과 역사**. 서울: 한울아카데미.

Trattner, W. I. (1979). *From Poor Law to Welfare State* (2nd ed.). NY: Free Press.

정주법, 작업장법, 길버트법, 스핀햄랜드제도

1. 엘리자베스 빈민법 이후의 변화

「엘리자베스 빈민법」은 국가의 책임하에 정해진 기준에 따라 구제 대상자들을 선별하고, 각 교구에서 거둬들인 구빈세를 통해 교구 내 빈민들의 최소한의 생활을 지원했다는 점에서 공적 부조제도의 시초에 해당한다고 볼 수 있다. 그러나 구제를 받기 위해서는 작업장의 강제수용과 강제노동을 전제로 하였다는 점에서 순수한 복지적 의미보다는 중상주의 사상에 입각해 빈민들을 관리하고 억압하는 제도였다고 평가할 수 있다. 이 같은 억압정책은 「엘리자베스 빈민법」 이후에도 지속되었으며 한편으로는 더욱 강화되었는데, 그 대표적인 예로 「정주법」과 「작업장법」을 들 수 있다.

당시 중앙정부의 입법은 지역의 자율성을 폭넓게 허용하는 관대한 입법의 성격이었다. 따라서 「엘리자베스 빈민법」의 입법 이후 오랜 시일에 걸쳐 지역별로 시행하게 되었다. 전국적으로 보편적 시행단계에 이르러 「정주법」과 「작업장법」을 보완하게 된 것이다(김종일, 2016).

1) 정주법

「빈민법」에 따른 빈민구제의 책임은 전적으로 교구 중심의 지방정부에 있었다. 따라서 만일 구제해야 할 빈민이 많을 경우에는 그만큼 교구민으로부터 더 많은 구빈세를 거둬야 하였다. 1660년대부터 농촌인구, 특히 빈민들이 대규모로 도시로 유입되면서 빈민을 구제해야 할 책임이 있던 교구 입장에서는 자신의 교구에 빈민들이 유입되어 구빈세가 증가하는 것을 달갑지 않게 여겼다.

그중에서도 재정 형편이 어려운 교구에서는 가능하다면 빈민의 수를 줄이거나 구빈의 수준을 낮추려고 하였고, 그 결과 빈민에 대한 처우는 매우 열악해질 수밖에 없었다. 이 같은 열악한 처우는 빈민이 보다 나은 생활환경 또는 일자리 형편과 재정 형편이 좋은 교구를 찾아다니게 만드는 문제를 불러왔다. 반면, 귀족계급은 자신의 농지에 유입해 온 농촌 빈민에게 더는 관대하지 않았다. 이에 「엘리자베스 빈민법」이 제정된 지 약 60년의 시간이 흘러 구빈세를 부담하는 귀족과 교구에서는 빈민들의 거주이전을 보다 엄격히 제한하는 법률의 필요성을 제기하기 시작하였다.

글상자 3-1 정주문서

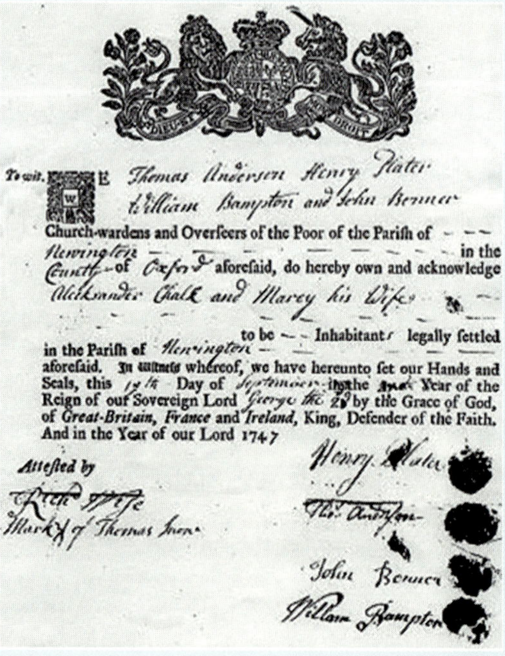
To wit. We Thomas Anderson Henry Plater William Bampton and John Benner
Church-wardens and Overseers of the Poor of the Parish of Newington in the County of Oxford aforesaid, do hereby own and acknowledge Aleksander Chalk and Marey his Wife
to be Inhabitants legally settled in the Parish of Newington aforesaid. In Witness whereof, we have hereunto set our Hands and Seals, this 17th Day of September in the Year of the Reign of our Sovereign Lord George the 2d by the Grace of God, of *Great-Britain*, *France* and *Ireland*, King, Defender of the Faith. And in the Year of our Lord 1747

Attested by
Rich Wise
Mark of Thomas Inon

Henry Plater
Thos Anderson
John Benner
William Bampton

이 같은 요청을 받아들여 1662년 찰스 2세(Charles II)는 「빈민구제 개선법(an act for the better relief of the poor of this kingdom)을 제정하였다. 이 법은 통상 「정주법(the settlement act)」 또는 빈민은 자유로운 이동조차 할 수 없도록 강제한 법이라 하여 「거주지 제한법(the act of settlement and removal)」으로도 불린다(박태정, 2014).

이 법은 1388년 「케임브리지법(The Statute of Cambridge)」을 근원으로 삼고 있다는 점에서 새로운 법은 아니었지만, 빈민의 소속 교구를 명확히 하고 도시 유입 빈민을 막기 위한 목적으로 제정되었다. 교구에 전입한 사람이 공공의 보호를 받아야 할 때에는 자신의 의사에 반해서 원거주지로 돌아가도록 규정하였다는 점에서 한층 요건을 강화하였다(Rimlinger, 1971). 이처럼 정주법은 구빈의 대상이 될 수 있다고 판단되는 신규 교구 전입자를 그들의 출생 교구로 추방할 수 있도록 함으로써 보다 나은 구제를 찾아 빈민들이 떠도는 것을 막고 노동력을 안정적으로 확보하고자 했던 농업자본가들의 이해가 반영된 제도였다(감정기 외, 2010; 김동국, 1994).

교구에서의 정주 자격은 출생, 결혼, 도제, 일정 기간 거주, 일정 기간 취업에 의해 인정되었다. 이 같은 자격기준을 보다 자세히 살펴보면 다음과 같다.

모든 교구는 타 교구 사람이 자기 지역에 거주하고 있는 것을 발견 후 40일 이내에 구빈감독관이 이주자의 생활조건을 조사하였다. 조사 결과 이주자가 연간 임대료 10파운드 이하의 주택에 거주하고 있다면 강제퇴거(removal)의 대상이 되었다(허구생, 2006). 반면에 이들이 1년에 금화 10파운드의 집세를 낼 수 있거나 1년 이상 지속적으로 취업상태에 있다면 거주가 가능하였다(원석조, 2012; Friedlander & Apte, 1974).

그렇지만 연간 10파운드 이상의 임대주택 거주는 당시 노동자들의 능력에 버거운 것이었다. 1년 이상의 고용계약 또한 이들을 고용하는 고용주들이 364일만 고용한 후 해고하는 식으로 악용하는 사례가 많아 이주한 교구에서의 안정된 생활은 사실상 쉽지 않았다(Hagginbotham, 2000).

1692년에는 거주조건이 다소 완화되어 앞서 제시한 임대료 조건을 충족하지 못하더라도 지방세를 내거나 1년 이상의 고용계약이 있으면 거주를 허가받을 수 있도록 법 규정이 개정되었다. 1697년에는 원래 거주지의 정주 확인서만 있다면 새 거주지에서의 안정적인 거주가 가능하게 하였으며, 이들이 구제를 받아야 하는 상황에만 퇴거명령을 내릴 수 있도록 하였다(허구생, 2006).

「정주법」의 시행으로 각 교구들은 유입되는 다른 교구민들을 심사하고 재판하는 등 과다한 행정업무에 시달렸다. 또한 교구민의 이동을 제한하여 지역에 남는 잉여 노동력이 부족한 지역으로 자연스레 유입되는 것을 막는 부작용을 초래하였다. 이러한 이유로 자유주의자들은 「정주법」이 국가 경제에 이득이 되지 못한다고 비판하였다. 이처럼 「정주법」은 농촌 노동력의 도시 유입을 막아 노동력을 확보하고자 했던 극단적인 지방 이기주의의 산물이었다. 그럼에도 이 법은 1795년까지 지속되었다.

2) 작업장법

「작업장법(workhouse test act)」은 1772년 에드워드 나치블(Edward Knatchbull)경이 마련한 초안에 따라 제정된 법으로 일명 「나치블법(Knatchbull's act)」 또는 작업장 내에서 선서를 요구하였기 때문에 「작업장 선서법」으로도 불린다.

작업장 선서는 중상주의적 빈민관에서 연유되었다. 빈곤을 죄악시하고 빈민을 노동의 근원으로 여긴 중상주의자들은 빈민이 노동력을 제공할 것을 선서하였을 때 구제를 행하였다(감정기 외, 2010). 또한 노동능력이 있는 빈민에 대해서는 시혜 대신에 산업현장에 고용해 노동력을 활용함으로써 국부의 증대와 구빈세 부담의 감소를 도모하고자 하는 목적이 있었다(김동국, 1994; 박병현, 2013).

「작업장법」은 1722년에 제정된 「빈민의 정주, 고용 및 구제에 관한 법률(act for amending the laws relating to the settlement, employment and relief of the poor)」을 개정한 것이다. 이 법은 작업장을 개별 교구에 단독으로 설치하거나 근접한 교구들이 연합해서 설립해 재정 부담을 덜 수 있도록 하였다.

이 법의 주요 내용은 다음과 같다. 작업장에서 일하기를 거부하는 빈민은 구제대상 명단에서 삭제하여 구제자격을 박탈하였다. 그리고 교구의 동의를 얻어서 작업장을 짓거나 임대할 수 있었고, 빈민의 숙박 · 부양 및 고용 등에 관한 위탁 운영을 허용하였다. 무엇보다 작업장은 최대한 억압적으로 통제하였으며, 더 나아가 작업장 운영권을 민간에 위탁할 수 있도록 하였다(박태정, 2014).

사실 「엘리자베스 빈민법」 제정 이후에도 노동 가능 빈민들은 원료를 받아다가 집에서 작업하거나 작업장에 출퇴근하는 방식 이후 노동의무를 이행하였다. 그러나 「작업장법」 제정 이후 강제수용방식으로 바뀌었다(김종일, 2016).

작업장이 민간에 위탁되면서 많은 병폐를 불러왔다. 대표적 사례로 작업장을 위탁받은 민간에서는 자신의 이윤을 극대화하고자 작업장의 장비나 수용되어 있는 빈민의 보수나 경비를 최소화하였다. 그리고 일단 작업장에 들어와 구제대상이 된 빈민에게는 일반 시민으로서의 자격을 박탈하고 이른바 포퍼(pauper)라는 열등시민의 낙인을 찍어 등외시민으로 취급하였다. 빈민을 범죄자 다루듯하는 작업장의 고통으로 많은 빈민이 신청을 꺼렸으며, 결국 빈민 스스로가 구제신청을 포기하도록 하는 구원 억제효과를 불러왔다(원용연, 1990).[1] 작업장의 비참하고 열악한 환경과 대우 탓에 웹(Webb) 부부는 이 당시 작업장은 '죄 없는 감옥(gaols without guilt)'이었다고 비난하였다. 작업장은 가난한 자들의 형무소이자 「빈민법」의 바스티유(Bastille), 눈물의 아치길(archway of tears)[2]로 불리며 빈민들의 두려움의 대상이었다.

「작업장법」이 제정된 후 1732년까지 약 300개의 작업장이 설립되었고, 1750년에 접어들어 300개가 추가로 설립되었다(Hagginbotham, 2000). 작업장제도를 통하여 빈민에게 주어진 일거리는 주로 늪지의 배수로 설치, 황무지 개간, 아마가공, 모직물 및 그물짜기 등이었다. 작업장은 개인기업과의 계약체계를 통해서도 빈민을 고용하였다(김연희, 1985).

당시 설립된 작업장 중 교구연합형 작업장의 가장 대표적인 형태가 브리스톨 시의 작업장이었다. 이 작업장의 설치를 제의한 사람은 상인이었던 케리(John Cary)였다. 그는 브리스톨 시의 19개 교구가 개별적으로 행하고 있는 구빈행정을 단일체제로 통합하여 작업장을 운영할 것을 건의하였다. 작업장의 임원은 시장, 시의원, 교구위원 및 각 교구에서 선출된 주민대표 48명으로 구성하였고, 구빈조합의 조합장과 15명의 집행위원이 실무를 담당하였다. 그러나 실제 행정관리는 다수의 유급요원이 고용되어 일을 하였다. 구빈조합은 구빈위원회와 작업장위원회로 구성되어 있었고, 구빈위원회는 의료, 의복, 주택 등의 구호업무를 담당하였으며 작업장위원회는 작업장의 경영관리를 맡았다(김근홍 외, 2007).

「작업장법」이 제정되고 시행됨에 따라 작업장의 환경은 더욱 열악해지고 그곳에서 생활하는 빈민의 삶은 나날이 비참해지는 폐단이 끝이지 않고 지속되었다. 그럼에도 불구하고 당시 작업장 설치는 정부 입장에서 볼 때 경제적 효용성 측면에서 매우 선호되었는데, 구체적인 이유는 다음과 같다.

첫째, 정부는 작업장에 빈민을 수용함으로써 행하는 원내구제가 원외구제에 비해 비용이

1) 작업장 내에서는 기상, 취침, 식사, 기도 등의 일상생활에 엄격한 규칙이 정해져 있었으며, 이를 위반한 사람은 발에 족쇄를 채우고 지하실에 감금하거나 식사를 줄이거나 외출을 금지하였다. 이 같은 분위기 때문에 빈민들은 구호를 신청하지 않게 되고, 그 결과 작업장에 수용된 사람들은 고아나 노인, 만성질환자, 장애인 등 빈민 중에서도 최하층에 속하는 사람들이 대부분이었다(김근홍 외, 2007).

2) 당시 작업장에는 대개 아치형의 입구가 있었다고 한다.

절감된다고 여겼다. 둘째, 정부의 구제가 절실히 필요함에도 작업장에 입소하는 것보다 지원을 받지 않겠다는 빈민이 증가하였다. 왜냐하면 작업장 내 환경과 처우가 열악하였고, 일단 입소하면 최하층 빈민(pauper)이라는 낙인을 받는 열등시민으로 지위가 전락하기 때문이었다(허구생, 2006). 이는 정부 차원에서 볼 때 자동적으로 구빈세가 절감되는 효과와 구제 억압책이라는 두 가지 효과를 불러왔다. 셋째, 정부가 관리하기 힘든 빈민들은 민간인에 보호를 청부하였다. 이를 통해 빈민관리에 대한 부담을 분산함으로써 정부의 부담을 줄이고 비용을 절감할 수 있었다(감정기 외, 2010).

2. 인도주의적 구빈제도 1: 길버트법

18세기에 접어든 영국은 국내적으로 산업혁명이 도래해 기존의 소규모 가내수공업에서 산업기술의 발전을 기반으로 한 산업화와 도시화가 가속화되었다. 대외적으로 시민이 주도한 프랑스 대혁명의 성공과 나폴레옹전쟁을 지켜보면서 영국의 지배계급들은 정치적 불안감을 갖게 되었다.

한편, 「작업장법」을 근거로 설립된 작업장이 실질적으로 구빈정책에 그다지 큰 실효성을 거두지 못하고, 빈민문제의 해결은커녕 오히려 작업장의 비참하고 비위생적인 생활과 비인도적인 처우가 빈민들을 억압하는 기제로 작용한다는 점이 명백해졌다. 이를 개선해야 한다는 목소리가 정치인과 성직자 등 인도주의적 사회개혁자들 사이에서 확산되기 시작하였다.

이로써 「엘리자베스 빈민법」(1601)에서 시작해 「작업장법」(1722)에 이르기까지 근 120여 년에 걸쳐 시행되었던 처벌 위주의 억압적 빈민정책은 18세기에 접어들면서 원칙의 변화를 경험하였다. 이러한 변화 속에 제정된 법들이 「길버트법(Gilbert's act)」과 스핀햄랜드제도(Speenhamland system)다.

1) 제정 배경

작업장에 수용된 빈민들의 비참한 생활이 외부에 알려지면서 인도주의자들과 사회개혁가들의 비판의 목소리가 높아졌다. 몇 가지 조사 결과를 보면 다음과 같다.

18세기 영국의 상인이며, 박애주의자였던 한웨이(Jonas Hanway)는 14개 대규모 교구의 작업장을 대상으로 작업장 내의 영아 사망 실태를 조사하였다. 그 결과는 당시 작업장의 참혹한 실상을 단적으로 보여 준다. 즉, 1750년부터 1755년 사이에 작업장에서 출생한 영유아는 2,339명이었으며, 이 중 1,074명만이 친모에게 맡겨졌고, 친모에게 맡겨지지 않은 1,200명 중에서 1755년 조사 시점까지 생존한 영유아는 168명에 불과하였다. 그리고 1765년부터 1767년 동안 작업장 내 영유아 사망률은 82%에 이르렀다. 1767년 하원에서 조사한 결과에서도 공공작업장에 수용된 14세 이하의 빈민 자녀 100명 중 7명만이 생존하였다고 발표하였다(허구생, 2006).

이처럼 작업장의 비인도적인 열악한 실태가 외부로 점차 폭로되면서, 18세기 말경 종래의 구빈제도에 인도주의적인 처우를 접목하고자 하는 움직임이 등장하였다. 그 대표적인 사례가 당시 치안판사이자 영국의 하원의원이었던 토머스 길버트(T. Gilbert)의 주장에 의해 1782년에 제정된 일명 「길버트법(Gilbert's act)」으로 불리는 「빈민구제법」인 「빈민의 구제 · 고용 개선을 위한 법(an act for the better relief and employment of the poor)」이다. 이 법률의 제정으로 영국의 구빈제도는 큰 변화를 맞게 되었다.

2) 주요 내용

「길버트법」은 빈민의 처우를 개선할 목적으로 원내구제가 아닌 원외구제(outdoor relief) 방식을 도입하였다. 이는 그동안 작업장 수용을 중심으로 한 빈민정책에 따른 작업장 노동의 비인도성에 대한 대응책이기도 하였다.

이에 노동 가능 빈민을 작업장에 보내는 대신에 자기 집 또는 인근의 적당한 곳에서 취업하도록 알선함으로써 종래의 일률적인 작업장 근무에 따른 문제점을 개선하고자 하였다(이계탁, 1988). 1780년대에 들어서 빈민구제의 방식을 원외구제로 선회한 까닭은 두 가지였다.

첫째, 작업장제도가 극히 낮은 노동생산성으로 인해 효용성을 입증하지 못하였다. 둘째, 작업장의 가혹행위에 대한 비판여론이 확산되었던 상황도 중요한 고려사항이었다. 이스트 앵글리아(East Anglia) 지역에서는 작업장 설치를 반대하는 폭동이 일어나는 등 당시의 사회 분위기에 크게 영향을 받았다(허구생, 2006).

이 법은 3부로 구성되어 있다. 1부는 종래의 구빈행정을 비판하는 규정, 2부는 교구연합의 설치와 구빈행정의 합리화 방안에 관한 내용, 3부는 빈민 처우 개선에 관한 규정을 담고 있다(양정하, 2013).

글상자 3-2 「길버트법」

22 Geo. III. Cap. 83.

An Act for the better Relief and Employment of the Poor (*b*).

" WHEREAS notwithstanding the many laws now in being for the relief and employment of the poor, and the great sums of money raised for those purposes, their sufferings and distresses are nevertheless very grievous; and, by the incapacity, negligence, or misconduct of overseers, the money raised for the relief of the poor is frequently misapplied, and sometimes expended in defraying the charges of litigations about settlements indiscreetly and unadvisedly carried on; and whereas by a clause in an Act passed in the ninth year of the reign of King *George* the First, intituled, *An Act for the Amendment of the Laws relating to the Settlement, Employment, and Relief of the Poor,* power is given to the churchwardens and overseers in the manner therein mentioned, to purchase or hire houses, and contract with any person for the lodging, keeping, maintaining, and employing the

Recital of 9 Geo. I. cap. 7.

이 법에 따라, 교구연합(parish union)은 구빈행정을 보다 합리화하고자 하는 시도로 여러 교구를 합친 행정단위인 주(county) 단위로 조직되었다. 주 단위로 이루어진 교구연합은 공동으로 작업장을 설치할 수 있었다(감정기 외, 2010). 이러한 교구연합은 처음에 67개의 연합에서 1834년에는 900개 이상으로 증가하였다(Fraser, 1973). 교구연합의 운영과 관련해서 가장 눈에 띄는 것은 당시 교구연합이 설립한 작업장에는 최초로 빈민구제 업무를 담당할 유급 구빈사무원을 채용하였다는 것이다. 이들은 훗날 사회복지공무원과 사회복지사의 모태로 평가받고 있다.

이 법의 시행으로 그전까지 빈민 억압의 상징이었던 작업장은 노인, 질환자, 신체허약자 등만을 구제대상으로하여 구빈을 행하는 곳으로 그 역할이 축소되었다(원용연, 1990). 다시 말해서, 이 법에 따른 구제방식은 지방정부에게 궁극적 선택권을 주어 재량권을 허용하였는데, 노령, 질병, 장애 등의 이유로 자신의 노동으로 생계를 유지하지 못하는 사람은 시설에 입소하여 구제받도록 하였고, 고아들도 빈민구제위원(guardian of the poor)의 판단하에 입소할 수 있도록 하였다. 당시 빈민구제위원은 빈민감독관(overseer of the poor)제도 폐지 이후 새롭게 빈민구제를 담당하기 위해 도입되었다(허구생, 2006).

그리고 노동능력이 있거나 노동의지가 있는 빈민에게는 일자리를 얻을 때까지 자신이 생활하는 집에서 거주하면서 구제받을 수 있도록 원외구제를 시행하거나, 숙식을 제공하고 교구 주변에 있는 곳에 고용을 알선해 주기도 하였다. 만일 빈민이 저임금으로 인해 궁핍할 경우 부족한 구빈세를 통해 임금을 보충해 주었다(원용연, 1990).

3) 평가

「길버트법」의 제정은 노동 가능 빈민에 대해서는 강제로 일을 시키고, 노동력이 없는 빈민에게만 급여를 제공하고, 나태한 자에 대해서는 교정원에 수용하는 것을 원칙으로 1601년에 제정된 「엘리자베스 빈민법」에 큰 변화를 가져왔음을 의미한다(Fraser, 1973). 특히 이 법은 기존의 「빈민법」과는 달리 노동 가능 빈민의 원외구제를 인정해, 구제대상 빈민은 시설에 수용되지 않더라도 지역사회에서 생활하면서 급여를 받고 고용알선 등의 서비스를 받을 수 있게 되었다는 점에서 진일보했다고 볼 수 있다.

정리하자면, 「길버트법」은 인도주의적 구빈제도라고 평가받고 있다. 특히 「엘리자베스 빈민법」 이후 지속된 영국 「빈민법」의 억압적 원칙에서 벗어난 최초의 법이라는 점에서 의의를 찾을 수 있다. 이 법의 시행으로 작업장의 가장 큰 폐단을 불러왔던 민간위탁 방식은 폐지되었다. 근로 가능 빈민에 대한 원외구제를 폭넓게 허용하였다. 작업장에 배치된 유급 직원들은 노동능력이 있는 빈민 혹은 일하고자 하는 사람들에게 적극적으로 고용을 알선하거나 작업장에 수용되지 않고서도 작업장에 통근하면서 일할 수 있도록 지도하고 감독하였다.

3. 인도주의적 구빈제도 2: 스핀햄랜드제도

1) 도입 배경

영국에서 18세기 후반부터 본격적인 산업혁명이 추진되면서 경제가 급격하게 팽창하였다. 증기기관의 발명으로 운송수단의 확충과 산업현장에서의 기계화가 점차 확산되면서, 당시 주요 산업인 면직물공업 분야에서 커다란 생산성의 향상을 가져왔다.[3)]이러한 생산성 향상의 이면에는 전체 인구 및 도시인구의 증가에 따른 값싼 노동력의 증가가 한몫을 하였

3) 1788~1830년 사이 철의 생산은 6배가 되었으며, 1760~1820년 사이 면직물의 생산은 60배로 증가하였다. 특히 1820년대에 이르러 처음으로 산업 부문의 비중이 전체생산의 50%를 넘어섰다(허구생, 2006; Heyck, 1992).

다. 그러나 도시지역의 인구 증가와는 달리 농민들이 일자리를 찾아 도시로 나가면서 농업인구는 지속적으로 감소하였다. 1759년에 48%를 차지했던 농업인구는 1801년에 40% 내외로, 1841년에는 25%로 떨어졌다(차명수, 2002).

농촌인구의 감소는 18세기 중반부터 본격화된 제2차 농업혁명이라는 경제현상과도 밀접한 관련이 있었다. 제2장에서 살펴보았듯이, 제1차 농업혁명은 15세기부터 16세기에 걸쳐 진행된 자발적인 인클로저운동과 관련되어 있었다. 그런데 18세기 영국에서는 인구가 급증하면서 곡물 및 농작물 수요가 다시 증가하게 되었고 과학적 농업기술이 발달하였다.[4] 이에 제2차 농업혁명은 산업화에 필요한 토지를 확보하고 곡물농업을 중심으로 노동절약적인 농경 방식을 채택하는 등 대규모 농업경영을 추진하게 되었다. 구체적으로는, 이해당사자들의 자율적인 합의에 의한 인클로저가 아닌 의회에서 입법을 통해 진행된 의회인클로저(parliamentary enclosure)를 통한 농업의 경영 변화를 추진하게 되었다. 이처럼 1차와 달리 2차 인클로저가 공식적인 입법과정을 통해 진행된 이유는, 다수의 소농이 인클로저에 반대하는 경우, 이를 실시하는 것이 어려워지기 때문에 대지주들 입장에서 인클로저를 원활히 진행할 수 있도록 법적 강제수단을 제공하기 위해서였다. 특히 토지 소유면적에 비례하여 투표권을 행사하는 체제로 전환되면서, 의회인클로저는 토지면적의 2/3 내지 4/5를 소유한 지주의 동의만 있으면 사업이 진행될 수 있었다(송병건, 2010). 이 때문에 많은 영세소작농은 자신의 땅을 잃고 임금노동자로 전락하였다.

제2차 인클로저로 인해 농업경제의 형태가 혼합농업에서 곡물농업으로 전환되면서 농민들에 대한 토지 추방이 완성되었다. 영세소작농들은 경작할 토지를 잃게 되었다. 농업노동자의 경우에도 계절적 고용이 현저해졌다. 17~18세기 중반까지는 혼합농업이 추구되면서 입주 농민은 가축을 돌보기 위해 지속적으로 고용이 필요했지만, 제2차 인클로저운동으로 인해 파종기와 추수기에 해당되는 농번기에는 농민의 고용이 상대적으로 증가하지만, 농한기에는 고용률이 떨어지는 현상이 나타난 것이다.[5] 또한 밀 경작으로 이전에 비해 여성보다

4) 18세기 중반 이후 영국의 농업은 곡물 경작과 가축 사육을 함께했던 기존의 '혼합농업(mixed farming)'에서 '곡물농업(grain farming)'으로의 전환을 경험하였다. 곡물 경작과 낙농업을 함께하는 농업이 곡물, 특히 밀 경작으로 대체되었던 것이다(김성룡, 2007). 이는 인구 증가로 인해 곡물에 대한 수요가 급증한 것이 주요 원인이라 할 수 있다.

5) 18세기 말에 영(Young)이 수집한 자료에 의하면, 500에이커(acre, 1에이커는 4,046.9m^2, 1,224평)의 농장에 3월과 8월에는 약 70명의 노동력이 필요한 반면, 11월에서 1월 그리고 4월과 5월에는 25명 이하의 농민만이 필요했다고 한다(김성룡, 2007).

표 3-1 1741~1805년 남녀 농업노동자 임금 비교 (연평균, 단위: 파운드)

시기	남성	여성	남녀 차이
1741~1745	3.99	3.75	0.24
1751~1755	5.31	3.13	2.18
1761~1765	5.31	2.81	2.50
1771~1775	5.94	2.91	3.03
1781~1785	6.29	3.14	3.15
1791~1795	6.48	3.56	2.92
1801~1805	7.59	4.33	3.26

출처: 김성룡(2007), p. 15; Snell (1985), p. 412에서 재인용.

남성노동력의 중요성이 커지면서 여성과 남성의 임금격차도 커지는 부작용이 야기되었다.

이처럼, 이 시기 영국의 식량 수요가 급증하고 농업생산성이 높아졌음에도 불구하고, 영세소작농이 토지를 잃고 빈민으로 전락하면서 농업노동자들의 삶은 더욱 비참해졌다. 농민들의 고용 형태는 계절적 고용이라는 비정규적 고용으로 전락하면서 실질임금은 하락하였다. 게다가, 인구 증가에 따라 식량 수요가 증가하였지만, 18세기의 연이은 흉작으로 식량 가격이 폭등하고 프랑스와의 전쟁(1793~1815)으로 물가가 치솟지만, 임금은 이를 따라가지 못하면서 빈민들의 삶은 더욱 궁핍해지고 고통스러워졌다. 이 같은 상황에서 급증하는 빈곤에 대처하기 위한 새로운 구빈정책이 강력히 요구되었다.

2) 주요 내용

당시 버크셔 농민들의 삶은 매우 열악하였다. 데이비스(Davies)는 18세기 말 버크셔 농민들의 열악한 생활을 다음과 같이 기술하였다.

> 농민들이 고기, 치즈, 우유 혹은 맥주 등을 제대로 먹을 수 없었음은 물론 밀로 만든 빵과 물 혹은 그냥 물만 마시는 것이 거북하여 낮은 품질의 찻잎을 소량 넣어 우려낸 차 위주로 식사를 했다(김성룡, 2007).

이러한 상황에서 최저임금제 같은 임금에 대한 직접적 통제방안과 생활비 증가에 따른 임금의 보충방안을 놓고 의견을 나누고자 1795년 5월 6일 버크셔의 치안판사 등 빈민구제

담당자들이 버크셔(Berkshire)의 뉴베리(Newbury) 근처 스핀햄랜드(Speenhamland)의 펠리컨 인(Pelican Inn)에 모였다. 이들은 최저임금을 설정하는 대신 교구가 농민과 노동자의 최저생활을 보조해 주는 임금보조제도를 채택하였다(허구생, 2006).[6] 이것이 바로, 영국 빈민 관련 법의 가장 큰 변화인 스핀햄랜드제도(speenhamland system)다(Rimlinger, 1971).

이 법은 「길버트법」이 도입하였던 원외구호제도를 유지하면서, 한 걸음 더 나아가 빈민의 저임금을 가족 수에 따라 구빈세 재정에서 보충해 주어 노동 여부와 관계없이 근로 가능 빈민을 포함한 전체 빈민들의 최저생활을 보장하려는 내용을 담고 있다. 구체적으로, 한 가족의 생계에 필요한 음식비에 기초하여 구호의 양을 결정하였다. 이를 위해서 빵 가격과 가족 수에 연동하여 정해진 최저생계비의 수준을 산정하고, 실제 생활비가 이 수준에 미달된 노동자에게는 차액을 그리고 실업자에게는 전액을 구빈세(relief rates)에서 수당(allowance)으로 지급하려는 것이다(원용연, 1990).[7] 그 구체적인 사례는 다음과 같다.

> 4쿼터의 빵 가격이 1실링일 때, 모든 빈민과 노동자 본인은 1주일 생활유지를 위하여 3실링이 필요하고 그 처와 가족은 6펜스가 필요하다. 이 수준에 도달하지 않는 임금일 경우 그 부족분은 구빈세로 충당해 준다.
>
> 빵이 1실링 4펜스로 인상되었을 때, 본인은 4실링, 그 가족은 1실링 10펜스가 필요한 액수이며, 빵 가격이 1실링 이상 인상되었을 때, 1페니를 단위로 해서 그 가격의 변동에 따라서 빈민 혹은 노동자에게 3펜스, 그 가족에게는 1페니를 제공한다(박광준, 2002).

이처럼 스핀햄랜드제도는 노동자의 임금이 생계유지에 필요한 빵 구입비에도 미치지 못할 경우 그 부족분을 교구가 구빈세에서 지급해 주는 임금보조 성격을 지닌 법으로, 「구빈법」 역사상 매우 중요한 의미를 갖는다. 이 제도를 통해서 노동자는 가족의 규모와 빵 값의

6) 당시 버크셔 주를 비롯한 일부 지방에서는 스핀햄랜드제도와 같은 임금보조제도를 이미 시행하고 있었다고 한다(김종일, 2016).

7) 이를 반(半)물량방식 혹은 엥겔계수(engel coefficient)방식(식료품비방식)이라고 한다. 일반적으로, 최저생계비 결정방식에는 다음의 세 가지가 있다. ① 전(全)물량방식 혹은 마켓 바스켓(market basket)방식: 실제 생활에 필요한 모든 항목을 조사해 최저생계비를 계산하는 방식. ② 반(半)물량방식 혹은 엥겔계수(engel coefficient)방식(식료품비방식): 가계의 전체 지출액에서 식료품비가 차지하는 비율을 계산해 최저생계비를 계산하는 방식(엥겔계수=식료품비/총생계비×100, 총생계비=식료품비/엥겔계수×100). ③ 수준균형방식: 중위소득과의 격차를 기준으로 빈곤층의 기준을 정해 최저생계비를 산정하는 방식(예: 생계급여: 중위소득의 30% 이하, 의료급여: 중위소득의 40% 이하, 주거급여: 중위소득의 44% 이하, 교육급여: 중위소득의 50% 이하).

변화에 따라 그들의 임금을 보충받는 임금-물가연동의 사회적 보호를 받게 되었다. 그리고 이 법에 따라, 아무리 적게 벌더라도 교구가 본인과 그 가족을 부양할 것이기 때문에 아무도 굶주림을 두려워할 필요가 없게 되었다(박병현, 2013).

부족한 임금을 보조해 주는 최저임금계획의 대체물로 스핀햄랜드제도가 제정된 데에는 몇 가지 이유가 있다.

첫째, 교구의 지배세력의 입장에서는 저임금노동자의 실질적인 생활보장을 책임지고 실업자에 대해서도 조건 없이 원외구호를 결정할 수 있게 되어 교구의 통제력을 강화하는 만족스러운 결과물이었다. 둘째, 농업노동자의 중요한 고용주인 교구의 대지주들의 입장에서는 안정적으로 농업노동력을 확보하면서도 자신들의 부담으로 최저임금을 보장하는 방식보다는 최소한의 임금을 지급하더라도 최저생계비 부족분은 전체 교구민이 부담하는 지방세로 충당하도록 하는 편이 일견 더 유리하였기 때문이다(박광준, 2002). 이 제도는 이득을 보는 계층(대지주)과 부담을 지는 계층(자영농 및 소작농)이 불일치하도록 설계되었다는 것이다.

이 같은 지배세력들의 이해관계의 일치를 기반으로, 스핀햄랜드제도는 1795년 이래 전 지방으로 확산되었다. 특히 남부 농업지역들에 널리 보급되었으며(Rimlinger, 1971), 30년이 채 안 되는 기간에 영국의 대표적인 빈민정책이 되었다. 스핀햄랜드제도가 중앙정부의 입법이 아니라 지역 간의 합의를 바탕으로 하여 자발적으로 시행되는 제도였다는 점을 감안할 때, 이는 큰 성과라 하지 않을 수 없다.

그러나 지역들은 스핀햄랜드제도의 제정이념을 따르고 있었지만, 다소 상이한 방식으로 운영되기도 하였다. 특히 빈민의 고용 상황에 따라서 운영방식에 차이가 있었다. 일례로 일부 농촌지역에서는 노동 가능 빈민에 대해 다른 접근이 이루어졌는데, 대표적인 방식이 순환고용제(roundsman system)였다.

순환고용제는 농촌지역의 빈민들을 모아 여러 농민에게 돌아가며 고용시키는 제도로 빈민들에게 순번을 정해 교구민에게 파견하였다. 스핀햄랜드수당은 빈민들을 고용할 수 없는 겨울철에는 농민들에게 실업상태인 빈민에 대한 임금부담제(labor-rate system)로 기능하게 되는 것이다(김종일, 2016). 그러나 현실적으로는 가족의 생계비에도 미치지 못하는 저임금 때문에 빈민감독관과 빈민 간에는 마찰이 심했고 농장주들도 불만에 가득 찬 이들을 고용하기를 꺼려하였다(박광준, 2002; 원석조, 2012).

순환고용제는 농촌뿐만 아니라 일부 도시지역에서도 일자리가 없는 빈민들을 대상으로 운영되었다. 도시지역에서는 실직자가 교구에 지원을 요청하면 빈민감독관이 그를 고용할 교구민을 찾기 위해 각 가정을 방문하였다. 구체적으로, 이 제도는 실업노동자에게 순번을 정해 교구민에게 파견하면 각 가정은 실업노동자에게 일을 시키는 대가로 식량을 제공하고 임금을 지급하였으며, 교구는 최저생계비에 대한 부족분에 대해 교구에서 구빈세를 통해 보충해 주었다.

순환고용방식 이외의 방식도 시행되었다. 교구가 직접 나서 고용주를 물색하여 빈민을 일정한 노임에 고용하도록 계약을 맺거나, 경매를 통하여 노임 단가와 고용주를 정하는 방식도 행해졌다(허구생, 2006).

이처럼 스핀햄랜드제도는 빈민들의 실업과 저임금으로 야기된 빈곤문제를 공공재원인 구빈세를 통해 해결하기 위하여 도입되었다.

첫째, 빈민의 최저생활을 보장하기 위해 저임금에 의한 빈곤문제를 공공재원으로 해결하려고 했다는 점에서, 이 제도는 근본적으로 빈곤을 도덕적 타락과 연관시켰던 종전의 「빈민법」과는 시각이 달랐다(Haggingbotham, 2000). 둘째, 이 제도는 가구당 최저생계비 개념을 도입함으로써 제도적 측면에서도 영향을 끼쳤다(허구생, 2006). 셋째, 스핀햄랜드제도는 노동 가능한 빈민을 작업장에 수용하지 않고 자신의 집에 거주하도록 하면서 원조를 제공하는 원외구호(out-door relief) 방식을 통하여 빈곤문제를 해결하려고 하였다. 즉, 그동안 시행되어 왔던 작업장 입소 중심의 구빈체제에서 탈피하여, 「길버트법」과 함께 원외구호로 선회한 시도였다는 데 의미가 크다 할 것이다(박광준, 2002).

3) 평가

프레이저(Fraser, 1984)는 스핀햄랜드제도의 의의를 다음과 같이 평가하였다(양정하, 2013; 원석조, 2012).

첫째, 스핀햄랜드제도의 경제적 파급효과는 차치하고 새로운 형태의 구제방법으로서 인도주의적이었고 자비적이었다. 노동을 함에도 최저생계 수준 이하인 빈민에게 진정한 관심을 기울였다. 부유층이 빈민들을 도우려 할 때 반역은 일어나지 않는다.

둘째, 빈민구제에 따른 낙인이 존재하지 않았다. 사회정책은 사회철학의 표현이라고 할 수 있는데, 임금을 보조해 주기 위해 수당을 지급했다는 것은 빈곤이나 빈민구제를 도덕적 타락으로 간주하지 않았던 것을 의미한다.

그러나 스핀햄랜드제도는 긍정적인 작용에도 불구하고 법 시행과정에 다양한 문제점들이 노출되었다. 이로 인해 다음과 같은 여러 비판을 받고 있다.

첫째, 이 법은 노동자들의 사기를 저하시킨다는 사실을 행정담당자들이 미처 예상하지 못하였다. 즉, 이 법은 근로유인효과에 역행한다는 것이다. 가족의 최저생활보장을 목표로 제정된 스핀햄랜드제도는 산업사회의 경제적 합리성과 갈등을 일으키게 되었다. 자기 스스로 치안판사가 정한 기준만큼 벌 수 있는 사람들은 그들보다 절반밖에 벌지 못하는 사람들과 비교할 때 그만큼 더 풍족하게 생활하지 못하였다. 왜냐하면 절반밖에 받지 못하는 사람들은 부족한 만큼 보조금을 받았지만, 기준만큼 버는 사람은 보조금을 받지 못했기 때문이다. 이에 웹 부부마저도 스핀햄랜드제도에 대해 "현명한 고용주와 열성적인 노동자에게 손해를 주면서 게으른 노동자와 둔한 고용주에게 공공기금에서 특별지원금을 주는 것은 경제에 유해함은 물론 인간의 정신에도 유해한 것이다."(Rimlinger, 1971)라고 비판하였다.

둘째, 빈민들의 조혼을 부추겨 인구과잉을 초래한다는 비판을 받았다(박병현, 2013). 스핀햄랜드수당은 가족의 최저생활을 보장하기 때문에 자력으로 가족의 생계를 책임질 능력과 의지가 부족한 빈민들이 거리낌 없이 무책임한 조혼과 다자녀출산을 할 것이라는 판단이 그것이다. 이는 빈곤문화의 재생산과 구빈세의 부담 증가로 이어질 것으로 우려되었다.

셋째, 고용주들이 이 제도를 악용하여 의도적으로 낮은 임금을 지급하는 경우도 많았다. 어차피 부족한 노동자의 소득은 구빈세 재원에서 충당해 주었기 때문이다. 이로 인해서 이웃의 고용주가 보조수당을 받는 노동자를 고용하면 정상적인 고용주 또한 임금을 삭감하는 사례가 많아졌다. 임금이 적다고 불평하는 노동자들은 해고당하고 그 자리는 보조수당을 받는 노동자로 대치되다 보니, 숙련노동자가 부족하여 생산성이 떨어지는 악순환은 계속되었고 결국 노동의 질 저하까지 초래하였다(허구생, 2006).

넷째, 구빈비의 부담은 농업노동자의 주요 고용주인 대지주가 아니라 교구의 전체 주민이 지고 있었기 때문에 소규모의 소작농민과 영세토지소유자는 저임금노동자의 이익을 보지도 못하면서 무거운 구빈세를 부담하였다. 이들은 경제적으로는 곤란하였으나 자신의 토

표 3-2 빈민구제에 지출한 금액

연도	지출 총액(파운드)	1인당 지출액
1783~1785 평균	1,913,241	–
1803	4,077,891	8실링 10.25펜스
1813	6,656,106	12실링 8펜스
1818	7,870,801	13실링 3펜스

출처: 박광준(2002), p. 111; Nicholls (1854) (1967 reprint)에서 재인용.

지가 없어지기 전까지는 보조금을 받을 수 없었다(신섭중, 1996).

이 제도는 여러 가지 문제점을 노정하였다.

첫째, 〈표 3-2〉와 같이 구빈비용 지출의 증대를 불러왔다. 둘째, 영세농의 부담을 가중함으로써 농촌의 계층분화를 촉진하였다. 셋째, 자본가로 하여금 노동자의 저임금을 부추기고 숙련노동력자를 회피하게 해 노동생산성을 저하시켰다. 넷째, 도시의 신흥 자본가계급들은 스핀햄랜드수당을 통한 최저생활보장이 산업화에 필수적인 노동력의 이동을 억제하는 부작용을 일으킨다고 비판하였다(박광준, 2002). 다섯째, 지주계급은 애초의 입장과는 달리 구빈세의 경감을 요구하며 교구를 압박하게 되었다. 구빈세가 보유한 토지를 기준으로 부과되기 때문에 점점 과중해지는 구빈의 부담이 점차 공장주들로부터 지방의 구빈세 납부

표 3-3 스핀햄랜드제도의 이해

구분	내용
배경	• 18세기 후반부터 본격적인 산업혁명 추진 • 면직물 생산의 증가에 따른 도시인구의 증가 및 농업노동력 감소 • 농업 분야에서 과학적 농업기술 발달과 함께 곡물농업 중심의 대규모 농업경영 추진으로 농민에 대한 토지 추방 완성(제2차 농업혁명) • 계절적 노동자와 빈민으로 전락한 농민들을 위한 인도주의적 구빈정책의 필요성 대두
내용	• 최저임금제도 대신 교구가 근로능력과 관계없이 빈민들의 최저생활을 보장해 주는 제도(구빈세 재정으로 전체 빈민들의 최저생활보장) • 빵 가격과 가족 수에 연동해 최저생계비를 산정하고 실제 소득과의 차액을 구빈세 재정으로 보조 –반물량방식 혹은 엥겔계수방식(식료품비방식) 적용. 가족 수 반영. 물가 · 임금 연동으로, 인도주의적 과학적 접근 시도 • 순환고용제와 교구가 고용을 알선하는 등의 다양한 방식 활용 • 이로써 작업장 입소 대신「길버트법」에서 활용되었던 원외구호방식 적용 • 빈민감독관 폐지 및 빈민구제위원제도 도입
결과 및 영향	• 지배력 강화를 추구하는 교구와 안정적 농업노동력 확보와 구빈세 부담 전가를 원하는 대지주의 이해관계 일치로 광범위하게 도입 • 근로유인효과 역행, 빈민의 조혼과 과잉인구 양산, 저임금현상 만연과 숙련노동력 부족, 소작농과 영세소농의 부담 증가 등의 비판 제기 • 결과적으로, 구빈비용 증가, 노동력의 지역이동 억제로 산업화에 필요한 노동력공급 지연, 대지주들의 구빈비용 부담 가중 등의 문제점 부각 • 과도한 구빈세 부담과 조세저항으로 제대로 정착 못해 빈민들의 생활개선에 큰 도움이 못 됨 • 스핀햄랜드제도에 대한 비판이 거세지면서 억압적 구빈정책으로 회귀 추진

자들, 특히 지주들에게로 옮겨졌기 때문이다. 그들의 주된 불만은 스핀햄랜드제도는 지주들이 낸 세금으로 고용주를 보조할 뿐 아니라, 노동자들을 자선에 의존케 함으로써 근로의 유인을 해친다는 것이었다(고세훈, 2011). 결과적으로, 과도한 구빈세 부담과 조세저항으로 인해 스핀햄랜드제도는 제대로 정착하지도 못한 채 빈민들의 임금개선, 나아가 생활개선에 큰 도움이 되지 못하게 된 것이다.

이처럼 스핀햄랜드제도에 대한 비판이 거세지면서 다시 빈민에 대한 억압정책으로 회귀하려는 조짐이 나타나기 시작하였다. 이에 대해서는 다음 장에서 자세히 다룬다.

참고문헌

감정기, 최원규, 진재문(2010). 사회복지의 역사. 경기: 나남.

고세훈(2011). 영국정치와 국가복지: 신(New)자유주의에서 신(Neo)자유주의로. 경기: 집문당.

김근홍, 서화자, 심장학, 이만식, 함세남, 홍금자(2007). 사회복지 역사와 철학(2판). 서울: 학지사.

김동국(1994). 음모이론의 관점에서 본 엘리자베스 빈민법의 성립과 변천과정. 한국사회복지학, 24, 35-58.

김성룡(2007). 산업혁명시기 영국의 농업경제 변화와 복음주의의 부흥. 대구사학, 87, 235-273.

김연희(1985). 영국 구빈법의 사상적 배경. 한국사회복지학, 6, 23-44.

김종일(2016). 빈민법의 겉과 속: 근대 영국의 빈민 정책과 빈민의 삶. 서울: 울력.

박광준(2002). 사회복지의 사상과 역사: 마녀재판에서 복지국가의 선택까지. 경기: 양서원.

박병현(2005). 사회복지의 역사. 경기: 양서원.

박병현(2013). 사회복지정책론: 이론과 분석(개정 3판). 경기: 학현사.

박태정(2014). 사회복지역사 탐구. 서울: 학지사.

송병건(2010). 농업혁명, 의회 인클로저와 농촌사회의 변화: 1750~1850. 영국연구, 23, 91-124.

신섭중(1996). 세계의 사회보장: 역사, 현황, 전망. 서울: 유풍출판사.

양정하(2013). 사회복지발달사의 이해(4판). 경기: 양서원.

원석조(2012). 사회복지역사의 이해(4판). 경기: 양서원.

원용연(1990). 영국의 구빈법과 사회보험 형성에 관한 고찰: 복지개념의 공동체 패러다임과 관련하여. 전북대학교 산업경제연구소 논문집, 20, 555-567.

이계탁(1988). 영국의 사회복지사 고찰. 도시행정학보, 1, 117-135.

차명수(2002). 서양사 강의. 서울: 한울아카데미.

최혜지, 김영란, 김종범, 순덕기, 이명남, 이옥선, 이창수, 조은경, 진석범(2008). 사회복지사상. 서울:

학지사.

한국복지연구회(1995). **사회복지의 역사**. 서울: 이론과 실천.

허구생(2006). **빈곤의 역사, 복지의 역사(4판)**. 경기: 한울아카데미.

Bruce, M. (1961). *The coming of the Welfare State*. London: B.T. Batsford. Fraser.

Fraser, D. (1973). *The Evolution of the British Welfare State*. London: Macmillan.

Friedlander, W. A., & Apte, R. Z. (1974). *Introduction to Social Welfare* (4th ed.). N.J.: Prentice-Hall.

Haggingbotham, P. (2000). www.workhouse.org.uk.

Heyck, T. M. (1992). *The People of the British Isles: A New history from 1688 to 1914*, Vol. 2. Wadsworth.

Nicholls, G. (1967). *A History of the English Poor Law*, Vol. I, II, III. Reprints of Economics classics.

Rimlinger, G. (1971). *Welfare policy and industrialization in Europe, America, and Russia*. 한국사회복지학연구회 역(2009). **사회복지의 사상과 역사**. 서울: 한울아카데미.

Snell, K. D. M. (1985). *Amals of the Labouring poor: Social Change and Agrarian England: 1600~1900*. Cambridge: Cambridge University Press.

신빈민법

1. 시대적 배경

18세기 후반에 이르러서는 산업혁명의 영향으로 농촌과 농업중심사회가 도시와 공업중심사회로 탈바꿈되는 가운데 실질적인 자본주의 생산양식이 확립되기 시작하였다. 산업혁명이 불러온 사회경제적 변화는 매우 광범위하고 폭발적인 것이었다. 기계제대공업의 출현은 상품의 대량생산을 가능하게 하였고, 새로운 기업조직을 출현시켰다. 이제 생산수단을 소유한 자본가계급과 노동력을 판매해야만 생계를 유지할 수 있는 노동자계급이 주요한 계급관계로 급부상하였다(김연희, 1985).

이 시기의 빈민과 실업자의 현실은 악화일로에 있었다. 1793년부터 1815년까지 프랑스와 치른 소위 나폴레옹전쟁의 여파로 빈민의 수가 크게 증가하였다. 경제적으로 물가는 치솟는 반면에 노동자들의 임금인상 수준은 이에 따라가지 못해 노동자들의 경제적 곤란은 극심해졌다. 기계가 농민들의 일자리를 대체함에 따라 실업자도 급증하였다. 1811년에서 1831년에 걸쳐서 영국에 불어닥친 연이은 흉작은 식량가격의 폭등을 촉발하였다. 프랑스와의 전쟁이 끝나자 군대 및 군수 관련 직종에 종사하던 약 40만 명이 일자리를 잃게 되면서 영국의 실업수준은 유례를 찾기 힘들 정도로 높아졌다. 이와 같은 복합적인 문제로 인해 빈민구제 문제는 매우 심각한 사회문제로 급부상하였다(송병건, 1988; Jones, 1991).

일자리를 빼앗긴 사람들이 중심이 되어 농촌을 비롯한 전국 각지에서 폭동이 일어나고 식량 강제 점유 사태가 확산되었다. 이러한 폭동은 임금인상, 고용창출을 주요 요구사항으로 내세웠고, 기계 파괴와 같은 과격한 주장도 제기하였다. 대표적인 농민봉기로는 1830년 여름 영국의 이스트 켄트(East Kent)의 엘함벨리(Elham Valley) 지역에서 시작된 스윙폭동(swing riots)[1)]이 있다. 이 폭동은 생활필수품마저 이윤추구의 대상이 된 시장경제에 대한 저항이었으며, 농민의 노동력을 대체한 탈곡기 파괴로부터 시작되었다. 그해 12월 초에는 이 같은 폭동이 남부 잉글랜드와 동부 앵글리아로까지 확산되었다.

실업자와 빈민의 급격한 증가는 동시에 이를 구제하기 위해 필요한 구빈세 지출의 증가를 불러왔다(〈표 4-1〉 참조). 그런데 구빈세 지출의 증가는 다른 측면에서 노동생산성을 저하시키고 인구의 증가를 불러왔다. 노동자 입장에서는 굳이 다른 지역으로 이주하지 않더라도 임금보조 방식을 통해 기본적인 생계를 보장받았기에 일자리를 찾아 다른 지역으로 이주할 필요성을 못 느꼈다. 이는 노동의 이동을 제한하는 결과로 나타났다. 또한 임금과 지대

표 4-1 잉글랜드 및 웨일즈의 연도별 총 구빈지출

연도	총액(파운드)	지수(1802년=100)
1802	4,078	100
1812	6,676	164
1815	5,725	140
1816	6,918	169
1817	7,890	193
1819	7,330	180
1820	6,958	171
1825	5,929	145
1830	6,799	167
1831	7,037	173
1832	6,791	167
1833	6,317	155

주: 2020년 현재 1파운드는 한화 1,481원가량임.
출처: 송병건(1988), p. 318; Blaug (1963), p. 180에서 재인용.

1) 스윙폭동의 명칭은 기계 파괴를 협박하는 편지에 명시된 리더의 이름이 Captain Swing이었던 데에서 연유한다고 한다(김종일, 2016).

를 낮추는 부작용과 함께, 구빈세를 납부하는 납세자의 부담을 가중시킨다는 비판을 받아야 했다(송병건, 1988). 무엇보다 인도주의의 기치를 내건 스핀햄랜드제도의 시행으로 산업노동력의 수급에 차질을 빚게 되자 자유주의적 자본가들은 스핀햄랜드제도의 폐지를 강력히 요구하고 나섰다(원석조, 2012).

자유주의자로 대표되는 애덤 스미스(Adam Smith), 맬서스(Thomas Robert Malthus) 그리고 공리주의자로 유명한 벤담(Jeremy Bentham)은 스핀햄랜드제도를 비판한 대표적인 사상가들이다. 이들은 빈민들의 최저생계를 보장해 주고자 제정된 스핀햄랜드제도와 이 제도에 따른 원외구제가 빈민의 도덕적 해이를 촉진하고, 일하지 않는 빈민 수를 급증시킨다며 맹렬히 비판하였다. 이들의 주장은 봉건적 보호주의와 온정주의적 책임의식을 점차 약화시켰을 뿐만 아니라 본격적으로 출현하는 자본주의의 정당성을 뒷받침해 주는 사상이 되었다.

2. 신빈민법 제정에 영향을 미친 사상가

1) 애덤 스미스

애덤 스미스는 고전 경제학자의 선봉자이자 '경제학의 아버지'로 불린다. 그는 산업혁명을 배경으로 자본주의 생산양식이 확립되어 가는 시기에, 중상주의의 각종 특권과 독점 및 규제와 같은 비합리적 경제질서를 합리적이고 인간 본성에 합당한 자연적 경제질서로 회복시키는 수단으로 경제적 자유주의를 표방하였다.

그는 1776년 『국부론(An Inquiry into the Nature and Causes of the Wealth of Nations)』을 저술하였다. 이 책에서 그는, 모든 사람이 자유경쟁의 원칙에 입각하여 이기심(self-interest)을 합리적으로 추구한다면 개인에게 최선일 뿐만 아니라 사회 전체에도 최상의 결과를 얻을 수 있다고 주장하였다. 또한 그는 절약, 근면 등과 같은 습관이 본질적으로 이기적인 동기에서 생기는 것이라고 보았으며, 이러한 인간의 이기심을 하나의 덕성으로 간주하였다.

이와 유사한 주장은 버나드 맨더빌(Bernard Mandeville)이 애덤 스미스에 앞서 주장한 바 있다.[2] 그는 이타주의 속에 깃든 허위와 기만의 오류를 적시하면서 인간의 본능적 욕구, 그

2) 버나드 맨더빌(1607~1733)은 네덜란드에서 태어나 런던으로 이주해 문필활동을 했으며, 사치옹호론, 자선학교 유해설, 자유방임론 등을 주창하였다. 그의 주장은 영국, 프랑스, 독일 등에서 논쟁의 씨앗이 되었다고 한다.

글상자 4-1 애덤 스미스

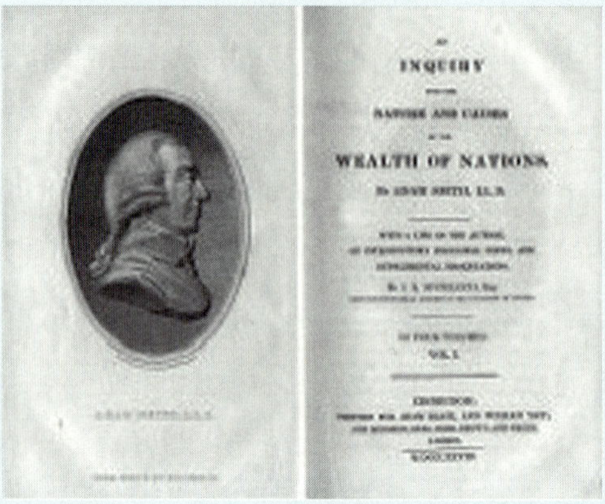

애덤 스미스(Adam Smith, 1723. 6. 5.~1790. 7. 17.)는 스코틀랜드 출신의 영국의 정치경제학자이자 윤리철학자다. 『국부의 본질과 원인에 관한 연구(國富의 本質과 原因에 關한 硏究, An Inquiry into the Nature and Causes of the Wealth of Nations)』 또는 『국부론(國富論, The Wealth of Nations)』은 1776년 3월 9일에 출판된 그의 대표적인 저서로, 총 5편으로 이루어져 있다. 고전경제학의 대표적인 이론가인 스미스는 경제학의 아버지로 여겨지며 자본주의와 자유무역에 대한 이론적 심화를 제공하였다.

중에서도 탐욕본능이 충분히 발휘되도록 하는 것이 사회의 번영과 진보에 필수적이라고 하였다(허구생, 2006).

애덤 스미스는 사회에 대한 국가의 불필요한 각종 제약과 규제로부터 개인을 해방하여 국가 등이 간섭하지 않을 때 자유로운 시장경쟁을 통해 자기이익(self-interest)을 추구할 수 있다고 보았다. 자유로운 시장경쟁을 통해서 자연적인 질서를 회복할 수 있으며, '보이지 않는 손(invisible hand)'에 의하여 사회의 이익과 나아가 국가의 발전을 가져올 수 있다고 주장하였다(Fraser, 2009).

더불어 그는 자연의 질서는 자유경쟁을 기초로 한다고 보았다. 그래서 경쟁을 꺼리는 사람이나 자신의 이익을 극대화하고자 노력하지 않는 사람은 자연의 질서를 위배하는 것이며, 더 나아가 자유경쟁을 방해하는 국가정책이나 제도 또한 자연의 질서를 파괴하는 것으로 여겼다. 따라서 국가의 간섭이 최소화될 때 개인의 자유로운 경제활동도 극대화되고, 각자 자신의 이익을 추구할 때 보이지 않는 손에 의해 (의도와 상관없이) 자연적으로 공공복지(common welfare)가 실현돼 국가의 부(富)가 증가된다고 하였다.

이러한 애덤 스미스의 사상에 비추어 볼 때, 당시 스핀햄랜드제도는 다음과 같이 상당한 비판의 대상이었다(김연희, 1985).

첫째, 기존의 스핀햄랜드제도는 빈민의 자유에 대한 자연권(natural right)을 침해한 것이다. 즉, 기존 제도들은 빈민의 자유를 박탈하고 권리를 제한하여 육체적 · 도덕적 노예상태로 만들었다. 주지하다시피, 인간은 오로지 자유경쟁을 통해서만 생존권을 확보할 뿐 그 누구에 대해서도 부양의무라는 속박에 얽매일 수 없는 존재다. 따라서 노예상태로부터 빈민해방이라는 측면에서 또한 지배층의 부양의무로부터의 자유라는 측면에서 기존의 빈민제도들은 폐지되어야 한다.

둘째, 당시 빈민제도는 사물의 자연적 작용을 방해한다는 것이다. 애덤 스미스가 생각하는 자연의 질서는 경제인들 간의 자유경쟁을 기초로 한다. 따라서 경쟁을 기피하거나 자신의 이익을 극대화하지 않는 사람은 시장과 자연의 질서를 파괴하는 존재들이다. 그들을 자유경쟁에서 제외하는 정책이나 제도도 마찬가지다.

그런데 스핀햄랜드제도는 자연의 질서를 파괴하는 제도다. 노동자를 자유시장체계 밖으로 이탈시키고 시장이 제공하는 보상과는 다른 선택을 하게 만들어 결국 사회적 이익을 가져다주는 '보이지 않는 손'의 작용을 방해한다. 이를 보다 구체적으로 표현하면, 빈민구제라는 인위적 장벽이 노동력의 이동과 순환을 방해해 사회의 생산적 활동에 대한 개인의 자유로운 참여를 가로막는다. 또한 수요와 공급의 원리에 의해 결정되어야 할 임금이 시장체계 밖에서 결정됨으로써 가격의 자기 적응적인 기제를 파괴한다는 것이다.

2) 토머스 로버트 맬서스

맬서스는 인구는 기하급수적으로 증가하나 식량은 산술급수적으로 증가하므로 인구와 식량 사이의 불균형이 필연적으로 발생할 수밖에 없으며, 이로 인해 기근, 빈곤, 악덕이 발생한다고 하였다. 그래서 이 같은 불균형을 해소하기 위해서는 인구 증가를 억제하여야 한다. 그 방법으로 기근, 질병 등으로 인한 사망과 같은 적극적 억제 외에 성적 문란을 막고 결혼을 연기하여 출산율을 감소시키는 등의 도덕적 억제가 필요하다고 하였다(박광준, 2002; 최혜지 외, 2008).

특히 맬서스는 빈민의 가난과 불행은 그들 자신의 책임이고, 자신의 분별력과 검약의 결핍과 같은 잘못된 생활태도에서 야기되었다는 관점을 취하였다. 그러므로 빈민은 국가에 의해 보호받을 권리도, 이를 요구할 권리도 없고, 빈민구제는 「자연법」에 역행할 뿐만 아니

글상자 4-2 토머스 로버트 맬서스

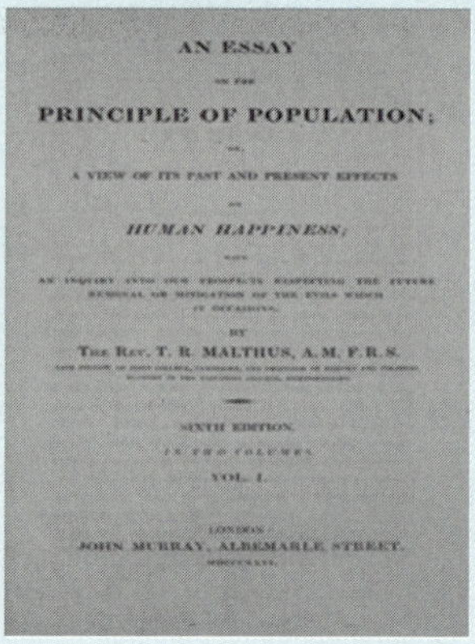

토머스 로버트 맬서스(Thomas Robert Malthus, 1766. 2. 14.~1834. 12. 23.)는 영국의 인구통계학자이자 정치경제학자다. 고전경제학의 대표적인 학자 가운데 한 명으로 영국 왕립학회 회원이었다. 인구 증가에 대한 이론으로도 유명하다. 그는 1798년『인구의 원리가 미래 사회 발전에 미치는 영향에 대한 소론-고드윈, 콩도르세 그리고 그 외 작가들에 대한 사색에 언급하며 논함(An Essay on the Principle of Population as It Affects the Future Improvement of Society, with Remarks on the Speculations of M. Godwin, M. Condorcet, and Other Writers)』의 초판을 익명으로 출간하였으며, 1826년까지 여섯 번의 개정판을 출간하였다.

라 자유의 상실과 같은 더 큰 불행을 불러온다고 주장하였다(김연희, 1985).

「길버트법」과 스핀햄랜드제도와 같은 관대하고 온정주의적인 구빈제도가 노동의욕을 잃게 만들었으며, 인구와 빈민 증가를 통제하기보다는 가난한 사람들의 조기결혼과 다산을 부추겨 오히려 인구를 증가시키고, 개인의 자유와 독립정신, 근면성 등을 파괴하였고, 결국에는 국민의 생활수준을 악화시켰다고 비판하였다. 또한 가족을 부양할 능력도 없이 결혼하는 노동자를 사회악으로 간주하였다. 그래서 스스로의 노동이 아닌 복지에 의존하여 살아가는 빈민에게 치욕을 주는 것은 자연의 법칙이자 공익 차원에서도 합당하다고 하였다(박태정, 2014; 허구생, 2006).

이 같은 주장을 내세우며, 그는 인구 증가를 억제하기 위해서는 스핀햄랜드제도와 같은 인도주의적인 구빈제도를 폐지하여 빈민의 자유와 자립정신을 고양시키고, 출산을 억제하는 것보다는 도덕적 속박과 결혼을 지연시킬 것을 제안하였다(원석조, 2012). 이처럼 맬서스는 빈민구제가 개인의 자유, 독립성, 근면성을 파괴한다고 하면서, 당시의 스핀햄랜드제도에 대해 다음과 같이 비판을 가하며 이의 폐지를 주장하였다(김연희, 1985; Rimlinger, 1979).

첫째, 빈민구제는 인구를 증가시킨다. 스핀햄랜드제도는 빈민들을 도와주기 때문에 그들로 하여금 자신의 장래나 가족부양능력에 대해서는 고려하지 않고 일찍 결혼하도록 만든다. 이는 인구 증가뿐만 아니라 빈민의 수도 증가시키는 원인이 된다. 둘째, 빈민구제는 사회의 일반적인 생활수준을 낮춘다. 빈민구제의 역효과로 더 근면하게 일하는 가치 있는 사람들(valuable part)에게 돌아갈 분배의 몫이 적어져 그들의 생활조건을 악화시킨다. 셋째, 빈민구제는 빈민들로 하여금 가난을 지배자의 탓으로 돌리게 함으로써 자립을 저해한다.

맬서스의 빈민구제에 대한 비판과 주장은 자본주의 발전과정에서 성공한 신흥 자본가계급들로부터 전폭적인 지지를 받았다. 왜냐하면 빈민의 불행은 본인의 나태와 의존심의 결과라는 그의 논리는 역으로 부자들의 성공은 부자들의 근검절약과 독립심의 성과물이란 논리를 정당화할 수 있는 근거가 되었기 때문이었다(최혜지 외, 2008). 그의 빈민관은 1834년 「신빈민법」 제정을 통해 원외구제의 제한과 작업장 선서라는 방법으로 실현되었으며, 그의 인구법칙은 이후에 실시되는 왕립빈민법조사위원회의 보고서와 「신빈민법」의 구빈행정과 정책에 지대한 영향을 미쳤다(양정하, 2013).

애덤 스미스가 경제성장으로 빈곤이 줄어들 것이라고 본 반면, 맬서스는 인구법칙에 의해 전체 인구가 빈곤해질 것이라고 보았다(허구생, 2006). 이러한 빈곤 원인과 해결책에 대한 이들의 견해 차이에도 불구하고, 맬서스와 애덤 스미스의 이론은 자유방임주의의 이상과 일치하기 때문에 억압과 통제 위주의 구빈제도를 부활시키는 신호탄이 되었다.

3) 제러미 벤담

개인의 사익추구에 절대적 가치를 부여하는 자유방임주의 사상뿐만 아니라 공리주의(utilitarianism) 역시 「빈민법」을 비판하였다. 고전적 공리주의를 정립한 벤담(Jeremy Bentham)은 인간은 자신의 행위를 결정할 때 쾌락이나 고통을 가장 중요한 요인으로 고려한다고 생각하고, 옳고 그름을 판단하는 척도는 '최대 다수의 최대 행복'에 있다고 주장하였다(최혜지 외, 2008). 그러므로 그는 최대 다수의 최대 행복에 방해되는 국가의 간섭과 개입을 반대하였으며, 빈민구제 또한 비판하였다. 그는 '소수의 빈민을 구제하기 위해 다수의 국민으로부터 세금을 징수하여 일반 국민의 행복을 깎아내린다면 그것은 전체로서의 행복의 저하를 의미하는 것'(박광준, 2002)이라면서 빈민구제에 대해 반대 입장을 표명하였다.[3] 이에 그는 사회 전체의 다수의 행복을 극대화하기 위해서는 빈민구제의 범위나 수준은 최소화되어야 한다고 주장하였다(감정기 외, 2002).

벤담의 빈민구제에 회의적인 입장은 그의 빈민관에서 더욱 분명하게 드러난다. 그는 빈민을 개인적 결함과 같은 '내적 요인'으로 빈민이 된 경우와 사회적 · 경제적 힘과 같은 '외적 요인'으로 빈민이 된 경우로 나누어서 달리 접근할 것을 주장하였다. 그는 빈곤 발생의 내적 요인에 관심이 있었다. 내적 요인 가운데 심신장애가 아니라 오직 노동의지가 없어 빈민이 된 경우를 '게으른 손(lazy hands)'이라 불렀다. 이에 해당되는 거지나 극빈계층을 어떻게 관리할 것인가가 벤담의 구빈방안의 핵심이었다. 그는 구걸은 일을 하지 않으려는 나태와 게으름의 결과이고, 기존의 구빈세를 통한 구빈은 이들의 도덕적 타락을 가속화한다고 보았다.

글상자 4-3 제러미 벤담

제러미 벤담(Jeremy Bentham, 1748. 2. 15.~1832. 6. 6.)은 영국의 법학자 · 철학자이자 변호사다. '최대 다수의 최대 행복'을 추구하는 공리주의를 표방하였다. 그는 각자가 자기 공리의 최대를 구할 때 그 총계로서 사회 전체의 공리도 최대로 된다고 생각하였다. 산업혁명 후 자본주의의 모순에 직면해서 존 스튜어트 밀(J. S. Mill)은 벤담 이론의 후반 부분을 '최대 다수의 최대 행복'이라는 말로 대체하였다.

3) 최대 다수의 최대 행복을 추구하는 양적 공리주의는, 일반적으로는 기득권층의 이기주의를 억제하고 다수로 대표되는 사회 전체의 이익을 증진한다는 점에서 사회정의에 부합한다고 볼 수 있다. 그러나 빈민구제에 대한 벤담의 비판처럼, 다수의 이익을 위해 소수나 약자의 고통에 둔감해 사회정의에 위배될 수 있는 한계도 갖고 있다. 이에 따라 질적 공리주의를 주창한 밀(James Mill)은 사회정의를 중요한 쾌락으로 추가해 양적 공리주의의 한계를 극복하려 하였다(심상용, 2020).

벤담은 구걸이 초래하는 사회적 악행을 다음과 같이 설명하였다(박혜영, 2014). 첫째, 동정심이 있는 행인에게 재물을 강탈하기 위하여 끈덕지게 약한 마음을 자극하는 고통을 초래한다. 둘째, 동정심이 없는 행인에게는 혐오감을 초래한다. 셋째, 공짜로 돈을 버는 행위는 근면하게 일하는 사람들의 근로의욕을 떨어뜨린다. 넷째, 구걸은 빈민에게 수치를 모르게 만들어 정직이라는 안전망을 걷어내 다른 범죄를 저지를 가능성을 높인다. 다섯째, 최대 다수의 최대 행복에 나쁜 영향을 끼친다.

따라서 노동 가능한 빈민의 악행을 막고 사회구성원 다수의 행복을 높이기 위한 방법은 영국 전역에 구빈원을 확대하고 모든 구빈원을 2천 명씩 수용할 수 있도록 대규모로 건설해야 하며, 구빈원에 들어온 게으른 노동자들을 관리할 가장 경제적인 수단도 굶주림이라 하였다. 이처럼 벤담은 최대 다수의 최대 행복의 추구는 단순한 빈민구제 차원보다는 그들에게 일하지 않는 고통을 알게 함으로써 자조의식을 고양하고 더는 사회나 국가에 의존하려는 태도를 갖지 못하게 함으로써 빈민 스스로의 행복도 증대할 수 있다고 하였다(고수현, 2002). 그는 빈민의 권리로서의 구제는 반대하였지만 일하는 것이 행복을 가져다주기 때문에 빈민이 일할 수 있도록 도와주는 것이 최대 다수에게도 이익이 된다고 생각하였다(최혜지 외, 2008).

벤담은 자신의 빈민관에 입각하여 구빈행정에 적용되어야 할 원칙들을 제안하였다(양정하, 2013; 高野史郎, 1985).

첫째, 일반적으로 사용되는 빈곤을 빈곤(poverty)과 절대빈곤(pauper)으로 구분하여, 구제는 절대빈곤에 국한하여야 한다. 둘째, 피구제빈민이란 타인의 노동에 의해 부양되고 있는 자를 말하는데, 그 구제수준은 자립하고 있는 노동자의 급여와 근접하는(eligible) 수준이 되어서는 안 되며, 공적 급여는 노동자의 노동급여보다 적게 책정하는 것이 바람직하다. 셋째, 피구제빈민의 생계유지와 '열등처우의 원칙'을 구체적으로 조화하는 방책으로써 모든 구제는 시민생활에서 격리된 국가 규모의 수용시설에서 시행되어야 한다. 넷째, 이 시설을 통제하기 위한 기구로서 국립자선회사를 설립하고, 통계조사에 입각하여 피구제빈민을 분류하고 처우하여야 한다.[4)]

4) 애초에 벤담은 비용절감과 수익창출을 위해 민간 구빈회사에 운영을 위탁하고, 이사회가 소용 빈민에 대한 강제력을 보유하고, 수익금은 4대6(회사:국가)으로 배분한다는 구빈제도 개혁안과 원형감옥(panopticon) 형태(중앙의 감시장치를 중심으로 수용시설을 방사형으로 배치해 감시와 감독을 용이하게 하는 파놉티콘 원리)의 건축 구상을 제안하였다. 이 제안은 1979년에 하원을 통과하였지만 당시 국왕 조지 3세가 서명을 거부해 무산

벤담이 제안한 구빈행정의 방향은 작업장의 고통스러운 환경을 통해 구빈을 억제하고 구빈세를 절감하려 했던 지배계급의 이해에 기여하였다. 이는 이후 「신빈민법」의 열등처우의 원칙과 작업장 수용 원칙의 이론적 기초를 제공한 것으로 평가받는다(감정기 외, 2010).

「신빈민법」의 법령 내용과 제정 원칙의 성립에 애덤 스미스와 맬서스의 자유방임주의 사상과 벤담의 공리주의는 국가개입이라는 측면에서 서로 다른 방식으로 영향을 미쳤다. 자유방임주의 사상은 국가개입을 최소화하고 국가원조를 받는 빈민의 수를 최소화하는 데 직접적으로 영향을 끼쳤다. 벤담은 주로 중앙집권적인 구빈행정체계의 확립이라는 국가개입의 강화에 영향을 주었다. 특히 벤담은 애덤 스미스의 '보이지 않는 손'이라는 신념을 믿지 않았고, 오히려 입법이라는 적극적인 수단을 통하여 개인의 자유가 존중되는 사회를 구상하였다(박광준, 2002; 최예지 외, 2008).

3. 왕립빈민법조사위원회

영국은 19세기에 접어들어 구빈비용이 급격하게 증가하였다. 당시 구빈비용의 증가를 불러온 가장 큰 원인은 스핀햄랜드제도의 실시였다. 1669년 대비 1750년의 구빈비용 증가율은 약 58%에 불과하였다. 그러나 1789년 스핀햄랜드제도가 시행된 이후 이 제도가 본격적으로 확산된 1803년에는 1인당 지출액도 4배 이상 큰 폭으로 증가하였고, 총구빈비용의 지출은 6배 이상 치솟았다(Slack, 1995). 무엇보다 스핀햄랜드제도 시행의 가장 큰 폐단은 고용주가 저임금을 지급하더라도 구빈세로 부족분을 보충해 주었기 때문에 이 제도가 빈곤한 노동자를 위한 제도가 아닌 저임금을 부추기는 고용주를 위한 제도로 전락하였다는 점이다.

구빈세 부담의 문제는 단순히 구빈비용의 절대액 증가에만 있었던 것이 아니다. 교구 간 그리고 교구 내에서 개인 간 비용 부담의 불공평성도 문제가 되었다. 교구의 규모가 작을수록 상대적으로 큰 규모의 교구보다 부담이 더 컸고, 산업지역보다 농어촌 교구의 부담이 더

되었다. 그는 조지 3세만 아니었으면 빈민구호체계가 혁명적으로 바뀌었을 것이라고 아쉬워했다고 한다(김종일, 2016). 벤담은 기존의 작업장을 '근면의 집(house of industry)'으로 개명하고 "부랑자를 정직하게 만들고 게으른 사람을 근면하게 만든다."라는 신념 아래 파놉티콘(panopticon) 체제의 작업장을 제안하였는데, 이는 대다수의 가난한 사람에게 '잔인한 새장' '빈민의 바스티유'라고 불리며 멸시와 공포의 대상이 되었고, 감옥이나 다를 바 없었다(고세훈, 2011; 박혜영, 2014).

켰다. 그리고 당시에는 소득보다는 재산을 중심으로 구빈세를 부과하였기 때문에 산업자본가보다 토지나 가옥 등의 재산소유자의 부담이 상대적으로 컸다(김동국, 1994b).

더 큰 문제는 구빈비용의 절대액 증가에도 빈곤문제는 전혀 해결될 기미가 보이지 않았다는 점이다. 오히려 구빈세만 지속적으로 증가하자 구빈제도 시행에 대한 반대여론이 확산되었다는 점이다.

이에 구빈제도의 개정을 통해 구빈비용을 절감해야 한다는 공감대가 형성되었다. 이를 목적으로 구빈행정 전반에 대한 실태를 조사하고자 1832년에 왕립빈민법 조사위원회(royal poor law commission)가 설치되었다. 위원들은 의회가 아닌 왕의 천거로 구성되었기 때문에 정당의 영향력으로부터 자유롭게 빈민실태를 조사할 수 있었다(한국복지연구회, 1995). 위원장에는 경제학자인 나소우 시니어(Nassau W. Senior) 교수, 서기에는 벤담의 제자인 법률가 에드윈 채드윅(Edwin Chadwick)이 임명되었다. 위원회 출범 당시에는 런던 주교를 의장으로 한 7명의 위원으로 구성되었으나, 1833년에 2명이 추가되어 9명으로 확대되었다.

위원회가 조직된 후 2년에 걸쳐서 구빈제도 시행에 관한 조사를 실시하였고, 별도로 26명의 보조위원을 두고 이들을 전국 각 지역에 파견해 실태조사를 실시하였다(양정하, 2013). 실제 위원회는 구빈제도 운용의 실제와 전국 교구의 구빈방법을 구체적으로 파악하기 위하여 전체 교구의 30%에 달하는 3,000개의 교구를 대상으로 빈곤실태를 조사하였다. 이 조사를 통해 얻은 결과를 바탕으로, 1834년에 12권에 달하는 '빈민법 조사위원회 보고서'[5]를 제출하였다.

보고서는 총 2부로 구성되어 있다. 보고서 서두에는 스핀햄랜제도식의 구빈제도 운영이 「빈민법」의 법정신에 위배될 뿐만 아니라, 노동자계급의 도덕과 사회전체의 이익에 반한다고 명시하였다(허구생, 2006). 제1부는 실시상황과 관련하여 수당제도, 「정주법」, 사생아문제 등에 중점을 두어 실시되었던 62개 항목에 대한 조사 결과를 수록하고, 조사 결과에 "빈곤은 노동자의 태만이라는 도덕적 결함으로 인해 발생한다."라고 기록하였다. 제2부에서 다룬 대책에서는 "피구제빈민화라는 질병(the disease of pauperism)은 노동능력이 있는 자 및 그 가족에 대한 모든 구제를 제한함으로써 근절될 수 있다."라고 기록하였다(김동국, 1996; 양정하, 2013).

5) 조사단의 활동은 2년 동안 이루어졌으며, 거의 모든 주(county)와 도시가 조사대상이 되었고 상당수의 농촌 마을까지 포함되었다. 무려 1만 3천 페이지에 이르는 1833년 보고서에는 직업, 계층, 이해관계, 교육 정도를 달리하는 그야말로 각계각층의 사람들의 의견이 포함되었다(허구생, 2006).

보고서는 스핀햄랜드제도에 의한 구제의 남용, 그중에서도 노동 가능 빈민에게 제공하는 임금보조수당에 대해 통렬히 비판하였다. 임금보조수당이 노동자의 임금을 인하하고 실업을 유발하며, 다시금 구호수당을 필요로 하게 하는 악순환을 조장한다는 것이었다. 한편, 구빈제도가 노동자의 낭비 습관을 조장하여 성실, 근면, 검소함을 저해하고 도덕적 타락을 유발한다고 하였다(박태정, 2014).

보고서는 다음과 같은 건의문을 내놓았다(김근홍 외, 2007).

첫째, 스핀햄랜드제도 아래 시행되었던 임금보조제도를 폐지한다. 둘째, 일할 수 있는 건장한 빈민에 대해서는 모두 작업장 수용을 통한 구제를 원칙으로 한다. 셋째, 원외구제는 최소화하며, 그 대상은 병자, 노인, 허약자, 아동을 양육하는 여성에게만 제공한다. 넷째, 여러 교구의 구제행정을 하나의 「구빈법」 조합으로 묶어 조정한다. 다섯째, 구제수준은 그 지역사회에서 노동으로 일하는 노동의 최하위 임금보다 낮게 책정한다[열등처우의 원리(principle of less eligibility)]. 여섯째, 교구 단위의 구호행정을 관할할 수 있는 중앙통제기구(central board of control)를 설치한다.

이와 같은 건의문에 입각하여, 보고서에는 향후 구빈제도를 개정할 때 다음 사항들이 고려되어야 함을 주장하였다(허구생, 2006).

첫째, 노동능력이 있는 자와 그들의 가족에 대한 구제는 작업장 내에서 이루어져야 한다. 단, 의료시술은 원외에서 행할 수 있다.

둘째, 작업장은 수용자들이 인간적인 삶의 조건을 유지하도록 하는 것이 목적이지만, 공공작업장 내의 조건(음식, 잠자리, 노동, 규율 등)을 독립노동자에 비해 열악하게 유지되도록 통제해야 한다.

셋째, 작업장의 입소심사(workhouse test)는 신청인 스스로 하는 것이다. 작업장 내의 조건이 다른 어떤 생활보다 열악하므로 이 조건을 감수한다는 선서 자체가 신청자의 필요 상황, 즉 절대적인 결핍 상황을 증명하는 것이다.

넷째, 분리의 원칙은 독립노동자와 복지수혜자 간에만 적용되는 것이 아니라 신체 무능력자(노인, 장애인), 어린이, 신체 건장한 남성, 신체 건장한 여성에게도 적용된다. 이들을 별도의 독립된 건물에 분리 수용하되 가족도 예외일 수 없으며 부부도 분리 수용한다.[6]

다섯째, 작업장이 전국적인 통일성을 갖고 운영, 통제될 수 있도록 구제방식, 예산, 수용

6) 빈곤문화의 전승을 막기 위해 아동을 부모로부터 분리해 수용함을 원칙으로 하였다. 부부도 분리 수용하였는데, 이는 번식을 막기 위한 원칙이었다고 한다(김종일, 2016).

자들의 노동행위에 대한 결정 등에 관한 업무를 맡는 중앙행정기구(central board)를 설립한다. 여섯째, 「정주법」의 폐지는 거론하지 않는다.

4. 신빈민법의 내용

1) 제정 배경

왕립빈민법조사위원회의 보고서에서 제시한 구빈제도의 해결책이 전반적으로 수용되자마자, 1834년 「영국과 웨일즈의 빈민대상 법과 행정을 위한 개정법(an act for the amendment and better administration of the laws relating to the poor in england and wales)」, 일명 「신빈민법(the poor law amendment act/new poor law)」이 신속하게 제정되었다. 1834년 4월 17일 조사위원회의 최종 보고서가 나온 지 두 달도 채 안 되어서 새로운 「빈민법」의 법률안이 의회에 상정되었으며, 같은 해 8월 13일 양원을 모두 통과하였고 다음 날 왕의 재가를 받았다(허구생, 2006).

글상자 4-4 에드윈 채드윅 경

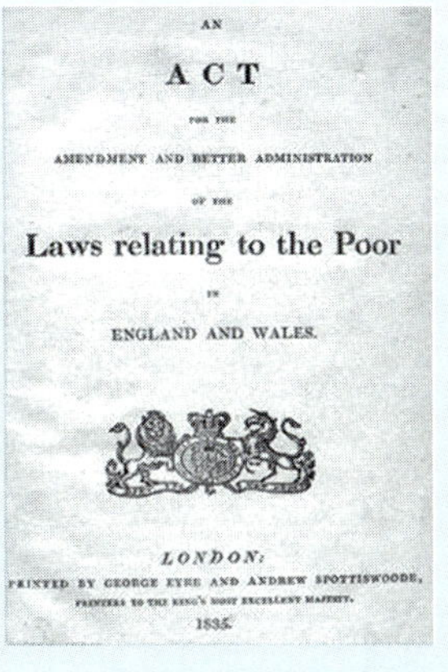
AN
ACT
FOR THE
AMENDMENT AND BETTER ADMINISTRATION
OF THE
Laws relating to the Poor
IN
ENGLAND AND WALES.
LONDON:
PRINTED BY GEORGE EYRE AND ANDREW SPOTTISWOODE,
PRINTERS TO THE KING'S MOST EXCELLENT MAJESTY.
1835.

에드윈 채드윅 경(Sir Edwin Chadwick, 1800. 1. 24.~1890. 7. 6.)은 영국의 사회개혁자이자, 「신빈민법」의 제정과 위생상태 및 공중보건을 향상하였다. 벤담의 제자이자 그의 사상에 영향을 받아 「신빈민법」의 3대 원칙을 강력히 제안하였다.

「신빈민법」의 제정 목적은 다음과 같다.

첫째, 「길버트법」의 원외구호와 스핀햄랜드제도의 임금보조수당의 폐해를 방지하는 것을 목적으로 한다(김연희, 1985). 둘째, 「신빈민법」은 독립 노동계층이 복지의존자가 되지 않도록 예방하고자 하는 또 다른 목적도 있었다. 이를 위해서 독립 노동계층과 복지의존자 사이에 확실한 물리적 · 심리적 경계선을 만들고자 하였다(허구생, 2006). 셋째, 자본주의 경제이념의 관점에서는 구빈세 경감에 의한 자본축적을 촉진하고 노동력의 자유로운 이동에 의한 노동시장 창출을 의도하였다(우재현, 1984).

이 법의 제정으로 스핀햄랜드제도는 사실상 폐지되었다. 「신빈민법」은 「엘리자베스 빈민법」(1601) 이후 제정된 여러 인도주의적 빈민구제 제도들과 크게 달랐다. 첫째, 부랑자와 가치 없는 빈민(undeserving poor)에 대하여 처벌을 강행하고 실업자에게 일을 시키고 노동능력이 없는 가치 있는 빈민에 대해서는 구제를 줄이고자 하였다(King, 2011). 둘째, 「길버트법」 시행 이후 실시된 원외구제를 일체 중지하고 작업장을 부활하였을 뿐만 아니라, 작업장에 입소한 빈민의 생활조건은 어떤 경우라도 원외에서 일하는 노동자가 받는 최저보수보다는 낮아야 한다는 것이다. 셋째, 이처럼 빈민의 구제를 최악의 상태로 만들어 구빈세 부담을 경감하고자 하였다.

2) 신빈민법의 3대 원칙

「신빈민법」에는 왕립빈민법 조사위원회가 제안한 세 가지 원칙이 그대로 담겨 있다. 이 원칙들은 빈민구제정책이 다시금 억압정책으로 회귀했다는 것을 잘 보여 주고 있으며, 영국에서 사회보장제도가 확립되기 전까지 폐지되지 않고 공적 부조제도의 기본원리로 자리매김하였다. 세 가지 원칙은 다음과 같다.

첫째, 열등처우의 원칙(principle of less eligibility)이다. 이 원칙은 자유방임주의의 자조정신과 벤담의 쾌락 및 고통의 아이디어에서 영향을 받은 채드윅이 작성하였다. 이 원칙은 비록 왕립빈민법 조사위원회의 보고서에 공식적인 권고로 포함되지는 않았지만 토의과정에서 확인된 일반적 견해였다. 개혁안의 서두에 "모든 조건 중에서 가장 기본적인 것은 피구제빈민의 상태는 독립하고 있는 노동자보다 실질적으로 또 명백하게 적격이어서는 안 된다."라고 기술하였다(양정하, 2013; Checkland & Checkland, 1974). 그 의미는 빈민법의 대상이 된 빈민의 생활은 어떤 경우에도 스스로 자활하여 생활하는 임금노동자의 최저기준 이하여야 한다는 것이다(이계탁, 1988).

열등처우의 원칙을 엄격히 지키기 위하여 작업장에서 생활하는 빈민들의 식사량을 줄이고, 열악한 피복을 지급하였으며, 거실은 불결하게 하였다. 또한 수면시간을 일반노동자보다 적게 허용하는 등 비인간적 방법이 취해졌다. 1847년에는 그 방법을 변경하여, 단조로운 작업을 시키고 일체의 오락을 금지하는 한편, 정신적 자극을 일절 금지하고 외출도 가능한 한 허용하지 않았다(송정부 외, 1995).[7)]

이는 빈민들이 스스로 구호로부터 멀어지기 위해 노력하게끔 하는 동시에 구호를 받을 권리가 노동시장으로의 유인을 방해해서는 안 되도록 규정한 단면을 보여 주는 실례다. 또한 이 같은 환경은 작업장 원칙과 결합되면서 빈민에 대한 엄격한 통제수단으로 작용하였다(이계탁, 1988).

그리고 이 원칙에 따라 빈민을 극빈층(pauper)과 빈곤층(poor)으로 구별하였다. 전자는 도움을 받을 만한 사람이 없어 현재 구제를 받고 있는 자를 말하고 후자는 대부분 임금의 보충 방법으로 수당을 받고 있는 자로서 현재 자신의 힘으로 생활하는 자를 말한다. 이를 엄격하게 구별하여 극빈층에게는 구제를 제공하되, 그 수준을 빈자의 생활수준 이하로 엄격히 제한하였다(Bruce, 1961).

둘째, 작업장 수용의 원칙(principle of workhouse system)[8)]이다. 이는 1722년에 제정한 「작업장법」을 부활해 재차 작업장에서의 수용을 구제조건으로 한 것이다. 원칙적으로 노동능력이 있는 빈민에 대한 원외구호를 금지하였다. 작업장 수용을 거부하는 자에게는 어떠한 원조도 제공하지 않았다(이계탁, 1988).

이 원칙도 채드윅의 의지가 관철된 것이었는데, 이는 ① 빈민을 「빈민법」의 적용 대상에서 배제해 극빈층만 「빈민법」의 대상이 되게 만든다, ② 「빈민법」의 원래 정신을 살려 구빈 대상자가 구제에 대한 대가로 노동을 하도록 한다, ③ 작업장의 열등처우를 통해 「빈민법」

7) 이런 까닭에 작업장은 희망도 없고 사생활이나 인간적 처우와는 거리가 멀었다(Bruce, 1961). 제3장에서 언급한 것처럼, 작업장의 비참하고 열악한 환경과 대우 탓에 웹(Webb) 부부는 이 당시 작업장은 '죄 없는 감옥(gaols without guilt)'이었다고 비난하였다. 작업장은 가난한 자들의 형무소이자 「빈민법」의 바스티유(bastille), 눈물의 아치길(archway of tears)로 불리며 빈민들의 두려움의 대상이었다.

8) 작업장 수용의 원칙은 사실상 「신빈민법」의 시행 초기부터 지켜지지 않았다. 가난하지만 일정한 거처가 있는 노인 등을 강제로 작업장으로 이주시킬 수도 없었기 때문에 부분적인 원외구제가 이루어졌다. 특히 병자와 노인에 대한 원외구조는 1852년 「원외구제령(outdoor relief regulation order」에 의해 합법화되었고, 노동 가능 빈민에 대한 원외구제는 1842년 「원외노동자 조사령(outdoor labour test order)」에 의해 합법화되었다(Bruce, 1961). 결국 1854년에 가서는 빈민 중 원외구제를 받는 자가 84%에 달하였고(Fraser, 1973), 사실상 작업장 수용의 원칙은 유명무실해졌다(송정부 외, 1995).

의 매력을 없애겠다는 그의 생각이 반영된 것이다(원석조, 2012).

〈표 4-2〉는 당시 작업장의 열악한 환경을 보여 주는 단적인 예로, 당시 작업장에서 제공된 식단표다. 보는 바와 같이 작업장에서 제공한 식단은 매우 불충분하고 열악했으며, 여자와 아동은 남자와 같은 음식을 받았으나 음식량은 남자보다 적었고, 식사시간에 이야기를 하는 것은 허락되지 않았다. 일부 작업장에서는 나이프와 포크 같은 식사도구를 제공하지 않고 손으로 음식을 먹도록 강요하였다. 차와 버터는 60세 이상의 노인에게만 제공되었다.

작업장에서는 빈민들을, ① 노인과 장애인 등 신체무능력 빈민(impotents), ② 어린이, ③ 노동능력이 있는 여성 빈민, ④ 노동능력이 있는 남성 빈민 등으로 분류하여 수용하였으며, 비록 가족이라도 격리수용하는 것을 원칙으로 하였다(허구생, 2006). 그런데 모든 유형의 빈민을 작업장에 수용하고 건물의 분리와 대상자 분류를 통해 대상자의 개별적 특성에 적합한 처우를 제공하여 행정의 효율화와 빈곤억제의 효과를 기대한 것은 처음부터 잘못된 것이었다.

대상자 분류를 통한 적절한 처우의 취지는 노령자에 대해서는 특별한 일을 시키지 않고

표 4-2 작업장 식단

구분	아침	점심	저녁
월요일	$1\frac{1}{2}$ pints of gruel; 8oz bread, water	7oz. bread, 2oz. cheese, water	6oz. bread, $1\frac{1}{2}$ oz. cheese, water
화요일	$1\frac{1}{2}$ pints of gruel; 8oz bread, water	8oz. cooked meat, $\frac{3}{4}$ lb. Potatoes, water	6oz. bread, $1\frac{1}{2}$ oz. cheese, water
수요일	$1\frac{1}{2}$ pints of gruel; 8oz bread, water	7oz. bread, 2oz. cheese, water	6oz. bread, $1\frac{1}{2}$ oz. cheese, water
목요일	$1\frac{1}{2}$ pints of gruel; 8oz bread, water	$1\frac{1}{2}$ pints of soup, bread, water	6oz. bread, $1\frac{1}{2}$ oz. cheese, water
금요일	$1\frac{1}{2}$ pints of gruel; 8oz bread, water	7oz. bread, 2oz. cheese, water	6oz. bread, $1\frac{1}{2}$ oz. cheese, water
토요일	$1\frac{1}{2}$ pints of gruel; 8oz bread, water	5oz. bacon, $\frac{3}{4}$ lb. potatoes, water	6oz. bread, $1\frac{1}{2}$ oz. cheese, water
일요일	$1\frac{1}{2}$ pints of gruel; 8oz bread, water	7oz. bread, 2oz. cheese, water	6oz. bread, $1\frac{1}{2}$ oz. cheese, water

주 1) oz.는 온스(ounce)의 약어로 1온스는 28.4g임.
2) 파인트(paint)는 액량 건량 단위로 1파인트는 0.57리터임.
출처: 김기원(2000). **공공부조론**, p. 152.

안락함을 즐길 수 있도록 하고 아동은 교육을 받을 수 있도록 해 주겠다는 것이었다. 그러나 구빈비용 절감을 추진하였기 때문에 사실상 건물을 분리한다는 것도 무리였고 대상에 따른 처우를 달리하는 것도 불가능하였다. 그러므로 당시의 작업장은 대규모의 구빈원(a large almshouse)에 지나지 않았으며, 결국 분류보호보다는 작업장의 평준화만 가져왔다(한국복지연구회, 1995).

셋째, 행정의 중앙집권화와 통일을 도모하고자 하는 전국적 통일의 원칙(principle of national uniformity)으로, 이는 중앙집권적인 구빈행정의 원칙을 규정한 것이었다(이계탁, 1988). 채드윅은 전국에 걸쳐 1만 5,000여 개 교구에 의해 운영되는 구빈행정의 비효율성을 지적하면서 구빈업무를 맡을 중앙행정기구의 필요성을 강조하였다.

이에 「신빈민법」은 과거 지역의 교구중심적인 구빈행정에서 중앙 집중적인 행정방식으로 전환하였으며, 전국의 구빈행정을 관할하는 중앙구빈위원회(central board of commissioners)[9]를 설치하였다(Care, 2011). 이 위원회는 3명의 구빈위원과 1명의 부위원으로 구성되었으며,

표 4-3 「구빈민법」, 스핀햄랜드제도, 「신빈민법」의 비교

구분	구빈민법	스핀햄랜드제도	신빈민법
시대 배경	• 봉건제 해체기 • 농업자본주의 확립기	• 농업자본주의 완성 • 도시산업화 진행	• 농업자본주의 완성 • 도시산업화 완성
연도	• 1601년	• 1795년	• 1834년
주요 이념	• 중상주의	• 인도주의	• 자유방임주의, 공리주의
제도 취지	• 근로 가능 빈민 통제 • 빈민의 노동력 활용	• 최저생활보장 • 근로 가능 빈민도 보호	• 구빈비용 억제 • 빈민에 대한 억압적 처우
주요 내용	• 노동 가능 빈민 작업장 수용(「작업장법」) • 노동 불능 빈민 구빈원 수용 • 요보호아동은 도제생활 • 지역이동억제(「정주법」)	• 임금과 최저생계비의 차액 지원 • 가족 수 반영, 물가연동 • 원외구제(작업장 폐지) • 순환고용제 등 적용	• 열등처우의 원칙 • 작업장 수용의 원칙 • 빈민층과 극빈층 구별 • 빈민의 분리수용 • 작업장의 비인간적 처우
행정 체계	• 교구 단위의 구빈세로 운영 • 치안판사, 빈민감독관제도	• 교구 단위로 구빈세로 운영 • 구빈위원제도 도입	• 행정의 전국적 통일 • 빈민법연합회 · 구빈위원회

9) 중앙구빈위원회는 3명의 구빈위원과 1명의 부위원(감독관)으로 구성되었으며, 중앙조직은 정부기구가 아니었기 때문에 당파적 이익을 초월하여 구빈행정에 전념할 수 있었다(송정부 외, 2005, p. 65).

여러 개의 교구를 하나의 교구연합으로 통합하여 이를 총괄하였다.[10] 그리고 보다 효율적인 지방행정과 재원을 확보하기 위해 지방에는 빈민법연합회(poor law unions)를 결성하였다. 이는 선출된 구빈위원으로 구성된 지방구빈위원회(boards of guardians)에 의해 운영되었다. 지방구빈위원회는 600여 개의 빈민법연합회를 관리하였고 그 안에 영국과 웨일즈의 약 1만 5,000개 교구가 포함되어 있었다. 이와 같은 구빈행정체계는 영국 최초의 전국적 구빈행정체계의 확립이라는 점에서 큰 의의가 있다(송정부 외, 1995; Baugh, 1983).

3) 신빈민법의 평가

공리주의자인 채드윅에 의해 주도된 「신빈민법」은 구빈비용을 줄이겠다는 제정 당시의 목적을 달성하였다. 즉, 1834년 이후 10년간 구빈세는 연 450만 파운드 내지 500만 파운드가 감소하였으며, 20년 후에는 500만 파운드에서 600만 파운드 사이에 머물렀다(원석조, 2012).

그러나 「신빈민법」은 시행과 동시에 잔혹성 때문에 많은 비판을 받았다. 일례로 법이 통과되기 전인 4월 30일 『타임즈』는 이 법률이 '법전을 더럽히게 될 것'이라고 비판하였고, 이 법에 따라 애빙던(Abingdon)에 설립된 작업장이 문을 열자마자 시설장이 살해 위협을 받기도 하였다(감정기 외, 2010).

「신빈민법」이 본격적으로 시행되면서 작업장에 수용된 사람들에 대한 처우는 비인간적일 정도로 매우 열악해졌고 작업장에 수용된 이들은 선거권마저 박탈당하였다. 열등처우의 원칙은 일자리가 어느 정도 확보되어 있고 임금이 최저생계비 수준이 되는 경우에 의미가 있는 것이지, 임금이 기아수준으로 하락할 때 열등처우의 원칙을 강요하는 것은 문제가 있었다. 이 원칙에 따라 작업장에 수용된 빈민들에게 제공되는 식사량은 적어지고 질도 떨어졌으며, 식사시간에는 침묵이 강요되었다. 욕구에 따른 빈민 분류 또한 불가능했으며, 단지 연령과 성별로만 분류할 뿐이었다. 7세 이상의 아동은 어머니와 강제로 분리되었고 1847년까지 노인부부도 분리되었으며, 면회도 허용되지 않았다(원석조, 2012; Jones, 1991).

10) 1835년 말에 이르러 2,066개의 교구를 112개의 교구연합으로 만들었으며, 이는 전체 인구의 1/10, 지방세의 1/6에 해당하는 교구들이었다. 1836년에는 7,915개의 교구를 통합하여 365개의 교구연합으로 만들었고, 1839년 12월 기준으로 전국의 15,000개 교구 중 1,369개 교구가 583개의 교구연합으로 재편성되었다. 이러한 교구연합의 재편성은 1871년에 완성되었다(박광준, 2013).

「신빈민법」의 시행에 따라 드러난 비인도적인 처우는 비판을 불러왔다. 급진파뿐만 아니라 극우 성향의 엘든 경(Lord Eldon)조차도 「신빈민법」이 기독교 국가에서 제정된 어떠한 법률보다도 '가장 저주스러운 법(most execrable law)'이라고 평하면서 비판에 앞장섰고(박광준, 2002; Jones, 1991), 디즈레일리(Disraeli)는 하원에서 「신빈민법」이 '영국에서는 빈곤이 범죄라는 사실을 전 세계에 알린 입법'이라고 비난하였다(Bruce, 1968). 폴라니(Polany)는 역사상 「신빈민법」보다 빈민에게 더 가혹한 제도는 없었다고 술회하면서, 「신빈민법」의 잔혹성을 다음과 같이 기술하였다(Polany, 1944; 박병현, 2005).

> "1834년 「신빈민법」은 스핀햄랜드제도에서 시도되었던 생존권을 폐기하였다. 그 잔혹성은 1830년대나 1840년대의 대중의 감정에 큰 충격을 주어서 당시의 맹렬한 항의는 후세 사람들의 눈에 아른거릴 정도였다. 원외구호가 폐지되었기 때문에 더욱더 곤궁해진 빈민 대다수는 참혹한 상태로 방치되었고, 더욱 비참하게 고생하던 사람들 중에는 수치스러운 나머지 구빈원에 들어가지 않는 '가치 있는 빈민(deserving poor)'들도 있었다. 아마도 근대 역사 중에서 이보다 더 무자비한 사회개혁이 실행되었던 적은 없을 것이다. 노동이라는 제분기의 톱니바퀴에 기름 치는 셈인 심리적인 고문이 온건한 사회사업가의 냉정한 변호 아래 서슴없이 실행에 옮겨졌다."

영국은 법률상으로 명시된 규정에 따라 엄격한 행정체계를 구축하고 「신빈민법」을 빈틈없이 이행하고자 하였다. 그러나 비판의 목소리가 높아지고 교구 사정상 운영에 필요한 재정확보의 어려움이 커지는 등 「신빈민법」의 원칙을 철저하게 시행할 수 없었다. 이에 따라 엄격한 원칙들은 점차 완화되어 갔다.

지금까지의 논의를 정리하면 다음과 같다. 19세기 초의 영국은 자본주의 산업화가 완성돼 도시와 농촌에서 자본가와 노동자의 자본주의 계급관계가 형성되었다. 자유방임주의와 공리주의로 무장한 자본가계급은 자본주의 경제에 맞는 자유주의적 노동정책을 요구하기 시작하였다. 기존의 스핀햄랜드제도는 반(反)자본주의적인 국가보호이기 때문에 스핀햄랜드수당을 통한 임금보조제도의 철폐를 주장한 것이다.

그러나 스핀햄랜드제도를 폐지하고 도입된 「신빈민법」의 처방은 시대착오적인 발상에 불과하였다. 빈민층과 극빈층의 구별을 통한 열등처우의 원칙의 엄격한 적용으로 구빈비용을 감소하려는 구상에 몰두한 나머지, 자본주의적 현상인 산업구조조정으로 인한 일시적 실업에 대해 전형적인 작업장 입소조치로 대응한 것이다.[11] 지금의 기준으로 보면, 실업문제는 실업보험, 실업수당 등의 소극적 노동시장정책과 함께 재직자 및 실업자에 대한 직업훈련과 고용지원서비스 등의 적극적 노동시장정책을 통해 접근해야 하는 사회문제다. 따라서 「신빈민법」은 자본주의의 실업문제와 그로 인한 근로빈곤 문제에 어떻게 대처해야 하는지 몰랐던 당시 시대 상황의 산물인 것이다.

열등처우의 원칙 등을 정립한 「신빈민법」은 가족 및 친족의 우선책임을 명시한 「구빈민법」과 함께 공적 부조제도의 시초라고 할 수 있다. 그러나 「구빈민법」의 지방정부 중심의 행정체계 구축을 기반으로, 「신빈민법」은 구빈행정의 중앙집권화를 통해 전국적인 행정체

표 4-4 「신빈민법」의 이해

구분	내용
배경	• 19세기 초의 자본주의 산업화 완성 • 도시와 농촌에서 자본가와 노동자의 자본주의 계급관계 형성 • 자유방임주의와 공리주의 득세 • 반(反)자본주의적인 국가보호로서의 스핀햄랜드제도의 문제점 집중 부각
내용	• 주요 원칙(빈민과 극빈층의 구별을 통한 구빈비용 억제 및 억압적 처우) –열등처우의 원칙 –작업장 수용의 원칙 –행정의 전국적 통일의 원칙 • 적용 대상 –노동 가능 빈민: 작업장 수용이 원칙(원외구제 폐지) –노동 불능 빈민: 예외적인 경우 원외구조 허용 • 운영 및 행정체계 –행정의 중앙집권화와 통일 –중앙 및 지방구빈위원회 설치 –빈민법연합회 구성
결과 및 영향	• 빈민의 분류 원칙은 사실상 실현되지 못함 • 억압적인 구빈정책으로서 공적 부조제도의 시초 • 작업장의 지나친 비인도성으로 인해 구제회피현상 만연 • 자본주의 실업문제에 대한 시대착오적인 대응책 • 구빈행정의 중앙집권화는 향후 근대적인 사회복지제도의 도입의 행정적 기반 역할

11) 이미 산업화가 진행되는 북부의 자본가들은 빈곤을 경기변동에 따른 일시적 현상으로 간주하고 있었다. 따라서 「신빈민법」의 작업장 규칙은 북부지역에서는 사실상 지켜지지 않았다고 한다. 이렇듯 북부지역에서는 재가구호가 광범위하게 시행되고 있었고, 중복구빈현상도 만연하였다고 한다(김종일, 2016).

계를 구축할 수 있었다. 제2장에서도 언급했듯이, 이는 향후 근대적인 사회복지제도를 도입할 때 행정적 기반이 되었다.

참고문헌

감정기, 최원규, 진재문(2010). **사회복지의 역사**. 경기: 나남.

고세훈(2011). **영국정치와 국가복지: 신(New)자유주의에서 신(Neo)자유주의로**. 서울: 집문당.

고수현(2002). **사회복지윤리와 철학**. 서울: 양지.

김광준(2008). **사회복지의 사상과 역사**. 경기: 양서원.

김근홍, 서화자, 심창학, 이만식, 함세남, 홍금자(2007). **사회복지 역사와 철학**(2판). 서울: 학지사.

김기원(2000). **공공부조론**. 서울: 학지사.

김동국(1994a). 음모이론의 관점에서 본 엘리자베스 빈민법의 성립과 변천과정. **한국사회복지학, 24**, 35-58.

김동국(1994b). **서양사회복지사론: 영국의 빈민법을 중심으로**. 서울: 유풍출판사.

김동국(1996). **서양사회복지사론**. 서울: 유풍출판사.

김연희(1985). 영국 구빈법의 사상적 배경. **한국사회복지학, 6**, 23-44.

김종일(2016). **빈민법의 겉과 속: 근대 영국의 빈민 정책과 빈민의 삶**. 서울: 울력.

박광준(2002). **사회복지의 사상과 역사: 마녀재판에서 복지국가의 선택까지**. 서울: 양서원.

박광준(2013). **사회복지의 사상과 역사: 서구복지국가와 한국**. 경기: 양서원.

박병현(2005). **복지국가의 비교: 영국, 미국, 스웨덴, 독일의 사회복지역사와 변천**. 경기: 공동체.

박태정(2014). **사회복지역사 탐구**. 서울: 학지사.

박혜영(2014). 구빈법 개정에 담긴 공리주의적 도덕원리와 후기 워즈워스의 경제사상: 벤담과의 비교를 중심으로. **영미문학연구, 27**, 59-84.

송병건(1988). 영국 산업혁명기 구빈법의 변천과정에 관한 연구. **경제학사, 12**, 297-361.

송정부, 원석조, 박현경, 유수현, 한혜빈, 최선화, 이혜경, 현외성, 김성천, 이성기, 박능후(1995). **사회복지의 역사**(개정판). 서울: 이론과 실천.

심상용(2020). **사회복지 윤리와 철학**(개정판). 서울: 학지사.

양정하(2013). **사회복지발달사의 이해**. 경기: 정민사.

원석조(2012). **사회복지역사의 이해**(4판). 경기: 양서원.

원용연(1990). 영국의 구빈법과 사회보험 형성에 관한 고찰: 복지개념의 공동체 패러다임과 관련하여. **전북대학교 산업경제연구소 논문집, 20**, 555-567.

우재현(1984). **산업복지의 역사**. 서울: 경진사.

이계탁(1988). 영국의 사회복지사 고찰. **도시행정학보**, 1, 117-135.

최혜지, 김영란, 김종범, 순덕기, 이명남, 이옥선, 이창수, 조은경, 진석범(2008). **사회복지사상**. 서울: 학지사.

한국복지연구회(1995). **사회복지의 역사**. 서울: 이론과 실천.

허구생(2006). **빈곤의 역사, 복지의 역사(4판)**. 경기: 한울아카데미.

高野史郎(1985). *イギリス近代社會事業の形成科程*. 東京: 經草書房.

Blaug, M. (1963). The Myth of the Old Poor Law and the Making of the New. *Journal of Economic History, 23*(2), 151-184.

Bruce, M. (1961). *The Coming of the Welfare State*. London: B.T. Batsford.

Care, V. (2011). The significance of a correct and uniform system of accounts to the administration of the Poor Law Amendment Act 1834. *Accounting History Review, 21*(2), 121-142.

Checkland, S. G., & Checkland, E. O. (1974). *The Poor law Report of 1834*. Harmondsworth: Penquin.

Clapham, J. (2009). *An Economic History of Modern Britain: The Early Railway Age 1820~1850*. Cambridge University Press.

Fraser, D. (1973). *The Evolution of the British Welfare State*. London: Macmillan.

Fraser, D. (2009). *The Evolution of the British Welfare State* (4th ed.). London: The Macmillan Press.

Haggingbotham, P. (2000). www.workhouse.org.uk.

Jones, K. (1991). *The Making of Social Policy in Britain 1830~1990*. London: Athlone.

King, S. (2011). Negotiating the Law of Poor Relief in England: 1800~1840. *The Journal of the Historical Association*, 410-435.

Polany, K. (1944). *The Great Transformation: The Political and Economic Origins of Our Time*. 박현수 역(1991). **거대한 변환: 우리 시대의 정치적 · 경제적 기원**. 경기: 민음사.

Redford, A. (1976). *Labour-Migration in England: 1800~1850*. Manchester University Press.

Rimlinger, G. (1971). *Welfare policy and industrialization in Europe, America, and Russia*. 한국사회복지학연구회 역(2009). **사회복지의 사상과 역사**. 서울: 한울아카데미.

Slack, P. (1995). *The English Poor Law: 1531~1782*. Cambridge University Press.

복지국가의 발전과 위기

1. 복지국가의 발전

피어슨(Pierson, 2007)에 의하면 복지국가의 성장은 네 시기로 구분될 수 있다.

첫째, 1880~1914년은 주요 사회복지제도의 도입기다. 둘째, 1918~1945년은 사회복지제도의 정착과 발전의 시기다. 셋째, 1945~1975년은 복지국가 팽창의 시기다. 넷째, 1975년 이후는 복지국가 위기의 시기다.

1) 주요 사회복지제도의 도입기

1880~1914년은 주요 사회복지제도의 도입기다. 〈표 5-1〉에 의하면, 1920~1940년대에 도입된 가족수당을 제외하고 산업재해보험, 건강보험, 연금보험 등 주요 제도들이 이 기간에 도입되었으며 영국, 프랑스, 노르웨이 등 일부 국가에는 실업보험도 도입되었다.

이 시기의 사회복지제도 도입은 다음의 조건이 영향을 끼쳤다고 볼 수 있다(김태성, 성경륭, 2000).

첫째, 19세기 후반에는 많은 유럽국가에서 자본주의의 산업화가 고도로 진행되었다. 전체 경제활동인구 중 농민의 비율은 영국은 1850년경에 20% 수준, 독일은 1871년경에 50% 수준, 스웨덴은 1880년경에 70% 수준이었다. 이처럼 1880~1890년대에 스웨덴을 제외한

표 5-1 OECD 국가의 사회보험의 도입 시기 (단위: 연도)

구분	산업재해	건강	연금	실업	가족수당
벨기에	1903	1894	1900	1920	1930
네덜란드	1901	1929	1913	1916	1940
프랑스	1898	1898	1895	1905	1932
이탈리아	1898	1886	1898	1919	1936
독일	1871	1883	1889	1927	1954
아일랜드	1897	1911	1908	1911	1944
영국	1897	1911	1908	1911	1945
덴마크	1898	1892	1891	1907	1952
노르웨이	1894	1909	1936	1906	1946
스웨덴	1901	1891	1913	1934	1947
핀란드	1895	1963	1937	1917	1948
오스트리아	1887	1888	1927	1920	1921
스위스	1881	1911	1946	1924	1952
호주	1902	1945	1909	1945	1941
뉴질랜드	1900	1938	1898	1938	1926
캐나다	1930	1971	1927	1940	1944
미국	1930	–	1935	1935	–

주: 도입 연도는 임의적인 제도 도입 시기를 포함한 경우가 있음.
출처: Pierson (2007), p. 149 〈표 4-1〉.

주요 국가에서 산업화가 고도로 진행되었음을 알 수 있다(Hobsbawin, 1968).

앞서 산업화이론에서 살펴본 것처럼 산업화와 그로 인한 도시화는 빈곤과 실업, 위생과 건강, 주거 등 심각한 사회문제를 야기하였다. 이로 인해 19세기 말에는 도시빈민들의 폭동과 노동자들의 파업이 빈발하였다. 노동자계급이 사회주의정당과 손잡고 체제전복을 기도할 우려가 제기되어 자본주의체제의 안정에 심각한 위협으로 간주되었다. 이에 주요 사회보험제도를 도입해 노동자계급의 저항성을 약화하고, 자본주의체제 내에서 사회문제를 관리할 필요성이 대두되었다.

둘째, 중앙집권적인 통치제체를 갖춘 근대국가는 국가관료제를 발달시켜 사회로부터 상대적으로 독립적인 국가 역할을 수행할 수 있는 고유의 국가능력을 보유하게 되었다. 과거 봉건국가는 봉건군주들의 할거(割據)에 기반을 두고 있었기 때문에 조세징수 등 국민으로부터 자원을 추출하고 국가를 경영할 수 있는 중앙집권적인 통치체제를 갖출 수 없었다. 그러나 절대왕정과 산업혁명을 거치며 확립된 근대 국민국가는 봉건적인 할거를 해체하고 중앙집권적인 통치체제에 바탕을 둔 국가관료제를 확립할 수 있었고, 이를 바탕으로 조세징수 등 자원 수취능력을 획득하였다.

이로써 근대국가는 자본가계급의 이익에 복무하기 위해 자본축적, 노동통제, 노동력공급 등 자본주의국가로서의 고유 역할을 담당할 수 있는 기반을 갖추었다. 자본주의 산업혁명으로 인해 심각한 사회갈등과 사회문제가 빈발하자, 근대 자본주의국가는 사회주의정당과 혁명 활동을 강력히 탄압하면서 사회보험제도를 통해 사회문제를 관리하고 노동자계급의 저항성을 억제해 체제안정을 기할 수 있었다. 이처럼 근대 자본주의국가의 중앙집권적인 국가관료제는 자본주의국가의 성격이 정복국가나 약탈국가에서 향후 복지국가로 전환될 수 있는 기반을 제공하였다(김태성, 성경륭, 2000; Tilly, 1990).

표 5-2 시민권의 신장

구분	남성의 보통선거권	성인의 보통선거권
벨기에	1894	1948
네덜란드	1918	1922
프랑스	1848	1945
이탈리아	1913	1946
독일	1871	1919
아일랜드	1918	1923
영국	1918	1928
덴마크	1849	1918
노르웨이	1900	1915
스웨덴	1909	1921
핀란드	1907	1907
오스트리아	1907	1919
스위스	1848	1871
뉴질랜드	1879	1893
캐나다	1920	1920
미국	1860	1920

출처: Pierson (2007), p. 153 〈표 4-3〉.

셋째, 19세기 후반부터 정치적 민주주의가 확립되기 시작해 사회적 욕구에 대한 정치적 수용이 가능해졌다(〈표 5-2〉 참조). 절대왕정 시기에는 노동자계급의 단결권과 선거권이 인정되지 않아 노동자계급의 운동은 자발적인 폭력적 성격[예: 영국의 러다이트(Luddite) 운동, 즉 기계파괴운동]을 갖거나 사회주의정당의 혁명 활동과 결부된 체제저항적인 성격(독일사민당의 혁명운동, 당시는 사민당이 혁명적 사회주의정당이었음)을 갖는 경향이 있었다.

이에 따라 자본주의국가는 사회주의혁명의 위협을 억제하기 위해서는 노동자계급의 참정권 요구를 거부할 수 없었고, 그 결과 남성의 보통선거권을 도입하게 되었다. 이는 자본가계급에게는 체제안정을 도모해 원활한 자본축적을 지속하기 위한 어쩔 수 없는 양보를 의미하였다. 반면, 노동자계급에게는 사회주의혁명의 급진적인 전망을 포기하는 대신 사회적 욕구가 자본주의 정치과정 내에서 수용될 수 있게 되었다는 적극적인 의미부여가 가능해졌다. 이는 향후 자본주의체제 내에서 복지국가를 전망할 수 있는 긍정적인 신호라 하지 않을 수 없었다.

이 시기 주요 국가들의 사회복지제도 도입 현황을 살펴보면 다음과 같다(심상용, 2011).[1] 영국의 역사는 산업화, 민주화와 함께 근대적 사회복지제도가 확립된 대표적인 경우다. 영국에서는 1906년 총선에서 자유당-노동자(Lib-Lab)연합에 힘입어 자유당이 토리당을 누르고 집권에 성공하였다. 자유당은 노동자계급의 광범위한 지지를 바탕으로 근대적인 사회복지제도를 확립해 영국 복지국가의 기틀을 다졌다. 초등학교 학교급식 실시의 내용을 담은 「교육법」(1906), 위험직종 근로자들에 대한 산재보험인 「노동자보상법」(1907), 아동방임 및 학대 금지와 16세 이하 아동의 교도소 수감 금지 및 비행소년법원을 법제화한 「아동법」, 범죄자에 대한 지역사회 차원의 보호관찰제도를 도입하는 「보호관찰법」, 실업수당 지급업무와 직업훈련 등을 담당하는 공공 직업소개소 설치를 명문화한 「직업소개소법」, 저소득 노인에 대한 기초연금을 제공하는 「노령연금법」, 광부의 8시간 노동을 규정한 「최저임금법」(1908), 법적 최저임금제를 확립한 「상무성법」(1909), 주 1회 영업시간 중의 반나절(1/4)의 휴무를 의무화한 「상점법」, 건강보험과 실업보험을 포괄하는 「국민보험법」(1911)이 연이어 도입되었다.

영국보다 늦게 산업화에 착수한 독일은 군주제를 강화하려는 정치적 동기에 의해 사회복지제도를 도입한 독특한 배경을 갖고 있었다. 봉건적인 지주계급인 융커(Junker)계급의

1) 이하 시기별 각 국가의 정책에 대한 세부적인 내용은 해당 국가의 역사를 다룬 장에서 구체적으로 논의한다.

표 5-3 주요 사회복지제도의 최초 도입

구분	첫 번째	두 번째	세 번째
산재보험	독일(1884)	스위스(1881)	오스트리아(1887)
질병보험(의료보험)	독일(1883)	이탈리아(1886)	오스트리아(1888)
연금보험	독일(1889)	덴마크(1891)	프랑스(1895)
실업보험	프랑스(1905)	노르웨이(1906)	덴마크(1907)
가족수당	오스트리아(1921)	뉴질랜드(1926)	벨기에(1930)
남성선거권	프랑스(1848)	스위스(1848)	덴마크(1849)
보통선거권	뉴질랜드(1893)	호주(1902)	핀란드(1907)

출처: Pierson (2007), p. 149 〈표 4-2〉에서 수정.

이익을 대변하고자 했던 프로이센(Preussen)의 재상 비스마르크(Otto Eduard Leopold von Bismarck)는 신흥 자본가계급의 정치적 부상을 억제하고 노동자 대중에 대한 사회주의 세력의 영향력을 줄이기 위해 노력하였다. 그 일환으로, 세계 최초로 질병보험(의료보험)(1883), 산재보험(1884), 연금보험(1889)을 도입하였다(Rimlinger, 1971)(〈표 5-3〉 참조). 또한 스웨덴에서도 질병보험제도(1891), 기초연금제도(1913), 강제적인 재해보험(1916) 제도가 도입되었다.

2) 사회복지제도의 정착과 발전의 시기

1918~1945년은 양차대전의 전간기(戰間期)로 사회복지제도의 정착과 발전의 시기다. 이 기간 복지국가 발전의 현황은 제도 확충, 복지지출 확대, 복지수혜자의 범위 확대의 측면에서 확인할 수 있다.

첫째, 〈표 5-1〉에서 살펴본 것처럼 가족수당과 실업보험을 포함한 주요 사회복지제도들이 확충되어 광범위한 사회적 위험을 집합적으로 보호하는 제도의 포괄성(comprehensiveness)이 갖추어졌다. 포괄성이란 얼마나 많은 종류의 사회적 위험을 집합적으로 보호하는가를 나타낸다. 실업보험과 가족수당을 중심으로 살펴보면, 1945년 이전에 모든 나라에서 실업보험이 도입되었고, 가족수당은 1920년부터 1950년대 초까지 미국을 제외한 대부분의 나라에서 도입되었음을 알 수 있다.

둘째, 사회복지지출이 확대되기 시작하였다. 사회복지지출이 GDP의 3~5%에 이르면, 국가의 주요 기능이 전통적인 약탈국가, 전쟁국가, 발전국가에서 복지국가로 변화하기 시작했음을 의미한다. 〈표 5–4〉에 의하면, 1914년에는 GDP 대비 사회복지지출이 3%가 넘는 국가는 7개국에 불과했지만, 1940년까지는 거의 모든 국가가 GDP의 5% 이상을 사회복지에 지출하였다. 나아가 1950년대 초반에는 대부분의 나라에서 사회복지지출의 비중이 GDP의 10~20%로 증가하고 있다.

셋째, 사회복지지출의 증가는 사회복지제도의 적용범위(coverage)의 확대로 이어졌다. [그림 5–1]은 사회보험수혜 대상자의 확대를 나타낸다. 평균을 보면, 1919년까지는 27% 수준에 불과했으나, 1920~1945년 기간에 60% 수준으로 상승했음을 알 수 있다. 사회복지제도의 적용범위가 확대되면 제도의 지속성 확보와 안정적인 발전의 기반이 조성된다. 즉, 국민 일반이 사회복지제도의 혜택을 받기 때문에 국민들 간에는 제도에 대한 애착심이 형성되고 나아가 권리의식이 신장되어 제도의 질적 수준을 제고하려는 움직임이 나타난다. 이는 향후 안정적인 생활유지에 필요한 보장의 적절성 혹은 관대성(adequacy or generosity)을 신장할 수 있는 기반이 된다. 적절성 혹은 관대성은 복지제도의 혜택이 기본적인 삶을 유지하는 데 충분한 수준인가를 나타낸다.

이 시기의 사회복지제도의 정착과 확대에는 특별히 전대미문의 피해를 양산했던 제1차, 제2차 세계대전과 대공황의 영향이 컸다. 1920년대의 제1차 세계대전 전후 처리기, 1930년대의 대공황기, 1940년대의 제2차 세계대전 시기에 국가복지의 대폭적인 확대가 이루어진 것이다.

전쟁은 연금, 건강, 주택, 재활 등의 복지욕구에 대한 수요의 팽창을 낳았다. 종전 이후에도 전쟁 시기에 도입된 제도는 대폭 축소되는 대신 유지되는 경향이 있었다. 즉, 전쟁으로 인해 도입된 사회복지제도는 전후의 새로운 복지확대의 기준이 되는 셈이다. 이는 이른바 전쟁–복지국가 가설이 말하는 바와 같이 전후지출의 전위(轉位)효과(혹은 대체효과, displacement effect)에 따른 복지확대라 할 수 있다(감정기 외, 2002). 전쟁 시기에 도입된 사회복지제도가 순기능을 발휘하게 되면 종전 이후에도 후퇴하지 않는 판막(瓣膜)[2] 효과(혹은 톱니효과, ratchet effect)가 발생하기 때문이다.

제1차, 제2차 세계대전의 영향은 매우 컸다(감정기 외, 2002). 제1차 세계대전 기간 중 유럽에서는 약 800만 명, 미국에서는 약 15만 명이 사망하였다. 전쟁에 들어간 총 경비는 영국은 국가 총 자산의 32%, 프랑스는 30%, 독일은 22%, 미국은 9%였다. 1913년을 100으로 할 때

2) 판막이란 혈액의 혈류를 막기 위해 심장에 존재하는 막을 일컫는다.

표 5-4 사회복지지출의 증가

구분	사회복지지출 GDP의 3%	사회복지지출 GDP의 5%
벨기에	1923	1933
네덜란드	1920	1934
프랑스	1921	1931
이탈리아	1923	1940
독일	1900	1915
아일랜드	1905	1920
영국	1905	1920
덴마크	1908	1918
노르웨이	1917	1926
스웨덴	1905	1921
핀란드	1926	1947
오스트리아	1926	1932
스위스	1900년경	1920
호주	1922	1932
뉴질랜드	1911	1920
캐나다	1921	1931
미국	1920	1931

출처: Pierson (2007), p. 155 〈표 4-4〉.

1920년의 공업생산지수는 미국이 141, 영국이 100, 프랑스가 62, 독일이 61이었다. 전쟁 후에는 유럽 전체에서 제조업 부문 생산은 1920~1921년 사이에 9.5% 감소했고, 실업률은 영국에서는 2%에서 11%로 증가했으며, 미국은 생산이 20% 감소하고 실업률은 11.5%에 달하였다.

제2차 세계대전은 서구 자본주의 국가들을 더욱 궁지에 몰아넣었다. 최악의 실업률과 산업도산과 함께 도시지역의 대규모 난민 발생, 지방으로의 아동 소개(evacuation) 및 전사 등으로 인한 가족해체, 주택의 파괴, 배급(ration), 기아(혹은 아사), 질병(결핵, 이질, 장티푸스, 구루병 등) 등으로 인해 수많은 빈곤자와 요보호자가 양산되었다.

전쟁은 국가와 국민 간의 관계를 변화시켜 국가복지를 확대하는 계기가 되었다(감정기 외, 2002). 광범위한 국민이 참여하고 다수가 희생을 겪었기 때문에 국가는 국민에게 보상해

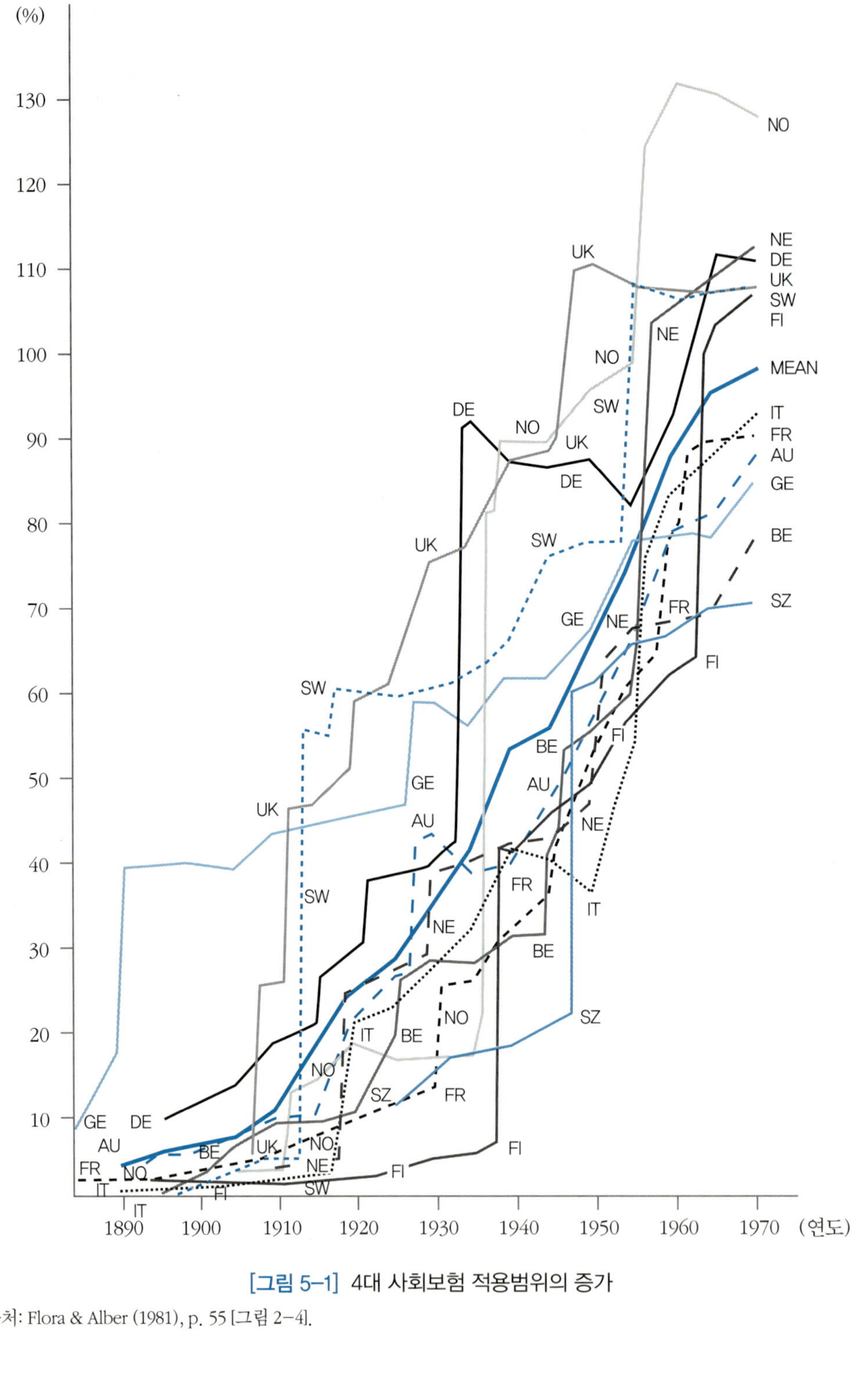

[그림 5–1] 4대 사회보험 적용범위의 증가

출처: Flora & Alber (1981), p. 55 [그림 2–4].

야 할 필요성을 느끼지 않을 수 없었다. 그 결과, 베버리지보고서(beveridge report)가 태동하였다. 우선, 국민의 희생에 대한 공적 보상의 필요성이 대두되었다. 법적 · 정치적 시민권이 확립된 데 이어 더 나은 삶을 위해 공적 사회복지제도를 확충하겠다는 약속을 이행해야 하였다.

다음으로, 전시에 국가가 국민 생활의 광범위한 영역에 개입했던 경험도 공적 사회복지제도를 확충하는 데 계기를 제공하였다. 이를테면, 영국에서는 민간의료기관이 대거 파괴되어 전시 의료국유화를 단행하지 않을 수 없었는데 이는 전후 국민보건서비스(National Health Service: NHS)의 도입으로 이어졌다. 또한 대규모 사상자나 빈곤 같은 전쟁의 후유증 앞에 기존 사적 제도의 무력함이 체감되어 대규모적으로 위험분산 기능을 담당하는 국가적인 사회복지제도의 필요성이 대두되었다. 기존 「빈민법」 제도뿐 아니라 사적 자선, 상업보험 등의 무기력함이 확인되었고, 사보험기관의 보험업무 수행 기능이 파괴되기도 하였다.

경제공황은 전쟁과 다른 측면에서 국가가 경제에 개입하는 계기가 되었다(감정기 외, 2002). 자본주의가 주기적으로 파괴되는 공황은 수요와 공급의 모순을 토대로 운영되는 자본주의 경기순환의 필연적인 과정이다. 특히 1929년부터 발생한 대공황은 세계 자본주의국가들에게 경제적 · 사회적으로 매우 큰 충격을 안겨 주었다. 미국을 예로 들면, GNP는 1929년 1조 8,180억(1954년 경상가격 기준)에서 1933년 1조 2,066억 달러로 2/3 감소하였다. 공장이 멈추고 대규모 해직 사태가 발생하면서, 1933년 3월에는 전체 노동인구의 29%인 1,500만 명이 실업상태에 처했고, 1930년대의 실업률은 18%에 달하였다.

특히 이 시기에 닥친 대공황은 산업화이론이 말하는 것처럼 사회적 측면뿐 아니라 경제적 측면에서도 국가의 경제개입이 필수적임을 입증하였다. 자본주의 경제체제는 수요와 공급의 시장법칙만으로는 운영될 수 없고, 공황으로 인한 주기적인 파국을 막기 위해서는 국가가 경제에 개입하는 혼합경제가 불가피하다는 점이 확인된 것이다. 이로써 미국과 영국을 비롯한 대부분의 발달된 자본주의국가는 유효수요를 창출해 경제공황으로 인한 광범위한 생산 중단과 대량 실업을 극복하고 경제의 선순환을 이루기 위해 복지확대를 추진하였다.

이 시기 주요 국가들에서의 사회복지제도의 정착과 발전 현황을 살펴보면 다음과 같다(심상용, 2011). 독일에서는 1918년 독일혁명으로 등장한 바이마르(Weimar) 공화국이 근대적 사회보장체제를 완성하였다. 그리고 「제국원호법」(1920), 「제국광산종업원법」(1923), 「공적보호법」(1924)이 제정되었고, 「직업보도 및 실업에 관한 법률」(1927)이 도입되었다.

스웨덴에서는 1932년 적녹동맹(red-green alliance)으로 사민당이 집권한 뒤, 1938년에 노사 간에 살쇠바덴협약(saltsjobaden agreement)이 체결되었고, 1941년에는 연대임금정책(solidaristic wage policy)이 고안되면서 적극적 노동시장정책[3)]이 확대되기 시작하였다. 이는 산업평화를 바탕으로 경제성장, 임금안정, 경제의 효율성, 복지제도 확충을 동시에 겨냥한 야심찬 시도였다. 또한 이 시기에는 실업보험제도가 시작되고, 한손(Hansson)의 '인민의 집(Folkhemmet, People's Home)' 구상을 바탕으로 아동수당제도 등 가족정책이 도입되었다.

이 시기의 주목할 변화는 국가적인 사회복지제도를 확립하는 데 인색했던 미국에서 일어났다. 1929년부터 1930년대 중반까지 대공황이 발생하자, 1933년 대통령에 당선된 민주당의 루스벨트(Roosevelt)는 뉴딜(New Deal)정책을 전개하였다. 1935년에는 「사회보장법(Social Security Act)」이 제정되었는데, 이 법의 핵심은 연금보험인 노령보험(Old-Age Insurance: OAI), 실업보험(Unemployment Insurance: UI) 그리고 공적부조제도로서 18세 이하의 요보호 아동이 있는 편모가정에 대한 부양아동부조(Aid to Depended Children: ADC), 65세 이상의 노인부조(Old-Age Assistance: OA)를 확립하는 것이었다.

3) 복지국가 팽창의 시기

1945~1975년은 복지국가 팽창의 시기다. 이 시기는 사회복지제도의 포괄성, 복지수혜자의 범위, 사회복지제도의 적절성 혹은 관대성 면에서 절정의 시기라 할 수 있다. 〈표 5-1〉에 의하면, 이 시기에 이르러서 미국을 제외한 대부분의 국가는 4대 사회보험과 가족수당제도를 완비하였다.

또 [그림 5-1]에서 살펴본 것처럼 복지수혜자의 범위는 1970년에 이르러 거의 100%까지 확대되었다. 나아가 〈표 5-5〉에서 보는 바와 같이, 이 시기는 사회복지지출이 급격히 증가해 복지국가가 팽창한 결과 1975년에 이르러 7개 주요 OECD국가는 평균 23.0% 수준의 사회복지지출을 나타내고 있다. 복지후진국(혹은 복지지체국, welfare laggard)으로 불리는 미국조차 1975년에 이르러서는 GDP의 18.7%를 사회복지에 지출하였다.

이 시기는 복지국가의 황금기라 불린다(Pierson, 2007). 국가가 시장경제에 개입하고 재정

3) 노동시장정책은 소극적 노동시장정책과 적극적 노동시장정책으로 나뉜다. 소극적 노동시장정책은 실업보험에 따른 실업보호 등 실업자를 위한 소득보호정책을 말한다. 반면, 적극적 노동시장정책은 실직자의 재취업을 촉진하는 정책을 말한다. 대표적인 예는 구인자와 구직자를 연결하는 고용서비스, 직업훈련 등의 실직자 및 재직자 교육훈련, 실직자를 고용하는 기업에 대한 고용보조금지급 등이다.

표 5-5 OECD 주요국의 복지국가 황금기의 지표 (단위: %)

구분	경제성장률		인플레이션		실업률		사회복지지출	
	1963~1972	1973~1981	1963~1972	1973~1982	1963~1972	1973~1982	1960	1975
스웨덴	3.9	1.8	5.4	10.0	1.9	2.2	12.3	34.8
서독	4.4	2.4	3.2	5.2	1.1	3.8	17.1	27.8
프랑스	5.5	2.8	4.7	11.1	1.9	5.1	14.4	26.3
오스트리아	5.1	2.9	3.9	6.4	2.6	1.9	10.1	20.1
영국	2.9	1.3	5.9	14.2	2.0	5.4	12.4	19.6
미국	3.9	2.6	3.7	8.8	4.7	6.0	9.9	18.7
일본	9.9	4.6	6.0	8.8	1.2	2.0	7.6	13.7

주 1) 스웨덴의 사회복지지출은 1962년과 1983년의 수치임.
2) 오스트리아의 사회복지지출은 1950년과 1977년의 수치임.
출처: 김태성, 성경륭(2000), p. 114 〈표 4-4〉.

지출을 통해 경제의 선순환을 이끄는 케인즈주의 혼합경제에 대한 폭넓은 동의가 확립되었다. 그 기반 위에서 기존 사회복지제도의 적용범위가 확대되었고 소득비례형 사회보험제도가 확충되었다. 그 결과, 국민의 사회적 시민권(복지권)이 확립되고 복지국가는 성숙되었다(감정기 외, 2002).

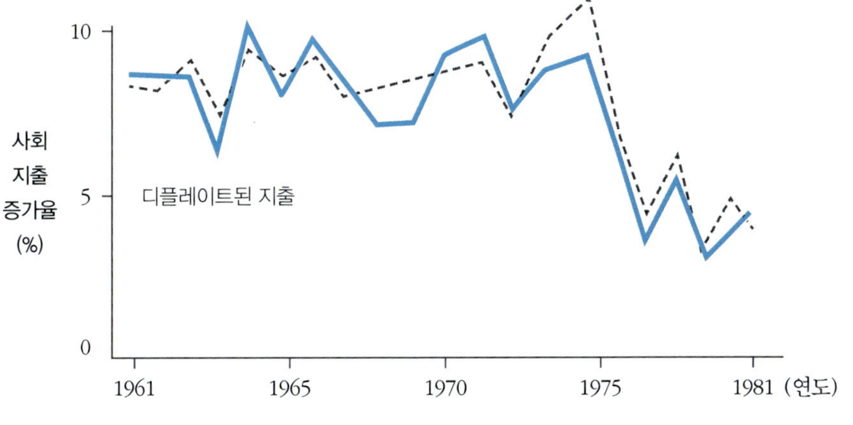

[그림 5-2] OECD 주요국의 사회복지지출 증가

주 1) 실선은 17개 국가의 평균임.
2) 점선은 7개 국가 평균(독일, 프랑스, 영국, 이탈리아, 미국, 캐나다, 일본)임.
출처: Pierson (2007), p. 186 [그림 4-3].

케인즈주의 혼합경제는 국가가 시장경제에 개입해 재정지출을 통해 노동자계급의 구매력을 증진하고 완전고용을 이루려는 변형된 자본주의 시장경제를 말한다(감정기 외, 2002). 국가의 재정지출에는 유효수요 창출을 위한 복지국가 지출, 공기업 설립, 상품구매, 건설 등 생산적 활동에 대한 투자를 통한 고용창출이 대표적이다. 즉, 완전한 의미의 순수 시장경제는 더 존재하지 않고, 국가가 자본주의 경제의 소비를 진작하기 위해 개입한다는 것이다.

이는 포디즘 생산체제가 지향하는 대량생산-대량소비의 선순환의 기반을 제공하였다. 자동생산설비가 생산하는 대량생산물에 대한 대량소비가 가능하려면, 불평등과 실업으로 인한 구매력 감소 등 유효수요 부족으로 인한 주기적 공황의 파국을 방지하고 생산과 소비의 선순환 관계를 유지하기 위한 혼합경제가 필요했기 때문이다.

이처럼 혼합경제와 대량생산체계는 전후 복지국가 성공의 이정표로 여겨졌다. 그 결과 〈표 5-5〉에서 보는 것처럼, 오랫동안 자본주의 복지국가는 높은 경제성장률, 낮은 인플레이션, 완전고용, 복지지출 증가로 인한 불평등 감소의 '생산-분배의 선순환'의 성과를 거두었다. 특히 높은 경제성장과 완전고용은 사회복지지출을 확대할 수 있는 재정적 기반을 제공하였다. 그 결과, [그림 5-2]에서처럼 주요 OECD국가들은 복지국가 황금기 동안 GDP의 최소 5% 이상으로 사회복지지출을 확대할 수 있었다.

영국의 복지국가 확립에는 종전 이후 국가재건프로그램의 일환으로 작성된 베버리지보고서가 지대한 영향을 끼쳤다(감정기 외, 2002; 심상용, 2011). 베버리지는 결핍(want), 질병(disease), 불결(squalor), 무지(ignorance), 나태(idleness)를 5대 악(惡)으로 제시하고, 이 중에서 결핍, 즉 빈곤을 극복하는 데 초점을 두었다. 베버리지는 실업, 은퇴, 상해 등으로 소득이 중단, 상실되거나 같은 소득수준이라도 가족 수가 과도하면 빈곤해질 수 있다고 진단하였다.

그는 빈곤을 극복하기 위해서는 보편주의(universalism)와 국민최저(national minimum) 이념을 바탕으로 국가가 전 국민에게 최소한의 생활을 보장해야 한다고 주장하였다. 구체적으로는 정액급여와 정액기여의 원리에 따라 국민보험을 확립해 전 국민에게 최소한의 생활을 보장할 것을 제안했으며, 국민보험의 납부능력이 없는 계층을 보호하기 위해 공적 부조제도를 실시하도록 하였다.

베버리지보고서의 빈곤대책은 실업 · 은퇴 · 상해 등으로 인한 소득의 중단 · 상실에 초점을 맞추었다. 그는 보고서의 제안이 실효를 거두기 위해서는 세 가지 전제조건이 달성되어야 한다고 보았다.

첫째, 가족 수가 많아 발생하는 빈곤에 대해서는 보고서의 빈곤대책과는 별도로 아동수당제도를 실시해야 한다. 둘째, 포괄적인 의료 및 재활 서비스를 제공해 빈곤층의 의료비 부담을 해소해야 한다. 셋째, 완전고용이 이루어져야 근로소득이 주요 수입원이 될 수 있고 최저생활보장에 머무르는 국민보험에 의존하지 않게 된다.

베버리지의 구상은 1945년 집권한 노동당에 의해 구현되었다. 노동당정부는 「가족수당법」(1945), 「산업재해 국민보험법」(1946), 「국민보건서비스법」(1946), 「국민부조법」(1948)을 제정하였다. 1951년부터 집권한 보수당정부는 기초연금 성격의 기존의 국민보험과는 별도로 국가소득비례연금(State Earnings-Related Pension Scheme: SERPS)을 도입하였다. 이로써 영국은 기초연금과 소득비례연금의 2층 구조 방식 연금체제를 갖추어 최저소득보장 수준을 넘어 적정 수준의 보장을 지향하기 시작하였다.

이 시기의 복지국가의 확대는 스웨덴, 독일에서도 확인된다. 특히 스웨덴에서는 사민당이 1945년에 단독정부를 수립한 뒤 복지국가 발전을 선도하였다. 사민당정부는 기존의 노사 대타협을 발판으로 1951년 고안된 렌-메이드네르 모델(Rehn-Meidner Model), 연대임금정책, 적극적 노동시장정책을 결합하였다. 이 정책들은 경제정책과 사회정책을 연계하여 효율적인 경세, 완진고용, 예방적 사회정책을 추진해 스웨덴판 케인즈주의를 확립하려는 구상의 일환이었다. 1959년에는 소득비례형의 부가연금제도(Allmnna Tillggs Pension: ATP) 도입을 계기로 노농(勞農)동맹이 해체되고 화이트칼라의 지지를 획득하였다. 나아가 1973년과 1974년에 질병보험과 실업보험을 확대하는 등 기존 베버리지모델에서 탈피해 소득비례적인 급여를 확대하였다.

1960년대부터는 건강 · 교육 · 사회서비스를 담당하는 공적인 사회적 서비스 부문을 급격히 확대하였다. 1974년부터는 부모보험제도를 도입해 양성평등적이고 탈가족주의적인 사회서비스국가를 지향하였다.

한편, 독일에서는 1949년 사회적 시장경제노선을 천명한 기민당이 집권하였다. 아데나워(Adenauer) 수상이 이끄는 기민당정부는 1957년에 제1차 연금개혁을 단행하고 1959년에는 「연금조정법」을 제정해 연금의 실질적인 수준을 보전하기 위해 연금수준을 임금상승과 연계하는 슬라이드제도를 도입하였다. 그리고 1966년부터 신사회주의를 모토로 집권한 사민당은 1969년에 의료의 현금급여를 제공하는 「임금지속지불법」을 도입하는 등 사회복지제도를 개선하였다.

2. 복지국가 위기의 시기

1) 복지국가 위기의 전개

1975년 이후는 복지국가 위기의 시기다. 1973년 중동전쟁 이후 치솟기 시작한 국제 원유가로 인해 세계경제는 1974년에 대공황을 겪게 되었다. 이는 복지국가 경제시스템의 위기를 알리는 신호로 작용하였다.[4)]

생산성 저하, 소비자 욕구 변화, 국제시장에서의 경쟁력 약화 등으로 포디즘의 대량생산 체계가 위기에 처하고, 저성장에도 불구하고 심각한 인플레이션이 발생하는 스태그플레이션(stagflation) 현상이 지속되었다. 이에 〈표 5-6〉에서 보는 것처럼 자본주의 경제는 경제성

표 5-6 거시경제지표 (단위: %)

구분	실질GDP 성장률		물가상승률		실업률		생산성		
	1975~1980	1980~1993	1975~1980	1980~1993	1975~1980	1980~1993	1960~1973	1973~1979	1979~1992
OECD 평균	3.6	2.5	10.0	5.4	7.5	7.5	3.0	0.6	0.9
덴마크	2.5	1.8	10.4	5.0	9.6	9.6	2.7	1.1	1.4
프랑스	3.1	1.9	10.5	5.5	9.6	9.6	3.9	1.7	1.4
독일	3.4	2.1	4.1	2.9	7.2	7.2	2.6	1.8	1.0
그리스	4.4	1.5	16.4	18.5	7.5	7.5	5.8	2.1	0.5
이탈리아	4.8	2.1	16.8	8.7	10.8	10.8	4.4	2.1	1.1
네덜란드	2.2	1.7	6.0	2.8	9.0	9.0	3.4	1.8	0.9
스페인	1.8	2.5	18.6	8.2	18.9	18.9	3.3	0.9	1.7
스웨덴	1.3	1.1	10.5	7.1	3.1	3.1	2.0	0.2	0.7
영국	1.9	1.9	14.4	6.0	9.6	9.6	2.6	0.6	1.6
미국	3.4	2.4	8.9	4.4	7.1	7.1	1.6	-0.4	0.4

출처: 감정기 외(2002), p. 259 〈표 11-2〉.

4) 이하에서 별도의 인용이 없는 내용은 감정기 외(2002)에 근거를 둔다.

장의 둔화, 물가상승, 고실업이 동시에 발생하는 악순환을 겪게 되었다. 이는 국가의 재정지출을 통해 경제성장을 견인할 수 있으리라 보았던 케인즈주의의 혼합경제처방으로는 극복할 수 없는 새로운 현상이었다.

국가가 경제에 개입하는 그간의 전통과는 달리 자유시장경제로 복귀하려는 신우파의 흐름이 미국과 영국을 중심으로 가시화되기 시작하였다. 우파는 다음과 같이 국가의 역할을 축소하려 하였다.

첫째, 우파정당들은 국가의 재정정책을 통한 경제개입, 즉 혼합경제에 대해 반대하기 시작하였다. 1980년대 이후 미국의 레이건 정부, 영국의 대처 정부 등 통화주의(monetarism)로 무장한 신우파들은 혼합경제의 전통을 무력화하려 하였다.

통화주의는 장기적으로 통화량의 증가가 물가상승을 초래하기 때문에 재정정책을 통한 통화팽창은 바람직하지 않고, 통화정책을 통한 통화량 조절이 중요하다는 입장이다. 신우파들은 통화량은 실물경제의 크기를 반영해야 하며, 정부의 재정지출은 실물경제의 크기를 초과하는 통화량 증가를 의미하기 때문에 물가상승을 초래하고 생산적인 경제활동에는 역효과를 낳는다는 주장을 전개하였다. 이는 국가의 팽창적 재정지출에 대한 근본적인 반대를 표명한 것이었다.

둘째, 신우파가 단행한 가장 중요한 조치는 경제활성화를 위한 공급 측면의 경제정책의 일환인 감세정책이었다. 미국의 레이건 정부와 영국의 대처 정부는 최고소득세율을 각각 70%에서 33%, 83%에서 40%로 인하하였다. 전반적인 감세는 노동자들의 실질임금을 상승시키고 전체적인 노동비용의 증가세를 둔화시키는 효과가 있었다. 반면, 이러한 감세로 인한 작은 정부는 복지에 필요한 재정능력이 제한될 수밖에 없기 때문에 전반적인 복지급여의 축소가 뒤따랐다.

셋째, 노조의 힘을 약화하기 위해 노조활동에 대한 각종 규제를 단행하였다. 영국의 대처 정부는 일련의 고용 관련법들을 제정해 노조를 약화하였다. 예컨대, 피케팅(picketing)을 제한하고, 클로즈드숍(closed shop)의 설립이 어려워졌다. 피케팅은 노조가 파업 때 감시원을 배치하는 행위를 말하며, 클로즈드숍이란 회사가 근로자를 채용할 때에는 반드시 노조에 가입하는 자를 채용해야 하고, 근로자가 노조에서 제명되면 회사도 반드시 해고해야 하는 제도를 말한다. 즉, 사내 근로자의 지위와 노조원으로서의 자격이 일치해야 한다는 것이다. 또한 2차 쟁의행위에 대한 면책규정이 제한되었고, 노조는 노조대표자의 불법행위에 대해 책임지게 되었으며, 클로즈드숍이 폐지됨에 따라 노조원의 고용을 명시하는 계약은 불법화되었다.

넷째, 노동시장을 유연화하는 조치를 적극 단행하였다. 이는 임금 부문에서 특히 두드러졌다. 임금하락은 생산성이 최저임금보다 낮은 한계계층 사람들을 위한 일자리를 마련하는 데 최선책으로 인식되었다. 대처 정부의 경우, 저임금 및 미조직 노동자들을 보호하는 정책 대신 규제완화를 택하였다. 규제완화와 함께 약 300만 명의 노동자들의 최저임금을 규제하던 임금협의회(wage council)의 기능을 제한하였다. 그 결과, 사실상 영국의 저임금노동자들은 최저임금제도의 보호를 받을 수 없었다.

다섯째, 작은 정부를 지향하는 신우파정권은 사회복지 분야에서도 부분적인 민영화를 단행하였다. 민영화란 어떤 활동이나 재산의 소유에 정부의 역할을 줄이거나 민간 부문의 역할을 증진하는 활동을 말한다. 사회복지 분야에서의 민영화는 민간 부문의 서비스 이용 장려, 예산의 축소에 따른 보조금 삭감, 이용자들의 부담 증가 형태로 나타났다.

대표적으로 영국의 경우, 대처 정부 집권 후 사회복지서비스, 사회보험, 교육, 보건의료, 주택 등 다양한 분야에서 민영화가 추진되었다. 특히 민간의료보험을 장려하기 위해 세금 우대조치와 함께 국민보건서비스(National Health System: NHS)와의 연계조치를 취해 국민보건서비스(NHS) 환자를 의뢰하고 경비를 지급하였다. 이 조치로 인해 1979년 2.2%였던 국민보건서비스(NHS)에서의 이용자 부담의 비중은 1983~1984년에는 3.0%로 상승하였다. 주택 분야에서는 시영주택을 매각하고 주택보조금을 삭감하였다. 연금 또한 사적연금과 기업의 보충연금을 장려하였고, 질병급여의 관할도 국민보험에서 고용주에게로 이전시켰다.

여섯째, 중앙정부와 지방정부 간의 역할을 조정해 복지지출을 억제하려는 경향도 나타났다. 먼저, 중앙정부의 책임과 기능을 약화하고 지방정부의 부담을 강화하는 경향이 나타났다. 특히 작은 정부를 지향했던 레이건 정부는 신연방주의를 표명하며 중앙정부에게 책임이 있던 주요 사회복지 프로그램을 주 정부 및 지방정부에 이양하였다. 반대로, 영국 대처 정부에서는 런던 등의 거대 도시에 대한 지방정부의 역할을 감소시키는 독특한 경향이 나타났다. 이들 지방정부에서는 노조세력 혹은 노동당의 영향력이 강해 공공 부문의 재정지출을 피할 수 없었기 때문이다. 따라서 대처 정부로서는 거대 도시 지방정부의 권한을 약화하고 중앙정부의 권한을 강화할 필요가 있었다.

일곱째, 신우파정권은 주로 표적화된 사회복지제도에 초점을 맞춰 체계적 감축을 시행하였다. 이는 보편적 복지를 축소하는 대신 선별적 복지를 통해 빈자를 보호하겠다는 신우파의 공언과는 상반된 결과다. 영국의 대처 정부는 영국 복지국가의 상징인 국민보건서비스(NHS)의 근본적인 민영화를 단행할 것임을 수차례 공언하였다. 그러나 야당뿐 아니라 일반 국민의 반대에 봉착해 앞에서 언급한 부분적인 경쟁체제를 도입하는 데 만족해야 하였다.

결국 세 번째 집권 때 보수당 정권은 국민보건서비스(NHS)를 유지할 것임을 공언하지 않을 수 없었다. 또한 대처 정부는 국가소득비례연금(SERPS)을 폐지하고 사적연금으로 대체하는 구상을 냈다. 그러나 의회의 다수를 점하고 있음에도 불구하고, 국민들의 저항에 직면해 소득비례연금과 사적연금을 선택하도록 하는 선에서 만족해야 하였다. 그나마 1951년에 도입된 영국의 소득비례연금은 제도의 수명이 짧아 수급권자가 본격적으로 발생하지 않았기 때문에 축소 지향적 재편이 가능했던 예외적인 경우에 속한다(Klein & O'Hiiggins, 1988).

미국의 레이건 정부는 작은 정부를 표방하고 보편적인 복지제도를 축소할 구상을 밝혔다(Dolgoff et al., 1997). 그러나 연금보험과 의료보험 등은 상당수 국민이 혜택을 받는 사회복지제도이기 때문에 어느 누구도 제도의 골격을 허물 수 없었다. 따라서 이들 제도는 신우파 정권의 이념적 공세에도 불구하고 거의 훼손되지 않았다. 반면, 레이건 정부에 이어 집권한 민주당의 클린턴 정부는 실업보험(Unemployment Insurance: UI)에 대한 중앙정부의 재정책임을 완화하는 조치를 취하였다. 1994년에 실업보험에 대한 연방정부의 재정지원 삭감을 결정해 1997년부터 시행하였다. 1996년에는 「복지개혁법」을 채택해 공공부조제도인 부양아동가족부조(Aid for Families with Dependent Children: AFDC)와 직업기회 및 기초기술 훈련 프로그램(Job Opportunities and Basic Skills Training: JOBS)을 폐지하고 빈곤가정 한시적 지원제도(Temporary Assistance to Needy Families: TANF)로 대체하였다. 새 제도하에서는 수급자가 2년 내에 일하지 않으면 수혜자격을 박탈하고, 평생 수급기간을 5년으로 제한하도록 하였다. 이와 연동해 의료부조(Medicaid)도 심각한 감축을 겪었다. 근로의무조건을 충족하지 못해 빈곤가정 한시적 지원제도(TANF)의 수급자격을 잃게 되면, 자동적으로 의료부조의 혜택도 받지 못하게 되기 때문이다.

2) 복지국가 위기론의 내용과 결말

이처럼 미국과 영국을 중심으로 신우파정권의 반복지 공세가 전개되자, 복지국가 위기론이 체계적인 형태로 등장하기 시작하였다. 여기에서는 신우파의 정부 과부담의 위기론, 네오마르크스주의자들의 재정적 위기론, 복지국가 옹호론자들의 복지국가 위기에 대한 실용주의적 관점을 중심으로 살펴본다.

먼저, 신우파는 복지국가의 저성장으로 인한 세입 부족과 고지출의 불균형으로 인해 정부가 과부담에 봉착한다는 정부과부담의 위기론을 전개한다. 신우파 견해의 핵심은 복지국가의 위기는 공공 부문의 비대화로 인한 비효율적인 자원배분이 낳은 정부의 실패

(government failure)에 원인이 있다는 것이다. 정부 실패의 원인으로는 이익집단의 이익에 충실해야 하는 정치시장의 특징, 선거경쟁으로 인한 과도한 복지공약 제시, 유권자의 기대 수준의 동반 상승, 관료기구의 자기 이익 추구, 개인책임의 국가 전가 풍토가 지적된다.

이를테면 브리탄(Brittan, 1975)은 자유민주주의제도 아래서 정부는 과부담을 지게 되고, 이 과부담은 복지국가의 위기로 연결된다는 견해를 밝혔다. 즉, 선거를 통한 정권 획득을 지향하는 민주주의의 특성 때문에 선거경쟁에 따른 정부과부담이 발생한다는 것이다. 정부지출은 통제 불가능하기 때문에 정부과부담이 발생하고, 정부가 정치적 자신감을 상실하여 복지확대의 약속을 더는 이행하지 못하게 되면 지지와 정당성을 상실한다. 정부과부담은 민주주의의 위기로 발전해 정부의 정치적 주도력은 심각한 도전에 직면하게 되었고, 결과적으로 정부개입을 축소하고 작은 정부를 지향하는 보수주의 정치세력의 득세로 이어졌다. 즉, 1970년대 이후의 과도한 정부지출과 낮은 경제성장으로 인해 서구 민주주의는 복지국가에 대한 지지를 철회하였고 복지국가는 정당성을 상실하였다고 보았다.

다음으로, 네오마르크스주의자들은 복지국가가 축적과 정당화라는 상충되는 기능을 동시에 추구하였기 때문에 재정 위기를 초래할 수밖에 없었다고 본다. 축적기능과 정당화기능을 수행하기 위한 정부의 노력은 사회적 투자(생산적 기능)와 사회적 지출(소비적 기능)을 위한 비용을 요구한다(생산과 소비의 비용의 사회화). 그런데 자본주의의 생산수단은 사적으로 소유되기 때문에 생산활동의 결과로 얻어지는 이익인 이윤은 사적으로 점유된다(이익의 사적 점유).

이에 따라 생산과 소비의 비용의 사회화와 이익의 사적 점유 간의 모순으로 인해 국가는 확대되는 지출에 상응하는 수입을 확보하지 못하는 현상이 발생한다(수입과 지출 간의 구조적 차이). 이를 타개하기 위해 국가는 일반 대중에게 조세부담을 전가하려 하지만, 이는 국민 대중의 조세저항을 야기한다(대중의 조세저항 증가). 나아가 자본도 사회적 지출(소비적 기능)의 과다한 증가로 초래되는 자본축적에 대한 부담을 덜기 위해 복지지출의 삭감을 요구하게 된다(자본의 복지지출 삭감 요구).

최종적으로, 재정적 한계에 봉착한 정부는 축적과 정당화의 화해 불가능한 모순 사이에서 통제력을 상실하고 재정 위기를 겪게 된다[정부의 실행 불가능성(ungovernability)과 재정 위기]. 오코너(O'Connor, 1973)에 의하면, 자본주의 복지국가는 계급 갈등에 직면하게 되고, 재정 위기는 국가의 정당성을 위협해 체제혁명이 발생한다고 본다.

신우파나 네오마르크스주의자들과 달리, 복지국가 옹호론자들은 복지국가의 위기가 주로 외부 요인으로 발생했고 복지국가는 이를 잘 헤쳐 나가고 있다는 실용주의적 관점을 견지하였다(George & Wilding, 1987). 복지국가 옹호론자들의 견해의 핵심은, 복지국가의 위기는 복지국가 자체의 근본적인 결함보다는 외부적 충격이나 복지국가 발전과정에서의 시행착오 때문에 발생하는 일시적인 현상이라는 것이다. 따라서 복지국가의 위기는 복지국가 체제 내에서 해결 가능한 문제라고 본다(감정기 외, 2002).

복지국가 옹호론자들의 주장은 다음과 같다.

첫째, 복지국가의 위기는 오일쇼크와 이로 인한 세계 자본주의의 전반적 위기 때문이지 결코 복지국가 자체가 위기의 주요 요인은 아니었다. 만일 복지국가가 경제위기의 원인이라면 복지지출의 비중이 훨씬 높았던 스웨덴의 상황이 더욱 악화되었어야 하지만, 각종 거시지표(물가, 경제성장률, 실업률 등)는 오히려 스웨덴이 더 좋게 나타났다.

둘째, 복지국가의 위기의 내부적인 요인은 복지국가체제 자체가 아니라 효율성과 효과성을 떨어뜨리는 복지국가 프로그램 운영상의 오류일 뿐이다. 따라서 주요 사회복지제도를 해체하는 시장만능주의는 대안이 될 수 없으며, 분권화와 민영화를 통한 복지혼합(welfare mix) 방식으로 효율적으로 운영하면 된다는 것이다.

그럼 복지국가 위기의 결말은 어떠한가? 복지국가의 위기와 복지국가에 대한 공격에도 불구하고, 1990년대 초반까지의 신우파 집권기의 복지국가는 급격히 해체(dismantling)되기보다는 부분적으로 재편(restructuring)되는 데 그쳤다. 신우파의 사회복지 감축 노력은 의도만큼 성공적이지 못하였다. 즉, 복지예산의 절대적 수준에서는 감소하지 않았다는 것이다.

이 시기 동안 GDP 대비 사회복지지출의 증가율은 감소했지만, 지출 자체는 늘어났다. 〈표 5-7〉에서 보는 것처럼 복지국가 위기론의 확산에도 사회복지지출 수준은 1975년 18.1%에서 1980년 19.6%, 1990년 21.5%로 증가하였다. 복지국가 위기의 진원지라 할 수 있는 영국에서조차 사회복지지출은 감소하지 않았고, 미국은 1980년 일시적인 감소에도 불구하고 곧 이전 수준을 회복하였다(감정기 외, 2002).

그 이유는 〈표 5-7〉과 같다.

첫째, 복지국가의 불가역성 테제(irreversibility thesis)에 의하면, 신우파의 복지국가 축소 노력에도 불구하고 복지국가는 건재하다는 것이다. 복지국가에 대한 대중의 지지가 안정적이고, 복지국가의 혜택이 일상생활화되어 축소가 쉽지 않을 뿐만 아니라, 복지국가는 확고한 지지 기반을 창출하였고, 경제적 · 정치적 · 사회적 측면에서 자본주의에 순기능을 하고 있기 때문이다(Alber, 1988; Therborn, 1989).

둘째, 복지국가는 제2차 세계대전 이후부터 발달단계(developmental stage)를 거치며 급속히 확대되어, 1970년대 초반에 이르러서는 복지국가 위기에도 불구하고 성숙단계(maturing

표 5-7 GDP 대비 공공지출과 사회복지지출 추이

(단위: %)

구분	공공지출					사회복지지출			
	1960	1975	1980	1990	1993	1960	1975	1980	1990
OECD 평균	28.5	38.0	37.1	39.1	42.0	10.1	18.1	19.6	21.5
덴마크	24.8	48.2	56.2	58.3	62.3	9.0	24.2	26.8	27.8
프랑스	34.6	43.4	46.1	49.8	54.9	13.4	17.7	22.5	26.5
독일	32.0	48.9	47.9	45.1	50.0	18.1	26.2	25.7	23.5
그리스	17.4	26.7	33.1	53.3	52.7	7.1	8.6	11.1	20.9
이탈리아	30.1	43.2	41.9	53.2	56.2	13.1	21.0	21.2	24.5
네덜란드	33.7	55.9	54.9	54.1	55.8	11.7	29.6	28.3	28.8
스페인	13.7	24.7	32.2	41.8	46.9	7.8	11.8	16.8	19.3
스웨덴	31.1	48.9	60.1	59.1	71.3	10.8	21.2	25.9	33.1
영국	32.6	49.6	43.0	39.9	43.5	10.2	15.6	16.4	22.3
미국	27.8	43.6	31.8	33.3	34.4	7.3	14.5	13.4	14.6

출처: 감정기 외(2002), p. 276 〈표 11-5〉.

stage)에 접어들었다(Heclo, 1981). 즉, 주요 복지국가들은 최대 수준까지 성장(growth to limit)하였고, 사회구성원들의 삶의 일부분이 될 정도로 불가역적(irreversible)이기 때문에 복지국가에 대한 해체(dismantling)는 불가능하다는 것이다.

참고문헌

감정기, 최원규, 진재문(2002). **사회복지의 역사**. 경기: 나남.

김태성, 성경륭(2000). **복지국가론**. 경기: 나남.

심상용(2011). 사회복지의 역사. 송정부 편, **사회복지개론**(pp. 53-66). 서울: 신정.

Alber, J. (1988). Is There a Crisis of the Welfare State? Cross-National Evidence from Europe, North America and Japan. *European Sociological Review, 4*, 181-207.

Brittan, S. (1975). The Economic Contradictions of Democracy. *British Journal of Political Sciences, 5*, 129-159.

Dolgoff, R., Feldstein, D., & Skolnik, L. (1997). *Understanding Social Welfare* (4th ed.). New

York: Longman Publishers.

Flora, P., & Alber, J. (1981). Modernization, Democratization and the Development of Welfare States in Western Europe (pp. 37-80). In P. Flora & A. J. Heidenheimer (Eds.), *The Development of Welfare States in Europe and America*. New Brunswick and London: Transaction.

George, V., & Wilding, P. (1987). *Ideology and Social Welfare*. London: Routledge.

Heclo, H. (1981). Toward a New Welfare State (pp. 383-406). In P. Flora & A. J. Heidenheimer (Eds.), *The Development of Welfare States in Europe and America*. New Brunswick and London: Transaction.

Hobsbawin, E. J. (1968). *Industry and Empire*. Middlesex: Penguin Books.

Klein, R., & O'Hiiggins, M. (1988). Defusing the Crisis of the Welfare State: A New Interpretation (pp. 203-225). In T. R. Marmor & J. L. Mashaw (Eds.), *Social Scrutiny: Beyond the Rhetoric of Crisis*. Princeton: Princeton University Press.

O'Connor, J. (1973). *The Fiscal of the state*. New York: St. Martin's.

Pierson, C. (2007). *Beyond the Welfare State?* 현외성, 강욱모 공역 전환기의 복지국가. 경기: 희현사.

Rimlinger, G. V. (1971). Welfare Policy and Industrialization in Europe. America and Russia. 한국사회복지학연구회 역(2009). 사회복지의 사상과 역사. 서울: 한울아카데미.

Therborn, G. (1989). States, Population and Productivity: Toward a Political Theory of Welfare State. In Lassman (Ed.), *Political and Social Theory*. London: Routledge.

Tilly, C. (1990). *Coercion, Capital and European States, AD 990~1990*. Cambridge: Basil Blackwell.

복지국가론과 복지국가의 개편

1. 복지국가의 개념

자본주의 산업화로 발생하는 사회문제들은 개인 · 가족과 공동체 연대로는 해결할 수 없는 구조적 문제라는 점이 명백해졌다. 이는 국가가 근대적인 사회복지제도를 확대할 수밖에 없다는 결론에 도달하게 만드는 계기가 되었다(Hicks & Esping-Andersen, 2005). 노동자계급을 비롯한 사회구성원들을 사회적 위험으로부터 보호하고, 자본주의 경제를 공황 같은 주기적인 파국으로부터 안정화하고 산업생산에 필요한 노동력을 보호하고 재생산하기 위한 필수적인 조치들이 등장하기 시작했다. 무엇보다 보통선거권의 도입과 함께 민주주의 정치제도가 확립되면서 복지국가로의 전환은 더욱 가시화되었다.

복지국가는 개념적으로 어떻게 정의될 수 있는가? 여러 학자가 복지국가의 개념을 규정하려 나름대로 시도해 왔고, 그 결과 복지국가에 대한 최소한의 개념적 기준을 다음 두 가지 방식으로 규정하는 데 이견은 없어 보인다(Hicks & Esping-Andersen, 2005). 그것은 윌렌스키(Wilensky, 1975)의 복지국가의 정의와 마샬(Marshall, 1950)의 사회적 시민권이다.

1) 윌렌스키의 복지국가 개념

윌렌스키는 복지국가의 이념을 최소한의 소득보장을 시민적 권리로 보장하는 점에서 설명하였다. 복지국가는 국가가 자본주의의 사회문제를 해결하고 산업사회를 인간화(humanizing)하기 위해 모든 국민에게 최소한의 소득, 영양, 건강, 주택, 교육 등을 보장해 주어야 하며, 이는 자선이 아닌 정치적 권리로 주어져야 한다고 강조하였다.

그는 GDP 대비 공적 사회복지지출 비중을 복지국가의 자격 여부를 판별하는 대리지표로 삼을 수 있다고 하였다. 이와 유사하게 더본(Therborn, 1983)도 정부재정 중 절반 이상을 사회복지지출에 사용하면 복지국가라고 규정하였다. 최근 국가의 사회복지지출 수준에 따라 복지국가를 분류하는 이런 방식은 가장 일반적으로 사용되고 있다. 그 이유는 사회복지지출에 따른 순위가 복지국가 확충을 위한 국가의 집합적 노력을 의미하기 때문이다. 이처럼 GDP 대비 사회복지지출 수준에 따라 고복지국가와 저복지국가 혹은 복지선진국과 복지후진국으로 분류할 수 있다(김태성, 성경륭, 2000).

한편, 윌렌스키의 정의는 기회의 평등 실현을 최소한의 목표로 삼고 있기 때문에 보편적 합의가 가능한 복지국가의 개념 정의라는 점이 함께 고려되어야 한다. 특히 그는 국가는 최소한의 소득보장을 위해 노력해야 하지만, 그렇다고 복지국가가 명시적으로 결과의 평등을 지향하지는 않는다고 보았다. 즉, 사회복지정책의 시행 결과 재분배를 통해 결과의 평등이 증진될 수는 있지만, 결과의 평등을 명시적 목표로 두지 않기 때문에 불평등 감소를 복지국가 성공 여부의 기준으로 삼을 수는 없다는 것이다.

하지만 코르피(Korpi, 1982)는 복지국가가 적극적인 재분배를 통해 결과의 평등을 지향해야 한다고 보았다. 불평등을 완화하는 수준에 따라 복지국가의 질적 수준을 비교해 구분할 수 있다고 주장하였다(김태성, 성경륭, 2000).

2) 마샬의 복지국가 개념[1)]

마샬은 복지국가를 사회적 시민권의 확립 차원에서 설명하였다. 그는 복지국가 발전을 근대 국민국가를 배경으로 국가와 시민 간의 사회적 계약 관점에서 복지국가가 국민의 권리로서 사회적 급여를 제공한다는 점을 강조하였다.

그는 근대 국민국가에서 18세기는 법적 시민권이 등장하였고, 19세기는 정치적 시민권이 확장되었으며, 20세기에 사회적 시민권으로 발전했다고 보았다(〈표 6-1〉 참조). 법적 시민

1) 이하의 내용은 심상용(2011)에 바탕을 두고 있다.

표 6-1 마샬의 시민권의 범주와 구성 내용

시민권 범주	구성 내용	관련 제도
법적 시민권 (자유권)	• 개인적 자유에 필요한 권리(사상 · 표현 · 신념의 자유, 재산권, 계약에 관한 권리, 공정한 재판과 법 집행에 관한 권리)	법률제도 및 사법체계
정치적 시민권	• 정치에 참여할 수 있는 권리(선거권, 피선거권)	정부 및 의회
사회적 시민권	• 적정 수준의 사회보장 • 사회적 유산을 공유하고 사회의 보편적 기준에 따라 문화적 생활을 영위하는 권리	사회복지제도와 교육제도

출처: Marshall (1950)을 바탕으로 안치민(2003), 〈표 2〉를 수정함.

권은 개인적 자유에 관한 권리인 자유권을 의미한다. 이는 주로 법률과 사법체계를 통해 확립된다. 정치적 시민권은 선거권과 피선거권 등 참정권을 의미한다.

그는 서구 국민국가는 사회적 시민권이 확립됨으로써 보편적 사회복지제도가 발달하게 되었고 결과적으로 복지국가에 도달했다고 보았다. 이처럼 포괄적인 시민권(full citizenship)이 확립됨에 따라 복지국가 구성원들이 문명화된 삶을 영위할 수 있게 되었다(Lenski, 1966). 또한 사회적 시민권 보장은 법적 시민권과 정치적 시민권의 완전성(completedness)을 보증하는 역할을 하였다(Andrews & Jacobs, 1999).

만일 사회복지제도가 불완전해 사회적 시민권이 부족해지면 구성원들은 빈곤상태에 빠지고, 빈곤층은 사회적 격리감을 느끼며 정치적 효능감이 떨어지게 되고, 여론 형성이나 정치과정에 관여할 수 있는 권력자원이 결핍되어 법적 시민권과 정치적 시민권을 온전히 행사할 수 없게 된다. 이처럼 사회적 시민권의 부족은 시민권 전체에 연쇄적으로 부정적인 영향을 줄 수 있다(Brady et al., 2010; Dean, 1996).

마샬은 복지국가발달을 사회적 시민권 관점에서 근대 국민국가 정치공동체에서의 국가와 시민 간의 권리와 의무관계를 중심으로 설명하였다. 즉, 근대 국민국가의 시민은 정치공동체의 구성원으로서 납세 · 국방 등의 의무를 이행하고, 복지국가는 시민의 의무이행에 상응하는 권리로서 사회적 시민권을 확립했다고 보았다. 그의 이론은 사회복지제도가 보충적 모형에서 제도적 모형으로, 선별적 복지에서 보편적 복지로 변화해 온 과정에 대한 역사적 관점을 제공해 주고 있다(Hicks & Esping-Andersen, 2005).

그러나 사회적 시민권의 확립을 위한 제도적 보편적 사회복지제도의 확충은 법적 시민권이나 정치적 시민권과 달리 경제적 자원의 분배 규칙 변경을 의미한다는 점을 잊어서는 안 된다. 왜냐하면 사회복지정책은 진공상태에서 시행되지 않고, 필연적으로 분배를 둘러싼 정치적 갈등을 수반하며, 사회적 시민권은 이처럼 정치 갈등 속에서 달성되기 때문이다.

2. 복지국가의 유형화

1) 복지국가 유형화의 유용성

1970년대 이후 복지국가가 고도로 성장함에 따라 비교복지국가연구의 주요 현안으로 현존하는 복지국가들을 어떻게 유형화할 것인가를 주목하게 되었다. 기존 방식은 국가의 사회복지지출 수준에 따라 복지국가 순위를 부여하는 것으로 이 방식은 복지 확충을 위한 국가의 집합적 노력을 평가하는 양적 접근이라는 점에서 그 유용성이 있다.

〈표 6-2〉를 보면 OECD 국가들 중 프랑스가 GDP의 30% 이상을 공적 사회복지에 가장 많이 사용하고 있다. 벨기에, 핀란드, 덴마크, 이탈리아, 오스트리아, 스웨덴, 독일, 노르웨이 8개 국가는 GDP의 25% 이상, 그리고 그리스, 포르투갈, 일본, 영국은 OECD 평균인 20.1%를 상회하는 공적 사회복지지출 수준을 보이고 있다. 반면, 한국을 포함한 영국, 뉴질랜드, 미국, 호주, 캐나다, 네덜란드, 스위스, 아일랜드 등의 공적 사회복지지출 수준은 OECD 평균에도 못 미치고 있다.

그런데 국가의 사회복지지출 기준 분류만으로 복지국가 사회복지정책의 내용과 성격을 규명할 수 없다는 한계가 지적되어 왔다(김태성, 성경륭, 2000).

주요 사회복지제도에는 사회보험, 공공부조, 사회서비스 및 사회수당이 있다. 사회보험은 민간보험에서는 적용할 수 없는 위험분산의 원리에 따라 전체 사회구성원들을 공적 보험에 가입시켜 노령, 질병, 산재, 실업 등 사회적 위험으로 인해 발생하는 소득의 중단과 상실에 대처하기 위해 마련된 소득보장제도다. 공공부조는 개인 및 가구의 소득이나 사회보험 수급 등 사적·공적 소득원이 부족하거나 결핍돼 빈곤한 상태에 처한 계층에게 최저생계를 유지하게 해 주는 제도다. 사회서비스에 대한 합의된 개념은 없지만, 일반적으로는 보육, 보건의료, 고용, 주거, 요양, 상담 등 개인 욕구에 대한 사회적 대처의 필요성에 따라 제공되는 집합적이고 관계지향적인 물질적·비물질적 서비스의 총체로 이해할 수 있다. 사회수당은 아동수당, 장애수당 등 일정한 인구사회학적 기준에 따라 발생하는 특유의 부가적 욕구 충족을 위해 제공되는 현금급여다.

표 6-2 OECD 국가들의 공적 사회복지지출(일부 국가 제외) (단위: %)

국가	2011	2012	2013	2014	2015	2016	2017	2018
프랑스	30.8	31.4	31.9	32.2	32.0	32.0	31.8	31.2
벨기에	28.7	28.7	29.2	29.5	29.2	29.2	29.2	28.9
핀란드	27.1	28.4	29.4	30.2	29.2	29.8	28.9	28.7
덴마크	28.6	28.8	28.8	28.8	29.0	28.8	28.1	28.0
이탈리아	26.8	27.6	28.2	28.4	28.5	28.3	28.1	27.9
오스트리아	26.7	28.8	28.8	28.8	29.0	27.4	27.1	26.6
스웨덴	25.6	26.5	27.2	26.8	26.3	26.4	26.1	26.1
독일	24.7	24.5	24.7	24.7	24.9	25.1	25.1	25.1
노르웨이	21.5	21.4	21.9	22.8	24.7	25.7	25.3	25.0
스페인	25.4	25.3	25.6	25.2	24.7	24.3	23.9	23.7
그리스	26.0	26.9	25.1	25.2	25.4	25.7	24.9	23.5
포르투갈	24.4	24.5	25.6	25.1	24.0	23.7	23.7	22.6
일본	22.3	22.2	22.2	21.9	21.9	–	–	–
영국	22.2	22.2	22.5	21.9	21.6	21.2	20.8	20.6
뉴질랜드	20.0	20.1	19.5	19.6	19.2	18.9	18.6	18.9
미국	19.1	18.8	18.8	18.8	18.9	18.9	19.9	18.7
호주	17.1	17.3	17.6	18.3	18.5	17.8	–	–
캐나다	17.0	17.1	16.8	16.7	17.6	17.4	17.3	–
네덜란드	17.8	18.2	18.5	18.1	17.7	17.5	17.0	16.7
스위스	14.9	15.3	15.4	15.5	15.9	15.9	16.1	16.0
아일랜드	23.7	23.4	22.2	20.4	15.5	15.0	14.3	14.4
한국	8.1	8.7	9.3	9.7	10.2	10.5	10.6	11.1
OECD 평균	20.2	20.3	20.4	20.3	19.2	20.5	20.2	20.1

주: OECD 평균 산출에는 칠레, 체코, 에스토니아, 헝가리, 아이슬란드, 이스라엘, 룩셈부르크, 멕시코, 폴란드, 슬로바키아, 슬로베니아, 터키, 라트비아, 리투아니아가 포함됨(총 36개국).

출처: OECD 홈페이지(https://stats.oecd.org).

〈표 6-3〉은 일반 조세를 재원으로 공적지출을 통해 운영되는 사회서비스와 사회수당에 관한 것이다. 이들 제도는 원칙적으로 대상이 되는 국민에게 시민권 차원에서 보편적 급여를 제공하는 특징이 있다. 반면, 사회보험은 기여를 통한 급여 제공의 원리에 따라 대상자가

표 6-3 주요 사회복지제도의 성격

구분	재원	권리의 성격	비중이 높은 국가군
사회적 서비스 및 사회수당 (공적 소비지출)	일반 조세	사회적 시민권 (보편적 급여)	북유럽, 영국(NHS, 시영주택)
사회보험	사회보장세 (보험료)	계약상의 권리 (기여에 의한 급여)	유럽대륙
공적 부조	일반 조세	권리 성격 약함 (자산조사 급여)	미국

출처: 김태성, 성경륭(2000), pp. 167-171에 기초하여 구성함.

납부하는 보험료에 의존하고 있기 때문에 계약상의 권리가 강하다는 특징이 있다. 공공부조는 일반조세를 재원으로 운영한다는 측면에서 사회서비스 및 사회수당과 유사하다. 하지만 소득 및 재산기준을 통해 선별된 소수에게만 급여를 지급한다는 점에서 이들 제도와 차이가 있고 권리도 가장 약하다는 특징이 있다.

2) 다양한 복지국가 유형화[2)]

윌렌스키와 르보(Wilensky & Lebeaux, 1965)는 복지국가를 잔여적(residual) 복지국가와 제도적(institutional) 복지국가로 분류하였다. 잔여적 복지국가는 가족제도, 경제제도 등과 같은 사회제도들을 통해서 정상적으로 사회복지의 욕구를 충족할 수 없을 때에만 제한적이고 한시적으로 역할을 하는 것이다. 대표적으로, 공공부조와 같이 자산조사를 통해 선정한 특정한 소수에게 급여와 서비스를 집중하는 제도들이 이 유형에 속한다. 제도적 복지국가는 사회복지제도가 다른 사회제도들과 동등하게 최일선에서 기능하는 것으로 사회적 권리를 중시하는 보편적 사회복지제도들이 이 유형에 해당된다.

티트머스(Titmuss, 1974)는 복지국가 모형을 잔여적(residual) 모형, 산업적 성취(industrial achievement performance) 모형, 제도적 재분배(institutional redistribution) 모형으로 분류하였다. 잔여적 모형은 공공부조제도가 중심이며, 윌렌스키와 르보의 잔여적 복지국가에 해당한다. 산업적 성취모형은 사회보험 중심으로 근무기간, 급여수준, 기여수준 등과 같은 시장

2) 이하의 내용은 주로 감정기 외(2002)에 바탕을 두고 있다.

에서의 역할 정도에 따라 급여도 차등을 두어야 한다는 점을 강조한다. 제도적 재분배 모형은 윌렌스키와 르보의 제도적 복지국가에 해당되는 것으로 보편적 사회복지제도가 해당된다. 더 나아가 티트머스는 한 나라의 제도적 복지를 사회복지(social welfare), 재정복지(fiscal welfare), 직업복지(occupational welfare)로 구분하였다. 사회복지는 일반적으로 말하는 소득보장, 교육, 건강, 사회서비스 등 공적 사회복지를 의미하고, 재정복지는 조세감면, 근로장려세제(EITC) 등의 조세지출과 같이 조세정책에 의해 간접적으로 복지를 증진하는 것을 의미한다. 직업복지는 기업이 직원에게 제공하는 법정 기업복지, 비법정 기업복지 등의 복지혜택을 의미한다. 소득재분배 관점에서 보면 재분배효과는 사회복지, 재정복지, 직업복지의 순으로 높게 나타난다.

퍼니스와 틸톤(Furniss & Tilton, 1977)은 복지국가를 적극적(positive) 국가, 사회보장(social security) 국가, 사회복지(social welfare) 국가로 분류하였다. 적극적 국가는 사회복지제도의 경제적 효율성 측면에서 시장기능을 강조한다. 기여수준에 따라 급여수준이 결정되는 보험수리원칙(actuarial principle)에 입각한 사회보험과 자산조사를 거쳐 급여 대상을 선별하는 공공 부조가 주요 사회복지제도이다. 사회보장국가는 국민들의 최저생활을 보장함으로써 기회의 평등을 제공하는 데 초점을 두고 있다. 사회보험 이외의 사회서비스도 일정 정도 강조하며, 사회보험은 보험수리원칙이 아닌 최저수준의 보편적 급여를 보다 중시한다. 사회복지국가는 최저생활보장을 넘어 전반적인 삶의 질 향상을 추구하고 노동조합이 정부정책에 깊이 개입하는 유형이다. 사회보험과 공공부조 외에 일반 조세에 의한 사회서비스 제공을 중시한다.

조지와 윌딩(George & Wilding, 1985)은 복지국가를 반집합주의(anti-collectivism), 소극적 집합주의(reluctant collectivism), 페이비언 사회주의(fabian socialism), 마르크스주의(marxism)로 분류하였다. 반집합주의는 복지국가를 비복지적이라고 규정하고 자유시장경제를 중시한다. 복지국가는 근로동기를 약화하고 저축과 투자를 방해하는 등 시장경제의 효율성을 저해할 뿐만 아니라, 가족의 역할을 훼손하고 개인의 자유를 침해한다고 보았다. 소극적 집합주의는 공적 사회복지제도는 인정하지만, 시장경제의 문제를 해결하는 정도로만 제한하고, 나머지는 상대적으로 효율성이 높은 민간 부문이 제공해야 한다고 본다. 페이비언 사회주의[3)]

3) 페이비언 사회주의는 1884년 결성돼 영국노동당을 배경으로 활동해 왔던 페이비언협회(Fabian Society)의 노선을 통칭한다. 페이비언 사회주의는 실용적 평등주의라고도 불리는데, 복지국가를 평등사회 실현의 도약대로 간주하는 사민주의사상을 바탕으로 하고 있다. 이때 실용적이라는 표현은 의회민주주의와 자본주의 시장경제

표 6-4 복지국가의 유형 분류

연구자	복지국가 유형
Wilensky & Lebeaux (1965)	잔여적(residual) 복지국가 제도적(institutional) 복지국가
Titmuss (1974)	잔여적(residual) 모형 산업적 성취(industrial achievement performance) 모형 제도적 재분배(institutional redistributive) 모형
Furniss & Tilton (1977)	적극적(positive) 국가 사회보장(social security) 국가 사회복지(social welfare) 국가
George & Wilding (1985)	반집합주의(anti-collectivism) 소극적 집합주의(reluctant collectivism) 페이비언 사회주의(Fabian socialism) 마르크스주의(Marxism)
Mishra (1984)	다원적 혹은 분화된(pluralist or differentiated) 복지국가 조합주의 혹은 통합된(corporate or integrated) 복지국가
Jones (1985)	복지 자본주의(welfare capitalism) 복지 자본주의(welfare capitalism)
Rimlinger (1971)	사회적 시장경제(social market economy) 사회주의적 시장경제(socialist market economy)
Therborn (1986)	프롤레타리안 복지국가(Proletarian welfare state) 부르주아 복지국가(Bourgeois welfare state)
Esping-Andersen (1990)	자유주의적 복지국가(liberal welfare state) 보수주의적 혹은 조합주의적 복지국가(conservative or corporatist welfare state) 사회민주적 복지국가(social democratic welfare state)

출처: 감정기 외(2002), p. 250 〈표 10-10〉.

는 복지국가 확대를 강조한다는 점에서 적극적 집합주의라고도 불린다. 경제성장, 평등, 사회통합을 위해 복지국가는 확대되어야 하며, 가족과 민간 부문의 역할은 축소되어야 한다고 본다. 이들은 복지국가를 사회주의로 이행하는 전 단계로 간주하는 경향이 있다. 마르크스

의 틀 내에서 주로 사회정책의 확대를 통해 점진적 평등을 추구하는 노선을 선호한다는 의미다(Mishra, 1984). 페이비언이라는 용어는 과거 카르타고의 명장 한니발(Hannibal) 장군을 격파한 로마의 파비우스(Fabius) 장군의 이름에서 따온 것인데, 지구전을 바탕으로 점진적인 전략을 폈던 그의 노선을 반영한다고 볼 수 있다.

주의는 복지국가는 자본축적과 재생산을 촉진함으로써 자본가의 이익을 대변하는 한편, 노동자계급의 저항을 무마시켜 체제에 순응하게 하는 기능을 수행한다고 본다. 이에 복지국가의 확대는 자본주의를 살리는 반면, 사회주의로부터 더 멀어지는 길이라는 것이다.

림링거(Rimlinger, 1971)는 복지국가를 사회적 시장경제(social market economy), 사회주의적 시장경제(socialist market economy)로 분류하였다. 사회적 시장경제는 복지에 대한 개인의 책임을 강조하고 자본주의의 효율성을 중시한다. 이에 사회보험제도의 운영에 있어 기여에 입각한 소득비례제도(earning-related scheme)를 강조한다. 반면, 사회주의적 시장경제는 개인의 복지에 대한 국가의 책임을 강조하기 때문에 사회보험제도 또한 일반 조세에 의한 정액(flat-rate)급여를 중시한다.

미쉬라(Mishra, 1984)는 복지국가를 다원적 혹은 분화된(pluralist or differentiated) 복지국가, 조합주의 혹은 통합적(corporate and integrated) 복지국가로 분류하였다. 다원적(분화된) 복지국가는 경제와 복지는 서로 대립관계에 있고, 이익집단들의 다양한 이익 추구과정에서 복지정책이 도입되기 때문에 복지정책들은 통합성과 포괄성을 결여하고 단편화되는 경향이 있다는 점을 강조한다. 하지만 조합주의(통합적) 복지국가는 노동자의 숙련을 유지하고 노동시장의 원활한 작동을 위해 적극적 노동시장정책을 중시하며, 경제와 복지의 상호 관계성을 추구한다. 이에 따라 복지정책도 임금인상 자제, 인플레이션 억제, 투자 확대 등의 경제정책 뿐만 아니라 완전고용과 사회적 협약 등 계급 간의 사회적 타협을 통해 제도화된다.

존스(Jones, 1985)는 복지국가를 복지자본주의(welfare capitalism)와 복지자본주의(welfare capitalism)로 분류하였다. 복지자본주의는 산업적 성취모형과 유사하다. 자본주의의 효율성을 중시하고 산업적 성취나 업적과 관련된 사회복지를 강조한다. 이 유형에 해당되는 대표적 국가는 독일과 미국이다. 복지자본주의는 시민권에 기반한 보편적 사회복지를 중시함으로써 복지국가는 시장의 논리에서 벗어나야 함을 강조한다. 이는 윌렌스키와 르보의 제도적 재분배 모형과 유사하며, 스웨덴과 영국이 해당된다.

더본(Therborn, 1986)은 복지국가를 프롤레타리안 복지국가(Proletarian welfare state), 부르주아 복지국가(Bourgeois welfare state)로 분류하였다. 프롤레타리안 복지국가는 노동자계급의 힘이 강하고, 노동자들의 각종 권리를 보장하기 위해 일반 조세를 통한 소득재분배 방식으로 생활상의 권리(보편적인 사회적 서비스)와 일할 권리(적극적 노동시장정책)의 보장을 강조한다. 부르주아 복지국가는 자본축적과 노동윤리를 중시하며, 안정적인 노동시장 참여자가 가입의 주대상이기 때문에 재분배가 상대적으로 미비하다. 보험수리원칙(actuarial principle)이 엄격히 적용되는 사회보험제도가 중심이 된다.

또한 더본은 두 개의 기준, 즉 사회복지정책의 확대 정도(social entitlement)와 노동시장·완전고용에 따라, 정부개입이 강한(strong interventionist) 복지국가, 약한 보상적(soft compensatory) 복지국가, 완전고용지향의 작은(full employment-oriented small) 복지국가, 시장중심적(market-oriented) 복지국가로 분류하였다. 정부개입이 강한 복지국가는 사회복지에 대한 개입도 강하고 완전고용정책을 중시한다(스웨덴 등). 약한 보상적 복지국가는 사회복지정책은 확대되나 노동시장정책이 약하다(대륙유럽국가). 완전고용지향의 작은 복지국가는 사회복지의 확대는 주저하는 반면, 노동시장정책을 통한 완전고용정책을 강조한다(스위스, 일본 등). 시장중심적 복지국가는 사회복지의 확대도 꺼리고 노동시장정책도 약하다(미국 등).

3) 에스핑-앤더슨의 복지국가 유형화

에스핑-앤더슨(Esping-Andersen, 1990)은 탈상품화(decommodification) 정도와 복지국가정책이 사회계층체제에 끼치는 영향, 국가-시장-가족의 관계를 기준으로 자유주의 복지국가(liberal welfare state), 보수주의 혹은 조합주의 복지국가(conservative or corporatist welfare state), 사회민주 복지국가(social democratic welfare state)로 분류하였다.

탈상품화란 개인의 복지가 시장에 의존하지 않고 보장될 수 있는 정도, 즉 개인 또는 가족이 노동시장에 참여하지 않더라도 수용 가능한 생활수준을 유지할 수 있느냐와 관련된 개념으로 시민들이 노동력을 상품화하지 않고 자신의 삶을 안정적으로 유지할 수 있는 정도를 의미한다.

자유주의 복지국가는 노동윤리를 강조해 공공부조와 낮은 보장수준의 사회보험 위주로 복지제도를 운영한다. 따라서 탈상품화 수준이 낮고, 사회권에 입각한 보편적 복지가 제한되어 있다. 이로 인해 복지수혜자와 노동시장 참여자 간의 이중사회화가 초래되는 등 다차원적인 사회계층체제가 발생한다. 나아가 복지에 대한 가족의 책임이 강하고 민간보험과 직업복지 등 시장 부문의 역할을 중요하게 여긴다.

보수주의 혹은 조합주의 복지국가는 노동윤리를 강조하지 않고 권리에 입각해 사회보험제도를 운영한다. 사회보험제도 운영은 소득재분배 성격보다는 기여수준과 급여를 엄격히 연계하는 보험수리원칙(actuarial principle)을 바탕으로 한다. 따라서 노동시장에서의 지위에 따라 사회보험의 혜택이 상이하기 때문에 탈상품화 효과도 일부 계층에 제한되는 한계가 있다. 또한 상대적으로 재분배 효과가 적고 유사재산권(quasi-property right)으로 여겨지고 있는 사회보험제도의 비중이 크기 때문에 노동시장에서의 지위를 중심으로 사회계층체제가

표 6-5 에스핑-앤더슨의 복지국가 유형화

분류 기준	자유주의	보수주의/조합주의	사민주의
탈상품화 수준	낮음	중간	높음
복지국가정책이 사회계층체제에 끼치는 영향	낮은 보장수준의 사회보험과 공적 부조 중심	사회보험(소득연계) 중심	사회보험(재분배적)과 사회적 서비스 중심
	이중사회 (복지수혜자 vs 노동시장 참여자)	성층화 (노동시장 지위에 따라 차별화)	사회통합 (사회계층체제 완화)
국가/시장/가족관계			
국가	낮음	높음(중간 이상)	높음(매우 높음)
시장	높음	낮음	낮음
가족	높음	높음	낮음

표 6-6 복지국가 순위(1980년)

(단위: %)

국가	탈상품화 정도	민간연금의 비중 (연금총액 대비)	민간보건의료지출 (의료총액 대비)	공적 부조의 비율 (총공공지출 대비)	사회복지지출의 보편주의 정도
호주	13.0	30	36	3.3	33
미국	13.8	21	57	18.2	54
뉴질랜드	17.2	4	18	2.3	33
캐나다	22.0	38	16	15.6	93
아일랜드	23.3	10	6	5.9	60
영국	23.4	12	10	–	76
이탈리아	24.1	2	12	9.3	59
일본	27.1	23	28	7.0	63
프랑스	27.5	8	28	11.2	70
독일	27.7	11	20	4.9	72
핀란드	29.2	3	22	1.9	88
스위스	29.8	20	35	8.8	96
오스트리아	31.1	3	36	2.8	72
벨기에	32.4	8	13	8.5	67
네덜란드	38.1	13	22	6.9	87
노르웨이	38.3	8	1	2.1	95
스웨덴	39.1	6	7	1.1	90
평균	27.2	13	22	5.9	72

출처: Esping-Andersen (1990), p. 52 〈표 2-2〉; pp. 70-71 〈표 3-1〉에 기초하여 탈상품화 순위를 기준으로 재구성함.

성층화 된다. 한편, 복지에 대한 가족의 책임은 강하지만 민간보험과 직업복지 등 시장 부문의 역할은 약한 측면이 있다.

사회민주 복지국가는 재분배적 사회보험과 일반 조세에 의한 보편적인 사회서비스제도를 운영한다. 사회서비스를 중심으로 중간계층까지 폭넓게 혜택이 제공되는 보편주의원칙과 사회권을 강조해 탈상품화 효과가 크고 사회계층체제를 줄여 사회통합에도 기여한다. 그리고 복지에 대한 가족의 책임이 약하고 민간보험과 직업복지 등 시장 부문의 역할도 크지 않다.

4) 젠더 관점의 복지국가 유형화

기존의 복지국가 유형론은 주로 남성 중심의 가부장적인 복지국가에 대한 암묵적인 가정이 전제돼 있다는 문제가 많이 제기되었다. 지금까지 등장한 복지국가 모델들은 남성 생계부양자에 기초한 모델(male breadwinner model)이라는 것이다. 즉, 남성-유급노동, 여성-무급가사노동의 가부장적 성별 분업을 전제로 남성에 대한 여성의 경제적 의존성을 강조한 몰젠더(gender blind) 관점이라는 것이다(Orloff, 1993). 이에 새롭게 등장한 젠더 관점은 복지국가가 성별 분업에 초점을 맞추어 복지국가정책이 남성과 여성의 젠더 관계에 끼치는 영향을 중심으로 유형화할 필요가 있다고 주장한다.

여성의 입장에서는 탈가족화(defamiliarization)를 통한 상품화는 여성이 탈상품화되기 위한 전제조건이다(Esping-Andersen, 1999). 탈가족화란 복지국가정책이 가족 내 여성이 주로 전담해 온 다양한 형태의 돌봄노동(caring work)을 사회화함으로써 여성의 유급노동 참여를 장려하고 경제적 독립성을 보장하는 정도를 말한다. 사회보험 수급권이 유급노동에 참여하지 않고서는 주어지지 않는 것처럼, 탈가족화와 상품화 없이는 탈상품화가 불가능하다는 것이다.

이처럼, 젠더 관점은 복지국가정책이 가부장적인 성별 분업을 공고히 함으로써 남성 생계부양자모델을 유지 및 재생산하는가, 아니면 성별 분업을 약화해 남성 생계부양자모델을 완화 혹은 해체하는가를 중심으로 고찰한다. 따라서 복지국가는 여성의 탈가족화를 위해 일하는 여성의 돌봄노동 부담 해소(3세 미만 아동 대상 보육서비스 등), 일하는 여성의 일-가정 양립 지원(부모휴가, 육아휴직제도 등), 남성의 돌봄노동 참여 강화(부모휴가, 육아휴직에 남성 참여 제도화 등),[4] 여성고용을 확대하는 노동시장정책(공적 사회서비스 일자리 확충 등), 일하는 여성-친화적 조세정책(독일식 부부합산과세[5]나 가족합산과세가 아닌 개별과세) 등에 초

표 6-7 젠더레짐의 유형화

	일반가족지원형	이중 소득자형	시장지향형
젠더모델	강한 생계부양자모델	약한 생계부양자모델	특정한 모델 없음
정책방향	성별 역할분업	여성의 탈가족화 지향	특별한 방향 없음
고용정책	특별한 정책 없음	공적 고용 확대 및 여성고용 장려	특별한 정책 없음
여성고용	낮음	높음	높음
여성노동	단기고용 및 시간제 노동	장기근속 및 전일제노동 장려	저임금노동 및 불안전 고용
복지제도	부양자의존형 (전통적인 가족지원)	개인적 권리 (여성의 일-가정 양립지원)	국가적인 정책 부족
조세제도	부부 및 가족합산과세	개별과세	개별과세
대표국가	독일, 프랑스, 남부유럽	덴마크, 스웨덴, 핀란드	미국, 영국, 스위스

출처: Lewis (1992); Korpi (2000); Sainsbury (1996)를 바탕으로 구성함.

점을 맞출 필요가 있다고 주장한다.

젠더레짐 유형론들을 종합하면 〈표 6-7〉과 같다. 코르피는 젠더레짐을 일반가족지원형(general family support model), 이중 소득자형(dual earner model), 시장지향형(market-oriented model)으로 구분하였다.

일반가족지원형은 루이스의 강한 생계부양자모델(strong breadwinner model)이 해당된다. 이 모델은 강한 남성 생계부양자의 존재와 여성의 돌봄노동 수행을 이상적인 모델로 여겼다. 국가정책은 성별 역할분업에 기초하여 전통적인 가족제도를 중시한다. 이에 반해 국가는 여성고용정책에 있어 여성의 노동시장 참여를 확대하는 역할을 맡지 않는다. 결과적으로 여성고용률은 낮고, 여성노동의 주된 형태도 돌봄노동의 수행에 장애를 초래하지 않는 범위 내에서 행할 수 있는 단기고용과 시간제노동이 주종을 이루며, 여성의 경력단절도 구

4) 남성의 돌봄노동 참여를 강화해 여성이 전담하다시피 해 온 가정 내 성역할을 변화시키려는 시도를 탈성별화(degendererization)라고 한다.

5) 부부합산과세제도는 부부가 동시에 노동시장에 참여하는 가족에 대해 불이익을 주어 여성의 노동공급을 축소시키는 경향이 있다(심상용, 2013). 누진적인 조세제도하에서는 부부의 소득이 합산되기 때문에 부부간의 소득 차이가 클수록 조세 절감효과가 크다. 즉, 부부의 소득이 같으면 조세 절감효과는 전혀 없고, 한 명이 소득이 없으면 극대화된다(Schmidt, 2006). 따라서 부부합산과세제도는 성별 노동분업과 전통적 가족주의에 바탕을 두고 있어 '남성 우월주의(male chauvinism)'의 상징으로 받아들여지기도 한다(Steiner & Wrohlich, 2004).

조화된다. 사회복지제도는 부양자의존형으로 구성돼 전통적인 가족을 지원하는 데 초점을 맞추기 때문에 여성의 일–가정 양립에 불리하다. 사회보험의 수급권은 일하는 남성이 독점적으로 갖고 가정 내 여성은 유족연금 등 파생수급권을 통해 간접적 혜택을 받을 뿐이다. 전업주부는 아동양육수당 등 전통적인 가족지원정책의 단순 수혜 대상이 된다. 또한 비영리 민간단체가 주도하는 3세 미만 아동 대상의 보육 공급도 부족한 상태이다. 이 모델에 해당되는 대표적 국가는 프랑스다. 프랑스의 유치원제도 등은 3세 이상 아동에게도 시간제한적인 보육 및 교육 공급은 활성화돼 있지만, 이는 여성의 일–가정 양립 지원책이 아니라 아동의 교육권 확립 차원의 접근인 경우가 많다. 육아휴직제도도 무급으로 장기간 제공되는 경우가 많아 출산 여성의 노동시장 복귀 의지를 좌절시켜 여성의 경력단절이 구조화되고, 남성의 육아휴직 참여는 활성화되어 있지 않아 돌봄노동에 대한 남성의 참여는 제약된다. 조세제도는 부부합산과세 혹은 가족합산과세의 형태로 운영되고 있어 노동시장에 참여하려는 여성을 단념시키는 부정적인 효과를 불러온다.

이중 소득자형은 루이스의 약한 생계부양자모델(weak breadwinner model)에 해당된다. 국가정책의 방향은 여성의 가정 내 돌봄노동을 대폭 사회화함으로써 여성의 노동시장 참여를 활성화해 탈가족화를 지향하고 전통적인 성별 역할분업을 완화한다. 국가는 여성고용정책 차원에서 사회서비스 부문을 중심으로 공적 고용을 확대하고 여성고용을 장려하는 적극적인 역할을 한다. 따라서 여성고용률이 높고, 여성노동의 형태도 장기근속 및 전일제 근로가 장려된다. 사회복지제도는 개인적 권리를 중심으로 형성되고 여성의 일–가정 양립을 적극 지원한다. 여성은 장기근속과 전일제 근로에 참여하여 개별적으로 사회보험 수급권을 갖는다. 3세 미만 아동에 대한 공적인 전일제 보육 공급이 강화되고, 유급 육아휴직이 제도화되어 여성의 경력지속이 가능해진다. 남성 또한 육아휴직제도 이용이 활발하게 보장되어 남성의 돌봄노동 참여문화도 확산된다. 아동양육수당 등과 같은 전업주부를 지원하는 정책은 일반적으로 선호되지 않는다. 조세제도는 개별과세를 바탕으로 운영되기 때문에 여성의 노동시장 참여에 끼치는 영향은 중립적이다.

시장지향형은 특정한 젠더모델을 추구하지 않는다. 이는 자유주의적 전통에 따라 국가는 개인과 가족의 삶에 개입하지 않고 특정한 젠더모델을 지향하는 정책을 펴지 않는 경향 때문이다. 국가의 복지 책임이 약하고, 노동시장은 유연화되어 있고, 저임금이 만연해 있어 취업한 남성의 직장 및 소득안정성도 취약하다. 따라서 대다수 가족의 여성들이 빈곤 위험에 노출되어 있기 때문에 노동시장에 참여하지 않을 수 없다. 그 결과 여성고용률이 높은데, 이는 여성들이 저임금근로, 단기 및 단시간 근로에 종사하기 때문이다. 국가 중심의 사회복지제도가 부족해 여성은 일-가정 양립에 어려움을 겪는다. 아동양육수당 등 전통적인 가족정책은 크게 발달하지 않았다. 공적 보육제도가 발전되어 있지 않기 때문에, 비영리 민간단체가 제공하는 서비스를 이용할 수 있는 취약계층을 제외하고는, 일반가정의 경우 영리기관을 통해 서비스를 이용하거나 사적 돌봄시장을 이용해야 한다. 육아휴직정책은 무급인 경우가 대부분이거나 실시하고 있지 않기 때문에 남성의 육아휴직 참여정책도 제도적으로 운영되지 않는다. 이에 따라 여성의 경력단절이 구조화되고, 단기고용, 단시간노동 등의 불완전고용과 저임금노동이 일반화된다. 조세제도는 개별과세제도를 운영하고 있어 여성의 노동시장 참여에 끼치는 영향은 중립적이다.

3. 복지국가의 재편

1) 복지국가의 새로운 환경과 축소 조정

현재의 복지국가는 1970년대 복지국가 황금기와는 환경이 다르다. 대표적 환경변화에는 경제의 세계화, 경제여건의 악화, 탈산업화, 인구사회학적 구조의 변화 등이 있다. 지금의 복지국가도 이러한 변화에 대처하기 위해 심혈을 기울이고 있다(감정기 외, 2002). 이들 변화의 내용을 구체적으로 살펴보면 다음과 같다.

첫째, 경제의 세계화 현상이 확대되고 있다. 경제의 세계화란 자본이동의 자유화, 자유무역의 확대 등 상품과 자본의 국제적 이동이 확대되는 현상을 말한다. 그런데 경제의 세계화가 복지국가에 끼치는 영향에 대해서는 견해가 엇갈린다(Bowles & Wagman, 1997).

바닥으로의 경주(race to bottom) 가설에 의하면, 정부는 외국 자본을 유치하기 위해 기업활동에 친화적인 제도를 도입해야 한다. 이를 위해 그동안 시행해 왔던 과도한 노동규제(근로자보호, 최저임금제), 높은 노동비용(사회보험 부담금과 기업복지), 고세율(높은 법인세) 등을 완화하려 한다. 이처럼 사회정책이 전반적으로 하향 조정되는 사회적 덤핑(social dumping)이 불가피하고, 그 결과 노동시장 유연화, 실업, 소득불평등, 빈곤이 확대된다. 다음으로 보상 가설에 의하면, 세계화는 금융·통화정책에 대한 국가의 경제적 통제능력을 약화시킬 뿐만 아니라 경제적 불안정성을 심화시켜 기업의 도산, 노동시장 불안정, 실업 증가, 소득불평등과 같은 부작용을 야기시킨다. 그 결과, 급증하는 사회적 욕구 충족과 자본축적에 필요한 정치적 안정을 위해 보상 차원에서 사회지출의 확대를 모색할 수밖에 없다는 것이다. 마지막으로, 클럽수렴가설(convergence clubs hypothesis)은 복지국가의 변화는 탈산업화, 인구사회학적 변화와 같은 내적인 원인에 의한 것이지 경제의 세계화 영향은 직접적이지 않다고 보았다. 이에 따라 각 국가들은 기존 국가정책의 특징에 입각해서 재상품화(re-commodification), 비용절감(cost containment), 재조정(recalibration) 등 서로 다른 유형으로 경제의 세계화에 대처하고 있다고 하였다(심상용, 2006; Pierson, 2001).[6)]

둘째, 경제여건이 악화되고 있다. 과거에는 고도성장에 힘입어 실업은 감소하고 제조업 중심의 좋은 일자리도 많았기 때문에 완전고용과 소득 증가의 두 마리 토끼를 잡을 수 있었다. 하지만 최근 경제의 저성장과 성장의 질 악화는 실업 증대, 불평등, 빈곤, 비정규직 일자리 확대를 가져왔다. 이로 인해 국가 사회복지정책에 대한 수요가 증가하고 있지만, 경제여건의 악화에 따른 조세수입이 늘지 않으면서 정부의 정책 능력은 제한되어 있다. 무엇보다 최근 자본주의 경제가 성숙되어 저성장이 보편적인 현상으로 자리 잡으면서, 투자 확대에도 불구하고 과거와 같은 뚜렷한 경제성장은 나타나지 않고 있다. 이는 자본주의 고도성장의 결과 자본집중도가 증가해 총 투하자본의 규모가 매우 커졌기 때문에, 추가적인 자본투입에도 불구하고 자본수익률과 이윤율의 한계증가량이 지속적으로 하락하는 경향이 고착화되고 있기 때문이다(Lipietz, 1986).

한편, 성장의 질이 악화되어 경제가 성장해도 소득불평등이 증가하는 현상이 나타나고 있다. 이전과 달리 성장의 고용유발 효과가 감소해 일자리 없는 성장이 현실이 되었다. 서비스업이 확대되고 제조업 부문에서는 기술편향적 진보로 인해 전통적인 일자리가 줄어들고 일자리 양극화 현상이 두드러지게 보이고 있다. 그 결과, 경제성장에도 불구하고 소득은 이에 상응할 만큼 증가하지 못하고 있다. 과거에는 경제가 성장하면 소득불평등과 빈곤이 감소했지만, 지금은 경제성장이 오히려 소득불평등과 빈곤 확대를 양산하는 현상(the great U-turn)을 초래하기도 한다(심상용, 2006; Volscho, 2004).

이와 관련해, 최근 혁신 요인과 소득기반 확충 요인의 경제성장에 대한 기여도가 주목받고 있다. 표준적인 대량생산에 따른 대량소비가 불가능해진 포스트-포드주의의 환경 아래 자본, 노동 등 외부 생산요소의 추가투입이 총생산 증가에 기여하는 비중은 줄어들고, 오히려 내부 요인의 비중이 증가하고 있다(심상용, 2005; Aghion, 1999; Porter, 1990). 혁신 요인과 소득기반 확충 요인은 21세기 들어 가시화되고 있는 제4차 산업혁명(Industry 4.0)[7)]의 사이

6) 이에 대해서는 뒤에서 자세히 다룬다.

버생산시스템(Cyber Production System: CPS)[8]에서 더욱 주목받고 있다. 혁신 요인과 관련하여 사이버생산시스템을 운영하는 근로자의 새로운 숙련체계로서의 인적자본 확충은 산업 경쟁력의 성패를 좌우한다. 근로자의 숙련은 사물인터넷(IoT)과 빅데이터 기술에 대한 연구개발투자가 산업생산으로 연결되는 가치사슬 형성을 촉진하기 때문이다. 나아가, 국민소득기반 확충은 새로운 장기적 성장 동력으로 제시되고 있다(김태일, 2019). 소득기반 확충은 수요 기반을 확장할 뿐만 아니라 사회적 투자의 의미를 동시에 갖는다. 이는 경제 선순환을 촉진해 기업의 기술개발투자를 확대하고, 나아가 노동력 숙련에 대한 투자와 장기근속을 가능하게 함으로써 노동생산성을 향상시키는 등 장기적 효과를 발생시킨다. 소득기반 확충을 위해 국가는 노동시장정책과 복지정책 등 소득불평등 완화 및 빈곤 해소를 위한 적극적인 정책을 펼쳐야 한다.

셋째, 탈산업화가 확대되고 있다. 탈산업화란 생산성이 높고 고임금인 제조업의 비중(고용 비중이나 총생산에 기여하는 비율)이 줄어드는 대신, 생산성이 낮고 임금 격차가 심한 저임금과 불안전한 일자리가 많은 서비스업의 비중이 커지는 현상을 말한다. 이는 국가경제의 생산성을 저하시키고 노동시장의 유연성을 강화시킬 뿐만 아니라 노동소득의 양극화를 심화시키고 조세제도의 침식과 재정적자 등을 초래한다. 또한 서비스업의 확대는 일부 고숙련·고생산성 서비스업(사업서비스업 등)보다는 미숙련·저생산성 서비스업(개인서비스업 등)을 확대시켜 종국에 생산성 저하를 불러온다(강정기 외, 2002). 무엇보다 서비스업 부문은 비정규직 등 불안정한 일자리가 많고, 일부 고임금 분야를 제외하고 저임금 직종의 수가 훨씬 많기 때문에 임금격차는 더 늘어나고 이로 인한 노동소득의 양극화도 더욱 심해진다(심

7) 제1차 산업혁명은 17세기의 증기기관 발명으로 촉발됐고 제2차 산업혁명은 19세기 초의 전기 발명과 함께 시작됐다. 산업사회는 제1, 2차 산업혁명을 통해 대량생산체계를 확립했다. 제3차 산업혁명은 20세기 후반부터의 정보통신(Information Technology: IT) 기반의 디지털경제를 확립한 온라인시대를 말한다. 사이버생산시스템(CPS) 기반의 제4차 산업혁명은 온라인과 오프라인의 융합을 통한 초연결지능사회로의 변화를 의미하기도 한다(김교성 외, 2018; 허재준, 2017).

8) 개념적으로 사이버생산시스템은 생산기기와 생산품 간의 정보교환이 가능한 완전한 자동생산체계를 구축하고 전체 생산과정을 최적화한 산업정책을 펼치는 방식을 말한다. 사이버생산시스템은 사물인터넷(Internet of Things: IoT, 사물에 센서를 부착해 데이터를 실시간으로 인터넷으로 주고받는 기술이나 환경)과 빅데이터(Big Data) 기술의 발전을 원동력으로 하고 있다. 사이버생산시스템은 세계경제의 저성장과 인구고령화 추세 속에서 제조업을 다시 부활시키는 뉴 노멀(New Normal)의 필요성에 부응해, 제조업, 통신 및 에너지 인프라, 교통 등의 산업 분야에 스마트제조(Smart Manufacturing) 기법(컴퓨터 융합 제조, 수요 변화에 대한 높은 적응성과 급격한 설계 변경, 유연한 기술의 사용을 위한 노동력 훈련 등을 통칭)을 적용하려는 것이다.

상용, 2006; Myles & Pierson, 2001; Rowthorn & Ramaswamy, 1997). 더욱이 서비스 부문의 확대는 법인 소득세의 원천이 되는 생산성 저하로 인한 이윤 감소로 저임금 구조가 확산되고 이로 인한 개인소득세의 감소를 야기시킨다. 결국 서비스업 확대는 전체적으로 국가의 조세기반을 잠식해 재정적자 확대의 요인이 될 수 있다.

넷째, 인구사회학적 변화가 일어나고 있다. 이러한 변화는 인구의 고령화, 출산율 감소, 여성가구주 가구의 증가 등으로 나타난다. 이는 노동 가능 인구인 생산활동인구는 줄고 이에 반해 사회복지의 욕구가 높은 수요층이 많아진다는 것을 의미한다(감정기 외, 2002). 이처럼 인구사회학적 요인은 사회복지의 수요를 증가시키는 변화이기 때문에 중요한 의미를 갖고 있다. 저출산 · 고령화는 출산과 직간접적으로 관련 정책의 확대와 노인빈곤이나 각종 노인문제에 대한 개입이 필요함을 의미한다. 여성가구주 가구가 증가하면 여성빈곤을 극복하기 위한 소득보장정책과 일-가정 양립정책의 수요를 증가시킨다.

최근 이러한 환경변화에 따라 실업율과 빈곤율이 높아지고 소득불평등이 심화되어 사회복지에 대한 수요가 증가하고 있다. 하지만 복지국가는 이미 최대로 성숙되어 있는 데 비해 경제적 여건은 더 악화되어 있어, 이들 문제에 대처하기 위한 복지확대에 어려움을 겪고 있다. 이에 피어슨(Pierson, 2007)은 최근 복지국가들은 기존 복지 프로그램들을 합리적으로 조정함으로써 변화된 경제상황에 적응하고 복지욕구 확대에 대응하려 하고 있다고 하였다.

〈표 6-8〉은 OECD 주요 국가의 복지급여 삭감 사례를 정리한 것이다. 노령연금의 경우,

표 6-8 OECD 주요 국가의 복지급여 삭감 사례

급여형태	변경사항	예
노령연금	• 퇴직연령을 높임 • 완전노령수급자격 기간의 증가 • 인플레이션에 맞춰 급여를 인상시키는 근거를 낮춤 • 연금의 소득심사	• 영국, 뉴질랜드 이탈리아, 일본 • 프랑스, 포르투갈, 아일랜드, 핀란드 • 영국, 프랑스, 스페인 • 오스트리아, 덴마크, 호주
장애	• 무능력에 대한 보다 엄격한 심사 • 새로운 기간 제한, 급여축소	• 영국, 미국, 네덜란드, 노르웨이 • 영국, 미국, 네덜란드
실업	• 급여기간의 축소 • 급여수준의 감소 • 자격 축소	• 벨기에, 영국, 덴마크, 미국 • 독일, 아일랜드, 뉴질랜드, 스위스 • 네덜란드, 영국, 벨기에
가족수당	• 실질가치를 내리거나 자격을 축소	• 영국, 스페인, 네덜란드

출처: Pierson (2007), p. 225 〈표 5-1〉.

퇴직연령을 연장하면 연금지급을 지연할 수 있고, 완전노령연금 수급조건인 기여기간을 늘리면 연금감축효과를 얻을 수 있다. 또한 인플레이션에 맞추어 급여를 인상하는 주기를 늦추면 급여인상을 지연할 수 있고 연금의 소득심사를 강화해 다른 소득이 있는 경우 연금급여를 감액할 수 있다. 장애급여의 경우, 장애등급 판정기준을 강화해 무능력기준을 엄격화하면 지급되는 급여를 줄일 수 있고, 장애급여 대기기간을 늘리거나 신설해 지급기간을 제한하거나 소득대체율을 낮추어 급여 수준을 낮춘다. 실업급여는 급여기간을 축소하거나 급여수준을 낮추는 조치가 광범위하게 이루어지고, 근로의무를 엄격히 부과해 수급자격을 축소하기도 한다. 가족수당은 물가상승에 비례한 급여액 인상을 지연함으로써 실질가치를 감축하기도 한다. 아동수당은 이전에 예외적으로 적용했던 대학생을 제외하는 등 자격을 축소하고, 첫째 자녀를 지급대상에서 배제하거나 반대로 다자녀에 대한 수당 급여액을 삭감하는 조치를 취하였다.

이를 종합해 보면, 복지국가의 축소조정전략은 다음과 같다.[9)]

첫째, 사회복지 급여의 소득대체율을 낮추고 있다. 특히 근로자계층의 근로 의욕과 관련성이 높은 실업보험과 질병보험에 초점을 둔다. 스웨덴은 1990년대 이후 질병수당과 실업보험의 소득대체율을 90%에서 80%로 낮추는 변화를 시도하였다. 연금은 급여액을 물가나 임금상승률과 연동해 조정하는 제도(물가 · 임금연동제)를 폐지하거나 조정기간을 연장해 연금급여액의 급격한 상승을 억제하려 하고 있다.

둘째, 사회복지 수혜자격을 보다 엄격히 적용하고 있다. 연금은 완전급여(완전노령연금)를 받을 수 있는 기여기간을 늘리거나, 퇴직연령을 상향조정하거나, 피용자도 기여하도록 하는 조치를 취하고 있다. 질병수당이나 실업보험은 급여를 수령할 수 있는 대기기간(waiting day)제도를 새로 도입하거나 연장함으로써 수급을 억제하려 하고 있다.

셋째, 근로연계복지(workfare)를 강조하고 있다. 실업보험이나 공공부조 수혜자가 되기 위해서는 근로에 참여하거나 직업훈련을 받도록 하는 조건을 강화하고 있다.

넷째, 사회복지전달체계를 민영화 · 분권화하여 사회복지제도 운영의 효율성을 높이려 하고 있다. 특히 공교육과 공공육아가 확립된 나라들은 교육이나 보육서비스에서 민간 부문과의 경쟁을 촉진하기 위해 증서를 통한 구매(voucher)제도를 도입하고 있다.

다섯째, 시장경제 활성화를 목적으로 감세정책을 시행해 조세부담률을 낮추고 있다. 실

9) 이하는 감정기 외(2002)에 바탕을 두고 있다.

제 사회복지에 대한 욕구가 늘어나고 있지만 1980년대 이후 조세부담률은 꾸준히 감소하고 있다.

2) 복지국가의 재편 방향: 신자유주의, 노동감축, 고용확대 방식

에스핑-앤더슨(1999)은 현재 복지국가의 재편의 세 가지 경로를 제시하였다.[10] 첫째는 신자유주의 방식이다. 이 방식을 채택하고 있는 나라는 미국, 영국, 뉴질랜드, 캐나다, 호주 등과 같은 앵글로색슨 국가들이다. 이 국가들은 먼저 노동시장을 탈규제하는 조치를 단행하였다. 미국은 최저임금을 평균 임금의 38% 수준으로 낮추었고 사회보험 급여대상자를 70%에서 33%까지 줄었다. 영국은 노동조합의 파업권과 단체협약의 포괄범위도 제한하였고 채용과 해고 조건을 완화하는 등의 조치를 취하였다. 또한 이들 국가는 노동시장을 유연화하는 조치를 단행했다. 미국은 비정규직 노동자의 비중이 OECD 국가 중 최고 수준에 달하며, 이러한 특성은 앵글로색슨 유형 국가들에서 공통적인으로 발견할 수 있다. 한편, 이 국가들은 저임금 일자리도 확대하였다. 그로 인해 고용증가율은 OECD 국가들의 2배 수준에 달할 정도로 높았지만, 대부분 양질의 일자리가 아닌 저임금의 서비스 직종에 편중되어 있었다. 특히 미국은 미숙련 노동자는 전일제로 근무해도 빈곤선 이하의 수입만을 얻는 저임금의 불안정한 고용이 증가하였다. 이처럼 신자유주의의 방식은 빈곤과 임금 불평등이 확대되는 문제를 불러왔다. 결국 이 국가들은 근로빈곤층(working poor)이 증가하였고 가장 높은 수준의 임금불평등을 보였다.

둘째는 노동감축 방식이다. 이 방식은 주로 유럽대륙국가들이 채택하였다. 이 방식의 일환으로 이들 국가는 조기퇴직을 장려하는 조치를 취했다. 적은 일자리의 질을 유지하기 위해 고연령 노동자들의 조기퇴직을 권장하면서 이들에게 실업급여, 장애연금, 노령연금 수급을 유도하였다. 이로 인해 한때 사회보험에 있어 재정부담이 커지기도 하였다. 다음으로, 여성고용을 억제하였다. 이는 남성 생계부양자(male-bread winner) 위주의 일자리 공급을 부부합산과세 등 2인 이상 소득자가 있는 가구에 중과세함으로써 여성고용 억제책을 시행하였다. 마지막으로, 기존 노동자를 보호하기 위해 노동시장 규제조치를 유지하였다. 노동조합의 권한, 단체협약, 최저임금제, 실업보험, 채용 및 해고 관련 규정에서 노동시장 규제

10) 이하는 감정기 외(2002); 송호근, 홍경준(2006); Esping-Andersen (1999)에 바탕을 두고 있다.

가 엄격하다. 이는 내부 노동시장에서의 남성 생계부양자들의 고용을 보장하고 가족구성원들은 이들의 수입이나 복지국가 프로그램의 혜택으로 생활하도록 유지하려는 전략의 일환이다. 이로 인해 유럽대륙국가들을 가족주의적인 이전 국가(familialistic transfer state)라고 부르기도 한다.

그러나 이 방식은 정규직 노동자의 보호에 더 큰 장점이 있음으로 노동시장의 경직화를 낳는 문제점이 있다. 즉, 정규직 노동자 보호를 위한 노동시장 규제가 엄격히 적용되다 보니 정규직 노동자들이 종사하는 1차 노동시장이 경직되어 신규 근로자의 진입을 어렵게 만들고 외부 노동시장도 형성되지 못하게 된다. 뿐만 아니라 노동시장 규제의 엄격화는 저임금과 비정규직 위주의 서비스업이 발달하지 못하는 역효과를 낳고 나아가 구조적 실업도 상존하게 된다. 무엇보다 정규직 노동자들은 점차 고령화되고 있음에도 불구하고 청년 실업률을 높이는 문제를 야기시킨다.

셋째는 고용확대 방식이다. 스웨덴, 덴마크, 노르웨이 등 스칸디나비아 국가들이 주로 채택하고 있는 것으로 다음과 같다. 먼저, 공공고용확대 전략이다. 사회서비스를 앵글로색슨형처럼 민간 부문에서 제공하지 않고 공공 부문에서 창출해 좋은 일자리를 제공한다. 다음은 여성고용을 확대하고 고용상 남녀평등을 증진하여 좋은 일자리를 제공한다. 여성고용

표 6-9 에스핑-앤더슨의 복지국가 재편의 세 가지 경로

재편 유형	국가군	기본전략	내용	문제점
신자유주의 방식	앵글로색슨 국가	• 노동시장 탈규제를 통한 임금 고용 창출 전략	• 노동시장 탈규제 • 노동시장 유연성 강화 • 저임금 일자리 확대	• 빈곤 · 불평등 악화
노동감축 방식	유럽대륙 국가	• 노동감축과 기존 고용자 보호 전략(일자리 없는 성장전략)	• 조기퇴직 권장 • 여성고용 억제 (가족 중시) • 노동시장 규제 유지 (기존 노동자 보호)	• 노동시장 경직화 (정규직 보호) • 외부노동시장(서비스, 비정규직) 미형성 • 구조적 실업
고용확대 방식	스칸디나비아 국가	• 통합적 고용확대를 위한 사회적 투자 전략	• 공공고용 확대 (좋은 일자리) • 여성고용 확대 (좋은 일자리) • 노동시장 규제 유지 • 실직자 사회서비스 확대	• 노동시장 통합성 유지 (노동시장유연화 방지) • 재정압박 가중

주: 노동시장 규제 영역에는 노동조합의 권한, 단체협약, 최저임금제, 실업보험, 해고에 대한 규제(해고비용) 등이 있다.

의 확대는 주로 공공 부문의 사회서비스 직종에 집중되어 있다. 대표적으로 공보육, 유급산전후휴가, 육아휴직제도 등이 광범위하게 도입되어 시행되고 있다. 그리고 노동시장규제를 유지하고 있다. 이 국가들의 비정규직은 대부분 자발적인 단시간 근로자들이다. 이들을 위해 비정규직 보호조치를 강화함으로써 고용상 차별을 엄격히 금지하고 있다. 마지막으로, 실직자 대상 사회서비스를 확대하고 있다. 실례로 직업훈련, 고용정보제공 등과 같은 적극적 노동시장정책을 시행하고 있다. 특히 실직자 대상으로 고용서비스 제공과 생계보장을 연계하는 정책을 실시하고 있다.

이와 같이 이들 국가에서는 고용형태에 따른 차별을 금지하고 있기 때문에 공공 부문에 종사하는 여성들은 파트타임에 종사하고 있음에도 불구하고 자발적인 선택인 경우가 많다. 하지만 이 같은 고용시장 확대방식은 노동시장의 통합성 유지에는 도움이 되지만 노동시장의 유연화를 가로막아 재정압박을 초래할 수 있다.

3) 복지국가의 재편 방향: 비용억제, 재상품화, 재조정 전략

피어슨(Pierson, 2001)의 복지국가의 재편은 몇 가지 형태로 유형화할 수 있다.[11]

첫째, 공통적으로 비용억제(cost-containment) 전략을 사용하고 있다. 비용억제 전략이란 재정지출 부담과 조세저항 등을 고려해 복지국가 프로그램의 비용을 줄이려는 것이다. 긴축재정을 단행하고 있는 대부분의 국가가 이에 해당한다. 특히 비용억제전략은 유럽통화연합(EMU)의 재정적자를 GDP 대비 3% 미만으로 제한하는 조치가 크게 영향을 주었다.

둘째, 미국과 영국 등은 재상품화(recommodification) 전략을 주로 사용하고 있다. 재상품화 전략은 노동자에게 지급하는 사회적 임금을 삭감하거나 수혜 자격을 강화함으로써 사회복지제도에 대한 의존을 줄이고, 노동시장에서 임금 의존도를 높이려는 전략이다. 대표적으로, 부양아동가족부조(Aid for Families with Dependent Children: AFDC)제도를 대체해 수급기간을 제한한 미국의 빈곤가정 한시적 지원(Temporary Assistance to Needy Families: TANF) 제도가 이에 해당한다.

셋째, 다양한 재조정(recalibration) 전략이 사용되고 있다. 재조정 전략은 상황의 변화에 발맞춰 복지제도의 제도적 설계를 수정하는 방식이다. 여기에는 사민주의국가들이 주로 사용

11) 이하는 송호근, 홍경준(2006); Pierson (2001)에 바탕을 두고 있다.

표 6-10 피어슨의 복지국가 재편의 유형

재편유형	국가	기본원리	복지동맹	비고
재조정	스웨덴 (사민주의국가)	비용억제, 합리화, 점진적 조정	대단히 강함	중앙집권적 개혁
	독일, 이탈리아, 중부유럽	비용억제, 최신화	강함	노-정 합의
축소	미국, 영국, 중남미	비용억제, 재상품화	약함	집권당/ 집권자의 의지

출처: 송호근, 홍경준(2006), p. 103 〈표 4-1〉을 반영해 Pierson (2001), p. 455 〈표 13-2〉에서 요약함.

하는 합리화(rationalization) 전략과 유럽대륙국가들의 최신화(updating) 전략이 이에 속한다.

합리화는 복지제도의 본래 취지와 목적을 효율적으로 달성하기 위해 프로그램을 수정하는 전략을 말한다. 스웨덴의 질병수당 개혁이 여기에 해당 된다. 질병수당이 남용되어 무단 결근자가 증가하는 등 근로의욕이 저하되고 생산성이 떨어졌다는 지적이 끊임없이 제기되자 대기기간을 설정하는 등 자격요건을 강화하고 근로감독 및 감시도 한층 강화하였다.

최신화란 가족구조의 변화, 생애주기, 노동시장구조, 인구구조의 변화 등 새로운 복지수요에 부응하기 위해 프로그램을 변경하는 전략을 말한다. 각 국가는 여성 경제활동 참여가 증가하자 공보육 확대, 산전후 휴가제도 도입, 유급 육아휴직 도입, 유연근로시간제 도입 등 여성친화적 고용조치를 시행하고 있다. 과거에는 배제되었던 집단도 새롭게 포함시키고 있는데, 대표적으로 연금액 계산 때 돌봄노동의 가치를 인정하는 조치가 그것이다. 이는 평균수명의 증가에 따른 노인 문제가 심화되자 장기요양보험제도 등 새로운 노인복지시책이 도입되었다. 또한 의료기술의 발전에 따른 의료비 부담을 줄이고자 의료보험의 적용영역을 확대하고 본인부담금을 완화하는 조치를 확대하였다.

참고문헌

감정기, 최원규, 진재문(2002). **사회복지의 역사**. 서울: 나남.

김교성, 백승호, 서정희, 이승윤(2018). **기본소득이 온다: 분배에 대한 새로운 상상**. 서울: 사회평론아카데미.

김태성, 성경륭(2000). **복지국가론**. 서울: 나남.

김태일(2019). 복지국가 쟁점: 전환기의 이슈와 대안, pp. 125-165. 사회정책연구회 엮음. **복지국가 쟁점: 전환기의 이슈와 대안**. 경기: 한울아카데미.

송호근, 홍경준(2006). **복지국가의 태동: 민주화, 세계화 그리고 한국의 복지정치**. 경기: 나남.

심상용(2005). 과거 성장전략의 경로의존성과 혁신주도 동반성장의 과제에 대한 연구. **한국정책학회보, 14**(4), 223-248.

심상용(2006). 우리나라 근로빈곤의 사회구조적 원인에 대한 실증 연구(1982~2004): 거시경제, 노동시장, 분배제도가 근로자가구의 빈곤에 미친 영향의 검증. **한국사회복지학, 58**(4), 313-339.

심상용(2011). 지구시민권개념의 구성 가능성. **동향과 전망, 83**, 113-143.

심상용(2013). 독일 일-가정 양립정책과 젠더레짐 변화에 대한 연구: 최근 부모수당제도의 도입을 중심으로. **한국사회복지학, 65**(3), 265-289.

안치민(2003). 복지권의 구성과 성격. **한국사회복지학, 55**(겨울), 5-25.

한국노동연구원(2019). **KLI 노동통계**. 세종: 한국노동연구원.

허재준(2017). 제4차 산업혁명이 일자리에 미치는 변화와 대응. **노동리뷰, 2017년 3월호**, 62-71.

Aghion, P. (1999). Inequality and Economic Growth: the Perspective of the New Growth Theories. *Journal of Economic Literature, 37*, 1615-1660.

Andrews, K., & Jacobs, J. (1999). *Punishing the Poor: Poverty under Thatcher*. London: Macmillan.

Bowles, P., & Wagman, B. (1997). Globalization and the Welfare State: Four Hypothesis and Some Empirical Evidence. *Eastern Economic Journal, 23*(3), 317-334.

Brady, D., Fullerton, A., & Cross, J. M. (2010). Putting Poverty in Political Context: A Multi-level Analysis of Working-aged Poverty Across 18 Affluent Democracies. *Social Forces, 83*(1), 271-299.

Dean, H. (1996). *Welfare, Law and Citizenship*. London: Harvester Wheatsheaf.

Esping-Anderson, G. (1990). *The Three Worlds of Welfare Capitalism*. Cambridge: Polity.

Esping-Andersen, G. (1999). *Social Foundations of Postindustrial Economies*. New York: Oxford University Press.

Furniss, N., & Tilton, T. (1977). *The Case for the Welfare State: From Social Security to Social Equality*. Bloomington: Indiana University Press.

George, V., & Wilding, P. (1985). *Ideology and Social Welfare*. London: Routledge.

Hicks, A., & Esping-Andersen, G. (2005). Comparative and Historical Studies of Public Policy and Welfare State (pp. 509-525). In T. Janoski, R. Alford, A. Hicks, & Mildred A. Schwartz (Eds.),

The Handbook of Political Sociology: States, Civil Societies, and Globalization. New York: Cambridge University Press.

Jones, C. (1985). *Patterns of Social Policy: An Introduction to Comparative Analysis*. London: Tavistock.

Korpi, W. (1982). *The Democratic Class Struggle*. Boston: Kegan Paul.

Korpi, W. (2000). Faces of Inequality: Gender, Class, and Patterns of Inequalities in Different Types of Welfare States. *Social Politics, 7*(2), 127-191.

Lenski, Gerhard, E. (1966). *Power and Privilege: A Theory of Social Stratification*. New York: McGraw-Hill.

Lewis, J. (1992). Gender and the Development of Welfare Regimes. *Journal of European Social Policy, 2*(3), 159-173.

Lipietz, A. (1986). Behind the Crisis: the Exhaustion of a Regime of Accumulation. A "Regulation School" Perspective on Some French Empirical Works. *Review of Radical Political Economics, 18*(1/2), 13-32.

Marshall, T. H. (1950). *Citizenship and Social Class*. Cambridge: Cambridge University Press.

Mishra, R. (1984). *The Welfare State in Crisis: Social Thought and Social Change*. Sussex: Heatsheaf.

Myles, J., & Pierson, P. (2001). The Comparative Political Economy of Pension Reform (pp. 325-333). In P. Pierson (Ed.), *The New Politics of the Welfare State*. Oxford: Oxford University Press.

Orloff, A. S. (1993). *Gender and the Social Rights of Citizenship: The Comparative Analysis of Gender Relations and Welfare States, 58*(3), 303-328.

Pierson, C. (2007). *Beyond the Welfare State?* 현외성, 강욱모 공역. **전환기의 복지국가**. 경기: 학현사.

Pierson, P. (2001). Coping with Permanent Austerity: Welfare State Restructuring in Affluent Democracies (pp. 410-456). In P. Pierson (Ed.), *The New Politics of the Welfare State*. Oxford: Oxford University Press.

Porter, M. E. (1990). *The Competitive Advantage of Nations*. New York: The Free Press.

Rimlinger, G. (1971). *Welfare Policy and Industrialization in Europe, America, and Russia*. New York: Weiley.

Rowthorn, R., & Ramaswamy, J. W. (1997). *Deindustrialization: Causes and Implications*. IMF Working Paper 42.

Sainsbury, D. (1996). *Gender, Equality, and Welfare States*. Cambridge & New York: Cambridge Press.

Schmidt, M. (2006). Employment, the Family, and the Law: Current Problems in Germany. *Comparative Labor Law and Policy Journal, 27*(45), 451-486.

Steiner, V., & Wrohlich, K. (2004). Household Taxation, Income Splitting and Labor Supply Incentive: A Microsimulation Study for Germany. *CESifo Economic Studies, 50*, 541-568.

Therborn, G. (1986). Lark Marx Returning: The Welfare State and Neo-Marxist, Corporatist and Statist Theories. *International Political Science Review, 7*, 131-164.

Titmuss, R. M. (1974). *Social Policy*. London: George Allen and Unwin.

Volscho, Jr. T. W. (2004). *Income Distribution in 14 OECD Nations, 1967~2000: Evidence from the Luxemburg Income Study*. LIS Working Paper No. 386.

Wilensky, H. (1975). *The Welfare State and Equality*. Berkeley: University of California Press.

Wilensky, H., & Lebeaux, C. N. (1965). *Industrial Society and Social Welfare*. New York: Russell Sage.

유럽연합 홈페이지 https://ec.europa.eu/eurostat

OECD 홈페이지 https://stats.oecd.org

영국 사회복지의 역사

1. 빈곤의 발견과 빈곤관의 전환 시기

영국에서 「신빈민법」을 태동시킨 빅토리아시대의 일관된 빈곤의 원인에 대한 관점과 경제사조는 자조[1]의 미덕이었다. 이에 빈곤은 어디까지나 개인의 도덕적 타락의 결과이자 게으른 개인의 문제이며 사회와 국가적 책임과는 무관한 것으로 여겼다. 그러나 1870년대에 접어들며 독일, 미국 등 산업혁명 후발 국가들과의 경쟁 속에서 영국은 점차 경제 강국의 지위를 위협받게 되고 설상가상으로 불황의 그림자가 드리워지면서, 결국 빅토리아 황금기의 종언을 맞게 되었다.

무엇보다 장기적이고 대규모적인 실업 발생으로 빈민이 급증하면서 종래의 「빈민법」만으로는 이 문제를 해결하는 데 한계를 체감하게 되었다. 이에 정부는 빈곤의 실제적 원인을

1) 자조(self-help)의 가치는 스마일즈(Samuel Smiles)에 의해 심도 있게 묘사되었다. 그는 '하늘은 스스로 돕는 자를 돕는다.'라는 격언의 인용으로 시작되는 당시의 베스트셀러인 자신의 저서 『자조(Self-Help)』(1859)에서 자조정신은 개인 성장의 근본이며 국가 번영의 원천이라고 주장하였다. 사람을 돕는 가장 좋은 사회제도란 그 사람 자신이 자신의 상태를 개선하고 발전시키도록 가만히 내버려 두는 것이다. 사회악은 우리가 아무리 법을 사용하여 없애려 해도 개인의 생활과 성격이 현저히 개선되지 않고서는 또 다른 형태로 다시 나타나기 때문에, 최고의 애국과 박애는 가난한 사람을 위해 법을 고치거나 제도를 수정하는 데 있기보다는 사람들이 그들 자신의 자유롭고 독립된 개인행동에 의해 자기 자신을 향상하고 개선하도록 돕고 자극을 주는 데 있다고 주장하였다(박병현, 2005; Smiles, 1859).

찾아 이에 대한 대응책을 마련하고자 하였다. 「빈민법」의 전면개정을 약속한 자유당이 집권하면서 「빈민법」 개정을 위한 '왕립빈민법위원회'를 설치하였다. 민간에서는 부스(Charles Booth)와 라운트리(Seebohm Rowntree)가 빈곤의 원인을 밝히기 위한 실증적 사회조사연구를 실시하였다.

1) 왕립빈민법위원회

자유당은 「빈민법」을 개정하고 실업자를 지원하겠다는 약속 이행을 위해 1905년 왕립빈민법위원회(royal commission on the poor law and relief of distress)를 조직하고, 이 위원회로 하여금 경제불황으로 야기된 실업문제를 해결하기 위해 「신빈민법」을 어떠한 방향으로 개정할 것인가를 조사하도록 하였다(김근홍 외, 2007). 위원회의 위원장에 보수당의 해밀턴(George Hamilton)경을 임명하고 위원에는 로크(Charles S. Loch), 힐(Octavia Hill), 보산케트(Charles Bosanquet), 란스베리(Lansbury), 챈들러(Chandler), 웹(Beatrice Webb), 웨이크필드(Russell Wakefield) 등 보수주의자, 자유주의자, 페이비언 사회주의자[2] 등 다양한 성향의 인사들 18명이 참여하였다(원석조, 2012; 한국사회복지연구회, 1995).

위원회는 1905년부터 1909년에 걸쳐 159회의 청문회를 열고 452명의 증인을 통해 광범위한 조사를 실시한 결과 총 47권에 달하는 통계분석과 결과보고서를 작성하였다. 하지만 단일한 보고서를 채택하지 못하고 보고서는 '다수파보고서(majority report)'와 '소수파보고서(minority report)'로 나누어 제출되었다(박태정, 2014).[3]

위원들 중 14명이 서명한 '다수파보고서'는 빈곤의 원인과 책임을 개인적 특성과 연관시켰다. 따라서 만성적 빈곤상태에 있는 사람들을 빈곤으로부터 벗어나게 할 수 있는 가능성에 대해 회의적인 입장을 표하였다. 「빈민법」의 점진적인 개정과 수정의 필요성은 인지하면서도 「빈민법」 자체의 폐지는 반대하였으며, 자선단체들과의 긴밀한 협력을 권고하였다.

반면, 웹, 란스베리, 챈들러, 웨이크필드 신부 등 4명이 서명한 '소수파보고서'는 보다 급진적이어서 「빈민법」을 전면 폐지하고 다양한 집단에 대한 보호는 다른 기구에 이양할 것을

2) 페이비언 사회주의에 대한 자세한 설명은 제6장 참조.
3) 왕립빈민법위원회의 조사활동 결과는 1909년 2월 「빈민법 및 실업구제에 관한 왕립위원회 보고서(report of the royal commission on the poor law and relief of distress)」와 「분리보고서(separate report)」 두 개의 보고서로 나뉘어 제출되었으며, 통상 전자는 다수파보고서, 후자는 소수파보고서로 불린다(박광준, 2002).

명시하였다. 그리고 빈곤의 원인도 사회적 요인에서 찾아야 하고 구제가 아닌 사회적 책임을 통한 예방의 중요성을 강조하였다. 특히 소수파보고서는 국민최저기준인 '내셔널 미니멈(national minimum)'의 보장, 즉 어떠한 사람도 그 이하로 떨어져서는 안 되는 것을 기본이념으로 제시하였다.

이처럼, 다수파가 빈곤을 일시적이고 개인적 현상으로 보았다면, 소수파는 빈곤을 불합리한 사회구조적인 원인의 결과로 보았다(감정기 외, 2002; 박광준, 2002; 한국복지연구회, 1995). 다수파보고서와 소수파보고서에서 다룬 주요 내용을 구체적으로 살펴보면 다음과 같다.

다수파보고서는 「빈민법」 개정의 방향 네 가지를 제시하였다(양정하, 2013).

첫째, 빈민법연합과 지방구빈위원회를 군위원회로 대체할 것, 둘째, 구제의 처벌적 성격을 없애고 인도주의적 공공부조 프로그램을 마련할 것, 셋째, 혼합 수용된 빈민을 분리 · 보호하고 정신병자는 병원에서 치료받고 아동은 위탁가정이나 주거학교에서 보호받도록 할 것, 넷째, 노령자를 위한 연금, 빈민을 위한 무료치료, 공공직업 안내사업 등을 도입할 것 등이 그것이다.

반면, 소수파보고서에서 제시한 방안은 다수파보고서와 다른 방향을 제안하였다(원석조, 2012; Jones, 1991).

첫째, 노동능력 빈민과 노동무능력 빈민을 달리 처우할 것, 둘째, 노동무능력 빈민은 지방정부가 책임지되 각 전문위원회가 이를 분담하여 담당하도록 할 것, 셋째, 노동능력 빈민에 대한 처우는 그 전과 완전히 달라야 하며, 일자리를 얻는 데 개인보다 국가책임을 강화할 뿐만 아니라 직업소개소제도를 확립하고 노동자에 대한 직업훈련 프로그램을 확대하여 실시할 것, 넷째, 고의적 실업자는 내무성의 감화원(reformatory colony, 感化院)으로 보낼 것 등이 그것이다.

이처럼 이들 보고서는 당시 상황에 대한 심도 있는 논의와 분석을 통해 작성되고 실천적이며 실무적인 방안을 담고 있었다. 하지만 아쉽게도 정책에 실제 반영되지 못하였다. 그러나 훗날 소수파보고서는 베버리지에 영향을 주어 영국 사회복지제도의 기틀을 마련하는 데 기여하였다.

2) 빈곤조사

영국은 19세기부터 20세기 초에 걸쳐 빈곤의 원인을 밝히고자 다양한 방식의 사회조사를 실시하였다.[4] 그중에서도 부스(Charles Booth)와 라운트리(Seebohm Rowntree)의 빈곤 조사는 영국의 빈곤 실태와 원인을 과학적으로 밝히고 있다는 점에서 당시 빈곤에 대한 인식 변화를 끌어내는 데 많은 영향을 주었다. 특히 부스와 라운트리의 빈곤 조사는 그동안 영국에서 빈곤은 개인적 게으름이나 나태함과 같은 성격의 결함에 기인한다는 통설을 깨고 경제현상이 빈곤의 원인임을 깨달을 수 있도록 인식을 변화시키는 데 일조하였다.

부스는 1886년 4월부터 당시 런던 거주세대의 전부에 가까운 100만 세대를 대상으로 빈곤 조사를 실시하였고, 그 결과를 1889년 『런던시민의 생활과 노동(Life and Labour of the People in London)』이라는 저서로 출간하였다.

부스는 이 책에서 런던시민을 A~H까지의 여덟 단계로 구분하였다. 극빈층인 A, B계층과 빈곤층인 C, D계층을 합치면 런던 전체의 약 30.7%를 차지하였다. 이는 런던 인구의 1/3이 빈곤층에 속하며, 빈곤상태에 있는 65세 이상의 노인 중에서 8/9은 노령 때문에 빈곤하다는 충격적인 결과를 발표하였다(감정기 외, 2002; 박병현, 2005a; Booth, 1970). 그는 이러한 조사 결과를 토대로 빈곤의 원인이 개인의 도덕적 결함보다는 실업과 노령 그리고 저임금과 불규칙적인 노동과 같은 사회구조적인 결함에 기인하는 바가 크다는 사실을 입증하였다.

라운트리는 1902년 요크시의 빈곤상태에 대한 조사연구를 발표하였다. 그는 부스의 연구가 런던에만 나타나는 특성인지 아니면 다른 도시에도 유사하게 적용될 수 있는지를 파악하고자 요크시를 대상으로 빈곤 조사를 실시하였다. 그는 부스와는 달리 적어도 1명 이상의 하인을 두고 있는 상층계급인 H계급은 조사대상에서 제외하였다. 당시 요크시의 총인구는 7만 5,812명이였으며, 이 중 4만 6,754명을 대상으로 조사를 하였다.

그는 조사 결과를 바탕으로 부스의 빈곤선 개념을 발전시켜 빈곤을 1차적 빈곤(primary poverty)과 2차적 빈곤(secondary poverty)으로 구분하였다. 1차적 빈곤은 음식, 연료, 거주지, 의복 등과 같이 기초생활필수품에 해당되는 네 가지 항목을 구입할 수 없는 상태, 2차적 빈곤은 네 가지 항목의 기초생활필수품을 구매할 능력은 있지만 소득의 일부를 다른 용도로 사용할 경우 기초생활필수품을 구매하기 어려워지는 상태를 지칭하였다(원석조, 2012). 조사결과 요크시의 인구 중 9.91%가 1차적 빈곤상태, 17.93%가 2차적 빈곤상태에 처해 있는

4) 영국에서 행해진 사회조사는 1842년 채드윅(Chadwick)의 「영국 노동인구의 위생상태보고서(The Report on the Sanitory Condition of the Labouring Population of Great Britain)」, 1851년 3권으로 발간된 메이휴(Henry Mayhew)의 폭넓은 인터뷰 자료집인 「런던의 노동자와 런던의 빈민(London Labour and the London Poor)」 등이 있다(감정기 외, 2002).

것으로 나타났다. 특히 요크시의 노동인구 중 28%가 빈곤상태에 놓여 있었는데, 이러한 원인은 52%가 저임금 때문이라고 하였다(박병현, 2005a; Rowntree, 1902).

2. 민간사회복지조직의 형성: 자선조직협회와 인보관

자유방임주의를 신봉했던 1860년대 영국은 자본주의 폐해와 기근 발생, 전염병 확산 등으로 빈민이 급증하였다. 하지만 당시 정부의 「신빈민법」체제하에서는 빈곤문제를 해소하는 데 한계가 있었다. 특히 「신빈민법」의 억압적인 기조는 구제를 수치스럽게 여긴 많은 빈민이 구제신청을 거부하는 결과를 불러왔고, 이들의 대다수는 기아상태에 내몰리게 되었다.

이로 인해 이들을 구제하기 위해 결성된 자선기관의 수도 점차 증가하였다. 하지만 무계획적이고 조직 간의 협력과 조정이 없는 무분별한 자선활동은 결국 자원의 낭비를 불러왔을 뿐만 아니라 자선에만 의존하며 살아가는 빈민을 등장시켰다. 이에 자선조직들의 비효율적인 운영방식을 개선하기 위한 움직임이 일기 시작하였다.[5)]

대표적으로 로크의 주도 아래 보산케트, 란스베리, 힐, 바네트 목사 등이 참여하여 1869년 4월 결성한 '자선구제의 조직화와 구걸 방지를 위한 협회(The Society for Organizing Charitable Relief and Repressing Mendicity)'가 있다. 그 이듬해 이 협회는 자선조직협회(Charity Organization Society: COS)로 개칭되었다(박광준, 2013; 한국복지연구회, 1995).

자선조직협회(COS)의 설립 목적은 크게 두 가지이다.

첫째, 중복 구제를 없애기 위해 여러 자선활동을 조정하고자 하였다. 둘째, 자선조직협회(COS)의 슬로건인 "빈민에게 물고기를 주지 말고, 물고기를 잡는 방법을 가르쳐 주자."에서도 알 수 있듯이, 구제신청자의 엄격한 환경조사를 거쳐 원조를 제공함으로써 스스로 빈곤을 탈피하게 하는 데 있었다(원석조, 2012; Fraser, 1984).

자선조직협회(COS)는 구제대상을 선별하기 위해, 「빈민법」을 통한 구제대상에서 제외된 빈민들 중 자조와 근면의 가치에 근거하여 '구제받을 가치가 있는 빈민(the deserving poor)'과 '가치가 없는 빈민(the undeserving poor)'으로 구분하였다. 전자는 장애인 혹은 아동 등과 같이

5) 1861년 기준으로 런던에 조직된 자선단체는 640개에 이르렀고, 그중 279개는 1800~1850년 시기에, 144개는 1850~1860년 시기에 조직되었다(박광준, 2013).

어쩔 수 없이 가난하게 된 사람들과 저임금노동자로서 근검절약하며 자활 의지가 있는 사람들이 포함되었다. 후자에 속하는 사람들은 노동능력이 있음에도 불구하고 나태하거나 품성이 좋지 않고, 음주벽이 있고 의존적인 사람들로 이루어져 있으며, 이들이 구제를 받기 위해서는 지역사회의 목사, 집주인, 고용주 등의 보증이 요구되었다(감정기 외, 2002; 박광준, 2013).

자선조직협회(COS)의 활동은 전문사회사업의 출발이자 개별사회사업으로 발전하고 지역사회조직의 모태가 되었다는 점에서 긍정적인 평가를 받고 있다. 그럼에도 불구하고 자선조직협회(COS)는 여러 비판을 피할 수 없었다.

첫째, 빈곤은 개인의 탓이며 개인의 도덕적 결함의 결과로 여겼기 때문에 빈곤 발생의 사회적 원인을 무시하였다. 둘째, 대상자 선정과정에서 실시한 환경조사는 빈민의 낙인을 수반하였다. 셋째, 우애방문(friendly visiting)은 하류계층의 생활방식에 대한 중류계층의 문화적 공격으로 여겨졌다는 점에서 구제대상인 빈민들의 반감을 불러왔다.

자선조직협회(COS)와 함께 사회사업 역사에서 중요한 가치를 갖는 활동으로 인보관운동(settlement house movement)이 있다. 인보관운동은 빈곤문제가 심각한 지역사회, 특히 사회적으로 고립된 취약한 지역사회의 문제를 해결하기 위하여 지식인이 그 지역에 정착하여 함께 살면서 지역사회의 문제를 해결하는 운동이다(박광준, 2013).

이 운동은 1854년 기독교사회주의자인 데니슨(Edward Denison) 목사를 주축으로 옥스퍼드대학교와 케임브리지대학교 학생들과 슬럼가의 노동자들이 연맹하여 빈곤문제를 해결하려는 데에서 시작되었다. 이후 바네트(Samuel Barnett) 목사가 이 운동을 계승하고 더욱 발전시켜, 도움을 필요로 하는 빈민들과 함께 생활하는 프로그램으로 발전하였다(김근홍 외, 2007; 양정하, 2013).

그는 빈민들이 교육을 통해 변화될 수 있고 가난에서 궁극적으로 벗어날 수 있다고 확신하였다. 대학생들이 빈민가에 거주하면서 가난한 노동자와 가족들에게 문화와 교양을 가르치고 인간적 성장을 돕도록 하였다. 대학생들 가운데 옥스퍼드대학교 출신인 토인비(Arnold Toynbee)는 인보관운동에 앞장섰다. 토인비는 옥스퍼드 경제학부 조교수로 재직 중이던 1883년 30세에 폐렴으로 사망하였다. 그의 열성적인 활동을 기려 1884년 런던 동부 빈민지역인 화이트 차펠 구역에 세계 최초의 인보관(settlement house)이 설립되었고, 이를 '토인비홀'이라고 명명하였다(김근홍 외, 2007; 박병현, 2013; 양정하, 2013).

인보관운동이 사회복지의 발전에 미친 영향은 다음과 같다.

첫째, 인보관에서 행해진 각종 집단 프로그램은 훗날 집단사회사업의 출발점이 되었다. 둘째, 빈민들의 조직화활동은 지역사회조직의 발전에 기여하였다(감정기 외, 2002).

3. 자유당정부의 사회복지제도

1870년대 이후 불어닥친 대규모 경제불황은 실업 사태와 함께 영국정치사에 많은 변화를 불러왔고 그 변화의 중심에는 노동자세력이 자리 잡고 있었다. 19세기 3번에 걸친 「선거법」 개정으로 선거권이 확대되면서, 많은 노동자계급이 의회정치에 참여할 수 있는 길이 열렸다. 19세기 후반에는 이들 노동자계급의 정치세력화가 본격화되었고, 이를 계기로 다양한 사회주의운동과 노조운동에 기반을 둔 노동자 정치세력이 발전하였다.

이러한 상황에서 실업문제 해결과 실업자 구제를 위한 「빈민법」의 전면 개정을 앞세운 자유당은 새롭게 등장한 노동자 정치세력과 협력하여 1906년 선거에서 토리당[6]을 누르고 집권하였다(Lib-Lab 연합). 당시 노동자 정치세력은 노동자대표위원회(Labour Representation Committee: LRC)라는 이름의 진보 블록으로 자유당에 참여하고 있었다(강정인, 오향미, 이화용, 홍태영, 2010).

자유당은 혁명적이라 할 수 있는 다양한 사회입법을 입안하였다. 대표적으로 1906년 「교육법(Education Act)」을 제정하여 초등학교 학교급식을 실시하였다. 비록 비용은 부모가 부담했지만, 빈곤아동은 무료였으며 1914년부터 지방정부가 부담하였다. 1907년 「보호관찰법(Probation Offender Act)」을 제정 범죄자도 일정한 보호관찰명령에 따라 지역사회에 거주하면서 도움을 받을 수 있도록 하였다. 1908년에 제정한 「아동법(Children Act)」에 따라 부모에 의한 아동건강의 방관이나 태만을 불법으로 규정하고 16세 이하 아동의 수감금지와 비행소년법원을 제도화하였다(감정기 외, 2002; 김근홍 외, 2007; 한국복지연구회, 1995). 이 밖에도 1908년 실업수당 지급과 직업훈련 등을 담당하는 공공 직업소개소 설치를 명문화한 「직업소개소법」, 1909년에 광부의 8시간 노동을 규정한 「최저임금법」, 법적 최저임금제를 확립한 「상무성법」, 주 1회 영업시간 중의 반나절(1/4)의 휴무를 의무화한 「상점법」을 제정하였다.

그 중에서 자유당정부의 대표 법률은 1908년 제정한 「노령연금법(Old Age Pension Act)」과 1911년 제정한 「국민보험법(National Insurance Act)」이다. 「노령연금법」은 일명 '무갹출 노령연금법'이라 불린다. 제정과정에는 노동자를 위한 갹출제방식의 연금을 구상하였으나,

6) 당시 집권당은 토리당이었는데, 이들은 귀족, 지주, 영국국교회, 농촌의 이해를 대변하는 정당이었다(김종일, 2016).

자선조직협회가 국가에 의한 강제는 자립과 근면정신에 반한다고 보고 이를 반대하였다. 또한 공제조합[7]도 연금이 갹출제로 운영될 경우, 노동자의 임금에서 보험료를 강제로 갹출하게 되어 공제조합의 재정운영에 타격을 줄 것이라고 반대하였다. 이에 갹출제를 포기하고 자산조사를 거쳐 비기여방식인 무갹출 노령연금을 실시하였다. 대상은 연간소득 31파운드 10실링 이하의 70세 이상 빈곤노인으로 최저지급액은 일주일에 5실링이었다(박광준, 2013; 한국복지연구회, 1995).

1911년의 「국민보험법」은 당시 재무장관이던 로이드 조지(Lloyd George)가 독일을 방문한 후 영국의 특성을 반영하여 제정하였다. 독일과 달리 건강보험 외에도 실업보험을 포함하고 있는 사회보험제도다(감정기 외, 2002). 「국민보험법」은 제1부 의료보험과 제2부 실업보험으로 구성되었다. 의료보험은 로이드 조지, 실업보험은 처칠(Winston Churchill)이 주도하였다.

로이드 조지가 '앰뷸런스'라고 부른 의료보험은 제정과정에서 공제조합, 민간보험회사, 의사 등 이해집단들의 강력한 반대에 부딪쳐 난항을 겪었다. 그러나 장기간의 논의를 거쳐 공제조합에게 의료보험의 운영권을 주고, 민간 보험회사에게는 당시 사망보험상품과 유사하다는 이유로 폐지를 요구한 실업보험상의 미망인급여와 고아급여의 폐지요구를 수용해 줌으로써 협상 타결을 해낼 수 있었다. 로이드 조지는 의료보험 대상 국민을 연소득 100파운드 이하로만 제한해 달라는 의사협회의 요구조건에 대하여, 연소득 250파운드 이하 16~70세의 모든 육체노동자와 연소득 160파운드 이하의 비육체노동자를 대상으로 한다는 절충안을 제시하여 의사협회와의 합의를 끌어내는 설득과정을 통해 의료보험을 제도화하였다.

실업보험은 베버리지의 도움을 받아 처칠이 주도하였다. 의료보험이 이익단체들의 격렬한 반대에 부딪쳐 상당한 진통을 겪으며 제정되었다면, 실업보험은 이해관계가 대립되는 단체가 존재하지 않았기 때문에 반발 없이 비교적 쉽게 제정되었다.

7) 공제조합의 시초는 18세기경에 영국·독일 등에서 수공업자와 숙련공들이 동일 직업 또는 동일 직장에 종사하는 사람들끼리 상부상조를 목적으로 조직한 폐쇄적인 조합이다. 조합원들은 일정한 부금을 갹출해 기금을 적립해 질병·실업·사망 등으로 인해 발생하는 소득의 중단, 상실의 위험에 공동 대처한다. 공제조합은 조합원들의 안정적인 직업과 소득안정이 존립 기반이었기 때문에 대량생산체계 확립과 함께 대거 출현한 미숙련노동자들의 수용 여부를 둘러싸고 갈등을 겪기도 하였다. 나아가 국가적인 사회보험제도 도입 때에는 존립의 위기에 처하게 돼 반대에 나서기도 했는데, 국가적인 사회보험과 유사한 목적을 추구하기 때문에 이해관계의 당사자가 된 것이다(박근갑, 2009).

4. 복지국가 생성과 베버리지보고서

제1차 세계대전 이후 영국은 경제침체로 실업이 증가하고 노동운동의 세력 확대와 심각한 빈부 격차가 맞물리면서 정치 · 사회적으로 갈등과 분열의 시기였다. 1929년 대공황의 여파에 이어 1939년 시작된 제2차 세계대전은 결정적으로 영국사회의 근본적인 개혁의 시발점이 됨과 동시에 세계 최초로 복지국가를 탄생시킨 배경이 되었다.

전쟁은 국민들의 태도 변화를 불러와 전례 없는 사회적 연대감을 갖게 하였다. 또한 그동안 수면으로 드러나지 않았던 아동빈곤, 영양결핍, 건강과 의료서비스 격차 등 만성적인 사회문제가 노출되었다(원석조, 2000). 이 같은 국가 위기와 사회평화와 평등에 대한 국민적 열망 속에 1942년 현대 복지국가의 청사진이 된 '사회보험과 관련 서비스(social insurance and allied services)', 일명 '베버리지보고서(beveridge report)'가 발표되었다. 이 보고서는 전후 노동당정부의 보편적 복지제도 입법의 토대가 되었다(감정기 외, 2002; 김인춘, 2012).

제2차 세계대전 이후 영국의 재건을 논의하던 가운데, 영국 노동자계급의 의견을 대변하던 노동조합총연맹(The Trades Union Congress: TUC)이 연립정부의 전후 사회재건에 대한 책임을 맡고 있던 무임소 각료 그린우드(A Greenwood)에게 권고하여 사회보험과 관련 서비스에 관한 위원회(Report of the Inter-Departmental Committee on Social Insurance and Allied Services), 소위 베버리지위원회가 구성되었다. 노동조합총연맹(TUC)은 전쟁에 참전한 병사들과 시민들의 사기진작을 위하여 종전 이후의 국가재건 프로그램이 필요하다고 생각했던 것이다(김근홍 외, 2007; Jones, 1991).

1941년 6월에 창설된 베버리지위원회는 런던정치경제대학교(London School of Economics and Political Science: LSE) 학장을 그만두고 노동성에서 촉탁으로 일하던 실업보험 전문가 베버리지가 의장을 맡았다. 이 위원회는 정부 각 부처 고위관료들도 위원으로 참여하였다.

베버리지보고서는 1942년 9월에 완성되었다. 하지만 발간은 같은 해 12월로 연기되었는데, 그 이유는 당시 일부 각료들이 보고서에 담긴 내용이 지나치게 혁명적이라고 반대했기 때문이다.[8] 하지만 보고서 발간 이후 시민들의 반응은 가히 폭발적이었고, 신문들은 베버리

8) 최종보고서에는 베버리지만이 서명하였다. 위원들이 서명에서 빠진 데에는 정부부처에서 파견된 관료들(위원장을 제외한 11명의 위원 중 10명이 정부의 고급관료)로서는 자신의 소속 부처 정책을 비판하거나 새로운 정책 제안을 담은 보고서에 서명하기가 매우 부담스러웠다는 이유가 있었다. 더 중요한 이유는 관료들이 보고서에

지의 계획을 '요람에서 무덤까지(from cradle to grave for entire nation)'의 사회보장이라고 표현하였다. 여론조사에서는 95%의 응답자가 보고서에 대해 잘 알고 있으며, 90%가 보고서 내용에 찬성한다고 하였다. 정부 간행물임에도 불구하고 발간된 지 한 달 만에 10만 부가 판매되었고, 유럽 전역에 걸쳐 63만 5,000부가 팔렸다(원석조, 2000; Lowe, 1993).

베버리지의 주요 공격 대상은 국민에게 해를 끼치는 결핍(want), 질병(disease), 불결(squalor), 무지(ignorance), 나태(idleness)와 같은 5대악(five giant evils)이었다. 그는 결핍은 소득보장, 질병은 의료서비스, 무지는 교육서비스, 불결은 주택서비스, 나태는 고용서비스 등의 제도를 통해 해결할 수 있다고 보았다. 그는 결핍에 초점을 맞추어, 사회보험 방식을 통한 빈곤퇴치에 관심을 두었다(박광준, 2013; 원석조, 2012).

보고서의 대부분은 〈표 7-1〉에서 제시한 빈곤퇴치를 위한 강제적 사회보험의 재조직에 관한 내용이다. 사회보험 운영에 필요한 여섯 가지 원칙인 최저수준의 정액급여제(flat rate subsistence benefit), 정액기여제(flat rate of contribution), 행정책임의 통합(unification of administration), 급여의 적절성(adequate benefits), 포괄성(comprehensiveness), 피보험자의 분류(classification)에 입각하고 있다(박광준, 2013; 양정하, 2013). 이들 원칙과 함께 베버리지는 사회보장 계획이 성공하기 위해서는 세 가지 전제조건이 충족되어야 한다고 보았다. 그 전제조건은 아동수당(children's allowance), 포괄적 의료 및 재활서비스(comprehensive health and rehabilitation service), 완전고용의 유지(maintenance of employment)다(〈표 7-1〉 참조).

베버리지는 아동수당의 필요성을 다음과 같이 설명하였다.

첫째, 크기가 서로 다른 가족에 대한 국민최저기준은 임금제도로 확보될 수 없다. 둘째, 아동에 대한 부가적 부조가 없으면 임금이 실업수당보다 별로 높지 못하거나 자칫하면 오히려 낮아질 위험이 있다.[9] 셋째, 출산율이 낮아지는 상황에서 아동을 최대한 보호할 필요가 있으며, 더 많은 자녀를 갖도록 최대한 장려할 필요성 때문에 아동수당의 채택이 중요하다고 보았다(양정하, 2013).

다음으로, 포괄적 의료 및 재활서비스는 궁극적으로 질병급여나 장애급여 등에 대한 수요를 줄임으로써 사회보장 프로그램의 재정안정을 도모할 수 있다는 점에서 필요하다고 보았다. 마지막으로, 사회보험을 중심으로 한 사회보장 프로그램의 지속적인 유지를 위해서

서명하면 정부가 공식적으로 보고서의 정책 제안들을 재가한 것이 되므로 그렇게 하지 않도록 결정하였다는 데에 있었다(원석조, 2000; Thane, 1982).

9) 실업수당에서는 가족 수를 반영하고 있기 때문이다.

표 7-1 베버리지의 사회보장 계획

주제도(main methods)	보조제도(subsidiary methods)
• 강제적 사회보험 (Compulsory Social Insurance)	• 국가부조(National Assistance): 사회보험에 포함시킬 수 없는 빈민 • 임의보험(Voluntary Insurance): 강제 사회보험 대상자 중에서 소득이 많은 사람을 위한 소득 비례보험
• 세 가지 전제(사회보험 프로그램의 성공을 위한 전제) –아동수당(Children's Allowance) –포괄적 의료 및 재활서비스(Comprehensive Health and Rehabilitation Service) –완전고용의 유지(Maintenance of Employment)	

출처: 감정기 외(2002), p. 227; 박광준(2002), p. 42를 참조하여 재구성.

는 무엇보다 보험료를 지급할 수 있는 능력이 요구되며, 이를 위해 완전고용이 절대적으로 요구된다고 하였다(감정기 외, 2002).

베버리지보고서는 혁명적인 게 결코 아니었다. 이 보고서는 이전에는 없었던 전혀 새로운 복지정책을 내놓은 것이 아니라 기존에 분산되어 운영되던 사회복지제도들을 무시하지 않고 정비하여 재탄생시킨 것이었다. 이를 두고 마샬(T. H. Marshall)은 "진화과정을 거쳐 혁명적 변화를 가져왔으며, 복지국가는 과거의 요소로 구성되어 있으나 전혀 새로운 것"이었다고 평가하였다(원석조, 2000).

5. 복지국가 확립과 팽창기

제2차 세계대전의 종전 후 치뤄진 총선에서 노동당은 총 640의석 중 393석을 차지하여 213석에 머문 보수당에 압승을 거두었다. 이에 노동당은 창당 후 처음으로 단독정부를 수립하고 애틀리(Clement Attlee)를 수상으로 선출하였다.

애틀리 정부는 집권 후 베버리지보고서를 기반으로 완전고용정책 중심의 산업국유화정책과 사회보장제도의 구체화 작업에 착수하였다(한국복지연구회, 1995). 노동당정부의 집권 시기인 1945년에서 1951년까지 시행한 많은 제도는 영국의 사회개혁을 촉발하고 영국을 복지국가로 자리 잡게 하였다. 이 시기에 제정된 대표적 법률들에는 「가족수당법(Family Allowance Act)」(1945), 「산업재해 국민보험법(National Insurance Industrial Injuries

Act)」(1946), 「국민보건서비스법(National Health Service Act)」(1946), 「국민부조법(National Assistance Act)」(1948) 등이 있다.

「가족수당법」은 총선 직전에 의회에서 통과되었는데, 이는 애틀리 정부가 사회보장 분야에서 실행한 최초의 조치였다. 15세까지의 아동(학생인 경우 16세까지) 중에서 둘째 이하의 자녀는 모두 주당 5실링의 수당을 지급하고, 만일 부양자가 사회보험급여나 국민부조 등을 받는 경우 첫째 자녀에게도 지급되도록 하는 내용을 담고 있었다(양정하, 2013). 「산업재해국민보험법」은 1945년 8월에 의회에 제출되었고 큰 반대 없이 통과되어 1946년 7월에 법제화되었다. 법 제정과정에서 재정부담에 관한 논란이 다소 있었다. 하지만 채택된 내용은 부과방식(pay-as-you-go system)[10]으로 재정을 충당하고 정부가 총 재정의 1/6을 보조한다는 베버리지의 제안과 큰 차이가 없었다. 물가인상을 감안하여 급여율과 갹출도 조금 인상하는 선에서 마무리되었다. 급여에는 질병급여, 실업급여, 퇴직연금, 미망인연금, 출산수당, 장제수당 등이 포함되었다.[11] 국민보험의 갹출료는 피용자 4실링 9펜스, 고용주 4실링, 정부 1실링 1펜스로 정해졌다. 실업급여는 6개월만 지급하고 갹출 기록이 양호한 경우 최대 1년까지 연장하여 지급하였다(원석조, 2012; 양정하, 2013; Hill, 1993).

「국민보건서비스법」은 복지입법 중 거의 유일하게 보수파, 그중에서도 전문의료진의 강한 반대에 부딪혔지만, 베번(Aneurin Bevan) 보건성의 탁월한 행정능력으로 제정될 수 있었다. 이를 통해 영국은 '국민보건서비스(National Health Service: NHS)'라 불리는 공공의료서비스 전달체계를 구축하였다. 국민보건서비스(NHS)는 사회민주주의체제로 불릴 수 있을 만큼 획기적인 의료보장제도로서 포괄적이고 보편적 복지의 성격을 지니고 있다. 즉, 조세를 기반으로 영국 국민 모두에게 무상의료서비스를 제공하기 시작하였다. 이를 위하여, 병원을 국영화하여 병원 의사들을 국가공무원화하였다. 가정의(General Practitioner: GP)에 의한 1차 진료는 지방정부가 관장하도록 하였다. 지역별 의사배치 불균형을 시정할 권한을 갖는

10) 부과식은 당대의 노동자가 낸 기여금(보험료)을 현재 연금수급자의 연금급여지출에 사용하는 방식이고, 적립식은 개인이 적립한 원금과 투자수익을 기반으로 수급권 발생 이후 연금을 지급하는 방식이다. 기여기반의 연금제도는 초기에는 수급자가 없기 때문에 적립방식으로 시작해 제도가 성숙(연금제도의 성숙도는 노령연금 수급자 수/총가입자 수)돼 수급자가 다수 발생하면 적립식으로 변경하는 경로를 밟는다.

11) 산업재해 국민보험의 연금 관련 급여들은 정액기여 정액급여의 원리 때문에 소득대체율이 낮을 수밖에 없다. 이에 이후에 도입되는 2층의 국가소득비례연금(State Earnings-Related Pension Scheme: SERPS)과 대비해 기초국민연금(Basic State Pension: BSP)이라고도 불린다. 이에 여기서는 국민보험의 연금급여와 기초국민연금(BSP)을 혼용하기로 한다.

지역운영위원회(the Executive Councils)의 감독하에 봉급과 인두제(capitation fee) 기반의 환자진료비를 받도록 하였다(손병덕 외, 2012; 유현석, 2004; Lowe, 1993).

「국민부조법」의 제정에 따라 노인과 장애인 등 노동무능력 빈민에 대한 경제적 지원은 현금으로 제공되었다. 「기존의 빈민법을 종식시키는 법(An Act to terminate the existing Poor Law)」이라는 부제에서도 유추할 수 있듯이, 이 법의 제정으로 1834년 제정 이후 무려 114년 동안 낙인적인 빈민구제로 노동자계급의 원성을 사고 샀던 「신빈민법」의 폐지가 공식화되었다. 이로써 빈민을 억압하기 위해 제정된 「신빈민법」은 노동자계급의 집권을 통해 폐지되었다.

그 밖에, 베버리지보고서에는 없었지만 전쟁의 파괴로 인한 주택 부족 문제를 해결하기 위한 노력의 일환으로 공공주택정책도 활발히 전개되었다. 900평방피트[12)] 이상의 양질의 공공주택을 지방정부가 제공하는 시영주택(Council House) 사업은 영국의 주택시장 공급구조에서 공공주택이 차지하는 비중을 현격히 높여 놓았다. 1945~1951년간의 주택 신축 현황을 보면, 지방정부는 총 70만 3천여 채를 신규 공급한 반면, 민간은 17만 4천여 채를 신축하는 데 그쳤다(원석조, 2019).

1951년 보수당이 재집권한 이후에도 복지제도는 지속적으로 확대되었다. 이 같은 흐름은 1970년대 중반까지 계속되었으며, 이 시기는 일명 영국 복지국가의 황금기라 불리고 있다(〈표 7-2〉 참조). 무엇보다 영국의 연평균 실업률도 1971년과 1972년에 3%를 초과하였을 뿐, 케인즈가 목표한 완전고용상태를 유지하였다.

영국이 복지국가의 황금기를 맞게 된 계기는 보수당과 노동당이 서로 다른 정치적 입장에도 불구하고 복지제도에 있어서는 정치적 합의를 끌어냈기 때문이다. 일명 '버츠컬리즘(Butskellism)'[13)]은 1950년대 초 당시 처칠 보수당정부의 재무장관 버틀러(Rab Butler)와 노동당 예비내각의 재무장관 게이츠컬(Hugh Gaitskell)의 이름을 합성한 신조어로, 정당 간의 전후 합의정치를 상징하는 용어다.

보수당은 1951년부터 1963년까지 3차례의 연속적인 총선 승리를 통하여 13년간 장기 집

12) 1feet2 = 0.09m^2 = 0.028평임.

13) 버츠컬리즘은 1954년 2월, 영국의 시사주간지 『이코노미스트(The Economist)』의 기사에서 유래된 용어다. 이코노미스트는 제2차 세계대전 이후에 형성된 보수당과 노동당의 정책적 합의의 기조를 버츠컬리즘이라고 명명했으며, '미스터버츠컬'이라고 불리기도 한다. 이는 경제, 노동, 복지 등 모든 분야에서 좌와 우로 입장과 정책을 달리했던 두 당이 케인즈주의와 복지국가를 받아들이고 상당한 정도로 정책적 수렴을 한 것을 빗댄 신조어로, 이념이 다른 정파 간의 정치적 합의를 일컬을 때 사용되기도 한다(박태정, 2014).

표 7-2 전후 사회보장 확충 과정

집권당	수상	사회보장 확충 내용
노동당 (1945~1951)	애틀리(Attlee)	•「국민보험법」 제정 •「가족수당법」 제정 •「국민보건서비스법」 제정 •「국민부조법」 제정
보수당 (1951~1964)	처칠(Churchill, 1951~1955) 이든(Eden, 1955~1957) 맥밀런(Macmillan, 1957~1963) 흄(Home, 1963~1964)	• 국가소득비례연금(SERPS) 도입 • 연금급여 인상
노동당 (1964~1970)	윌슨(H. Willson)	• 질병급여와 실업급여의 소득비례 보충급여 신설 • 사회보장성(DHSS) 설립 • 국민부조를 보충급여제(SB)로 대체 • 가족수당 인상
보수당 (1970~1974)	히스(Heath)	• 가족소득보충제(FIS) 실시 • 연금급여와 질병급여 인상 • 연금생활자 크리스마스 보너스 제도화
노동당 (1974~1979)	윌슨(Willson, 1974~1975) 칼라한(Callaghan, 1975~1979)	• 국가소득비례연금(SERPS) 강화 • 가족수당을 아동급여(CB)로 대체

출처: 감정기 외(2002), p. 251; 이영찬(2000); 박광준(2002), p. 373을 바탕으로 재구성.

권하였다. 보수당정부는 노동당의 애틀리 정부가 마련하였던 국유화와 복지입법뿐 아니라 케인즈주의에 입각한 개입주의적 관리경제 등 노동당이 발의한 정책들을 예외 없이 유지하였다(고세훈, 2011; Kavanagh & Morris, 1989).

가장 두드러진 성과는 기초연금 성격의 기존의 국민보험과는 별도로, 1961년에 국가소득비례연금(State Earnings-Related Pension Scheme: SERPS)을 도입한 것이다(〈표 7-3〉 참조). 이 제도는 전체 노동자의 1/3에 달하는 기존의 직업연금 가입자는 적용 예외로 하였다. 1962년에 1,200만 명이 국가소득비례연금(SERPS)에 가입함으로써, 영국은 베버리지보고서의 국민최저와 균일급여의 기초보장 개념에서 탈피하여 본격적으로 소득대체율을 높이는 등 보장성 강화를 지향하였다.

또한 기존 국민보험의 연금급여 수준이 낮아 노인들이 빈곤상태에 놓인다는 지적이 일자 국민연금의 급여수준을 노동자 평균임금의 33.7% 수준으로 인상하는 조치를 취하였다. 그간 국민연금의 급여가 정체하여 근로자 평균임금에 대한 국민연금의 급여수준이 1938년에

표 7-3 영국 연금제도의 주요 변화

구분	내용
노령연금도입(1908)	• 저소득 노인에게 지급되는 조세 기반의 기초연금
산업재해 국민보험 도입(1946)	• 국민보험의 연금급여는 기초국민연금(BSP) 성격 • 정액기여 정액급여방식
국가소득비례연금(SERPS) 도입(1961)	• 기초국민연금(BSP)과 소득비례연금인 국가소득비례연금(SERPS)의 이원적 구조 • 기존 민간연금 가입자는 적용 예외
국가소득비례연금(SERPS) 강화(1978)	• 국가소득비례연금(SERPS) 가입 의무화 • 보장최저소득(GMP) 도입[국가소득비례연금(SERPS)의 최저연금 규정] • 민간연금가입자는 보장최저소득(GMP) 보장 시에만 적용 면제 • 기초국민연금(BSP)과 국가소득비례연금(SERPS)의 이원적 구조 확립
국가소득비례연금(SERPS) 임의제도화(1986)	• 국가소득비례연금(SERPS)과 사적연금 중 선택하도록 함 • 보편적 연금은 기초국민연금(BSP)만 남게 됨 • 기초국민연금(BSP)과 국가소득비례연금(SERPS) · 민간연금의 이원적 구조
최저소득보장(MIG) 도입(1999)	• 노인대상 공공부조제도 [국가소득비례연금(SERPS)의 최저연금 규정과는 다름]
국가이층연금계획(SSPS) 실시(2003)	• 국가이층연금계획(SSPS)은 40%의 저소득층만 가입하는 정액연금으로 변경 • 중산층 이상은 적용 제외시켜 민간보험 가입 장려 • 기초국민연금(BSP)과 국가이층연금계획(SSPS) · 민간연금의 이원적 구조 • 노인대상 공공부조인 연금 크레디트(PC) 도입 [기존 국가소득비례연금(SERPS)의 최저보장소득(GMP) 대체]
신국가이층연금계획(nSSPS) 실시(2016)	• 기초보장 성격의 공적연금 단일화 • 기초국민연금(BSP) 폐지 및 신국가이층연금계획(nSSPS)으로 단일화 • 중산층은 신국가이층연금계획(nSSPS)과는 별도로 민간연금가입 장려 • 이원화 구조는 신국가이층연금계획(nSSPS)과 민간연금으로 변화 • 노인대상 공공부조인 연금 크레디트(PC) 유지

비하여 낮은 상태에 놓이는 현상이 벌어지고 있었기 때문이다.

1964~1970년간은 노동당의 윌슨 정부가 집권하였다. 윌슨 정부는 국민보험료를 인상하여 질병급여와 실업급여의 소득비례 보충급여를 실시하였다. 이는 단기간의 질병과 실업으로 소득의 중단을 겪는 노동자들에 대해 소득대체율을 높이는 등 국민보험급여의 보장성을 강화하려는 조치다. 이와 함께 사회보장성(Department of Health and Social Security: DHSS)을 설립해 기존 보건부와 사회보장부를 통합하였다.

또한 노인과 장애인 등 노동무능력 빈민에 대한 국민부조를 보충급여(Supplementary Benefit: SB)로 대체하였다. 이 제도는 노동능력 유무와 관계없이 급여를 제공해 공공부조에 수반되는 낙인을 배제하도록 하였다. 한편, 통상의 필요비용, 추가적 필요비용, 주거비용[14] 등을 주급으로 정기적으로 지급하고, 단일급여는 출산 · 사망 등 특별한 욕구에 대응하고, 긴급급여는 화재, 자연재해 등에 대처하도록 하였다.

가족수당도 연이어 인상하였다. 네 자녀 이상의 자녀에 대한 가족수당을 5실링 인상한 데 이어, 첫째 자녀를 제외한 모든 대상아동의 가족수당을 10실링 인상하였다.

1970년부터 1974년까지는 보수당의 히스 정부가 집권하였다. 히스 정부는 가족소득보충제(Family Income Supplement: FIS)라는 공공부조제도를 새로 실시하였다. 이 제도는 기존 보충급여(SB)의 대상에서 제외했던 유자녀 저임금 노동자 가족에 대해 자산조사를 거쳐 소득을 보조하는 조취를 취하였다. 16시간 이상 일하는 노동자의 가족을 지원하되 급여는 성인 몫과 아동 수를 반영하고, 노동유인을 위해 보충급여(SB)의 급여수준보다 높게 책정하도록 하였다.[15] 또한 연금급여와 질병급여 중 장애급여의 급여를 단기 실업급여나 단기 질병급여 수준보다 높아지도록 인상하였다. 일회성으로 지급하던 연금생활자에 대한 크리스마스 보너스를 제도화해 정착시키기도 하였다.

1974년부터 1979년까지는 노동당의 윌슨 정부와 칼라한 정부가 연이어 집권하였다. 가족수당을 아동급여(Child Benefit: CB)로 대체해 첫째 자녀를 포함한 모든 자녀에게 정액의 현금급여를 제공하였다.

1978년에는 국가소득비례연금(SERPS)을 기존의 직업연금 가입 여부와 관계없이 보편적인 연금으로 강화하였다(앞의 〈표 7-3〉 참조). 기존의 직업연금 가입자 1,100만 명에게는 보

14) 뒤에서 설명하겠지만, 1983년에는 주거급여(Housing Benefit: HB)를 신설해 기존의 보충급여제(SB)의 주거비용을 대체하도록 하였다.
15) 가족소득보충제(Family Income Supplement: FIS)는 이후 가족보조금(Family Credit: FC)으로 변경되었다.

표 7-4 공공지출 및 사회복지비 추세

정부 공공지출		사회복지지출		
연도	GDP 대비	연도	전체 공공지출 대비	GDP 대비
1955	37.0	1955	45.0	16.3
1968	49.0	1968	48.0	24.3
1975	58.0	1975	52.0	30.0

출처: 신섭중 외(2000), p. 458을 재구성.

장최저소득(Guaranteed Minimum Pension: GMP)을 적용하여 국가소득비례연금(SERPS)의 최저수준 이상의 급여를 지급한다는 보장이 있는 경우에만 국가소득비례연금(SERPS)의 제도 적용을 면제해 주었다. 국가소득비례연금(SERPS)의 소득대체율을 25% 수준[16)]으로 하되 최고소득 20년을 산출 근거로 하고, 성숙기간을 20년으로 정해 1998년부터 완전연금 수급자가 발생하도록 하였다(이영찬, 2000).

1945년 노동당정부의 집권 이후 1970년대 중반까지 30여 년 동안 영국의 사회복지지출은 큰 폭으로 꾸준히 증가하였다. 〈표 7-4〉에서 보면, 1955년부터 1975년까지 GDP 대비 공공지출은 21%나 증가하였고, GDP 대비 사회복지지출도 16.3%에서 30.0%로 두 배 가까이 급증하였다. 이 시기에는 사회복지제도의 성장에 필요한 재원이 주로 일반 조세를 통해 마련되었다.

이를 자세히 살펴보면, 영국의 사회복지재원은 사회보험기여금(national insurance contribution), 직접세, 간접세로 구성된 일반 조세와 지방세 그리고 정부로부터 빌려 오는 자금으로 구성되어 있다. 비록 고용주와 피고용인의 사회보험기여금이 사회보험 급여지출의 일정 부분을 책임지고 있지만, 복지비지출의 상당 부분은 일반 조세를 통하여 해결하였다(박병현, 2005b). 좀 더 구체적으로 각 분야의 비용부담 내용을 살펴보면, 사회보장에서 사회보험기여금은 대략 총비용의 60%를 차지하고 있고, 국민보건서비스는 대부분 조세로 운영되어 겨우 5% 정도만 이용자의 병·의원 이용요금에서 부담되었다. 교육서비스는 전액 조세이고, 주택 분야는 30% 정도만 이용자가 부담하는 구조였다(신섭중 외, 2000).

16) 1977년 현재 국민보험의 연금급여의 소득대체율은 근로자 평균소득의 25%를 목표로 하였다. 이어 국가소득비례연금(SERPS)의 소득대체율을 25% 수준으로 하였다. 이는 두 제도를 합해 평균 50% 수준의 소득대체율을 목표로 하고 있음을 알 수 있다(정창률, 2018).

6. 복지국가 위기 이후 영국 복지국가의 변화

1973년과 1978년 두 차례의 세계 오일쇼크(oil shock)로 수입 석유에 의존하던 영국 경제가 치명적인 타격을 받게 되면서 복지국가 위기도 함께 맞게 되었다. 석유 가격의 폭등과 저성장과 물가상승을 동반한 스태그플레이션[17)]의 발생은 약간의 물가상승을 감수하더라도 막대한 재정지출을 통해 유효수요를 늘리고 경제성장을 지속시킨다는 케인즈식 처방이 더 효과를 발휘하지 못함을 의미하였다. 결국 일자리는 감소하고 영국 경제는 큰 타격을 입었다. 이 같은 상황 속에서 경제위기에 대응하여 정부의 공공사회복지지출을 줄여야 한다는 주장이 점차 거세지기 시작하였다.

노동당의 윌슨 정부와 칼라한 정부(1974~1979)는 스태그플레이션이 심화되는 상황에 등장하였다. 5년의 집권기 동안 노동당의 경제정책은 인플레 억제를 통한 안정정책을 기조로 하였다. 칼라한 수상은 1976년 당 대회에서 "불황의 타개책으로 케인즈주의라는 대안은 더 존재치 않는다."라고 선언하고, 각종 사회복지프로그램 등 공공지출억제를 조건으로 15억 달러의 IMF의 차관을 받았다. 이는 전후 노동당의 전통적 경제정책이었던 케인즈주의로부터 후퇴를 의미하는 것이었다(김영순, 2012; Leys, 1989).

이후 반복적인 임금억제정책, 과격한 복지지출 삭감 등의 정책은 공공 분야 종사자들의 파업으로 이어져 소위 '불만의 겨울(Winter of Discontent, 1978~1979)'을 불러왔다. 이에 노동당은 지지 기반을 상실하고, 대처(Margaret Thatcher)의 보수당에 권력을 넘겨줘야 했다.

1) 대처 정부의 복지 축소

대처(Margaret Thatcher)의 사회경제정책의 기조는 그동안의 케인즈식 총수요관리정책을 포기하고 복지를 포함한 공공지출을 삭감하는 것이었다. 나아가 감세정책의 추진, 통화량 조절, 민영화와 규제 완화, 관료와 노조권한의 축소 등 경제와 복지로부터 국가가 전면적으

17) 스태그플레이션은 스태그네이션(stagnation: 경기침체)과 인플레이션(inflation)을 합성한 신조어다. 제2차 세계대전 전까지는 불황기에는 물가가 하락하고 호황기에는 물가가 상승하는 것이 일반적이었다. 그런데 최근에는 호황기에는 물론 불황기에도 물가가 계속 상승하여 불황과 인플레이션이 공존하는 사태가 발생하고 있다. 이는 소수의 대기업에 의해 주요 산업이 지배되고 제품가격이 수급상태 등과는 거의 관계없이 고정되는 경향, 즉 독과점가격의 하방경직성(下方硬直性)이 강해졌다는 점 등과 관련이 있다.

로 퇴각하고자 하였다. 그녀는 영국 경제위기의 책임이 무능한 정부와 이기적인 노동조합에 있다고 지적하고, 국가 개입의 축소와 노동조합의 약화 및 노동시장 유연성 확대를 위한 정책을 공세적으로 실시하였다(박태정, 2014).

구체적인 정책으로, 첫째, 공공 부문의 비대화가 국민들의 국가의존성을 심화시킨다는 논리하에 공공지출의 삭감을 단행하였다. 둘째, 경제에 대한 국가의 규제가 민간경제의 활력을 떨어뜨린다는 이유로, 투자제한 조치, 고용보호를 위한 규제, 노동조건과 최저임금에 대한 규제 등을 완화하였다. 셋째, 국유기업의 비효율성을 공격하면서 석유, 가스, 통신 등 다수의 국유기업 및 공공임대주택의 민영화를 추진하였다. 넷째, 감세정책의 일환으로 근로의욕과 투자유인을 증대한다는 명분 아래 역진적인 조세개혁을 단행하였다. 첫 집권 해인 1979년 기본소득세를 33%에서 30%로 인하하는 한편, 최상위계층에 대한 한계세율도 83%에서 60%로 인하하였다. 반면에 부가치세를 중심으로 하는 간접세를 인상하였다(고세훈, 2011; 김영순, 2012).

대처 정부는 사회복지 축소를 추진하였다. 대처는 1983년에 파울러(Fowler)를 위원장으로 하는 사회보장조사위원회를 구성하였다. 위원회는 사회보장예산의 삭감, 나아가 사회보장에 대한 국민의 의존을 근본적으로 바로 잡는다는 목표 아래, 1985년 6월 『사회보장의 개혁(The Reform of Social Security)』이라는 녹서를 출간하였다. 논의 과정에서 본래의 목표에서 후퇴하기는 했지만, 녹서의 구상은 1986년 제정된 「사회보장법(The Social Security Act)」의 기초가 되었다.

대처의 복지국가에 대한 정책의 변화는 세 가지 방향으로 정리할 수 있다(김영순, 2012; 손병덕 외, 2012; 원석조, 2012; 원석조, 2019; 이영찬, 2000; Glennerster & Hills, 1998; Kavanagh, 1990).

첫째, 요람에서 무덤까지의 복지국가는 비용이 너무 많이 든다는 것이다. 따라서 복지비를 줄이고 복지자원을 꼭 필요한 사람에게만 집중해 효율성을 기해야 한다고 보았다. 이에 대처 정부는 공공부조 감축에 초점을 맞추어, 공공부조의 자격요건과 급여에 관한 규정들을 정비하였다.

우선, 소득지원제도(Income Support: IS)를 신설해 보충급여제(SB)의 정기적인 급여를 담당하도록 하였다. 기존 보충급여제(SB)의 무상의 단일급여와 긴급급여는 신설된 사회기금(Social Fund: SF)의 대출급여로 흡수하였다. 다음으로, 가족소득보충제(FIS)를 가족보조금제(Family Credit: FC)로 명칭을 변경하고, 기존에는 가족 수에 따라 제공하던 아동급여의 급여를 동결하고 대신 근로소득에 대해 세제혜택을 주어 근로의욕을 고취하고자 하였다.

또한 주거급여(Housing Benefit: HB)는 중앙정부와 지방정부가 지방세 및 집세 상환을 지원했던 기존 방식에서 지방정부가 제공하는 급여로 단순화하고 급여를 감축하였다. 나아가, 사회기금(Social Fund: SF)은 무상급여[출산수당, 장의비 등 기존 국민보건서비스(NHS)가 무상 제공하던 급여], 연료수당, 커뮤니티케어수당(시설퇴소자 및 시설보호 거부자에 대한 수당)과 대출급여[기존 보충급여제(SB)의 무상의 단일급여와 긴급급여 대체]로 구성해 소득지원제(IS)와 가족보조금제(FC) 수급자에게 제공하였다.

둘째, 국가책임의 과잉은 개인의 책임의식, 가족과 공동체의 연대의식, 사적 자원의 가치를 약화시킨다는 것이다. 따라서 국민 개개인은 자신의 문제는 스스로 책임져야 하며, 국가지원은 극빈층에 대한 사회안전망에 한정되어야 한다고 보았다.

대표적으로 시민들의 자가주택 보유욕구를 자극하는 이른바 '자산소유자 민주주의(property owner's democracy)'를 기치로, 대중적 지지 속에 공공임대주택 위주의 주택정책을 수정해 시장 위주의 주택정책을 실시하였다. 자가주택 보유를 장려하기 위하여 주택담보대출에 대한 조세감면정책(가구당 700파운드 이상)을 강화해 주택시장에 대한 재정적 인센티브를 제공하고 자가주택 보유를 장려하였다. 시영주택의 민영화를 위해 기업이나 일반 시영주택 거주자로 구성된 주택조합에게 양질의 시영주택을 저가에 매각함으로써 주택공급 구조의 일대 변화를 추진하였다.

그 결과, 1980년대에 150만 명의 세입자들이 공공임대주택을 구입하였고, 자가 소유 비율은 1979년 54.5%에서 1987년 64%로 증가하였다. 결국 빈곤층은 불량 시영주택에 거주하게 됨으로써 슬럼가가 조성되는 등 주거지 격리현상이 현실화되었다. 구체적으로, 1986~1987년간에 시영주택 세입자의 2/3가 공공부조 대상자였다. 나아가 시영주택의 추가공급이 부족해지면서 빈민층 거주가 가능한 공공임대주택이 부족해 홈리스(homeless)가 증가하는 현상이 발생하였다.

셋째, 복지제도는 시장의 위험을 제거하고, 실패에 대한 쿠션을 제공하며, 열망의 인센티브를 약화함으로써 기업에 해롭다고 보았다. 결국 복지제도를 축소하고 시장의 원활한 작동을 보장해야 한다는 것이다.

연금급여의 소득수준과의 연계를 폐지하고 물가에만 연동함으로써 연금급여의 실질가치가 하락하였다. 1982년에는 질병급여와 실업급여의 소득비례 보충급여를 폐지하고 균등률의 기본급여만 지급하기로 하였다. 나아가 실업급여와 질병급여 중 장애급여를 5% 삭감하였다. 1983년에는 실업수당에도 과세하는 조치를 도입하였다.

대처 정부의 복지 축소 개혁의 결말은 어떠했는지 살펴보면, 복지 부문에서 주택 부문과

표 7-5 대처 정부 시기 복지지출 현황

(단위: %)

연도 / 프로그램	1979~1980	1980~1981	1981~1982	1982~1983	1983~1984	1984~1985	1985~1986
주택	100	82.8	53.6	44.3	47.9	37.8	37.8
교육	100	97.3	94.6	95.4	95.9	94.1	94.1
의료	100	102.7	105.7	107.3	108.3	110.4	110.4
대인적 사회서비스	100	102.3	100.8	100.8	106.3	107.9	110.2
사회보장	100	103.7	113.2	113.2	124.5	128.2	131.1

주: 1979/1980 실제기간의 투입을 기준 100으로 함.
출처: 양정하(2013), p. 243; Robinson & Judge (1988), p. 41에서 재인용.

교육 부문의 감소가 눈에 띈다. 그러나 대처 정부의 복지 삭감 정책에도 불구하고 전체 사회복지지출은 실제로는 감소하지 않고 증가하였다(〈표 7-5〉 참조).

그 이유는 다음과 같다.

첫째, 인구고령화와 실업률의 증가를 원인으로 꼽을 수 있다. 고령화는 필연적으로 노령연금 지출의 지속적인 증가와 의료비 등의 사회보장 관련 예산의 증가를 불러오기 때문이다. 또한 1979년 4.5%였던 실업률이 1982년 10.4%로 치솟았고, 1986년에는 11.4%로 더욱 높아졌다. 이는 대처의 집권 이후 완전고용정책을 포기한 결과이며, 실업률의 증가는 실업수당과 공공부조 지출의 증가를 동시에 불러왔다.

둘째, 주요 복지제도가 국민들의 저항에 부딪혀 해체되지 않은 것도 영향을 끼쳤다. 우선, 대처 정부는 영국 복지국가의 상징인 국민보건서비스(NHS)의 근본적인 민영화를 단행할 것임을 수차례 공언했으나, 국민들의 반발에 부딪히자 결국 세 번째 집권 때 국민보건서비스(NHS)를 유지할 것임을 공언하지 않을 수 없었다. 그 결과, 부분적인 국민보건서비스(NHS) 억제 전략만이 시행될 수 있었다(Klein & O'Higgins, 1988).[18]

18) 이때 시행된 부분적인 국민보건서비스(NHS) 억제 전략은 다음과 같다. ① 국민보건서비스(NHS)에서 보조서비스들(ancillary services), 즉 세탁서비스, 식사보조서비스 등을 제외해 유료화하였다. ② 사적의료보험을 장려해 민간의료보험에 세제상의 우대조치를 시행하고 민간병원에 대한 국민보건서비스(NHS) 환자 의뢰 등의 조치를 실시하였다. ③ 나아가 1991년부터 시행된 「국민보건서비스 및 커뮤니티케어법(the national health service and community care act)」은 의료의 내부시장(internal market)화를 지향하였다. 지역보건당국이 다른 지구보건당국이나 민간계약자가 제공하는 의료서비스를 구매하도록 장려하고, 병원과 가정의도 의료서비스를 서로 매매하는 구조를 수립하였다.

또한 국가소득비례연금(SERPS)을 폐지하고 사적연금으로 대체하는 구상을 냈지만 국민들의 저항에 직면해 부분적으로 훼손하는 선에서 그쳐야 하였다(Klein & O'Higgins, 1988)(앞의 〈표 7-3〉 참조). 그 결과, 1986년에 사적연금제도와 국가소득비례연금(SERPS) 중 선택할 수 있도록 하는 방식으로 국가소득비례연금(SERPS)을 임의제도화하였다. 이에 따라 1993년까지 5백만 명이 국가소득비례연금(SERPS)에서 탈퇴하였다. 나아가, 1986년에는 연금급여 산정기준을 기존 최고소득기간 20년에서 전 생애의 평균소득으로 후퇴시켰다. 소득대체율은 25% 수준에서 20% 수준으로 하향 조정하였고, 1997년에는 18% 수준으로 떨어졌다. 이 밖에도 배우자 급여를 감액하였다.

그나마 국가소득비례연금(SERPS)을 부분적으로 훼손할 수 있었던 것은, 제도의 미성숙으로 인해 저항이 적었고 대부분의 중산층은 이미 직역연금에 가입돼 있었기 때문이다. 앞서 설명한 것처럼, 1978년 새로이 시행된 보편적인 국가소득비례연금(SERPS)은 성숙기간이 20년이어서 1998년에야 완전노령연금 수급자가 발생하게 되어 있었다.

2) 블레어 정부의 복지 개편

1979년 대처 이후 보수당에 정권을 내준 지 18년 만인 1997년 5월 총선에서 노동당은 418석의 전무후무한 압승을 거두었다. 그 결과, 1994년에 41세로 최연소 노동당 당수에 올랐던 토니 블레어(Tony Blair)가 제54대 총리로 선출되었다.

블레어는 자신이 속한 기존의 노동당을 '신노동당(New Labour)'이라 불렀다. 18년간 집권에서 벗어나 있던 노동당의 블레어는 과거의 노동당에서 벗어나겠다는 의미로 이른바 신노동당을 선언한다. 블레어는 실천 작업으로 당헌 제4조의 생산수단의 공동소유제 원칙을 폐기한 뒤 기업을 가까이 하고 노조를 멀리하는 자세를 취했다(김명희, 2007).

그는 수상이 되기 전부터 민영화, 「반노조입법」, 공공지출의 억제, 반조세, 기업중심주의 등 거의 모든 핵심 부문에서 대처의 유산을 계승할 것이라는 취지의 말을 공공연히 해 왔다. 대처 또한 블레어가 수상이 되었을 때, 자신의 유산이 "그의 손 안이라면 안전할 것(safe in his hands)"이라고 할 정도였다(고세훈, 2011). 실제로 1980년대 말까지만 하더라도 구노동당은 케인즈적 재정확대정책을 통한 고용증대와 산업정책의 중요성을 강조하였다. 그러나 1990년대 중반 블레어가 등장한 이후, 신노동당은 직업훈련, 기술개발, 교육, 투자 등 공급측면을 강조하였다(김윤태, 2005; Driver & Martell, 1998).

블레어 정부의 사회복지제도 개편은 런던정치경제대학교(LSE)의 학장인 기든스(Anthony

표 7-6 기든스의 제3의 길과 전통적 노선의 비교

구분	제1의 길	제2의 길	제3의 길
이념	• 사민주의	• 신자유주의	• 탈이념과 중도노선
노선	• 복지국가	• 시장경제 추구	• 복지와 시장경제 동시추구
성과	• 고복지-고부담-저효율	• 고효율-저부담-불평등	• 복지 축소-효율성 향상
정책 수단	• 소극적 복지(소득보장) • 시장의 효율성 훼손	• 시장만능주의(저복지) • 고효율의 대가로 불평등 양산	• 적극적 복지(일을 위한 복지) • 공급 측면 정책 강조

Giddens)가 이론적으로 체계화했고, 블레어가 자신의 기본적인 정치노선으로 채택한 '제3의 길(The Third Way)'을 바탕으로 추진되었다. '제3의 길'은 고복지-고부담-저효율로 요약되는 사회민주주의적 복지국가노선(제1의 길)과 고효율-저부담-불평등의 신자유주의적 시장경제노선(제2의 길)을 지양한 새로운 정책노선으로 제시되었다. 이는 시민들의 사회경제생활을 보장하는 동시에 시장의 활력을 높이자는 신노동당의 프로젝트인데, 즉 구식의 사민주의와 신자유주의로부터의 차별화 전략의 일환이었다(원석조, 2012).

블레어 정부가 '제3의 길'을 앞세워 복지 개편을 추진한 데에는 몇 가지 이유가 있다(강욱모, 2003; 김영순, 1999; 박병현, 2013).

첫째, 복지비용의 비약적인 증가에도 복지프로그램이 제대로 역할을 하지 못했다는 것이다. 영국에서 사회보장지출이 공공지출에서 차지하는 비중은 1975년 20% 선에서 1986년 이후 일시적으로 감소하기도 했지만, 1996년 30% 선까지 증가하였다([그림 7-1] 참조). 그럼에도 불구하고 빈곤과 불평등은 여전히 해결되지 못하고 남아 있었다. 둘째, 갈수록 빈곤층의 복지의존성이 높아지고 사회적 배제현상도 심화되고 있다는 점이다. 무엇보다 이들이 자활의지와 노동능력을 상실하고 사회로부터 유리되어 빈곤과 좌절감을 다시 자녀에게 대물림하고 있었다.

'제3의 길' 전략의 핵심은 '일을 위한 복지(welfare to work)'에 있다. 1998년 발표한 '복지개혁녹서(Welfare Reform Green Paper)'를 통해 '일할 능력이 있는 사람에게는 일자리를, 그렇지 못한 사람에게는 사회보장을' 천명하였다(김명희, 2007). 블레어 정부는 전통적인 복지국가가 소극적 복지(passive welfare)를 지향해 실패했다고 보고, 그에 대한 대안으로 적극적 복지(active welfare)를 제시하였다(신동면, 2001; 원석조, 2012). '제3의 길'을 기조로 하여, 사회보장제도를 근로의욕 저하와 복지의존을 억제하기 위한 공공부조체계로 개편하는 정책을 실시하였다.

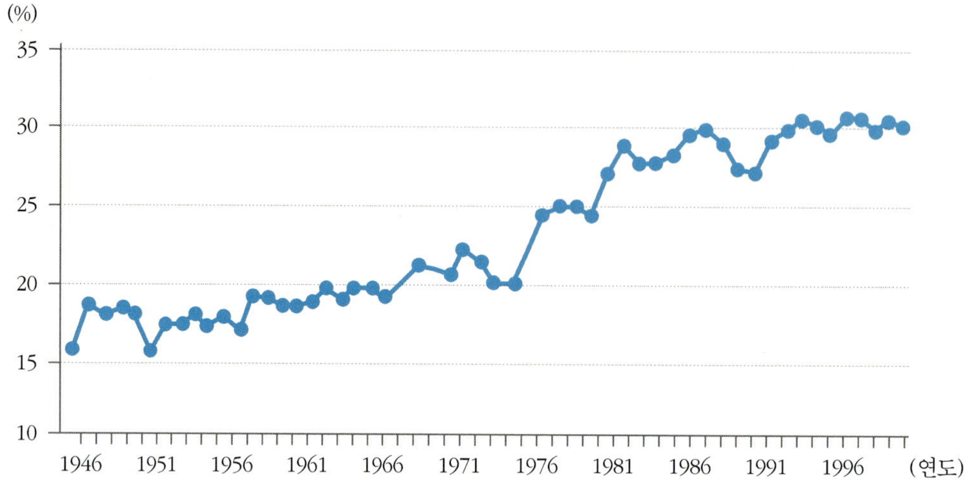

[그림 7-1] 공공지출 중 사회보장지출 비율

출처: 박병현(2013), p. 128; Clark & Diltion (2002), p. 10에서 재인용.

주요 복지정책은 다음과 같다(고세훈, 2011; 김명희, 2007; 손병덕 외, 2012; 이영찬, 2000).

첫째, 저소득층의 근로유인을 위해 1999년에 근로가족소득지원제도(Working Families' Tax Credit: WFTC)를 도입하였다. 이 제도의 기원은 1988년 가족 크레디트(Family Credit: FC) 제도로서 부양 아동이 있는 저소득 가정을 지원하려는 목적을 갖고 있었다. 블레어 정부는 이 제도를 근로가족소득지원제도로 바꾸고 주당 16시간 이상 일하고 1명 이상의 자녀를 둔 저소득가구를 대상으로 70% 수준의 환급형 세액공제를 제공하고자 하였다. 이후 2003년에는 이 제도를 아동세액공제(Child Tax Credit: CTC)와 근로세액공제(Working Tax Credit: WTC)로 나누었다. 아동세액공제(CTC)는 부모의 근로여부와 관계없이 저소득 가정의 아동을 지원하기 위한 제도이고, 근로세액공제(WTC)는 무자녀 독신 및 부부가구, 장애인가구, 고령자가구에게 적용하였다.

둘째, 근로연계복지전략에 따라, 1996년에 국민보험의 실업급여와 저소득 실업자를 위한 소득지원제도(IS)는 현금급여 개념에서 구직의무가 강조된 구직자수당(Job Seeker's Allowance: JSA)으로 명칭을 변경하였다. 구직자수당(JSA)에는 기존 국민연금의 실업급여에 해당하는 기여기초형과 기존 소득지원제도(IS)를 대체한 소득기초형이 있는데, 기여기초형의 최대수급기간은 기존 12개월에서 6개월로 단축되었다.

급여청구자는 직업훈련참여 등 구직노력에 대한 증거를 제출하도록 하였다. 정부는 실업자에게 민간 부문 직장, 자원봉사직, 정부의 환경업무단, 풀타임연구 등 네 가지 선택지를 제공하였다. 이를 모두 거부할 경우, 급여를 동결하거나 급여기간을 축소하도록 하였다. 또한 6개월 이상 실업상태에 있는 18~25세의 청년실업자가 훈련참가를 거부할 경우, 급여자격을 취소하였다.

셋째, 대표적인 근로연계복지정책인 뉴딜(New Deal)정책을 실시하였다. 이 제도는 공공부조 수급자가 프로그램에 참가해야만 급여를 지급하는 강도 높은 조건을 부과하였다. 이 때문에 기존 복지제도와는 판이한 새로운 복지제도라고 평가받는다.

이 제도를 통해 25만 명에 이르는 16~24세까지의 청년실업자들에게 일자리나 교육훈련 기회를 제공하였다. 반면, 제공된 일자리나 교육훈련 기회를 거부하는 사람들은 실업급여를 박탈함으로써 노동시장으로 복귀를 최대한 고무하였다.

넷째, 연금제도의 개편이 추진되었다(고재성, 2017; 유호선, 2000; 정인영, 정창률, 권혁창, 2017; 정창률, 권혁창, 2017)(앞의 〈표 7-3〉 참조). 공적연금과 사적연금의 비율을 6:4에서 4:6으로 변경하겠다는 목표 아래, 2003년에는 국가소득비례연금(SERPS)을 국가이층연금계획(State Second Pension Scheme: SSPS)으로 대체해 실시되었다. 이 제도는 중산층 이상에게 민간보험을 선택할 수 있도록 적용 제외의 강력한 인센티브를 주기 위한 것이다. 구체적으로,

표 7-7 뉴딜정책 개요(2005년 기준)

프로그램	강제성	주요 내용	참가자
청년뉴딜	있음	6개월 이상 실업상태인 18~24세 청년에게 강제 적용되는 프로그램. 초기 집중적인 구직지원, 이후 임금보조 고용, 환경사업단, 자원주의 부문 혹은 전일제 교육 · 훈련 선택	10만여 명
25세 이상 뉴딜	있음	25~49세의 18개월 이상 구직자수당을 청구하고 있는 사람들에게 강제 적용. 이들의 취업 및 취업기회 증진이 목표	59만여 명
50세 이상 뉴딜	없음	50세 이상의 실업자에게 적용. 자발적 제도로 정보, 상담, 훈련보조금 지원	5만여 명
장애인뉴딜	없음	근로불능, 질병 혹은 장애를 가진 사람들에게 제공되는 자발적인 프로그램. 취업에 대한 정보, 지원, 상담 제공	15만여 명
한부모뉴딜	없음	편부모에게 취업, 급여, 훈련 및 보육에 대한 상담을 제공하는 자발적인 프로그램	63만여 명
배우자뉴딜	없음	특정 급여신청자의 배우자에게 구직지원과 훈련기회를 확대 지원하는 자발적인 프로그램	1만여 명

주: 한부모뉴딜에서 인터뷰는 의무이며, 배우자뉴딜에서는 아동이 없는 18~20세 부부의 참여가 강제적임.
출처: 박병현(2005a), p. 82 〈표 2-5〉에서 수정.

국가소득비례연금(SSPS) 등 공적연금은 40%의 저소득층(1,800만 명가량)을 위한 연금으로 규정하고, 나머지 60%에게는 민간연금으로 대체하려는 취지다. 이로써 공적연금 가입자는 모두 저소득층으로 간주하여 소득 하위 40% 기준으로 낮은 수준의 정액의 보험급여를 제공하도록 되어 있다. 국가이층연금계획(SSPS)은 2003년부터 2007년에 걸쳐 단계적으로 정액연금으로 전환을 완료하였다.

연금제도의 보장성 강화 노력도 있었다.[19] 대처 정부의 연금 축소의 결과, 국민보험 연금급여의 실질가치가 하락하였기 때문이다. 국민보험의 연금급여는 1981년에는 평균임금의 23% 수준이었지만, 1993년에는 15% 수준으로 감소하였다. 이에 따라 영국의 노인빈곤율은 1995년에 32%까지 급증하였다. 이에 1999년에는 노인대상 공공부조제도인 최저소득보장(Minimum Income Guarantee: MIG)제도를 도입하였다. 2003년에는 최저소득보장(MIG)제도는 연금 크레디트(Pension Credit: PC)제도로 대체되었다. 2007년에는 대처 정부가 폐지한 국민보험 연금급여의 임금연계방식을 부활해 임금과 물가에 연동되도록 하였다.

3) 최근 복지제도의 변화[20]

2010년 보수당-자유민주당의 연립정부인 캐머런(Cameron) 정부가 출범하였다. 캐머런은 복지국가의 대안으로 '커다란 사회(Big Society)'를 제시하였다. '커다란 사회'는 시장의 실패가 발생하였을 때 자신과 가족, 지역사회의 자선단체와 자원 조직, 사회적 기업을 통해 지역 차원에서 사회문제를 해결하는 것을 말한다(김윤태, 서재욱, 2014; 홍석민, 2014). 캐머런 정부는 2008년 글로벌 금융위기 이후 재정적자 해소를 명분으로 급격한 긴축정책을 펼쳤다. 캐머런은 "무책임의 시대가 긴축의 시대로 바뀌고 있다."라고 선언하며, 각 부처 예산의 최대 40% 삭감을 요구하였다. 특히 2010년 이후 중앙정부의 지방정부 지원금이 40% 이상 감소하면서, 많은 지방정부가 기본적인 공공서비스 제공조차 어려운 상황에 처했다. 이는 단순한 예산 삭감을 넘어 영국 복지국가의 근간을 흔드는 구조적 변화를 의미했다(김보영, 2025).

19) 최근까지 국민보험의 연금급여는 최근 주당 122파운드였다. 국가이층연금계획(SSPS)의 완전연금급여 역시 주당 160파운드까지 지급되었다(SSA, 2018).

20) 블레어 정부 이후의 영국 집권세력은 다음과 같다. 노동당의 블레어 정부(1997~2007), 노동당의 브라운 정부(2007~2010), 보수당-자민당연합의 캐머런 정부(2010~2019), 보수당의 존슨 정부(2019~2020).

캐머런(Cameron) 정부는 뉴딜정책을 근로프로그램(Work Program: WP)이라는 명칭으로 변경해 시행하였다(박찬용, 2019). 근로프로그램(WP)은 기존 뉴딜정책을 시행한 결과 직업훈련기능이 부족하고 취업한 실업자의 취업유지가 어려운 문제점이 있었다고 진단하였다. 이에 이와 같은 문제점을 해결하기 위해 민간 고용지원회사에 고용업무를 위탁하려는 취지를 갖고 출발하였다.

근로프로그램(WP)은 2018년에 일자리와 건강프로그램(Work and Health Program: WHP)으로 명칭과 내용이 변경되어 전국적으로 시행되고 있다. 이 프로그램은 근로프로그램(WP)과 유사하나, 질병 또는 장애가 있는 사람들과 다양한 집단의 취약한 사람들이 자발적으로 이용할 수 있게 하였다는 점에서 차이가 있다(Powell, 2018).

캐머런 정부는 2012년 「복지개혁법(Welfare Reform Act 2012)」을 제정하였다. 이 법률의 핵심은 자산조사형 복지급여의 단일화, 제재를 통한 노동 공급의 증대, 긴축 정책이었다. 장기 실업자의 주택 급여를 10% 삭감하고, 자녀 수가 많은 실업 가정에 대한 생계 지원을 삭감하는 방안이 포함되었다. 그리고 근로연령 세대의 주거급여 수급자가 임대한 방의 면적의 제한을 설정하여 주거 급여를 삭감하고[일명 '침실세(bedroom tax)'], 단독가구는 주당 350파운드, 기타 가구는 주당 500파운드의 복지급여 상한선을 설정하는 등 직접적인 복지 삭감을 단행하였다(김윤태, 서재욱, 2014).

또한 2013년에 근로동기 부여를 위한 공공부조 개혁의 일환으로 통합급여(Universal Credit: UC)제도를 실시하였다. 통합급여의 목적은 단일한 점감률의 적용을 통해 더 많은 저소득층 인구를 유급 노동에 참여시키는 것이다(김윤태, 서재욱, 2014; Finn, 2011). 통합급여는 2013년 10월부터 2017년까지 단계적으로 영국 전역에 확대 적용하였다(손병덕 외, 2012; 이현주, 2015). 통합급여(UC)는 16세에서 64세의 근로연령층을 대상으로 하는 공공부조제도들을 하나의 체계로 묶는 개혁 조치다. 소득지원제도(IS), 소득기초형 구직자수당(JSA), 고용지원수당(Employment and Support Allowance: ESA),[21] 주거급여(HB), 아동세액공제(CTC)와 근로세액공제(WTC) 등 6개의 주요 공적 부조제도를 통합하는 것이다. 이는 6개의 제도에서 지원받는 공공부조 급여의 합이 일정 수준을 넘을 수 없도록 급여의 상한을 적용하고 있다. 최초 도입 시에는 성인 2인으로 구성된 가구는 주당 500파운드, 한부모와 아동 1인으로 구성된 가구는 주당 500파운드 그리고 성인 1인으로 구성된 가구는 주당 350파운드를 급여상

21) 고용지원수당(ESA)은 근로능력이 있는 것으로 판정된 장애인에게 근로의무를 부과하기 위해 기존의 장애급여(Incapacity Benefit: IB)를 대체해 2008년에 노동당의 브라운 정부에 의해 도입되었다.

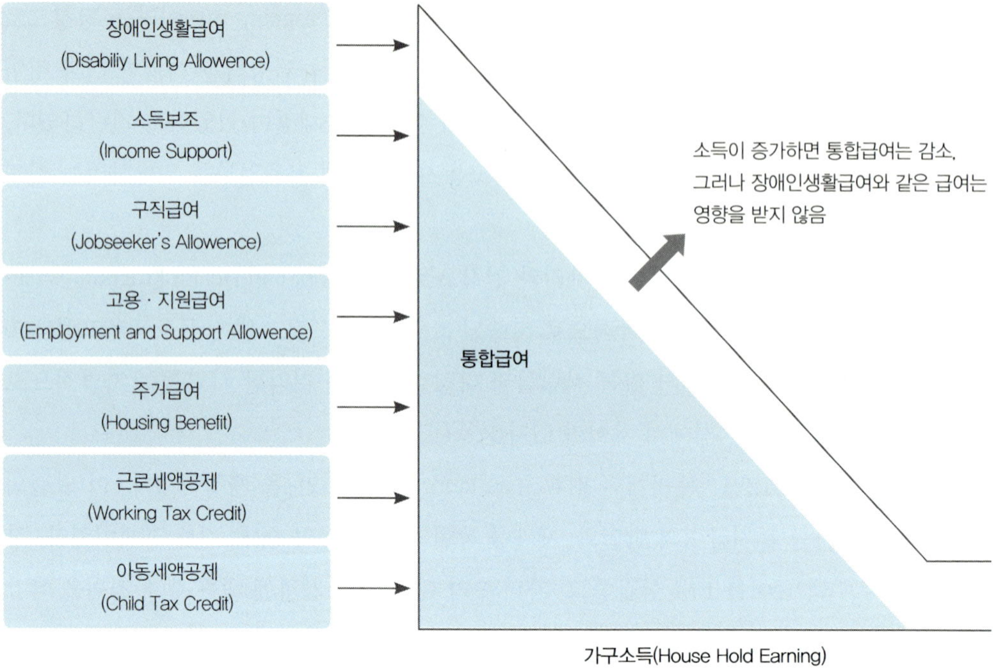

[그림 7-2] 복지급여와 통합급여(Universal Credit) 구성

출처: 손병덕 외(2012), p. 155에서 재인용.

한으로 규정하였다. 공적 급여는 근로자의 중위소득(연 2만 6천 파운드)에 이를 때까지 근로소득에 공제율을 적용해 지급되도록 설계하였다.

그러나 통합급여(UC)는 수급 자격 심사 강화, 급여 제재 확대 등과 같은 강제 조치로 '복지의 재상품화'의 가속화, 즉 복지수급자들을 강제로 노동시장에 진입시킴으로써, 특히 장애인, 한부모 가정 등 전통적으로 노동시장 참여가 어려운 계층까지 저임금 노동시장으로 내몰리는 결과를 가져왔다(김보형, 2025).

캐머런 정부에 의해 2016년부터 시행되고 있는 연금개혁은 기초보장 성격의 공적연금 단일화를 지향하고 있다(고재성, 2017; 정인영, 정창률, 권혁창, 2017; 정창률, 2018). 신국가이층연금계획(nSSPS)이 기초보장 성격의 공적연금의 성격을 갖게 됨에 따라 중산층들은 기업연금과 개인연금 등에 가입하도록 사적연금을 장려하고 있다. 구체적으로, 기존의 국민보험의 일부분인 국가기초연금(Basic State Pension: BSP)[22]과 임의가입의 국가이층연금계획(SSPS)의

22) 국가기초연금(BSP)은 소득연계가 아니라 물가기준으로 적용하여 왔기 때문에 소득대체율은 2011년 기준 14% 수준까지 급락해 있었다.

이원화된 연금체계를 해소하고 단일한 공적연금체계인 신국가이층연금계획(nSSPS)을 도입하는 것이다. 이로써 기존의 직역연금 혹은 개인연금 등의 민간연금과 함께 선택하도록 되어 있던 신국가이층연금계획(nSSPS)의 적용예외 규정은 폐지되었다. 신국가이층연금계획(nSSPS)의 급여는 완전노령연금의 경우 저소득 노인을 위한 공공부조제도인 연금 크레디트보다 높도록 설계되었다.

7. 복지국가로서 영국의 현재

베버리지보고서가 영국 복지국가의 초석을 다진 이후, 많은 사람은 영국이 곧 사민주의 복지국가로 발전할 것으로 전망했지만 수십 년간 복지제도의 질적 변화는 미약하였다(Esping-Andersen, 1990). 그 결과, 영국 복지국가는 제도별로 상이한 원리를 반영해 자유주의적 복지국가와 사민주의적 복지국가의 요소들이 불안정하게 공존하는 혼합형의 복지국가로 귀결되었다(김태성 외, 2005; Clarke et al., 2001).

베버리지보고서는 1940년대 애틀리 정부의 출현으로 복지국가 건설을 이루어 냈다. 국가책임의 무상의료서비스라는 제도를 낳았고, 여러 시도에도 불구하고 그 원형은 거의 훼손되지 않은 상태로 유지되고 있어, 영국 복지국가의 기선(flagship)의 역할을 담당하고 있다(Klein & O'Higgins, 1988). 그러나 전반적인 사회보험 분야에서는 최저수준의 정액급여를 지향하는 베버리지 구상의 한계에서 크게 탈피하지 못하고 뒤처져 자유주의적 복지국가의 한계를 극복하지 못하고 있다.

1970년대 오일쇼크 등과 함께 불어 닥친 복지국가와 세계경제의 위기상황에서 대안으로 등장한 것이 대처의 신자유주의였다(김보형, 2015). 대처 정부 이후 보수당정부와 노동당정부를 막론하고 신자유주의 및 자유주의 노선이 지배적인 위상을 차지하면서, 소득비례급여를 소득·물가수준연계에서 물가수준연계로 후퇴시키고, 질병급여 및 실업급여의 소득연계 보충급여를 폐지하는 등의 후퇴를 겪어 왔다. 국민보험의 정액급여 수준은 국민들의 생활수준 변화에 뒤처져 사회보장제도의 역할을 축소하는 결과로 귀결되었다.

특히 노후소득보장 분야에서도 자유주의적 경향이 지배함에 따라 공적연금제도를 내실화해 노후소득대책으로서의 보장성을 강화하려는 노력은 대체로 실패로 돌아갔다. 국민보험의 연금급여가 사실상 기초연금 성격으로 약화되면서 노인의 60% 이상이 빈곤상태에 처하자 노후소득보장을 위한 국가소득비례연금(SERPS)의 역할이 강조되었다. 그러나 민간보험이 이미 정착한 가운데 도입된 2층의 국가소득비례연금(SERPS)은 적용예외 규정이나 민간보험과의 선택 허용 등의 조치로 임의제도의 한계를 끝내 극복하지 못하였다.

신노동당의 블레어 정부는 대처의 신자유주의에 따른 국가방임체제의 한계를 극복하고자 제3의 길의 기조하에 사회투자론을 앞세웠다. 블레어 정부부터 저소득 노인을 위한 공공부조제도인 최저보장소득(GMP)이나 연금 크레디트(PC)의 기능이 보완됐지만, 공적연금은 사실상 저소득층에게만 적용되고 중산층 이상은 민간보험을 이용하는 이중구조가 확립되었다.

캐머런 정부는 거대한 사회(Big Society)를 표방하고 신국가이층연금계획(nSSPS)을 시행하였지만, 이는 기초보장 성격의 단일한 공적연금체계로서 노후소득보장에는 한계가 있을 수밖에 없었다. 이에 중산층 이상에게는 사적연금을 장려하는 모습을 보이고 있다.

또한 캐머런 정부부터 단행된 긴축정책의 가장 큰 피해는 공공서비스의 질적 저하로 나타났다. 영국의 자랑이자 무상의료제도인 국민보건서비스(NHS)가 위기에 직면했고, 2023년 기준 수술 대기자 수가 750만 명을 넘어섰다(김보영, 2025). 2016년 브렉시트(Brexit)는 영국의 공공서비스를 더욱 악화시켰다. 브렉시트로 인해 GDP가 4% 감소했고, 그 결과 공공서비스 투자도 줄어들었다(Helm et al., 2023). 조셉 라운트리 재단(Joseph Rowntree Foundation, 2024)에 따르면, 2021/2022년 기준 영국 인구의 22%(1,440만 명)가 빈곤 상태에 있으며, 이 중 600만 명은 극심한 빈곤 상태에 빠져 있고, 특히 2022년에는 약 400만 명(그중 100만 명은 아동)이 식사나 난방을 위해 자선단체에 의존해야 하는 궁핍 상태를 경험했다고 보고하였다(김보형, 2025).

최근 영국 복지제도의 현황은 다음과 같다(김하지 외, 2025; 문현경, 유현경, 2022; 손병덕 외, 2012; 이현주, 2015; 정인영, 정창률, 권혁창, 2017; 한국금융투자자보호재단, 2017; 황혜진, 2021; OECD, 2019; OECD 홈페이지; SSA, 2018).

영국의 사회보험은 산업재해 국민보험으로 대표된다. 공무원, 자영업자, 일반피용자 등을 별도로 가입시키는 유럽대륙국가들과 달리, 단일한 제도로 운영된다. 따라서 사회보험제도가 위험별로 분리돼 있는 다른 나라들과는 달리, 국민보험은 질병급여, 실업급여, 연금급여 등을 제공해 모든 사고에 대처하는 종합적인 제도로 운영된다. 2018년 기준 국민보험의 기여율은 근로자 12%, 사용자 13.8%로 종합해서 25.8% 수준이다.

신국가연금(new State Pension: nSP)은 2014년 연금개혁을 통해 단일한 공적연금제도로서 기존의 국민보험의 연금급여인 기초국가연금(Basic State Pension: BSP)과 소득비례연금에 목적을 두고 시행한 국가이층연금(State Second Pension)을 일원화하여 2016년에 도입되었다.

표 7-8 기초국가연금(BSP)와 신국가연금(nSP)의 완전연금 비교

연/월	BSP 완전연금 (주당)	근로자 평균 소득 대비	nSP 완전연금 (주당)	근로자 평균 소득 대비
2017. 4.	£122.30	18.5%	£159.55	24.1%
2018. 4.	£125.95	18.5%	£164.35	24.2%
2019. 4.	£129.20	18.6%	£168.80	24.2%
2020. 4.	£132.75	18.5%	£173.15	24.2%
2025. 4.	£155.45	18.7%	£202.85	24.4%
2030. 4.	£191.85	19.0%	£250.35	24.8%
2035. 4.	£240.30	19.3%	£313.55	25.2%

주: 1) BSP는 완전연금을 위한 가입 기간이 30년인 반면, nSP는 35년인 차이점이 있음.
2) nSP는 BSP에 S2P 급여를 합친 제도라는 점에서 근로자 평균 소득 대비 비율이 기존 BSP보다 높은 특징이 있음.
출처: 문형경, 유현경(2022), p. 14 〈표 4〉 재인용.

신국가연금(nSP)으로 통합되면서 기존 연금 체재하에서는 최저소득에서 벗어날 수 없었던 계층들이 이를 벗어날 수 있었다. 〈표 7-8〉은 기존의 기초국가연금(BSP)과 신규개편된 신국가연금(nSP)의 완전연금 소득을 추계한 것으로 신국가연금(nSP)은 근로자 평균 소득대비 주당 연금수급액과 소득대체률이 BSP보다 높은 것을 확인할 수 있다.

신국가연금(nSP)의 완전연금급여는 35년 가입 기준이다. 최소가입기간은 10년이다. 연금급여는 임금과 물가에 연동되도록 하였다. 2025년 기준 주당 230.25파운드가 지급된다. 연금수혜연령은 남성을 기준으로 연금수혜 연령은 남성을 기준으로 2018~2025년까지는 66세로 조정되고, 2026~2028년까지는 67세로 늦춰진다.

영국의 의료체계는 국민보건서비스(National Health Service: NHS)라고 불리는 국영의료체계다. 국민보건서비스(NHS)는 "자유주의 세계에서 만들어진 제도 가운데 사회주의에 가장 가까운 것"이라는 평가를 받고 있을 정도로 병원의 국유화, 병원종사자의 공무원화, 국가와 개업의 간의 계약 체결 등 의료공급의 사회화를 추구하고 있다. 그리고 국가의 일반재정을 통해 필요한 경비를 충당함으로써 모든 국민에게 무상의료를 보장하려는 체계다. 영국에 6개월 이상 합법적으로 거주하는 사람은 처방약, 안과, 치과를 제외한 모든 의료서비스를 무료로 이용할 수 있다. 다만 처방약, 안과, 치과 진료에 대해서는 본인부담금이 있다. 하지만 16세 이하, 60세 이상, 임산부, 저소득층의 경우 대부분의 본인부담금이 면제된다. 국민보건서비스(NHS)는 잉글랜드, 스코틀랜드, 웨일스, 북아일랜드에서 각각 독립적으로 운영된다. 국민보건서비스(NHS)의 의료전달체계는 일차의료와 이차의료로 구분된다. 일차의료

는 가정의(General Practitoner: GP), 치과, 안과, 약국, NHS상설 진료소(NHS walk-in center), 콜센터(NHS direct) 등으로 구성되며, 응급하지 않은 신체적 및 정신적 건강 문제에 대한 진단, 치료, 예방 등의 외래서비스를 제공한다. 전문의의 진료나 전문적인 검사, 수술, 입원 등이 필요한 경우, 환자는 일차의료 전문의를 통해 이차의료기관으로 의뢰된다. 이차의료기관은 지역의 종합병원에서 대학병원에 이르는 병원 단위의 의료서비스를 제공한다.

영국의 아동수당(Child Benefit: CB)은 아동급여라 불리며 모든 아동에게 지급되는 보편적 복지에 해당한다. 아동수당의 지급대상은 16세 미만 또는 20세 미만 승인된 교육 또는 훈련에 참여하는 자녀를 양육하고 있는 경우 지급한다. 급여수준은 2025년 기준 첫째 자녀와 외동 자녀는 주당 26.05파운드, 둘째 자녀부터는 아동당 17.25파운드가 추가로 지급된다.

공공부조에 속하는 대표적 제도에는 통합급여(UC)가 있다. US는 기존에 각기 독립적으로 운영되어 오던 주거급여(HB), 소득지원제도(IS), 소득기반구직자수당(income-based Jobseeker's Allowance: JSA), 소득관련고용지원수당(income-related Employment and Support Allowance: ESA)을 하나로 통합한 것이다. 대상은 국가연금 수급연령 이하 18세 이상 저소득층으로 2025년 기준 16,000파운드 이하 자산을 소유하고 있고 실직이나 건강상의 이유 등으로 일할 수 없는 사람이다. 급여는 연령 및 결혼유무 등에 따라 2025년 기준 최저 월 316.98파운드에서 최고 월 628.10파운드까지 지급된다. 만일 자녀가 있을 경우에는 자녀 1인당 월 292.81파운드를 추가 지급한다.

기타 공공부조제도에는 저소득 노인 대상의 연금 크레디트(Pension Credit: PC)가 있다. PC는 국가연금수급연령 이상의 저소득 노인을 대상으로 생활비를 지원하는 제도이다. 특히 수급대상인 본인이 돌봄제공자 또는 중증장애인, 그리고 아동이나 청소년을 돌보는 책임이 있는 경우 추가지원을 받을 수 있다. 2025년 기준 주당 최저 227.10파운드부터 최고 346.60파운드까지 받을 수 있다. 추가 수당도 개인의 상황에 따라 주당 최저 46.40파운드에서 최고 82.90파운드까지 제공받는다.

영국은 블레어와 브라운(Gordon Brown)이 이끈 신노동당 정부의 실각을 부른 금융위기와 브렉시트(Brexit), 코로나19의 혼란 끝에 2024년 12월 키어 스타머(Keir Starmer)가 이끄는 노동당이 13년 만에 재집권에 성공했다. 13년간의 보수당 정부는 긴축정책과 브렉시트를 통해 영국의 사회경제적 기반을 크게 약화시켰다. 스타머는 집권과 함께 '국가 재건의 10년'을 선포하고 '기여 사회(contributory society)'라는 새로운 비전을 목표로 제시하였다. 이는 단순한 복지국가의 재건이 아닌, 노동의 존엄성을 회복하고 모든 시민의 기여가 존중받는 새로운 사회계약을 의미한다. 구체적으로 세 가지 핵심 목표를 내세웠다.

첫째, 노동의 가치를 회복하는 것이다. 이를 위한 노동권 보장과 근로조건 향상을 제시하였다. 둘째, 공정한 기회의 보장이다. 교육과 직업훈련 시스템을 개혁하여 배경과 관계없이 모든 젊은이가 자신의 잠재력을 발휘할 수 있게 하겠다고 제안했다. 셋째, 생활 수준의 전반적 향상이다. 의료, 교육, 에너지 등 공공서비스 강화를 통해 모든 시민의 삶의 질을 개선할 것을 내세웠다(김보형, 2025).

참고문헌

감정기, 최원규, 진재문(2002). **사회복지역사의 역사**. 서울: 나남.

강욱모(2003). 영국의 복지개혁: 신자유주의에서 '제3의길'로. **해외지역연구**, 7, 53-105.

강정인, 오향미, 이화용, 홍태영(2010). **유럽민주화의 이념과 역사: 영국 · 프랑스 · 독일**. 서울: 후마니타스.

고세훈(2011). **영국정치와 국가복지: 신(New)자유주의에서 신(Neo)자유주의로**. 서울: 집문당.

고재성(2017). 국제기구 · 주요국 공적연금개혁방안연구. **연금연구**, 7(2), 53-81.

김근홍, 서화자, 심창학, 이만식, 함세남, 홍금자(2007). **사회복지 역사와 철학**. 서울: 학지사.

김덕호(1994). 산업사회 영국의 빈곤과 복지정책: 자선조직협회 vs. 페이비언협회 1869~1909. **역사학보**, 144, 187-221.

김명희(2007). 정책이전에 따른 근로연계복지: 미국, 영국의 정책이전사례와 한국에의 함의. **사회과학논총**, 18, 87-114.

김보영(2025). 영국 노동당의 재집권: 새로운 복지국가 패러다임의 신호탄이 될 수 있을까?. **복지동향**, 315, 6-13.

김보형(2015). 베버리지 복지국가에서 캐머런 정부까지: 복지국가 패러다임의 변화에 있어 싱크탱크의 역할과 전략에 대한 영국 사례연구. **한국사회복지학**, 67(2), 259-284.

김영순(1999). '제3의길' 위의 복지국가: 블레어 정부의 '일을 위한 복지' 프로그램. **한국정치학회보**, 47, 123-149.

김영순(2012). **복지국가의 위기와 재편: 영국과 스웨덴의 경험**. 서울: 서울대학교 출판문화원.

김윤태(2005). 영국복지국가의 전환: 사회정책의 한계와 가능성. **사회복지정책**, 21, 189-215.

김윤태, 서재욱(2014). 보수정부와 복지정치: 세계금융위기 이후 영국과 스웨덴의 변화. **2014 사회정책연합 공동학술대회**, 371-395.

김인춘(2012). 전후 영국의 보편적 복지국가의 발전조건과 전환. **한국과 국제정치**, 28(4), 161-201.

김종일(2016). **빈민법의 겉과 속: 근대 영국의 빈민 정책과 빈민의 삶**. 서울: 울력.

김태성, 류진석, 안상훈(2005). **현대복지국가의 변화와 대응**. 경기: 나남.

김하진, 조비룡, 민경하(2025). 세계의 일차의료 현황과 발전방향: 영국. 가족실천, 15(1), 17-21.

남기민(2015). 사회복지정책론(3판). 서울: 학지사.

대외경제정책연구원(2022). 영국 중기재정정책(2023~28년)의 주요 내용 및 평가.

문형경 · 유현경(2022). 영국 노동시장 변화에 따른 공 · 사적연금의 대응. 국제사회보장리뷰, 21, 5-18.

박광준(2002). 사회복지의 사상과 역사: 마녀재판에서 복지국가의 선택까지. 경기: 양서원.

박광준(2013). 사회복지의 사상과 역사: 서구복지국가와 한국. 경기: 양서원.

박근갑(2009). 복지국가 만들기: 독일 사회민주주의의 기원. 서울: 문학과지성사.

박병현(2005a). 복지국가의 비교: 영국, 미국, 스웨덴, 독일의 사회복지역사와 변천. 경기: 공동체.

박병현(2005b). 복지국가 발달의 문화적 분석. 한국사회복지학, 57(3), 277-304.

박병현(2013). 사회복지정책론: 이론과 분석(3판). 경기: 학현사.

박찬용(2019). 영국과 프랑스의 빈곤계층 자활을 위한 근로연계복지제도 비교연구. 국제지역연구, 23(4), 99-122.

박태정(2014). 사회복지역사탐구. 서울: 학지사.

손병덕, 이삼식, 최효진, 임완섭, 최영준, 김보영, 김형모, 한동운, 배화옥, 조소영(2012). 주요국의 사회보장제도: 영국. 세종: 한국보건사회연구원.

신동면(2001). 영국 사회보장제도의 개혁: 사회부조(Social Assistance)를 중심으로. 한국사회복지학, 46, 178-209.

신섭중, 임춘식, 송정부, 고양곤, 김형식, 현외성, 최일섭, 김영화, 나승균, 이상석, 김융일, 김성이(2000). 비교사회복지론. 서울: 유풍출판사.

양정하(2013). 사회복지발달사의 이해. 경기: 정민사.

원석조(2000). 영국복지국가의 성립 배경에 관한 연구. 사회복지정책, 10, 9-42.

원석조(2012). 사회복지역사의 이해(4판). 경기: 양서원.

원석조(2019). 영국 사회복지의 역사: 빈민법에서 복지국가까지. 경기: 공동체.

유현석(2004). 영국 정치경제의 구조와 흐름. 서울: 백산서당.

유호선(2020). 연금개혁 시 사회적 합의과정에 관한 비교연구: 영국과 이탈리아의 비교. 사회보장연구, 36(1), 35-70.

이상일(2017). 복지국가의 정치: 영국과 미국의 복지정치와 사회적 시민권 비교연구. 사회이론, 67-101.

이영찬(2000). 영국의 복지정책: 구빈법 개혁부터 제3의 길까지. 서울: 나남출판.

이현주(2015). 영국 사회부조의 최근 동향: 유니버셜크레딧의 도입과 그 배경. 보건복지포럼, 226, 105-117.

임완섭(2011). 영국의 복지개혁: 일하는 복지(Welfare that works)를 중심으로. 보건복지포럼, 173,

65-78.

정인영, 정창률, 권혁창(2017). 영국의 공 · 사적연금제도 연구. 프로젝트 2017-05. 국민연금공단, 국민연금연구원.

정창률(2018). 회귀인가 발전인가? 적용제외 폐지 이후 영국 연금제도 검토. 사회복지정책, 45(1), 1-26.

정창률, 권혁창(2016). 영국, 독일, 스웨덴의 연금제도는 수렴하고 있는가?: 급여 적절성과 재정적 지속 가능성을 중심으로. 한국사회정책, 23(2), 1-24.

한국금융투자자보호재단(2017). OECD, 영국의 공적연금의 지속 가능성에 대해 비판. 동향조사 224.

한국복지연구회(1995). 사회복지의 역사. 서울: 이론과 실천.

황혜진(2021). 영국 국민보건서비스(NHS)와 이주민 노동력. 이화사학연구, *63*, 135-163.

Booth, C. (1970). *Life and Labour of the People in London*. New York: AMS Press.

Clark, T., & Dilton, A. (2002). *Long-term trends in British Taxation and Spending*. Institute Fiscal Studies. Bricfing Note no 25.

Driver, S., & Martell, L. (1998). *New Labour: Politics after Thatcherism*. Cambridge: Polity. 김정렬 역(2001). 토니 블레어의 집권전략과 새로운 국정관리. 서울: 창.

Esping-Andersen, G. (1990). *The Three Worlds of Welfare Capitalism*. Cambridge: Polity.

Fraser, D. (1984). *The Evolution of the British Welfare State* (2nd ed.). London: Macmillan.

Glennerster, H., & Hills, J. (1998). *The State of Welfare: The economics of social spending* (2nd ed.). Oxford: Oxford University Press.

Hayes, M. (1994). *The New Right in Britain: An Introduction to Theory and Practice*. London: Pluto Press.

Helm, T., Fazackerley, A., & Barnett, D. (2023). *How austerity and ideology broke Britain*. The Observer.

Hess, J. (1981). The Social Policy of the Attlee Government. In Mommsen, W. J. (Ed.), *The Emergence of the Welfare State in Britain and Germany*. Croom Helm.

Hill, M. (1993). *The Welfare State in Britain: A Political History since 1945*. Aldershot: Edward Elgar.

Jones, K. (1991). *The Making of Social Policy in Britain 1830~1990*. London: Athlone.

Kavanagh, D. (1990). *Thatcherism and British Politics: The End of Consensus?* (2nd ed.). Oxford: Oxford University Press.

Kavanagh, D., & Morris, P. (1989). *Consensus Politics from Attlee to Thatcher*. Oxford: Basil Blackwell.

Klein, R., & O'Higgins, M. (1988). Defusing the Crisis of the Welfare State: A New Interpretation. In Marmor, T. R. & Mashaw, J. L. (Eds.), *Social Scrutiny: Beyond the Rhetoric of Crisis*. Princeton: Princeton University Press.

Le Grand, J., Winter, D., & Woolley, F. (1990). *The National Health Service: Safe in Whose Hands?* Oxford University Press.

Leys, C. (1989). *Politics in Britain*. London: Verso.

Lowe, R. (1993). *The Welfare State in Britain since 1945*. London: Palgrave Macmillan.

OECD (2019). *Pensions at a Glance 2019: OECD and G20 Indicators*. Paris: OECD Publishing. https://doi.org/10.1787/b6d3dcfc-en.

Owen, D. (1964). *English Philanthropy 1660~1960*. Cambridge Mass.

Powell, A. (2018). Work and Health Programme. *Briefing Paper, No. 7845*(8), January, House of Commons Library.

Robinson, R., & Judge, K. (1988). Public expenditure, Privatization and the Welfare State. Moris (Ed.), *Testing the Limits of Social Welfare*. Hanover and London: University Press of New England.

Rowntree, B. S. (1902). *Poverty: A Study of Town Life*. London: Macmillan.

Sleeman, J. F. (1979). *Resources for the Welfare State: An Economic Introduction*. London: Longman.

SSA (2018). *Social Security Programs Throughout the World: Europe, 2018*. Washington: SSA Publication.

Thane, P. (1982). *Foundations of the Welfare State*. London: Longman.

OECD 홈페이지 https://stats.oecd.org(Pensions at a Glance).

영국정부홈페이지 https://www.gov.uk/child-benefit

미국 사회복지의 역사

1. 식민지시대 미국의 상황과 빈민법

영국 제임스(James) 1세의 종교박해 등을 피해 1620년 메이플라워호(Mayflower)를 타고 아메리카 신대륙에 정착했다. 이들은 빈민구제를 위해 신대륙에 적합한 새로운 법령을 제정하기보다 영국 본토의 「빈민법」을 그대로 답습 · 모방하였다. 특히 국가의 권위를 중시하는 영국 국교회에 대항해 청교도주의(淸敎徒主義, Puritanism)를 내세워 종교개혁운동을 펼쳤던, 프로테스탄티즘(Protestantism)은 자조와 근검절약을 강조하였다. 프로테스탄티즘은 개척정신을 강조하고 빈곤의 개인책임을 중시[1]하였기 때문에 국가 책임의 공적 복지제도 도입에는 매우 부정적이었다.

따라서 미국은 빈민구제를 국가 차원보다 이들에 대한 감독, 통제, 처벌 중심의 구제사업을 시행하였다(원석조, 2012; Day, 2000). 빈민대책은 교회가 그 역할을 담당했고 일반 시민들은 종교적 동기에서 불우한 사람들에게 시혜를 베푸는 정도였다. 시혜적 자선은 가난을 개인의 도덕적 타락으로 간주하고 빈민이나 거지를 범죄자로 여기는 청교도들의 윤리관

1) 19세기에 미국의 개척은 전역으로 확대되었고, 동부의 공업지역을 떠나 새로운 땅을 개척한 정주자에게는 무상 혹은 명목상의 값만으로 정부의 토지를 매각해 주었다. 이에 따라 개척은 노동자들에게 복지제도를 대체하는 효과를 거두었고, 누구든 노력하면 빈곤에서 벗어날 수 있다는 믿음이 확립되었다.

에 기인하였다(신섭중 외, 2000). 빈민을 도덕적 결함이 있는 존재로 여기고, 거지 선서를 하게 함은 물론, 이들 명단을 시청이나 시장 등 공개적인 장소에 공시하였다(원석조, 2012; Day, 2000).

식민지시대 미국의 복지프로그램은 대공황 전까지 영국의 「빈민법」에 기초해 운영되었고 그 내용은 다음과 같다.

첫째, 노령이나 장애로 인해 일을 할 수 없는 노동 불능 빈민(impotent poor)은 가족이나 공동체의 짐으로 간주되어 일부는 쇠사슬에 묶이거나 오두막집에 감금되어 죽을 때까지 격리되기도 하였다. 둘째, 노동능력이 있음에도 불구하고 노동을 하지 않고 원조에 의존하려는 노동 가능 빈민(able-bodied poor)은 신의 섭리에 어긋난다고 판단하여 추방, 경매, 낙인 등 처벌 대상이 되었다. 셋째, 요보호아동(dependent children)은 가난한 부모에게 맡겨 빈곤의 악순환에 빠지게 하는 것보다 사회의 보호에 맡겨 빈곤으로부터 벗어나게 하는 편이 더 바람직하다고 여겼다. 이에 빈민의 자녀를 경매에 붙이거나, 남자아이는 도제로 보내고 여자아이는 가정부의 일을 배우도록 하였다.

미국 최초의 구빈원은 1657년 뉴욕주 렌셀레즈워크(Rensselaerswyck)에 설립되었다. 이후 1658년에 플리머스(Plymouth), 1660년에는 보스턴에 설립되었다. 식민지시대 초기인 1642년에 플리머스에서 공포된 구빈원의 운영방식은 다음과 같다(임희섭, 1986; Heffernan, 1979).

첫째, 지역사회 행정당국은 교구위원(churchwarden)을 포함한 2~3명의 빈민구제 감독관을 임명하고 이들 감독관이 구제사업을 책임진다. 둘째, 노동 가능 빈민은 감독관에 의해 일을 주선받고 감독관은 노동을 명령할 수 있다. 셋째, 지방행정당국은 구빈구역 단위로 작업장(workhouse) 또는 구빈원(almshouse)을 설립하여야 한다. 넷째, 구빈사업을 위한 자금은 세금으로 조달한다. 다섯째, 부모, 조부모 및 자녀에 대한 부양책임을 법률에 명시한다.

이처럼 초기 빈민구제는 정부의 책임을 인정하면서도 실제 업무는 지방정부의 역할을 강조하였다. 나아가, 가족의 1차적인 구제책임과 물론 자조 정신에 따른 개인의 노동의무를 중시하였다.

1662년에는 영국에서 제정하여 시행하고 있던 「정주법」을 채택하였다. 영국의 「정주법」이 빈민들을 자신이 태어나고 자란 지역에서 벗어나지 못하도록 하는 데 목적이 있었다면, 미국의 「정주법」은 일자리가 없거나 구제가치가 없는 빈민의 추방에 목적을 두었다는 점에서 차이가 있다. 미국 「정주법」의 핵심내용은 다음과 같다.

모든 식민지 도시들이 자체적으로 빈민에게 음식, 연료, 피복, 생필품을 제공할 것을 의무화하였다. 빈민구제의 수급자격을 엄격히 제한하였는데, 즉 개인재산을 반드시 소유하고 일정 기간 이상은 해당 도시에 거주할 것을 조건으로 하였다(원석조, 2012; Trattner, 1999). 또한 새로운 이주민이나 외국인은 다른 도시 출신이라도 3년간 보호관찰 대상이었으며, 3년 안에 자신과 가족의 생계를 스스로 책임지지 못할 경우에는 이전 거주지로 강제 추방하였다. 1725년부터는 대다수의 도시에서 시내에서 20일 이상 머무르고자 하는 이방인은 시청에 반드시 신고하도록 의무화하였고, 1789년에는 시 거주권 획득자격을 21세 이상의 2년 이상 거주민이면서 세금납부 실적이 있는 자로 제한하였다(원석조, 2012).

한편, 미국은 독일과 비슷하게 1840년에서 1870년 사이에 산업혁명과 공업화가 진행되었지만 독일과 같은 사회보험제도를 발달시키지는 못했다. 오히려 식민지 미국은 영국으로 부터의 독립 후에도 식민지시대의 「빈민법」의 기조를 그대로 따르고 있었다. 여기에는 독립 당시의 지배적인 정치철학이었던 개인의 자유와 지방분권을 강조하는 제퍼슨(Thomas Jefferson)의 민주주의의 전통, 시장경제의 지속, 빈곤 탈출의 기회를 제공하는 개척(frontier) 시대의 영향과 함께 청교도주의의 자조와 근검절약의 윤리 등 정치적 · 경제적 · 사회적 · 종교적 요인들이 복합적으로 영향을 미친 탓에 있었다. 이에 따라 연방정부의 개입을 허용하지 않는 선에서 자조 정신을 중시하는 한편, 국가 대신 상부상조를 강조하며 지방중심의 구빈제도를 그대로 답습하였다(임희섭, 1986; 전남진, 1986).

2. 민간사회복지조직의 형성: 자선조직협회와 인보관

미국은 국가개입의 빈민구제는 소극적이었던 반면, 민간 차원의 박애사업이 그 어느 나라보다 활발하였다. 영국에서 미국으로 이주한 퀘이커교도(Quaker)[2)]들은 청교도주의 기치 아래 하나님의 뜻은 변할 수 없고 엄격히 그 뜻을 지켜야 한다고 주장하며, 인도주의적 관점에서 하나님의 뜻을 발견하고 실현하고자 하였다. 이로 인해 감옥 개혁, 정신건강운동 등에서 선구적인 역할을 수행하였고 요보호대상자들에게는 음식물, 피복, 주거, 연료 등을 제공하였다. 1713년 빈곤한 퀘이커교도(Quaker)를 위해 설립한 필라델피아 친구 자선원(the friends almshouse in philadelphia for poor quakers), 1766년에 설립한 필라델피아 개선원(the philadelphia bettering house)은 거지와 빈민을 줄이기 위한 목적을 표방하고 빈민을 고용하

2) 퀘이커교(Quakers)는 프로테스탄트의 한 교파이며, 영국과 식민 아메리카 등지에서 일어난 급진적 청교도 운동의 한 부류다.

여 그들에게 근검의 미덕을 가르쳤다(감정기 외, 2002; 원석조, 2012; 윤흠, 1963).

한편, 1880년대 미국은 산업화로 인해 독점자본주의로 이행한 시기이다. 도시빈민가는 비위생적이고 부도덕하며, 범죄와 무질서가 만연하였다. 이에 1851년 YMCA를 창설하여 민간차원에서 농촌에서 도시로 이주한 청년들을 무신론, 무절제, 부도덕으로부터 보호하고자 하였다(원석조, 2012). 그리고 영국 자선조직협회(Charity Organization Society: COS)를 모방하여 1843년 빈곤조건개선협회(the Association for Improving the Condition of the Poor: AICP)를 창설하였다. 빈곤조건개선협회(ACIP)는 도시를 구역으로 나눈 뒤 구역마다 자문위원회를 두었다. 이와 함께 우애방문원(friendly visitor)을 배치하여 빈곤가정 조사, 구호물품 배분, 상담 등 케이스워크(case work)를 전개하였다.

1877년 거틴(Humphreys Gurteen) 목사의 지도 아래 뉴욕 버펄로(Buffalo)에 자선조직협회(COS)가 조직되었다. 자선조직협회(COS)는 단순한 구호활동을 넘어 합리적이고 과학적인 자선(scientific charity)을 지향하고, 중복자선을 방지하고자 지역 내 모든 자선단체를 조직한 것이었다. 자선조직협회(COS)는 미국 전역으로 확산되어 1890년대에 100여 개 도시에서 조직되었다.

자선조직협회(COS)는 구제를 받고 있는 자의 생활은 구제를 받지 않고 일을 하며 생활하는 사람의 생활보다 열악해야 한다는 영국 「신빈민법」의 열등처우의 원칙(the principle of less eligibility)을 근간으로 삼고 있었다. 무분별한 구호제공은 노동자의 나태, 사치, 낭비를 조장한다고 강조하며 모든 공적인 원외구호의 폐지를 주장하였다. 원조 방법으로 잘 훈련된 여성신도들을 활용하여 우호방문을 실시하였고, 빈민을 원조받을 가치가 있는 빈민과 원조받을 가치가 없는 빈민으로 구분하여 원외구호의 폐지를 주장하였다(박병현, 2005; Patterson, 1986).

이 시기에 자선조직협회(COS)의 구제와 부조 중심의 접근과는 다른 형태의 민간 구제방식인 인보관운동(settlement house movement)이 전개되었다. 이 운동은 빈민지역으로의 정착을 통한 사회계몽을 꾀하며 자선조직협회(COS)에 대해 매우 비판적인 태도를 보였다. 특히 빈곤의 원인이 개인의 부도덕에 있다는 자선조직협회(COS)의 주장을 정면으로 반박하며, 빈곤의 원인은 개인이 아닌 사회적 환경에 있다고 보고 그러한 환경을 개선하기 위해 노력을 기울였다. 대표적으로, 사회연대의식에 기반한 노동조합 결성, 탁아교육, 공중위생, 주택개량 등의 활동을 추진해 나갔다.

미국 최초의 인보관은 1887년 코이트(Stanton Coit) 박사와 스토버(Charles B. Stover)가 뉴욕의 동부지역에 설립한 인보길드(the Neighborhood Guild)를 들 수 있다. 그러나 사실상 미국 최초의 인보관은 1889년에 제인 애덤스(Jane Adams)와 앨렌 스타(Ellen G. Starr)가 영국의 토인비 홀을 모델로 하여 시카고의 슬럼지역에 설립한 헐 하우스(Hull House)라고 할 수 있다(원석조, 2012).

헐 하우스는 빈민가족을 위한 서비스 제공이라는 단순한 기능을 수행하는 데 머무르지 않고, 뜻있는 활동적인 고학력 여성들을 모집하여 체계적인 빈민 조사를 실시하였다. 도시 빈민을 위한 사회정책을 기획하고 정부에 건의하기 위해서는 우선적으로 빈민의 생활실태에 대한 면밀한 조사가 필요하다고 판단하고, 가장 사실적인 조사를 위해 직접 빈민의 가가호호(家家戶戶)를 방문하여 조사하였다. 방문조사는 헐 하우스에 거주하는 연구원이나 전문 우애방문원들이 맡았으며, 애덤스는 이들 방문자들에 대한 교육을 실시하고 사회조사에 필요한 방법과 기술을 훈련시켰다. 이처럼 헐 하우스의 유산 가운데 사회조사 방법은 사회정책 분야 전반에 걸쳐 영향을 미친 전통이라 할 수 있다(박진빈, 2003).

미국의 인보관운동은 영국의 영향을 받았지만 영국과는 다른 차이점도 있다. 미국의 인보관운동은 주로 미국생활에 잘 적응하지 못하는 유럽 이민자들이 주 대상이었으며, 주요 관심 분야도 문화와 교육에 있었다. 또한 엘리트 남성 중심의 영국 인보관운동가들이 사회보장을 위한 사회개혁과정에 적극적으로 참여하여 복지국가의 발전에 기여한 것과는 달리, 미국의 인보관운동가들은 여성 주축이었고 사회보장보다는 여성과 아동의 노동문제에 더 많은 관심을 기울였다(박병현, 2005).

3. 초기 미국 사회복지제도의 발달과정

1) 제1차 세계대전 전후부터 대공황 이전까지

20세기 초 미국은 큰 변화와 성장을 하였다. 미국 경제는 1900년대 초부터 눈부실 정도로 성장하였고 1920년대에 정점에 달하였다. 이 같은 성장의 가장 큰 동력은 1차 세계대전에서 중립을 지키면서 군수품 수출을 통해 막대한 이윤을 남기고, 유럽국가들에게 군수품 구매에 필요한 자금을 대부해 줌으로써 세계 최대의 채권국으로 부상하였기 때문이다. 그럼에도 불구하고 재벌기업들이 부를 독점하는 현상이 두드러지면서 미국 내 빈부 격차는 더욱 심화되었다. 이로 인해 미국을 지배해 오던 자유방임주의에 대한 비판이 등장하기 시작하였다.

미국은 이전까지 스펜서(Spencer)의 사회진화론(Social Darwinism)으로 대표되는 개인주의와 자유방임 경제정책을 근간으로 하고 있었다. 그런데 날이 갈수록 심해지는 빈부격차로 인해 미국의 정치사상에 유럽의 진보적 사상을 바탕에 둔 사회주의 운동이 서서히 스며들기 시작하였다. 진보주의는 윌슨(Wilson)과 브랜다이즈(Brandeis)의 신자유주의(New Freedom)[3]와 루스벨트(Roosevelt)와 크롤리(Croly)의 신국가주의(New Nationalism)[4]가 대표적이다. 이들 모두 정부의 개입을 통해 자유주의적 이상과 가치를 실현하고자 하였다(신섭중 외, 2000).

진보주의 운동의 영향으로 빈곤의 원인을 개인에게 찾던 미국의 전통적인 빈곤관에 변화가 일기 시작했다. 오랫동안 구빈원과 같은 시설보호에 한정되었던 공공부조사업은 심신장애인, 유아 및 일부 노인을 제외하고는 거택보호 형태로 바뀌어 갔다. 1911년 일리노이(Illinois)주에서는 가정에서 요보호아동을 보호하기 위한 공적 기금의 사용을 허가한 「부모기금법(Funds to Parents Act)」이 제정되었다. 이 법은 모자가정에 대한 엄격한 자산조사를 통하여 빈곤하다고 인정되면 부조를 지급하는 내용으로, 아버지가 사망하거나 부재한 가정의 아동을 지원하였다. 이후 이 법은 1913년에 19개 주, 1926년에는 40개 주까지 확대 제정되었다(김근홍 외, 2007; 박광준, 2002).

한편, 정치권과 민간단체에서 사회보험 도입을 위한 본격적인 논의가 이루어졌다. 이러한 논의는 미국의 사회보험의 아버지라 불리는 루비노(Isaac M. Rubinow)가 1913년 『사회보험(Social Insurance: With Special Reference to American Conditions)』을 출간하면서 본격화되었다. 이를 계기로 1920년대 공공의료사업과 함께 사회보험제도들이 주 정부 차원에서 제정되기 시작하였다. 이 외에도 진보주의자들은 도시중산층을 중심으로 노동자의 생활보호를 위해 노력하였으며, 그 결과 철도노동자의 8시간 노동을 보장하기 위한 「고용자의무법」(1906), 「최저임금법」(1912), 아동노동자의 최저연령을 제한하는 「아동노동법」(1913) 등이 제정되었다(김순임 외, 2004; 임희섭, 1986).

미국 최초의 사회보험프로그램은 산재보험으로 위스콘신(Wisconsin)주에서 1911년 제정된 「근로자보상법(Workers Compensation Act: WCA)」이 그 효시다. 이 법은 고용주들에게도

3) 복지국가 위기 이후 등장한 신자유주의가 시장만능주의를 주장한 반면, 당시의 신자유주의는 지나친 독점을 억제하고 자유경쟁을 촉진하기 위하여 「반독점법」이 필요하다는 주장을 펼쳤다.

4) 신국가주의는 자본주의 발전과정에서 빈부 격차가 극심해지고 있기 때문에 복지와 사회정의를 위해 국가가 강력한 역할을 해야 한다는 주장이다.

지지를 얻어 1920년 43개 주로 확대되었다. 1921년 근로자보상(Workers Compensation: WC) 제도를 입법하지 않은 주는 6개에 불과했고, 1949년에는 모든 주가 이 제도를 운영하였다. 이처럼 미국의 산재보험인 근로자보상(WC)제도는 주 정부 주도로 운영되는 특징이 있다(정기혜, 김기혜, 이지현, 2012).[5)]

2) 대공황과 사회보장법 등장의 시대: 1929~1938년

제1차 세계대전이 종전된 1920년대 미국은 눈부신 경제호황을 누렸다. 하지만 1929년 10월 뉴욕증권시장의 붕괴(black tuesday)로 촉발된 경제공황은 미국 전역을 심각한 경기불황에 빠뜨렸다.

미국에서 대공황이 발생하게 된 직접적 원인은 다음과 같다(김근홍 외, 2007; 박병현, 2005).

첫째, 미국 내적인 요인에 있었다. 농업 부문의 만성적 불황과 공업 부문의 생산과잉, 금융산업의 방만한 운영 등이 그것이다. 둘째, 미국이 자유방임주의 사상에 깊이 젖어 1920년대 '번영의 시대'의 그늘에 가려져 있던 경제적 모순을 해결하려고 노력하지 않은 데 있었다. 무엇보다 당시 후버(Herbert Clark Hoover) 정부는 미국 국민의 자조 전통에 대한 믿음을 갖고 있었다. 이에 심각한 경기불황에도 불구하고 공황은 이전의 불경기와 같이 일시적인 현상일 뿐 조만간 회복 국면으로 접어들 것이라는 맹목적인 낙관론을 계속 유지하며 실업자 구호에 인색하였고, 이는 결국 상황을 더욱 악화시켰다. 셋째, 국제적인 문제에 있었다. 제1차 세계대전으로 막대한 전쟁 빚을 지게 된 패전국들의 구매력이 감소했다는 점이다. 특히 승전국의 높은 관세 장벽은 국제무역질서를 파괴하여 미국의 주식시장이 붕괴하는 요인이 되었다.

미국은 대공황의 여파로 1929년부터 1933년까지 4년 동안 제조업 생산량이 반으로 줄었고 농산물 가격은 40%로 떨어졌다. 수출은 1/3로 줄고 국민소득도 874억 달러에서 417억 달러로 급격히 감소하였으며, 실업자 수는 150만 명에서 1,200만 명으로 끝없이 늘어났다(원석조, 2012; 임완섭 외, 2015).

미국 대공황의 여파는 공화당에서 민주당으로 정권교체를 불러왔다. 1932년 대선에서 온건한 진보주의 성향의 루스벨트(Franklin Roosevelt)가 당선되었다. 그는 대공황으로 가장 큰

5) 연방정부 차원의 「근로자보상법(Workers Compensation Act: WCA)」 도입은 1963년에 이루어졌다.

타격을 입은 노동자와 농민을 대변하는 정책을 추진하기 시작하였다.

그의 취임 당시인 1933년 미국의 실업자는 1,500만 명에 달했는데, 이는 전체 인구의 1/4 이상에 해당되는 수치였다. 특히 주 전체 인구의 40%가 구호대상자인 주들도 속속 나타나기 시작했다. 1933년 3월 취임사에서 그는 당시의 경제상황을 다음과 같이 묘사하였다(임완섭 외, 2015; 임희섭, 1986).

> 가격은 믿을 수 없을 만큼 떨어지고 세금은 늘어나고 우리의 지불능력은 감소하고 …… 말라 죽은 나무와 같이 기업이 고사한 가랑잎들처럼 도처에 널려 있다. 농민들은 그들이 생산한 농산물을 판매할 시장이 없고 여러 해 동안 모은 저축은 사라져 버렸다. 더 심각한 것은 수많은 실직한 시민이 생존의 위협에 직면하고 있으며, 수많은 농민이 아무 보상도 없이 밭을 갈고 있다는 것이다. 그러나 우리가 두려워해야 할 것은 바로 두려움 그 자체다. 즉, 퇴보를 진보로 바꾸기 위해 필요한 노력을 마비시키는 비이성적이고 정당하지 못한 두려움 그 자체인 것이다(Friedlander & Apte, 1980).

루스벨트는 신속하고 과감하게 뉴딜(New Deal)정책을 선포하였다. 이 정책은 불황과 실업, 경제의 마비상태로부터 미국의 새로운 부흥을 끌어내고자 의도한 것으로, 경제회복(Recovery), 구제(Relief), 개혁(Reform)을 골자로 하고 있어, 흔히 '3R정책'이라고도 불린다.

1933년부터 1934년에 걸쳐 실시된 제1차 뉴딜정책은 주로 경기회복에 주안점을 두었다. 경제회복정책으로 1933년 5월에 「농업조정법(Agricultural Adjustment Act: AAA)」을 제정하였다. 이 법은 농산물의 생산제한을 장려하고, 생산을 제한하는 농민에게 보상금을 지급한다는 내용으로 농산물 가격을 회복시키는 데 목적이 있었다.

또 다른 경제회복정책은 은행과 산업 및 농업의 부흥을 위한 정책으로 집약된다. 우선, 은행의 통화문제를 해결하기 위하여 전국은행의 실태 조사를 감행하였다. 이를 통해 구제 가능한 은행은 새로운 대부를 주어 살리고 그렇지 못한 은행은 정리하였다. 그리고 연방예금보험공사를 설치하여 은행이 도산해도 예금주 1인당 5,000달러까지의 예금을 보장해 주도록 하였다. 산업부흥정책으로는 1933년 6월에 「전국산업부흥법(National Industrial Recovery Act: NIRA)」을 제정하여 정부가 기업 간 경쟁을 통제하고 생산, 가격 및 시장을 안정시키기 위해 산업별로 일종의 협동체를 조직하도록 하였다(한국복지연구회, 1995).

하지만 이 법은 1935년 5월 27일 이른바 검은 월요일에 대법원이 위헌이라고 판결함으로써 큰 위기에 처하게 되었다. 이에 따라 정부가 대기업의 독점을 막고 노동자의 권익을 적극적으로 보호하는 방향으로 정책을 선회하였다(원석조, 2012).

구제정책의 일환으로는 1933년 「연방긴급구제법(Federal Emergency Relief Act: FERA)」을 제정하고 연방긴급구호청(Federal Emergency Relief Administration: FERA)을 설치하였다. 이는 각 주에서 소비하는 구제자금의 1/3을 연방정부가 원조하는 것으로 지금까지 구조를 민간자선단체나 지방자치단체에 맡겨 왔던 전통을 깨고 정부에서 직접 구제사업을 펼치게 되었다(신섭중 외, 2000).

무엇보다 1933년에 시작된 테네시계곡개발공사(Tennessee Valley Authority: TVA)는 뉴딜정책의 특성을 가장 잘 보여 주는 개혁정책이다. 테네시계곡의 댐 공사를 통하여 인근에 거주하는 주민들에게 값싼 전력을 공급하고 실업자를 구제할 수 있었고, 정부는 소비증가와 함께 늘어나는 세금으로 더 많은 공사를 추진하면서 경제를 활성화해 나갔다(김근홍 외, 2007).

루스벨트는 1934년부터 대통령선거가 있었던 1936년 8월 말까지 제2차 뉴딜정책을 실시하였다. 이를 통하여 연방정부는 최초의 사회복지법률인 「사회보장법(Social Security Act)」을 제정하였다. 이는 역사적 관점에서 볼 때 미국 복지국가 발달과정에서 가장 중요한 사건이라 할 수 있다.

1934년 6월 루스벨트는 교서를 통해 사회보험과 공공부조 수립을 통한 시민의 생활보장책을 밝히고, 경제보장위원회(Committee on Economic Security)를 설치하였다. 그해 8월, 위원회는 실업보험, 노령연금, 의료보험 등의 사회보험과 기타 공공부조를 포괄한 사회보장제도 전반에 관해 연구하였으며(원석조, 2012), 1935년 1월 15일 그동안의 연구를 바탕으로 보고서를 제출하였다.

해당 보고서에는 아동, 청소년, 중년, 노인 등 모두에게 그들의 건강에 관계없이 적절한 수입을 보장해 주는 것을 목적으로 하는 점진적 접근(piecemeal approach)이 포함되어 있었다. 특히 위원회는 연방정부가 보조하고 주 정부가 관리하는 공적연금을 통하여 노인과 아동에 대한 즉각적인 보장을 시행할 것과 연방정부가 실업수당 프로그램에 책임을 져야 한다는 점, 그리고 취업, 건강, 교육, 재활서비스 등에 대한 내용을 권고하였다(김근홍 외, 2007).

1935년 1월 보고서의 내용을 토대로 사회보장법안을 의회에 상정되었다. 관련 단체들과 보수적인 의원들의 반대에 부딪히기도 했지만, 대공황 이후 5년 이상 지속된 유례없는 빈곤에 시달려 왔던 대부분의 미국인은 생활보장을 절실히 원하였다. 이 법안은 1935년 6월 19일 76대 6이라는 압도적인 지지를 받아 상원을 통과하였고, 같은 해 8월 14일 루스벨트 대통령이 서명하면서 역사적인 「사회보장법」이 발효되었다. 최초 제안된 「사회보장법」 원안에는 의료보험도 포함되어 있었다. 하지만 기업가와 공화당 등 보수세력의 강한 반대에 부딪혀 결국 철회되었고, 이로 인해 미국은 전국적인 의료보험제도를 실현시키지 못하였다. 이 법의 제정으로 현재의 사회보장청(Social Security Administration: SSA)의 전신인 사회보장위원회(Social Security Board)도 설치되었다(원석조, 2012; 임완섭 외, 2015).

「사회보장법」은 사회보험, 공공부조, 보건 및 복지서비스 등의 세 가지 핵심 프로그램으로 구성되어 있다(Zastrow, 1996).

첫째, 사회보험은 실업자나 은퇴자 또는 사망자를 위한 보험금을 지급한다. 이와 관련한 주요 프로그램으로 실직자에게 일정 기간 주 단위로 지급되는 실업보험(Unemployment Compensation: UC)과 가장이 은퇴하였을 때 지급하는 노령보험(Old-Age Insurance: OAI)을 실시하였으며, 연방정부가 운영하도록 하였다. 노령보험(Old-Age Insurance: OAI)은 이후 유족보험(Survivors Insurance: SI), 장애보험(Disability Insurance: DI), 그리고 1965년 의료보험(Medicare) 도입 때 건강보험(Heath Insurance: HI)이 추가되어 현재의 노령, 유가족 그리고 장애 및 건강보험(Old-Age, Survivors, Disability and Heath Insurance: OASDHI)이 완성되었다.

실업보험(UI)은 4인 이상의 피용자를 둔 사업주에 대해 매년 3%의 급료세(pay-roll tax)를 거두되 이를 연방정부가 징수하지 않고 주 정부가 징수, 관리하고 조세를 지원하는 방식을 택하였다. 이 때문에 피용자와 주 정부의 갹출료, 실업수당의 급여기준, 기금의 형태 등 세부적인 것은 각 주의 입법사항으로 넘겨져, 결국 미국의 실업보험은 주별로 다양한 형태를 갖게 되었다.

노령보험(OAI)은 사업주와 피용자가 급료총액의 각각 2.5%에 해당하는 사회보장세를 부담하는 것으로 하였다. 피보험자의 부양가족, 농업노동자, 가사종사자, 종교 · 자선 · 교육분야 종사자, 자영인 등을 적용 대상에서 제외해 노동인구의 약 절반만이 수혜대상이 되었다. 급여수준도 낮아 노인부조(Old-Age Assistance: OAA)의 급여액보다 적은 경우도 있었다.

둘째, 공공부조제도는 시각장애인부조(Aid to the Blind: AB), 장애인에 대한 원조인 18세에서 65세 사이의 영구장애인부조(Aid to the Permanently and Totally Disability: APTD), 65세 이상의 빈곤노인에 대한 노인부조(OAA), 18세 이하의 요보호아동이 있는 편모가정에 대한 부양아동부조(Aid to Dependent Children: ADC)의 네 가지 프로그램으로 구성되었으며, 연방정부가 재정을 보조하고 주 정부가 운영하도록 하였다. 편모가정에 대한 부양아동부조(ADC)는 1962년에 부양아동가족부조(Aid to Families With Dependent Children: AFDC)로 명칭이 바뀌었다.

이처럼 각 주가 공공부조제도를 수립하면 그 재정의 1/3~1/2를 연방정부가 보조하는 것으로 했기 때문에 3세기를 이어 온 구빈에 대한 지방 책임이라는 「빈민법」의 원칙은 폐기되고 주 정부에 대한 연방정부의 지원정책이 항구화되었다. 그러나 주 정부들은 독자적인 자격기준을 결정할 수 있었다. 즉, 「사회보장법」은 수급자격을 욕구(needs)로 규정했지만, 이 욕구를 구체적으로 정의하지 않았기 때문에 친척의 자산이나 부동산을 고려하는 범위 등 욕구의 정의와 측정방법은 주에 따라 달랐고, 실제로는 많은 주가 자산조사, 가족의 부양의무, 주거요건 등 전통적인 「빈민법」의 기준을 그대로 유지하였다.

셋째, 보건 및 복지서비스 등 사회서비스를 제공하는 연방정부의 임무에 관한 내용이 포함되었다. 구체적으로 입양, 위탁보호, 장애아동에 대한 서비스, 보호서비스, 편부모서비스 등이 담겼다.

「사회보장법」에 대한 각 이익집단들의 의견은 첨예하게 갈렸다(원석조, 2018; Rimlinger, 1971). 먼저, 대량생산기업들은 기업연금 같은 기업복지비 부담의 악순환을 해결할 수 있고, 기업 간 기업복지의 격차로 인한 경쟁력 격차를 해소하고, 소비자의 구매력을 강화해 줄 수 있다고 보았다. 즉, 국가복지가 기업복지의 불확실성과 불공평성에 대한 실제적인 대안이라고 보았던 것이다. 다음으로, 노동의 대표인 미국노총(American Federation of Labor: AFL)은 전통적인 자발주의, 즉 정부의 관여 없이 노사가 단체협약을 맺는다는 신념에 따라 사회보험에 반대하였다. 이들은 사회보험으로 인해 조합원들의 미국노총(AFL)에 대한 충성심이 정부 쪽으로 기울어질 것을 우려하였다. 마지막으로, 의료보험은 의사들의 완강한 반대에 부딪혀 제외되고 말았다. 의료수가 등에 대하여 의사들의 이해가 정부에 의해 통제받을 것을 두려워한 의사들은 자신들의 이익집단인 전국의학협회(American Medical Association: AMA)를 중심으로 저지운동을 전개하였다.

미국은 「사회보장법」 제정을 통해 사회보험과 공공부조의 이원적 복지체계의 기틀을 마련하였다. 그러나 「사회보장법」에 나타난 사회복지프로그램들은 급여수준이 낮고 지역 간 격차가 심하였다. 또한 의료부조나 의료보험, 공공주택정책이 발전하지 못해 미국을 오랫동안 사회복지 후진국으로 남아 있게 하였다.

4. 전후 미국의 복지국가 확대와 복지국가 위기의 징후

1) 빈곤의 재발견과 복지국가 확장기: 1945~1970년

제2차 세계대전 이후 미국은 경제적 번영과 풍요로움에 도취되어 빈곤문제에 크게 주목하지 않았다. 1964년까지도 공식적인 빈곤통계조차 존재하지 않는 등 빈곤은 미국에서 무관심의 대상이었다. 1960년대 초까지 편모가정에 대한 부양아동부조(ADC)의 대상을 과부가정에서 미혼모가정으로 확대하고, 1956년에는 장애보험(disability insurance)을 「사회보장법」에 추가하여 사회보험제도의 범위를 넓힌 게 눈에 띄는 정도였다.

이러한 무관심 속에서도 갤브레이스(Galbraith)와 해링턴(Harrington) 같은 학자들에 의해 미국 사회의 빈곤문제가 다시금 재발견되고 조명되기 시작하였다. 이들이 낸 서적은 빈곤문제에 대해 국민의 의식을 환기시켰을 뿐만 아니라 빈곤가정에 대한 대응책 수립에 관심을 기울이는 계기를 제공하였다. 갤브레이스는 그의 저서 『풍요로운 사회(The Affluent Society)』(1958)에서 풍요 속의 빈곤, 즉 대공황과 같은 사회구조적 원인에 의한 빈곤은 사라졌지만 아직도 개인적 원인에 의한 잔여적 빈곤이 존재한다는 사실을 지적하였다(신섭중 외, 2000). 해링턴은 『또 하나의 미국: 미국의 빈곤(The Other America: Poverty in the United States)』(1962)에서 부유한 미국인과 달리 그 반대편에는 수천만의 가난한 미국인이 있다는 사실을 알렸다. 그는 저서에서 미국은 '부자'와 '가난한 사람'의 두 나라로 구성되어 있으며, 가난한 사람들의 삶의 수준은 아시아 농민이나 아프리카 부족민보다 높지만 비참하게 느끼는 심리상태는 비슷하다고 하였다. 오히려 다른 대륙의 빈곤은 일반적이며 정도가 심했기 때문에 빈곤을 퇴치하려는 사회적인 열정이 있었으나, 풍족한 미국 사회는 빈민들에 대해서 무관심했기에 상대적으로 더욱 심각하다고 하였다(Harrington, 1997).

1963년 케네디(John F. Kennedy) 대통령은 전 국민의 1/5을 차지하는 빈곤층에 대한 대책을 세우도록 지시하였다. 그 대책 가운데 하나가 「사회보장법」 제정 당시 도입되었던 편모가정에 대한 부양아동부조(ADC)를 1962년에 부양아동가족부조(Aid to Families with Dependent Children: AFDC)로 개혁한 것이다. 부양아동가족부조(AFDC)는 지원대상을 기존의 편모뿐만 아니라 편부가정까지 확대하고, 양부모 가정도 주 소득원이 실업상태에 있으면 지원을 받을 수 있도록 하였다(임완섭 외, 2015). 1962년 「사회보장법」을 개정을 통해 잔여적 빈곤의 해결 방안으로 공공부조와 병행하여 전문가에 의한 재활(상담)서비스를 제공하도록 규정하였다. 또한 주 정부에게는 복지수혜자들의 자조를 위하여 재활서비스를 병행하여 실시할 것과 가족을 강화하고 수혜자의 독립적인 기능을 보강할 것을 제시하였다. 이에 소요되는 예산은 연방정부가 75% 보조하고, 한편, 주 정부는 자유롭게 계약할 수 있도록 하였다. 이는 미국에서 최초로 공공 부문에서 사례관리시스템이 운영되기 시작했음을 의미한다(김근홍 외, 2007; 신섭중 외, 2000; 심상용, 2017; Petti, 2000).

1963년 11월 케네디 대통령이 암살되자 당시 부통령이던 존슨(Lyndon Baines Johnson)

이 대통령직을 계승하였다. 그는 1964년에 미국 사회의 새로운 비전으로 '위대한 사회(The Great Society)'의 구상을 제시하였다.

> 미국은 부유한 사회(rich society)와 강력한 사회(powerful society)를 넘어 빈곤과 인종차별의 종식을 기반으로 하는 위대한 사회(great society)로 나아가야 한다(1964. 5. 22. 존슨 대통령의 미시간대학교 졸업식 연설 중 일부; 임완섭 외, 2015).

존슨 대통령은 1964년 1월 8일 첫 연두교서에서 '무조건적인 빈곤과의 전쟁(unconditional war on poverty)'을 선포하였다. 이는 그가 주창한 '위대한 사회'를 건설하는 데 핵심적인 정책이었다(임완섭 외, 2015). 그의 '위대한 사회' 건설을 위한 첫 작품은 1964년 8월에 제정된 「경제기회법(Economic Opportunity Act: EOA)」이다. 이 법의 제정으로 빈곤을 근절하기 위한 목적의 경제기회사무처가 설치되었다(임완섭 외, 2015; 한국복지연구회, 1995).

「경제기회법(EOA)」을 통해 다양한 사회복지프로그램과 서비스가 실시되었다. 대표적인 프로그램으로 취학 전 아동의 훈련과 저소득 농촌가정과 이주노동자 등 소수민족 자녀의 조기교육 프로그램인 'Head Start', 학교중퇴자를 대상으로 한 직업훈련 프로그램인 'Job Corps', 빈곤한 슬럼지역의 흑인 어린이를 대학에 보내기 위한 장학사업인 'Upward Bound', 직업이 없는 10대 청소년을 위한 'Neighborhood Youth Corps', 직업훈련, 성인교육, 농촌주민에 대한 부조, 법률원조, 보건, 주택, 소비자교육 등에서 지역사회의 자치활동을 권장하는 '지역사회행동프로그램(Community Action Program)', 그리고 국내평화봉사단의 일종으로 경제적으로 어려운 지역에 자원봉사자들을 보내 지역주민들의 훈련과 사회화를 돕는 'VISTA(Volunteers in Service to America)' 프로그램 등이 있다. 또한 1964년에는 「식품권법(Food Stamp Act: FSA)」을 제정하여 저소득층을 위한 식품부조프로그램을 실시하였다(〈표 8-1〉 참조).

요컨대, 존슨 대통령은 빈곤을 개인이 아닌 국가의 문제로 규정하고 이 문제를 해결하기 위하여 연방정부 차원의 적극적 개입을 통한 해결의 중요성을 인식하고 이를 강화하는 정책을 펼쳤다. 그중에서도 교육, 소득보장, 일자리 창출과 같은 정책이 빈곤과의 전쟁에 사용된 핵심 무기였다고 볼 수 있다.

이와 함께 존슨 대통령 시기에 있었던 또 다른 중대한 변화는 1965년 「사회보장법」 개정이다. 개정 「사회보장법」으로 노인 대상의 공적 의료보장제도인 의료보험(Medicare)제도가 법제화되었다. 대상은 소득에 상관없이 65세 이상 노인과 장애인 등 근로능력이 없는 계층

표 8-1 빈곤과의 전쟁을 위한 전략

영역		전략
교육	Head Start (1965)	• 취학 전 저소득층 아동에게 교육적 · 사회적 · 문화적 · 의료적 서비스를 제공하여 취학 준비 지원
	Upward Bound (1965)	• 저소득층 고등학생에게 대학에 갈 수 있는 희망을 심어 주는 교육프로그램 • 대학에서 공부할 소질을 보이나 특별한 지원 없이는 가지 않을 청소년 대상프로그램
	Adult Basic Education (1965)	• 읽고 쓸 줄 모르거나 무학인 성인이 직장을 구하거나 현재보다 더 나은 직장을 구할 수 있도록 읽기/쓰기/산술교육 제공 • 직업훈련 포함
	Elementary and Secondary Act(1965)	• 공립학교에 대한 연방정부의 재정지원
	Higher Education Act(1965)	• 대학에 진학하고자 하는 학생에 대한 재정지원
소득 보장	Revenue Act(1964)	• 소득세에 대한 기존의 원천징수율 18%를 14%로 인하
	Minimum Wage Bill(1966)	• 연방의 최저임금 및 초과근무수당 보장을 확대하고, 최저임금을 시간당 1.25달러에서 1.60달러로 인상
	School Breakfast Program(1966)	• 1966년 「아동영양법(Child Nutrition Act)」에 근거해 시행 • 아동의 가구소득에 따라 연방정부예산으로 아침식사 제공
	Special Milk Program(1966)	• 1966년 「아동영양법(Child Nutrition Act)」에 근거해 시행 • 연방정부에서 보조하는 다른 급식, 영양프로그램에 참여하고 있지 않은 아동보호 시설이나 학교에 재학 중인 아동에게 연방상환의 방식으로 0.5파운드 우유 제공
	Food Stamp Act (1964)	• 1961년 시범사업을 실시하고 연방정부에서 재원을 부담하여 빈곤가정의 영양개선을 지원하기 위해 식비보조 및 현물급여
일자리 창출	Job Corps (1964)	• 기초교육, 기술훈련, 직장체험의 통합적 프로그램으로 16~21세 청년을 위한 거주센터 운영 • 특히 고등학교 중퇴자에게 교육과 직장 경험을 제공하기 위한 목적
	College Work Study Program (1964)	• 지원 없이는 대학교육을 받을 여유가 없는 대학생을 위해 시간제 혹은 여름방학 시즌 일자리 제공
	Neighborhood Youth Corps (1964)	• 16~21세 저소득층 청년에게 고용, 직업상담, 보충교육을 제공 • 참여자들이 학업을 계속하거나 다시 시작하고, 그들의 고용잠재력을 향상할 수 있도록 지원
	Work Experience Program (1964)	• 낮은 교육수준 및 일정치 않은 취업이력을 가지고 있는 실직 부모 및 기타 취약계층 부모 대상 지원 • 기초교육, 개별상담, 직업교육, 실무훈련 제공
	Manpower Act (1965)	• 가족부양의 책임이 있는 자로 취업 경험이 있으나 기술발전에 따라 직장을 잃은 경우 재훈련 지원 • 읽고 쓸 줄 모르며, 재학 중도 아니고 취업상태도 아닌 16세 이상인 자에게도 지원

출처: 임완섭 외(2015), pp. 94-95 일부 수정.

표 8-2 지역별 AFDC 수혜자 증가율

(단위: %)

구분	1950~1960년의 증가율	1960~1969년의 증가율	1960~1969년 중에서 1964년 이후의 증가율
미국 전역	17	107	71
지역별			
북동부(North East)	26	180	69
북중부(North Central)	27	78	59
서부(West)	38	161	72
남부(South)	0	54	86
121개 주요 도시지역	35	165	71
5대 대도시	26	217	75
116개 나머지 도시	41	135	68
78개 북부도시	41	175	70
43개 남부도시	13	121	89

출처: 박병현(2013); Piven & Cloward (1971), p. 140에서 재인용.

이었다. 이와 함께 공공부조수급자 등 일정 소득 이하의 저소득층 대상의 의료보장제도인 의료부조(Medicaid)도 도입하였다(박용주, 2006). 의료보험(Medicare)이 연방정부 차원에서 관리・운영되는 의료보장제도라면, 의료부조(Medicaid)는 주 정부에서 운영되는 프로그램으로 주 정부가 서비스비용을 의료공급자에게 직접 지급함으로써 저소득층에게 의료 및 건강서비스를 지원해 주었다(임완섭 외, 2015).

미국에서 1964년 「경제기회법(EOA)」의 제정과 빈곤과의 전쟁을 선포한 이래 새롭고 다양한 사회복지프로그램의 제정과 확대에도 불구하고 정작 빈곤은 사라지지 않았다. 오히려 빈곤의 상징이라고 할 수 있는 부양아동가족부조(AFDC) 대상자 수만 폭발적으로 증가하였다. 1950년대는 증가율이 17%에 그쳤지만, 1960년대는 무려 107%가 증가하였으며, 1964년 이후 증가율은 71%를 차지하였다(〈표 8-2〉 참조).

부양아동가족부조(AFDC) 수혜자의 증가를 억제하기 위해 1976년 「사회보장법」 개정을 단행하였다. 개정법에는 당근과 채찍이라는 두 가지 방법이 포함되었다. 즉, 근로유인프로그램[Work Incentive Program(WIP) 이후 Work Incentive Now(WIN)으로 변경]을 수립하였다. 이 프로그램은 부양아동가족부조(AFDC)를 제공받고 있는 수혜자, 즉 주로 남편이 없는 부녀자들에게 일할 것을 요구하는 것으로, 수혜자들이 정당한 사유 없이 고용을 수락하지 않거나 훈련프로그램에 참여하지 않으면 부양아동가족부조(AFDC)의 수급자 자격을 박탈하였다. 근로유인프로그램(WIN) 이전에는 부양아동가족부조(AFDC) 수혜자가 노동을 해 수입이 생기면 부양아동가족부조(AFDC) 급여액을 일정 정도 삭감했지만, 근로유인프로그램(WIN)은 급여액의 삭감 없이 노동으로 생긴 수입을 유지할 수 있도록 함으로써 근로를 유인하겠다는 것이었다(김근홍 외, 2007).

2) 복지국가로부터의 후퇴: 1970~1980년

1968년 보수 성향의 닉슨(Richard Nixon) 대통령이 당선되면서 복지에 있어서도 정치적 보수화가 시작되었다. 빈곤과의 전쟁을 담당했던 기관들이 해체되었고 빈곤과 복지에 대한 관심도 차츰 줄어들었다. 무엇보다 1960년대 후반 미국 대도시 전반에서 인종차별 폭동이 일어나자 공화당은 물론 일부 민주당원들조차도 존슨 대통령의 사회복지정책을 비판하고, 이를 인종 분쟁의 근원으로 평가하기 시작하였다.

닉슨 정부는 빈곤과의 전쟁 이후 개인적 사회서비스(personal social service) 비용이 급속히 증가하고 기존 서비스는 중복되고 통합성이 결여되었을 뿐만 아니라 서비스 지출에 대한 책임구조가 미약하거나 심지어 전혀 없는 경우도 있어 공공부조가 혼란(welfare mess)에 빠져 있다고 판단하였다. 나아가 기존 공공부조를 폐지하여 자산조사에 따른 낙인을 배제하고, 근로동기를 강화하고, 사각지대를 해소하며, 행정상의 자유재량과 방대한 복지관료체계를 축소할 필요성도 제기되었다. 이에 1969년 부양아동가족부조(AFDC)를 개편한 부(−)의 소득세(Negative Income Tax: NIT) 도입을 골자로 한 가족부조계획(Family Assistance Plan: FAP)을 제안하였다(복거일 외, 2017; 임완섭 외, 2015; Barlett, 2013).

가족부조계획(FAP)은 부의 소득세(NIT) 방식을 적용하여 모든 저소득가구에게 최소한의 연소득을 보장하는 데에 목적을 두었다. 부의 소득세는 한 가구의 소득이 일정 수준에 미달하는 경우, 그 차액의 일정 비율을 조세환급 형태로 정부가 지급하는 제도다. 즉, 면세점 소득 이하의 저소득계층에게 면세점 소득과 과세전 소득의 차액에 대하여 일정한 환급률을 적용해 조세환급 방식으로 지급하는 제도이며, 무소득자에게는 최저보장액을 제공한다[총소득 = (면세점 소득 − 과세전 소득) × 환급률 + 과세전 소득, 환급률 = 최저보장액/면세점 소득].[6] 애초

6) 예를 들어, 최저보장액 1,000만 원, 면세점 소득 2,000만 원, 환급율(1,000만/2,000만) 50%일 때, 과세전 소득 기준으로 무소득자, 200만 원 소득자, 500만 원 소득자, 1,000만 원 소득자, 1,500만 원 소득자, 1,900만 원 소

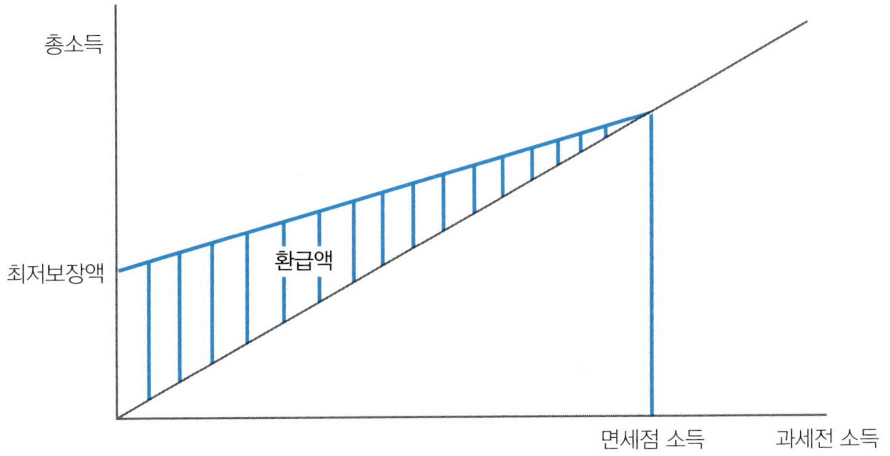

[그림 8-1] 부의 소득세의 원리

출처: Barr (2004), p. 234 [그림 11-1]; 복거일 외(2017)를 참고하여 구성.

의 제안에는 최저소득으로 연 1,600달러를 보상하려 하였다.

부의 소득세(NIT) 개념은 1962년 프리드먼(Milton Friedman)이 자신의 저서 『자본주의와 자유(Capitalism and Freedom)』에서 처음 제안한 것이다. 1965년 경제기회국의 국장이었던 슈라이버(Sargent Shriver)가 존슨 대통령에게 부의 소득세(NIT) 아이디어를 추천하였다. 그러나 이 제안은 하원은 통과했지만, 진보진영과 보수진영 양쪽 모두의 반대로 상원에서 부결되어 입법화되지는 못하였다(김재진, 2009; 복거일 외, 2017; 신섭중 외 2000).

비록 저소득층에게 최소한의 기본소득을 보장하겠다는 그의 생각은 의회에서 받아들여지지 않았지만 그중 일부는 채택되었다. 1972년에 「사회보장법」을 개정하여 시행한 노인 및 장애인 등에 대한 최저수준의 생계를 보장하는 보충소득보장(Supplemental Security Income: SSI)이 그것이다. 이 제도는 의회의 별다른 반대 없이 통과되었고 1974년부터 시행되었다. 보충소득보장(SSI)은 기존에 주 정부가 운영해 오던 노인부조(OA), 시각장애인부조

득자의 총소득을 계산하면 다음과 같다. 무소득자는 최저보장액인 1,000만 원을 받는다. 200만 원 소득자의 총소득은 (2,000만−200만)×0.5+200만=1,100만 원이다. 500만 원 소득자의 총소득은 (2,000만−500만)×0.5+500만=1,250만 원이다. 1,000만 원 소득자의 총소득은 (2,000만−1,000만)×0.5+1,000만=1,500만 원이다. 1,500만 원 소득자의 총소득은 (2,000만−1,500만)×0.5+1,500=1,750만 원이다. 1,900만 원 소득자의 총소득은 (2,000만−1,900만)×0.5+1,900만=1,950만 원이다. 즉, 무소득자, 200만 원 소득자, 500만 원 소득자, 1,000만 원 소득자, 1,500만 원 소득자, 1,900만 원 소득자의 환급액은 각각 1,000만 원, 900만 원, 750만 원, 500만 원, 250만 원, 50만 원으로 점감한다.

(AB), 영구장애인부조(APTD)를 통합하여 연방정부 차원에서 단일화한 것이다. 보충소득보장(SSI)은 고용이 불가능한 성인빈민을 위한 것이며, 연방정부가 관할하고, 수혜대상자가 되기 위해서는 자산조사를 받도록 했다(김근홍 외, 2007; 임완섭 외, 2015).

1975년 닉슨 행정부가 제안했던 「사회보장법 Title XX」가 제정되어 산발적으로 제공되던 사회서비스들의 운영 및 재정을 체계화하였다. 이로써 미국의 사회보장제도는 사회보험과 공부조로 구성되는 현금급여, 의료보험 등 현물급여, Title XX에 의해 제공되는 대인서비스의 세 가지 형태로 자리매김하게 되었다.

5. 보수주의 등장과 복지국가 위기 이후의 복지제도

미국은 1973년 시작된 두 차례의 오일쇼크로 인한 높은 인플레이션, 실업률 증가, 생산력 감소 등 이전과 전혀 다른 상황에 맞닥뜨리게 되었다. 무엇보다 베트남전쟁(1967~1975)의 참전과 장기화되어 가는 전쟁으로 인해 투입된 전쟁예산만 1,200억 달러에 달했으며, 이는 국가 경제의 어려움을 더욱 악화시켰다. 1970년대 말에 시작된 경제적 어려움이 대통령선거가 치뤄진 1980년 전후까지 이어져 실업률은 10%에 달하는 등 대공황 이후 가장 심각한 경기불황을 겪게 되었다(〈표 8-3〉 참조).

레이건(Ronald Reagan) 대통령은 1981년 취임과 동시에 약화된 경제력을 강화해야 외교적 위력이 생긴다고 믿고, 미국의 경제를 회복시키기 위한 정책을 최우선 과제로 선정하고

표 8-3 1970년대 미국의 10년간 경제지표

구분	1950년대	1960년대	1970년대
인플레이션(CPI의 % 증가)	20	31	112
성장(GNP의 % 증가)	38	49	36
생산력(민간 부문에서 시간당 산출의 % 증가)	32	22	15
고용(고용된 사람의 % 증가)	11	20	27
실업(모든 노동자에 대한 평균율)	4.5	4.8	6.2
실업(성인남자에 대한 평균율)	3.9	3.6	4.5
생활수준(1인당 개인 실수입의 % 증가)	15	35	23

출처: 박병현(2005), p. 130; Economic Report of President (1982)에서 재인용.

이를 펼쳐나갔다. 그는 새로운 경제회복정책으로 일명 '레이거노믹스(Reaganomics)'를 내세웠다. 이 정책은 큰 정부를 지양하는 반면, 자유로운 기업활동의 보장과 이를 위한 감세정책을 추진하였다. 정책의 주요 내용에는 3년간의 조세감면과 철저한 통화관리, 연방정부 지출비의 삭감, 사회복지지출의 억제 등이 포함되었다(한국복지연구회, 1995).

한편, 레이건 정부의 사회복지철학은 복지국가가 아닌 개인이나 가족 그리고 지역사회의 책임이라는 원칙에 있었다. 이 같은 보수적인 철학으로 인해 사회복지 프로그램들은 축소되었다. 그 결과, 1970년대 중반까지 감소추세였던 빈곤율이 다시 증가세로 돌아서 1983년에는 15.2%를 기록하였다.

레이건 행정부는 사회복지비용에 대한 연방정부의 부담이 점차 커지자 신연방주의(New Federalism)를 표방하고 나섰는데, 신연방주의는 세 가지 특징은 다음과 같다. 첫째, 국내소비를 절약하고, 둘째, 연방정부의 권한을 지방으로 이양하여 지방의 재정부담을 높이고, 셋째, 연방세금을 감면하는 것이었다(Nathan, 1986).

신연방주의의 정치적 실현 방편으로 1982년 연방정부는 의료부조(Medicaid)에 소요되는 모든 부담을 맡는 대신 식품권(Food Stamps)과 부양아동가족부조(AFDC)에 필요한 재정을 주 정부가 책임지도록 하는 교환프로그램(Swap Program)을 제안하였다. 하지만 주 정부의 과도한 부담을 야기하는 교환프로그램의 부적절성 때문에 이 제안은 철회되었다.

대신, 지금까지 연방정부가 관리해 오던 수많은 범주적 보조금(Categorical Grant)을 몇 개의 포괄보조금(Block Grant) 방식으로 묶어 주 정부의 자율권을 최대화하는 동시에 복지비용을 줄이고자 하였다(신섭중 외, 2000).

레이건 정부는 1981년 「총괄예산조정법(Omnibus Budget Reconciliation Act: OBRA)」에 따라 54개의 범주적 프로그램을 9개의 포괄보조금으로 통합하여 연방정부의 복지예산의 지출을 줄여 나갔다. 「총괄예산조정법(OBRA)」 시행 결과 부양아동가족부조(AFDC), 식품권(Food Stamp), 의료부조(Medicaid) 등의 공공부조지출은 각각 14.3%, 13.8%, 2.8% 줄어들었다. 사회보험도 감축되었다. 노령, 유가족 그리고 장애 및 건강보험(OASDHI)이 4.6%, 의료보험(Medicare)과 실업보험(UI)은 각각 6.8%, 17.4% 축소되었다(임완섭 외, 2015; O'Connor, 1998). 또한 1962년부터 「사회보장법」에 따라 연방정부의 범주적 보조 아래 실시되던 공공부문 사례관리인 공공부조 수급자에 대한 재활(상담)서비스도 포괄보조금(Block Grant)에 묶여 주 정부의 재량사업으로 변경됨으로써 안정적인 시행이 어렵게 되었다(심상용, 2017; Petti, 2000).

1988년에는 「가족지원법(Family Support Act: FSA)」을 제정하였다. 이 법은 연방정부프로그램으로서 부양아동가족부조(AFDC)의 수요자를 줄이고 직업훈련 등을 통하여 근로연계를 강화하는 데 목적이 있었다. 이와 함께 시행된 직업기회 및 기초기술 훈련프로그램(Job Opportunities and Basic Skills Training Programs: JOBS)은 부양아동가족부조(AFDC) 수혜자에게 일을 하거나 학교에 가거나 직업훈련에 참여할 것을 요구하고, 만약 거절할 경우 급여를 줄이거나 수혜대상에서 제외하기도 하였다(김근홍 외, 2007).

1989년 취임한 부시(George Bush) 정부는 레이건 정부와 별반 차이 없이 '평화와 번영' 정책을 계속 추구해 나갔다. 사회복지정책도 보충적 관점의 보수주의적 정책을 비슷하게 펼쳐 나갔다. 그 결과 사회문제는 더욱 심각해졌고, 집 없는 사람이 증가하기 시작했으며, 인종차별과 교도소 내 범죄자들도 급증하였다(남기민, 2015).

이처럼 레이건 대통령과 부시 대통령 임기 기간인 1980년대와 1990년대 초까지, 미국은 빈곤에 대한 정부 개입을 최소화하고 민간 역할을 강조한 '작은 정부'의 시기였다.

6. 미국 복지개혁의 시기

1993년 민주당 클린턴(Bill Clinton) 대통령의 당선으로 12년 동안 레이거노믹스와 신보주의를 표방했던 공화당 집권이 종식되었다. 클린턴 대통령은 1992년에 이미 7.2%까지 높아진 실업률을 낮추고자 경제개혁과 건강보호개혁, 복지개혁의 세 가지 내부적인 이슈에 중점을 두었다. 특히 건강보호개혁을 통해서 민간보험 중심의 체계를 국민 모두에게 의료보험을 보장하는 보편적 적용의 원리를 적용하려 하였다. 하지만 관련 법안은 이해관계자들의 첨예한 대립 속에 결국 의회를 통과하지 못하였다(남기민, 2015; 최현수, 2002).

클린턴은 대통령후보 당시 공약했던 '우리가 기존에 알고 있는 복지의 종식(End welfare as we know it)'을 실현하고자 기존 복지체제의 변혁을 도모하였다. 이 공약은 취임 이후 복지수급기간을 제한하고 근로연계복지(workfare)로 방향을 바꾸려는 매우 획기적인 것이었다. 이는 1996년 일명 「복지개혁법(Welfare Reform Act: WRA)」이라 불리는 「개인책임 및 근로기회조정법(Personal Responsibility and Work Opportunity Reconciliation Act: PRWORA)」의 제정으로 결실을 맺었다.

「개인책임 및 근로기회조정법(PRWORA)」은 저소득층을 지원하기 위한 기존의 공공부조제도에 큰 변화를 불러왔다. 첫째, 아동이 자신의 집이나 친지의 집에서 보호받을 수 있도록 함은 물론 탁아서비스와 의료서비스 보장을 위한 투자를 확대하였다. 둘째, 부모로 하여금

정부의 급여에 의존하는 대신 이들의 취업과 결혼을 장려하고자 공공부조 수혜기간을 제한하고 수혜자에게는 반드시 일할 것을 요구하였다. 셋째, 혼외출산을 예방하거나 빈도를 줄이고자 하였다. 넷째, 부모가 함께 사는 가정을 장려하였다. 다섯째, 주 정부로 하여금 복지개혁을 위한 지속적인 노력을 반드시 기울이도록 하고, 복지수혜자들이 직장을 구하는 데 도움을 제공한 주 정부에게는 인센티브를 주었고 복지로부터 근로로 전환한 가족에 대해서도 지원을 강화하였다(김근홍 외, 2005; 박병현, 2005; Mink, 2002).

「개인책임 및 근로기회조정법(PRWORA)」의 제정으로 연방정부의 주 정부 재정지원의 변화를 가져오게 되었다. 기존의 대응보조금(matching fund) 방식으로부터 포괄보조금(block grant) 방식으로 전환되어 주 정부의 자율성과 책임을 강화하였다. 포괄보조금 방식은 각 지역에 부합하는 제도가 수립되고 효율적으로 운영될 수 있도록 재량을 확대하는 재정 운영 방식이다. 주 정부는 광범위한 예산의 범위 내에서 자신의 여건과 필요에 따라 세부적인 예산을 기획할 수 있다(홍석한, 2020). 포괄보조금(Block Grant)이 적용되는 복지개혁의 대표적인 프로그램에는 빈곤가정 한시적 지원제도(Temporary Assistance for Needy Families: TANF)가 있다. 이 제도는 1997년 7월부터 시행된 공공부조제도로 그동안 자녀가 있는 가구 중에서 자격이 있는 가구에게 급여를 보장하여 왔던 부양아동가족부조(AFDC), 직업기회 및 기초기술훈련프로그램(JOBS), 긴급부조(Emergency Assistance: EA)를 폐지하고 대체한 것이다.

빈곤가정 한시적 지원제도(TANF)에 따라 빈곤가정이라도 일생에 걸쳐 최대 5년(60개월)까지만 급여를 제공하였고, 최초 급여 이후 2년 이내에 취업준비와 직업훈련참여를 하거나 교육기관에 등록하도록 하였다. 만일 수급자가 직업을 구하든 구하지 못하든 상관없이 급여를 받은 후 2년이 지나면 수급 자격을 종결하였다. 수급 제한 기간의 적용을 받지 않는 예외 가구의 비율은 20% 이내로만 둘 수 있도록 규정했을 뿐만 아니라, 주 정부로 하여금 추가적인 제약도 가능하도록 하였다.

무엇보다 수급자가 자조 의사가 전혀 없는 경우, 성인수급자가 취업활동이나 취업준비활동을 거부하는 경우, 아동복지에 관한 주 정부의 정책에 협조하지 않는 경우에도 지원을 중단할 수 있도록 하였다. 또한 주 정부나 수급가구가 프로그램 운영규칙을 위반한 경우에는 주 정부와 해당 가구에 범칙금을 부과할 수 있도록 규정하였다(남기민, 2015; 정기원, 1996).

한편, 근로빈곤층의 근로활동 참여 촉진을 위한 각종 경제적 유인책과 서비스를 실시하였다. 대표적으로, 의료부조(Medicaid), 아동보호, 아동세액공제(Child Tax Credit: CTC), 근로소득세액공제(Earned Income Tax Credit: EITC), 식품권(Food Stamp) 등의 프로그램들이 있다. 이 중에서 근로소득세액공제(EITC)와 아동세액공제(CTC)는 근로자들의 임금과 소득을 높이

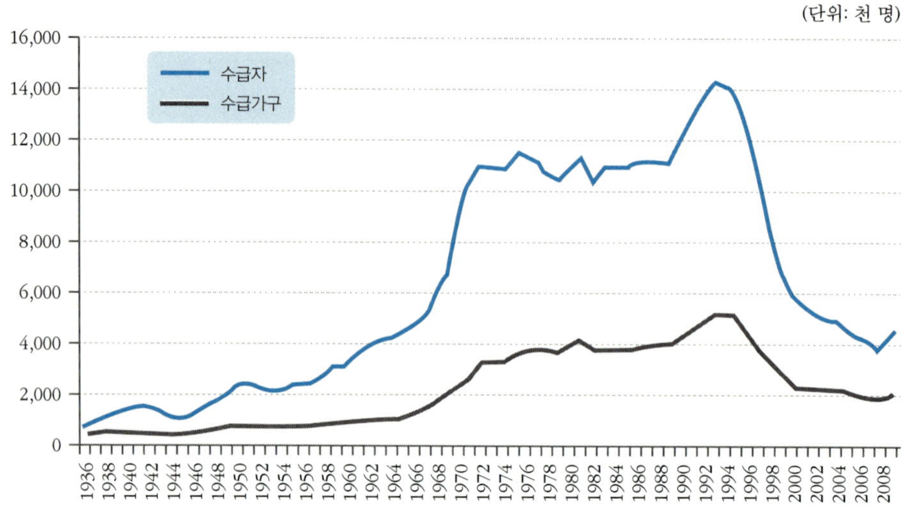

[그림 8-2] 미국 공적 부조 수급가구 및 수급자 규모의 변화(1936~2009년)

출처: 정기혜 외(2012), p. 330 [그림 2-5-1].

는 효과를 가져왔다. 근로소득세액공제(EITC)는 근로유인을 높이고 탈수급을 촉진하기 위하여 프로그램으로 일정 수준 이하의 근로소득을 가진 가구에게 조세제도를 통해 현금을 지급하는 제도이다. 1997년 도입된 아동세액공제(CTC)는 미국의 경우에는 조세제도를 통해 현금을 지급하는 영국이나 한국과는 달리 자녀를 둔 중산층 가구를 지원하기 위하여 제도화된 소득공제제도다. 한편, 취업을 통해 복지급여 수급대상에서 벗어난 이후에도 1년 동안 의료부조(Medicaid)의 혜택을 받을 수 있도록 하였다(최현수, 2002).

클린턴 정부 시대를 마감하고 2000년 공화당의 부시(George Bush)가 대통령으로 취임하였다. 부시 정부 출범 이후 미국의 정치적 이슈는 2001년 9 · 11테러를 시작으로 2003년 이라크전쟁, 세금 감축, 낙태 금지 및 동성 결혼 반대 등 보수적 어젠다로 점철되었기 때문에 사회복지는 거의 사회적으로 이슈화되지 못하였다(Jansson, 2012; 이상일, 2017, p. 88 재인용).

클린턴 정부 당시 제정한 「개인책임 및 근로기회조정법(PRWORA)」은 2002년 9월 30일까지만 유효한 한시적 법률이었다. 부시 정부에서도 빈곤가정 한시적 지원제도(TANF)을 계속 시행되려면 재승인을 얻거나 또는 새로운 법안을 제정해야만 했다. 이에 부시 정부는 「개인책임 및 근로기회조정법(PRWORA)」의 성공을 바탕으로 근로연계복지의 이념을 더욱 강화하고자 '자립으로 향하는 근로(Working Toward Independence)'라는 제목의 제안서를 제출하였다. 그러나 민주당을 비롯한 각 주의 주지사들의 반대에 부딪혀 공식적인 재승인을 받지 못하였다. 이에 빈곤가정 한시적 지원제도(TANF)는 13차례에 걸쳐 3개월 또는 6개월의 단

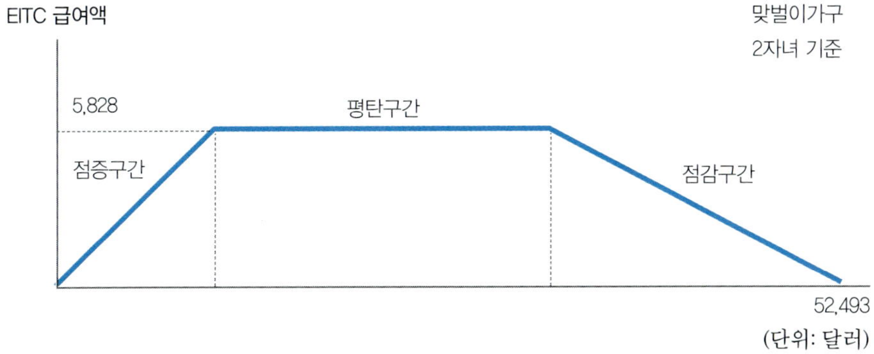

[그림 8-3] 미국 근로소득세액공제(EITC)(2020년 현재)
출처: IRS 홈페이지(https://www.irs.gov/credits-deductions/individuals/earned-income-tax-credit)를 바탕으로 구성.

기간의 법안 연장을 거치면서 유지되었다.

빈곤가정 한시적 지원제도(TANF)는 2005년 말 하원과 상원을 통과한 「적자감축법(Deficit Reduction Act of 2005: DRA 2005)」을 2006년 2월 부시 대통령이 서명함으로써, 마침내 안정적인 시행이 확정되었다. 이 법률에는 빈곤가정 한시적 지원제도(TANF)에 대한 재승인뿐만 아니라 의료부조(Medicaid)의 예산삭감 등 다양한 분야에서 정부지출 감축 방안이 포함되었다(최현수, 2002, 2006).

2009년 민주당 오바마(Barack Obama) 대통령이 취임하였다. 오바마 정부 집권 시점에 미국은 2007년 금융시장 위기의 영향력이 계속되고 있었다. 일자리는 급속히 줄어들고 금융시장 붕괴에 대한 불안감이 커지고 있어, 이를 막기 위한 경기부양책의 도입이 필요하였다. 이에 「미국 경기회복 및 투자법(American Recovery and Investment Act: ARRA)」을 제정하였고, 이 법률은 경기부양책으로 위장된 복지정책의 일환이라고도 인식되었다. 그 이유는 이 법률이 경기 개선 효과에 초점이 맞추어져 있었지만, 실제로 많은 재정이 사회복지 프로그램을 지원하는 데 쓰이기로 되어 있었기 때문이었다. 그 구체적인 내용은 경제 회복과 일자리 창출, 불황에 의해 가장 타격이 큰 서민들의 부양책, 교통과 환경 보호, 장기적 경제 효과를 노린 사회적 간접자본에 대한 투자 등을 포함하고 있었다(Jansson, 2009; 이상일, 2017, p. 88 재인용).

2010년 전 국민 의무건강보험제도 일명 「오바마케어법(Obama Care Act: OCA)」이라 불리고 있는 「환자보호 및 적정부담 돌봄법(Patient Protection and Affordable Care Act: PPACA)」을 입법하였다. 이 법률은 비싼 의료비로 병원 진료를 받지 못하고 의료 사각지대에 처해 있는 많은 국민의 의료접근권을 보장하기 위해 제정된 것으로 핵심 내용은 다음과 같다.

첫째, 보험가입자의 권리를 강화하고 보험회사가 평생지원금의 지급 한도를 정하는 규정과 보험사가 기존 질병 및 병력 때문에 보험가입을 거부하는 것을 금지하였다. 둘째, 저렴한 보험을 확대하였다. 보험회사는 가입자의 보험료 가운데 80%를 의료보장을 위해 지출하도록 했고, 소규모 사업체에 대해서는 세금혜택을 주어 간접적으로 근로자의 의료보험료를 지원하였다. 셋째, 보장수준을 확대하여 암 진단, 예방접종 등 예방목적의 진료를 무료로 제공하고 26세 이하 청년에게는 부모의 보험에 피보험자로 등록이 가능하도록 하였다. 넷째, 정부와 기업이 가입자 부담을 지원하여 3,200만 명의 무보험자의 사보험 가입을 의무화하고, 만일 이를 이행하지 않을 경우 벌금을 부과하였다. 다섯째, 의료보험인 메디케어(Medicare)를 한층 강화하였다(김윤태, 2014; 임완섭 외, 2015; 정기혜 외, 2012; 한주희, 2013).

그런데 2017년 공화당의 트럼프(Donald Trump) 대통령이 취임하면서 「오바마케어법(OCA)」은 폐지 위기를 맞게 되었다. 트럼프 대통령은 「오바마케어법(OCA)」을 폐지하고 일명 「트럼프케어법(Trump Care Act: TCA)」이라 불리는 「미국건강보험법(The American Health Care Act: AHCA)」 제정을 추진하였다(김태근, 2017; 정지아, 2017). 이 법률은 「오바마케어법(OCA)」에서 중요시하였던 전 국민 의무가입 규정을 폐지하고, 의료보험(Medicare)의 범위를 축소하여 필요한 사람만 건강보험에 가입하도록 유도하였다. 이러한 조치는 기업과 개인의 보험료 절감을 도모하기 위한 것이었다. 하지만 「트럼프케어법(TCA)」안은 무보험자의 증가를 양산할 수 있다는 공화당 안팎의 반대에 부딪혀 하원조차 통과하지 못하고 좌초되고 말았다. 그럼에도 불구하고 트럼프 대통령은 2019년에 대통령령에 따른 「오바마케어법(OCA)」의 보험 미가입 시 벌금조항을 삭제하여 기존 가입자들의 이탈을 유도하는 우회 방식을 선택하였다.

2021년 취임한 바이든(Joe Biden) 대통령은 오바마케어를 강화하고 기존 메디케어(Medicare) 혜택을 점진적으로 확대하는 방향으로 건강보험개혁을 추진하고자 했다. 그중에서 가장 핵심적인 것이 의약품 가격 조정이다. 바이든 정부는 2022년 「인플레이션 감축법(Inflation Reduction Act: IRA)」을 통과시켰다. 해당 법안의 핵심 과제는 메디케어 약품가격 협상안(Medicare Drug Price Negotiations: MDPN)이었다. 이는 미국 역사상 처음으로 연방정부가 제약회사와 직접 협상하여 메디케어 처방약 가격을 통제하는 것이다. 이를 통해 환자들의 경제적 부담을 덜고 처방약에 대한 접근성을 보장할 수 있게 된 기념비적인 변화이다. 특히 바이든 정부는 가격협상을 위해 10개의 의약품을 선별했는데, 선정된 약품들은 가장 비싸거나 혹은 메디케어 가입자들에게 가장 많이 처방되는 약들로 심장질환, 당뇨병, 암질환 등에 필수 적인 의약품이다(Department of Health and Human Services, 2024). 협상을 통해 기존 의약품 가격을 최소 38%에서 최대 79%까지 인하했다. 새로운 가격은 2026년 1월부터 효력을 발휘할 예정이다. 이처럼 바이든 정부는 모두를 위한 메디케어와 같은 전면적이고 급진적인 의료개혁보다는 의약품 가격 인하와 같이 현실성 있고 실질적인 변화를 꾀하고자 했다(정소윤, 2024). 2025년 트럼프 대통령이 재집권하며, 미국의 의료정책은 재차 새로운 격변기를 맞이할 것으로 예상된다. 「오바마케어법(OCA)」의 보조금 삭감뿐만 아니라 바이든이 추진했던 처방약 가격 협상제도(MDPN)의 재검토, 시장 중심적 의료 접근의 강화가 본격화될 수 있을 것이다(정혜주, 2025).

한편, 2020년 코로나19 팬데믹의 시작으로 미국의 소득지원정책은 현금지원방식으로 보다 활성화되었다. 코로나 창궐로 위기를 직감한 트럼프 행정부는 2020년 4월 「코로나 구제 및 경제보장법(Coronavirus Aid, Relief, and Economic Security Act: CARES)」을 제정하여 성인 1인당 1,200달러, 아동 1인당 500달러를 지원하였다. 2021년 3월 바이든 행정부는 「미국구조계획법(American Rescue Plan Act)」을 통하여 수혜대상에 포함된 국민 1인당 1,400달러를 추가 지원하였다(김대근, 2021). 이처럼 코로나19 팬데믹 기간 동안 미국의 소득지원정책의 커다란 변화는 현금지원을 통하여 가계의 경제적 위기를 완화하는 한편, 시민사회와 정치권에서도 현금지원정책의 확대를 요구하는 데 주저하지 않았다.

7. 복지국가로서 미국의 현재

미국은 빈곤과 불평등이 심각하고 복지 사각지대가 많은 복지후진국이라 볼 수 있는 특징을 여전히 갖고 있다(박광준, 2013; Esping-Andersen, 1996).

첫째, 미국은 자유주의형 복지국가의 전형이다. 자립과 자조 정신을 강조하다 보니 공적 복지 확대를 반대하는 사조와 문화가 지금도 매우 강하다. 이로 인해 공적 복지의 급여수준이 높지 않고, 중앙정부가 아닌 지방정부의 역할을 중시하는 특징이 있다.

둘째, 미국은 지체된(laggard) 복지국가의 특징을 갖고 있다. 자본주의 산업화 덕분에 다른 나라들보다 일찍 풍요로운 국가가 되었지만, 정작 산업화이론에 따른 국가의 복지 역할은 매우 뒤늦은 시기, 즉 대공황 이후에 비로소 시작되었다. 1935년 루스벨트 대통령의 「사회보장법」 제정 당시에는 베버리지식의 최저수준의 정액급여에 머물러 있던 유럽국가들보다 복지선진국으로 부상하였다. 하지만 현재 미국 복지국가의 기본구조는 「사회보장법」 제정 당시 수준에서 크게 벗어나지 못하고 제도적 발전도 매우 더디게 진행되고 있다.

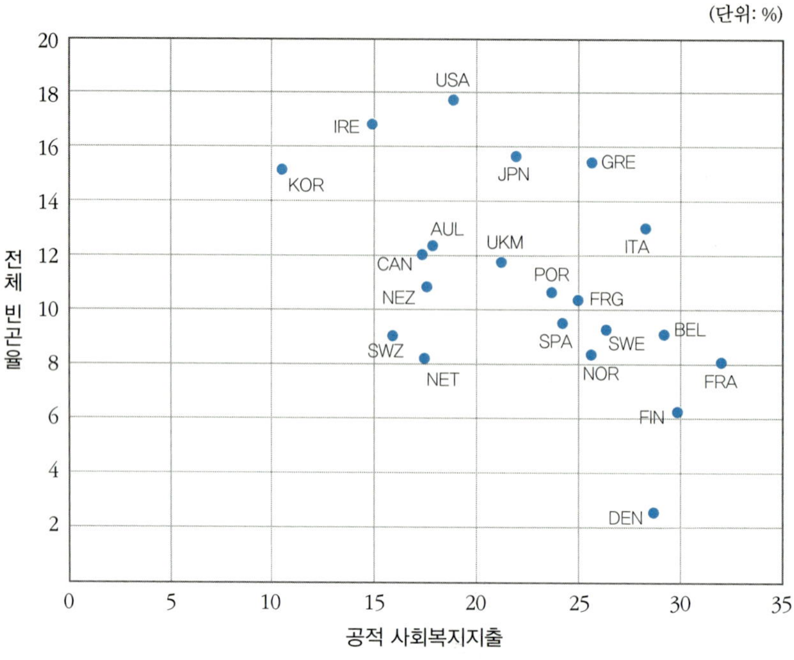

[그림 8-4] 공적 사회복지지출과 빈곤율 국제비교

주 1) 공적 사회복지지출은 2016년 기준(일본은 2015년).
  2) 빈곤율은 가처분소득 및 중위소득의 50% 기준이며, 확보 가능한 최근 연도 기준.
출처: OECD 홈페이지(https://stats.oecd.org)에서 정리.

셋째, 미국은 공적 복지 확립이 지체되고 의료보장제도가 미비한 가운데, 산업화 초기부터 대기업 중심의 기업복지와 민간보험이 강화되어 있다. 공적 복지의 보장수준이 낮은 것도 중산층의 민간보험 의존도를 높이는 데 영향을 주었다.

이러한 특징들로 인해 미국은 국가복지보다는 재정복지(조세감면과 조세지출), 기업복지 및 민간보험의 비중이 큰 숨겨진 복지국가(hidden welfare state)(Howard, 1997)라고 부르기도 한다. 그런데 민간복지는 수지상등의 엄격한 보험수리원칙을 표방하고 있고, 집합적인 사회적 위험에 대처하거나 재분배기능이 없기 때문에 이를 사회보장제도에 포함시키는 것에는 원칙적 한계가 있다.

미국 사회복지제도의 현황은 다음과 같다(김윤태, 2014; 김태근, 2019, 2020, 2024; 임완섭 외, 2015; 정기혜 외, 2012; 최슬기, 2020; 한주희, 2013; CBPP, 2025; IRS, 2025; SSA, 2017, 2020).

미국 「사회보장법」의 핵심은 노령, 유족, 장애연금(Old Age, Survivor, & Disability Insurance: OASDI)이다. 공적연금제도의 정식 명칭이 노령유족장해연금(OASDI)임에도 불구하고 통상 사회보장연금(Social Security)이라는 이름으로 통용될 만큼 「사회보장법」의 대표 제도이다.

(단위: %)

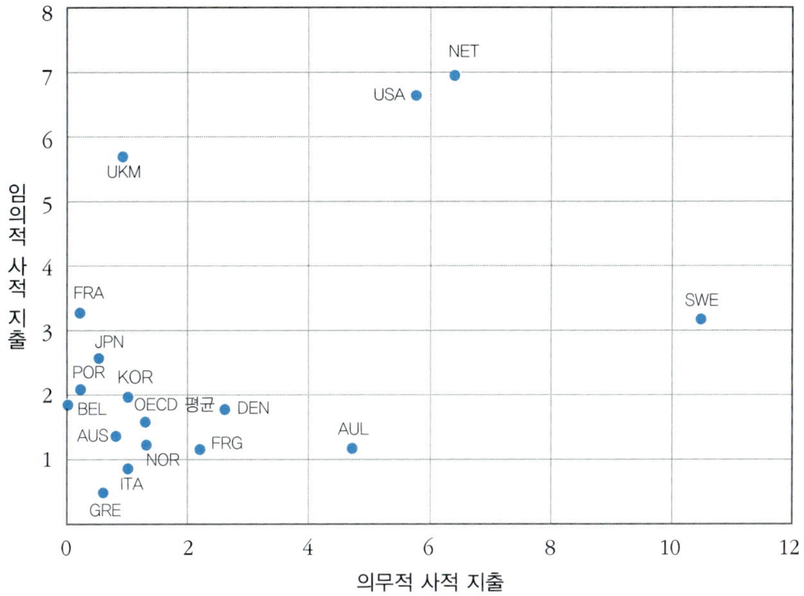

[그림 8-5] 민간복지수준의 국제비교

주: 의무적 사적 지출과 임의적 사적 지출은 2015년 기준.
출처: OECD 홈페이지(https://stats.oecd.org)에서 정리.

또한 실업보험(UI), 산재보험(WC), 의료보험(Medicare), 일명 「오바마케어법(OCA)」 등도 대표적인 사회보험제도이다.

OASDI는 노령연금, 유족연금, 장애연금으로 구성되어 있다. 이 중 가장 대표적인 노령연금을 살펴보면, 노령연금의 대상이 되기 위해서는 최소 근로 경력, 즉 급여세(payroll tax)를 통해 사회보장제도에 기여한 경력이 있어야 한다. 보통 개인은 근무 경력에 따라 '크레디트(credit)'를 적립한다. 노령연금 대상은 최소 기준은 40크레디트가 필요하다. 모든 납세자가 연간 최대 4크레디트까지 적립할 수 있음으로 노령연금 대상이 되기 위해서는 최소 10년의 노동 기간이 필요하다. 재원은 사회보장세(social security tax)인 보험료로 충당된다. 임금 노동자의 경우 본인과 고용주가 각각 임금의 6.2%를 부담하고, 자영업자는 12.4%를 본인이 전액 부담한다. 12.4% 중 10%는 노령-유족연금(OASI)에, 나머지 2.4%는 장애연금에 배당된다. 조기노령연금은 62세부터 앞당겨 받을 수 있지만 완전노령연금 지급연령은 66세다. 1983년 이전까지는 전액지급연령이 65세였지만, 1983년 개혁으로 2027년까지 67세로 단계적으로 늦춰질 예정이다.

실업보험(UI)은 연방정부와 주 정부의 상호 역할분담을 통해 실시되고 있다. 총 6.2%의 보험료 중 연방정부가 0.8%, 주 정부가 5.4%를 관리한다. 실업보험의 납부대상은 거의 모든 주에서 사용자가 부담하며, 뉴저지, 알래스카, 펜실베이니아 3개 주만 사용자와 노동자가 공동으로 납부한다. 실업급여 수준은 산정기준의 소득액에 따라 주별로 다르며, 최저적용률과 최고적용률이 있다. 실직자들이 지급받는 실업급여에는 일반실업급여(regular benefit), 연장실업급여(extended benefit), 비상실업급여(emergency unemployment compensation)가 있다. 일반실업급여는 주 정부가 담당하고, 급여수준은 주별로 상이하나 소득대체율은 50% 수준이며, 총 26주 동안 지급된다. 연장실업급여는 보험가입 노동자들의 실업률이 지난 13주 동안 5%를 상회하거나 지난 13주 동안의 실업률이 지난 2년 동안의 실업률보다 20%를 넘을 경우에 추가로 13주 동안 지급기간을 연장한다. 비상실업급여는 연방정부가 담당한다.

산재보험(WC)은 피용자가 대상으로 임금근로자의 87%가량을 포괄하고 있다. 보험료는 사용자가 모두 부담하며, 평균 1.58% 수준이다. 일시장애급여 기준 소득대체율은 66.6% 수준이다.

의료보험(Medicare)은 65세 이상의 노인, 유족 그리고 장애연금 수급자를 대상으로 하는 연방 건강보험 프로그램이다. 병원보험(Health Insurance: HI)과 보충적 의료보험(Supplemental Medical Insurance: SMI)으로 구성되는데, 병원보험(HI)은 강제적이며 노사가 각각 1.45%씩 기여하고, 보충적 의료보험(SMI)은 자발적이다.

미국의 공공의료보험 측면에서 보면, 2022년 기준 전체 인구의 약 43.6%가 공공의료 보험에 가입되어 있다. 이 중 의료보험(Medicare) 가입자가 19,0%, 의료부조(Medicaid) 가입자가 24.6%를 차지한다. 미국 공공의료 보험 가입자가 크게 증가한 원인은 2010년 도입된 「의료보험개혁법(Affordable Care Act: ACA)」이 기인한 바가 크다(정혜주, 2025).

저소득층에게 소득 및 현물을 지원하는 대표적인 공공부조제도와 사회서비스에는 보충소득보장(SSI), 빈곤가정 한시적 지원제도(TANF), 영양보조프로그램(Supplemental Nutrition Assistance Program: SNAP), 의료부조(Medicaid) 등과 조세제도를 통한 근로빈곤층 지원프로그램인 근로소득세액공제(EITC)가 있다.

보충소득보장(Supplemental Security Income: SSI)은 노인과 장애인을 지원하는 공공부조제도로서, 공적연금인 노령·유족연금(Social Security Old Age and Survivors Insurance: OASI)과는 별도의 제도이다. 수급요건과 연방지급기준은 미국 전역에 걸쳐 동일하다. 소득이 없는 노인은 2019년 기준 월 최대 771달러를 지원받고, 부부 합산 최대 1,157달러까지 지원한다. 특히 현금급여라는 장점을 가지고 있으며, 1인당 급여액이 다른 공공부조제도에 비하여 상당히 높은 수준이고 수급기간에 대한 제한도 없는 것이 특징이다(남재현, 2021, p. 78 재인용).

빈곤가정 한시적 지원제도(TANF)는 아동이 있는 빈곤가구가 근로를 통해 자립할 수 있도록 돕는 연방정부 차원의 현금지원서비스로 근로연계 복지제도의 일종이다. 수급조건은 임신 중이거나, 본인 또는 친척의 미성년 자녀를 돌보고 있는 경우, 19세 이하의 고등학교 또는 고등학교 동등 학력 프로그램에 참여 중인 자녀를 돌보고 있는 경우에 신청이 가능하며, 부모 중 적어도 한 명이 부재하거나 신체적 또는 정신적 장애가 있는 경우에도 신청할 수 있다. 수급 가능 기간은 최대 60개월 또는 5년까지 받을 수 있다. 특히 65세 이상이거나, 시각장애인 또는 장애인, 가정폭력을 겪고 있거나 겪은 경우, 2세 미만의 자녀를 둔 가정의 경우 등의 상황에서는 수급의 연장도 가능하다.

근로소득세액공제(Earned Income Tax Credit: EITC)는 근로유인제고와 탈수급을 위하여 근로소득이 일정수준 이하인 가구를 대상으로 조세제도를 통해 현금을 지급하는 소득보장제도다. 2024년 현재 홑벌이가구 기준으로 EITC의 신청이 가능한 가구의 근로소득 기준은 자녀가 없는 경우는 18,591달러, 자녀가 1명인 경우 49,084달러, 자녀가 3명 이상인 경우 59,899달러이다. 맞벌이가구인 경우에는 자녀 유무에 따라 최저 25,511달러부터 66,819달러까지이다. 근로소득과 자녀 수에 따라 신청 가능한 최대 세액공제는 최저 632달러부터 최고 7,830달러이다(IRS 홈페이지).

보충영양지원프로그램(Supplemental Nutrition Assistance Program: SNAP)은 1964년 도입되어 시행해 오던 식품권(Food Stamp)제도의 명칭을 2008년에 변경한 것이다. 이는 저소득가구 대상의 포괄적 푸드 프로그램의 핵심이자 영양지원제도로 식품이나 식사를 지원하는 현물 지원이 아닌 식품구입비를 지급하는 현금지원이다. 재정은 연방정부가 부담하되, 행정비용은 주 정부가 지원한다. 2025년 수급자 선정기준은 빈곤선의 130% 이하이면서 세금, 보험, 연금 등을 제외한 월 순소득이 빈곤선 100% 이하인 가구가 대상이며, 3인 가구의 경우 월 2,798달러, 연 3만 3,576달러가량이다.

의료부조(Medicaid)는 저소득층 및 특정 취약계층을 위한 연방 및 주 정부의 공동기금으로 재정을 충당하는 공공부조 형태의 의료보장제도이다. 정부 예산으로 운영되며, 자산조사를 통해 수급자를 선정하여 주로 취약계층의 필수의료 보장을 목적으로 하고 있다. 저소득 가정의 아동은 의료부조(Medicaid)를 통해 예방 접종과 치과 치료를 무료로 받을 수 있으며, 2023년 기준 약 9,000만 명 정도가 대상이다(정혜주, 2025).

참고문헌

감정기, 최원규, 진재문(2002). **사회복지역사의 역사**. 경기: 나남.

김근홍, 서화자, 심창학, 이만식, 함세남, 홍금자(2007). **사회복지 역사와 철학**. 서울: 학지사.

김순임, 김명희, 김선, 전금주(2004). 프랑스, 독일, 미국의 사회복지제도의 태동과 형성의 역사를 통해서 본 문화적 차이에 관한 연구. **한국프랑스학논집**, 45, 319-338.

김윤태(2014). 금융위기 이후 미국의 빈곤정책과 복지정치의 변화: 오바마 행정부의 사례. **비판사회정책**, 43, 88-128.

김재진(2009). 미국 EITC의 태동과 시대상황. **재정포럼**, 2009(6), 36-59.

김태근(2017). 오바마케어 대체에 실패한 트럼프케어: 미국 의료보험정책의 정치사회적 함의. **국제사회보장리뷰**, 2017 가을호, Vol.2, 37-48.

김태근(2019). 미국 연방정부 셧다운 WIC프로그램의 재조명. **국제사회보장리뷰**, 8, 119-125.

김태근(2020). 미국 사회보장연금의 위기: 트럼프 행정부의 급여세 유예 행정명령을 중심으로. **국제사회보장리뷰**, 14, 109-118.

김태근(2021). 미국의 진보 의제와 사회정책: 캘리포니아주의 소득 지원 정책과 3조 5000억 달러 메가빌 논쟁의 함의. **국제사회보장리뷰**, 18, 65-78.

김태근(2024). 미국 대선과 사회보장연금 개혁안에 대한 고찰. **국제사회보장리뷰**, 31, 61-71.

김태성, 류진석, 안상훈(2005). **현대복지국가의 변화와 대응**. 경기: 나남.

김형모(2001). 미국의 복지개혁과 한국의 생산적 복지의 비교연구: 사회복지 발달사의 관점에서. **사회복지정책**, 13, 72-102.

남기민(2015). **사회복지정책론(3판)**. 서울: 학지사.

남재현(2021). 노인빈곤과 노후소득보장체계 비교연구: 캐나다와 미국의 사례를 중심으로. **한국사회정책**, 28(2), 53-87.

박광준(2002). **사회복지의 사상과 역사: 마녀재판에서 복지국가의 선택까지**. 경기: 양서원.

박광준(2013). **사회복지의 사상과 역사: 서구복지국가와 한국**. 서울: 양서원.

박병현(2005). **복지국가의 비교: 영국, 미국, 스웨덴, 독일의 사회복지역사와 변천**. 경기: 공동체.

박병현(2013). **사회복지정책론: 이론과 분석(3판)**. 경기: 학현사.

박용주(2006). **미국의료보장의 최근동향, 국제사회보장동향**. 세종: 한국보건사회연구원.

박진빈(2003). 20세기 초 미국 모성주의적 복지정책의 발전. **역사학보**, 180, 223-245.

복거일, 김우택, 이영환, 박기성, 변양규(2017). **기본소득: 논란의 두 얼굴**. 서울: 한국경제신문.

신섭중, 임춘식, 송정부, 고양곤, 김형식, 현외성, 최일섭, 김영화, 나승균, 이상석, 김융일, 김성이(2000). **비교사회보장론**. 서울: 유풍출판사.

심상용(2017). **사회복지행정론**. 서울: 학지사.

원석조(1999). 1920년대 미국의 복지자본주의에 관한 연구. **사회복지정책**, 8, 58-80.

원석조(2012). **사회복지역사의 이해**(4판). 경기: 양서원.

원석조(2018). **미국 사회복지의 역사: 빈민법에서 오바마케어까지**. 경기: 공동체.

윤흠(1963). 미국사회복지사업발달사(3). **동광**, 7(3), 54-58.

이상일(2017). 복지국가의 정치: 영국과 미국의 복지정치와 사회적 시민권 비교연구. **사회이론**, 67-101.

임완섭, 노대명, 이현주, 전지현, 김근혜, 심창학, 황정하, 최연혁(2015). **각국 공공부조제도 비교연구: 미국편**. 세종: 한국보건사회연구원.

임희섭(1986). 미국사회복지제도에 있어서의 종교의 영향. **한국사회개발연구**, 14, 25-66.

전남진(1986). 특집: 변화하고 있는 미국사회 2; 미국 사회변화에 따른 사회복지의 변천과정, **미국학**, 9, 41-58.

정기원(1996). 미국 복지개혁의 배경과 주요 내용. **보건복지포럼**, 96(10), 81-87.

정기혜, 김기혜, 이지현(2012). **주요국의 사회보장제도: 미국**. 세종: 한국보건사회연구원.

정소윤(2024). 미국의 건강보장제도 확대에 대한 논의: 모두를 위한 메디케어를 중심으로, **국제사회보장리뷰**, 31, 72-84.

정지아(2017). 트럼프시대 미국의료보험의 개편과 전망. **국제사회보장리뷰**, **2017 여름**, 창간호 Vol.1, 19-26.

정혜주(2025). 미국의 공공의료체계 현황과 트럼프 2기의 갈림길: 시장 중심 의료체계 속 공공의료의 도전과 변화. **복지동향**, 14-25.

최슬기(2020). 미국 보충영양지원프로그램(SNAP)의 구매 식품 제한과 관련 쟁점. **국제사회보장리뷰**, 12, 55-69.

최현수(2002). 미국의 복지개혁 재승인 동향과 정책이슈(I): 논의배경 및 입법과정. **보건복지포럼**, 72, 82-93.

최현수(2006). 미국의 제2차 복지개혁: DRA 2005(Deficit Reduction Act of 2005)의 복지개혁 재승인 및 TANK의 개편 내용 중심으로. **국제사회보장동향**, 12, 73-98.

한국복지연구회(1995). **사회복지의 역사**. 서울: 이론과 실천.

한주희(2013). 오바마케어와 관련한 노동시장 논쟁. 국제노동브리프, **한국노동연구원**, 56-69.

홍석한(2020). 미국의 공공부조 분권화와 그 시사점, **미국헌법연구**, 31(1), 97-131.

Barlett, B. (2013). *Rethinking the idea of a basic income for all*. The New York Times, Economix (2013. 12. 10.).

Barr, N. (2004). *Economics of the Welfare State* (4th ed.). Oxford: Oxford University Press.

Day, P. J. (2000). *A New history of Social Welfare*. Boston: Allyn & Bacon.

Esping-Andersen, G. (1996). *Welfare States in Transition: National Adaptations in Global Economics*. Lodon: SAGE Publications LtD.

Friedlander, W. A., & Apte, R. Z. (1980). *Introduction to Social Welfare* (5th ed.). Prentice Hall.

Harrington, M. (1997). *The Other America: Poverty in the United States*. New York: Touchstone.

Heffernan, W. J. (1979). *Introduction to Welfare Policy*. Itasca: FEPeacock.

Howard, C. (1997). *The Hidden Welfare State: Tax Expenditures and Social Policy in the United States*. Princeton: Princeton University Press.

Mink, G. (2002). *Welfare's End*. New York: Cornell University.

Nathan, R. (1986). *"Institutional Change under Reagan" in Perspectives on the Reagan Years*. Washington, DC: The Urban Institute Press.

O'Connor, J. (1998). US Social Welfare Policy: The Reagan Record and Legacy. *Journal of Social Policy, vol. 27*(1), 37-61.

OECD (2019). Pensions at a Glance 2019: OECD and G20 Indicators. Paris: OECD Publishing. https://doi.org/10.1787/b6d3dcfc-en

Patterson, J. T. (1986). *America's Struggle Against Poverty 1900~1985*. Mass: Harvard University press.

Patti, R. J. (2000). The Landscape of Social Welfare Management. In R. J. Patti (Ed.), *The Handbook of Social Welfare Management*. Thousand Oaks, London, New Delhi: SAGE.

Rimlinger, G. V. (1971). *Welfare Policy and industrialization in Europe, America, and Russia*. New York: John Wiley and Sons.

SSA (2017). *Social Security Programs Throughout the World: The Americas, 2016*. Washington: SSA Publication.

SSA (2020). *Social Security Programs Throughout the World: The Americas, 2019*. Washington: SSA Publication.

Trattner, W. I. (1999). *From Poor Law to Welfare State: A History of Social Welfare in America* (6th ed.). NY: Free press.

Zastrow, C. (1996). *Introduction to Social Work and Social Welfare* (6th ed.). Pacific Grove, CA: Brooks/Cole Publishing Company.

CBPP(Center on Budget and Policy Priorities) 홈페이지 https://www.cbpp.org/

IRS 홈페이지 https://www.irs.gov/

OECD 홈페이지 https://stats.oecd.org/

사회복지발달이론[1)]

1. 초기 독일의 상황과 비스마르크 사회입법

독일은 영국보다 산업화가 훨씬 늦었고 격렬한 사회주의 운동에 따른 격동의 시기를 보냈다. 그럼에도 불구하고 독일은 세계 최초로 사회보험제도를 도입한 독특한 역사를 갖고 있다. 비스마르크시대의 사회보험입법은 자본주의 정치 · 경제 체제하에서도 사회복지제도가 도입될 수 있다는 역사적 단면[2)]을 이해하게 해 주는 중요한 경험이라 할 수 있다.

독일은 짧은 기간에 급격한 산업화를 이룬 특징을 갖고 있다. 영국 등 다른 유럽국가들에 비해 독일은 뒤늦게 자본주의 산업화에 뛰어들었지만, 19세기 중반 산업화의 가속화가 시작되었고 도시노동자를 위한 정책 개발에 착수하였다. 실제 1867년 「거주이전의 자유에 관한 법률」과 1870년 「빈민법」이 제정되었다(김덕환, 1996).

「거주이전의 자유에 관한 법률」은 영국과 달리, 이전까지 지주의 통제와 구속에 묶여 있던 농민과 농노의 주거 이전의 자유를 권리로 부여하였다. 또한 도시로 몰려든 취업 대기 상

---

1) 이 장에서 별도의 인용이 없는 내용은 김영화(2005); 박병현(2005); 박응격 외(2005); 유광호(2001); Leisering (2001)에 근거를 두고 있다.

2) 음모이론(conspicious theory)에 의하면 사회복지발달의 주된 동기는 지배계층이 통치의 위협을 받고 있을 때 지배체제를 공고히 하기 위한 것이라고 한다.

태의 잠재적 노동자들이 겪는 빈곤문제에 대처하기 위해서 「빈민법」을 제정하였다. 이 법률에서는 필요한 재원을 영국의 경험에서 착안하여 원거주지인 농촌의 행정당국이 부담하도록 하였다. 그 결과, 도시 산업지역은 비용에 대한 큰 부담 없이 값싼 노동력을 무제한으로 공급받을 수 있었다. 이처럼, 이 두 법률은 영국의 관련법들보다 훨씬 적극적으로 산업화를 촉진하는 도구로써 그 기능을 수행하였다. 즉, 국가는 자본주의 산업화에 필요한 노동력의 원활한 공급을 통해 자본의 원시적 축적을 가능하게 하는 적극적인 역할을 수행할 수 있었다.

한편, 1871년 남성에게 보통선거권이 부여되면서, 노동자들의 정치적 단결과 결속이 한층 강화되었다. 1875년 독일 사회민주당(이하 사민당)이 결성되어 이미 도시 산업지역에서 중심적인 정치세력으로 급부상하고 있었다. 사민당은 노동자계급의 혁명을 통해 사회주의를 이루려는 급진적 이념을 지향하던 정치세력이었다. 사회주의는 당시 저임금, 장기간 노동, 사회적 불평등 등이 만연하여 영국의 노동자들보다 비참한 삶을 살아가고 있던 독일 노동자들에게 호소력이 있었다. 1877년 선거에서는 사민당이 50만 표를 얻으면서 하원에 12명의 의원을 진출시키기도 하였다(김영순, 2013).

하지만 여전히 이 시기의 독일 국가권력은 대토지 소유계급이자 봉건 지주계급인 융커계급이 장악하고 있었다. 독일의 중앙집권적인 관료제는 영국의 관료제보다 훨씬 강력하였다. 융커계급은 중앙집권적 관료제를 바탕으로 신흥 부르주아지들의 권력 분점 요구를 억누르고 정치적 헤게모니를 쥐고 있었다.

1862년에 재상에 오른 비스마르크(Otto Eduard Leopold von Bismarck)는 융커계급의 이익의 대변자였다. 1871년 파리코뮨을 목도한 비스마르크에게 노동자계급의 성장은 매우 위험한 것이었다(김영순, 2013). 이에 그는 노동자계급에 대한 당근과 채찍 정책을 펼쳤다. 채찍 정책에 해당되는 「사회주의 진압법(Sozialistengeserz)」은 1878년 제정되었다. 이 법률은 사회주의 세력에 대해서 사회주의 경향의 결사 · 집회 · 출판을 일체금지하는 것을 골자로 하고 있으며 정치적 노동운동의 성장에 대한 융커계급과 부르주아계급의 두려움을 반영하였다고 볼 수 있다. 그리고 당근 정책에는 일련의 사회보험 입법들을 들 수 있다. 이는 상층부 노동자들을 체제 내로 포섭하려는 의도를 가지고 있으며 1883년 「질병보험법」, 1884년 「산업재해보험법, 1889년 노령 및 폐질보험법(연금보험법)이 이에 해당된다. 이 법률들은 1911년 제국보험법(Reichsversicherungsordnung: RVO)」으로 통합되었고 화이트칼라들을 위해서는 1911년에 「직원보험법(Angestelltenversicherung)」이 별도로 제정되었다.

비스마르크가 사회보험 입법을 서두른 이유는 노동자계급을 사회주의혁명 세력으로부터 분리시키고, 신흥 자본가계급이 아닌 절대왕정에 대한 충성심을 고취시켜 대지주계급의 정치적 영향력을 공고히 하려는 정치적 배경이 깔려 있었다. 이에 그는 국가가 직접 운영하는 조합주의적 사회보험 관리체계를 고안했고, 국가가 재정을 부담하는 방식을 제안하였다. 이러한 운영 방식은 노동자들로 하여금 국가에 대한 충성심을 갖도록 하기 위한 목적에 있었다. 하지만 그의 제안은 정치적 의도를 의심한 의회 내의 자유주의자들과 기존 공제조합들의 반대에 부딪혀 실현되지 못했다(Rimlinger, 1971).

독일 최초의 사회보험 입법은 비스마르크의 애초의 제안에서 후퇴해 노사의 기여에 바탕을 두고 공제조합[3)]이 참여하는 노사의 자주적 관리방식을 채택하게 되었다. 이는 지금까지도 독일 사회보험제도의 기본 틀을 형성하는 방식으로 유지되고 있다. 의료보험[4)]은 기존에 질병급여를 제공하고 있던 공제조합을 중심으로 질병금고(sickness funds)를 만들고, 모든 금고는 해당 조합원들의 대표자들이 통제하도록 하였다. 질병금고는 일종의 직장 및 직종별 의료보험조합이었다. 보험료는 노동자가 2/3, 사용자가 1/3을 분담하도록 하였다. 산재보험은 고용주들이 모든 비용을 부담하는 대신 운영에 관한 권리는 독점하도록 하였다. 연금보험은 70세에 연금급여를 받을 수 있도록 하였고, 국가의 일부 보조(50마르크) 아래 노사 양측이 각각 절반씩 재정을 부담하도록 하였다.

그런데 이 사회보험들은 상층부 노동자들을 포섭하려는 의도하에 제정되었기 때문에 소규모기업 노동자, 비공식 부문 노동자, 농업노동자은 대상에서 제외되었고 중간 규모 이상의 기업에 속한 산업노동자만을 대상으로 실시하였다. 제도 도입 당시 전체 노동자 대비 가입자 비율은 질병보험 26%, 재해보험 18%, 연금보험 53%에 불과하였다(Rimlinger, 1971).

2. 초기 독일 사회복지제도 발달과정

1) 바이마르공화국시대의 사회복지제도

사회보장체계의 완성은 1918년 사민당이 연립정권에 참여한 바이마르공화국시대에 이루어졌다. 1920년 「제국원호법」의 제정으로 전쟁희생자와 유족들을 위한 보훈제도가 확립되

3) 공제조합에 대해서는 제7장 각주 7) 참조.
4) 이하에서는 의료보험과 질병보험을 구분 없이 혼용한다.

었다. 이는 프로이센시대 이래 각종 국가보훈사업들을 체계화한 것이다. 1923년에는 「제국광산종업원법」이라 불린 「특별보험법」을 제정하였다. 이를 계기로 주별로 실시해 오던 광산업조합원 대상의 노령·폐질·질병에 대한 사회보험을 전국적으로 통일하였다. 1924년에는 현행 사회부조의 전신인 「공적보호법」을 제정하였다. 이 법은 각종 빈민구제제도들을 재조정·단순화하고 통일하였다. 또한 소액연금수령자, 산재피해자, 구호가 필요한 미성년자도 새로운 보호대상에 포함시켰다.

바이마르공화국시대의 가장 중요한 입법은 1927년에 제정된 「직업보도 및 실업보험에 관한 법률」이다. 직업보도는 이미 오래전부터 수공업자의 길드인 춘프트(Zunft)와 지방자치단체에서 실시해 오고 있었다. 이처럼 분산되어 운영되었던 직업보도를 이 법률 제정을 통해 전국적으로 단일화시켰다. 실업보험 또한 산업화 이후 개별 노동조합, 협동조합, 개별기업 등에서 제각기 실시해 오던 실업부조와 1918년부터 제국노동부에서 시행해 오던 실업부조제도를 전국적인 보험형태로 전환하였다. 실업보험의 도입과정에는 1911년 세계 최초로 이를 도입했던 영국의 경험을 다수 참고하였다. 적용대상은 질병보험과 「직원보험법」의 대상들 중 농업 부문의 피고용자를 제외한 근로자를 가입대상으로 규정하였다. 재원은 근로자와 사용자가 각각 임금의 3%씩 부담하고, 정부가 보조금을 지급하도록 하였다. 제도가 시행된 첫 해에 약 1,700만 명이 가입하였다.

이 외에도 바이마르공화국시대에는 노령연금의 수급개시연령을 70세에서 65세로 낮추고, 출·퇴근 중 발생하는 재해에 대해서도 재해보험을 적용하는 등 주목할 만한 변화들이 있었다.

2) 나치정권의 사회복지제도

1933년 1월 출범한 나치정권은 전시자본주의체제하에 사회간접자본과 군수산업에 대한 공공투자를 확대하였다. 경제 활성화를 위한 금융정책과 국가와 노동단체가 주도하는 노동정책, 그리고 실업자구제, 노동자 공급조치 등 각종 사업들을 단행하였다. 그 결과, 독일경제는 침체 국면에서 벗어났고 실업자 수도 제2차 세계대전 직전에는 40만 명 수준까지 감소하였다.

나치정권이 주도한 사회정책은 노동자들을 동원하여 정치적 도구로 복속시키는 데 있었다(Leisering, 2001). 사회정책 관련 용어 또한 나치의 정치이념에 따라 수시로 바뀌었다. 예를 들어, 노동자를 노동전사로, 노동조합은 독일노동전위대로 바꾸었다. 그리고 나치정권이 전체주의적 국가동원체제의 원리에 따라 사회복지제도를 개편하였는데, 대표적 사례가 기존의 사회보험의 자치원칙을 폐지하고 중앙통제를 확립한 것을 들 수 있다. 1934년에는 「사회보험 구성에 관한 법률」의 제정을 통해 연금보험, 사무직근로자보험, 광산업종업원보험 등 연금대상과 목적에 따라 각기 달리 불리던 명칭을 연금보험이라는 단일된 명칭으로 개편하였다.

한편, 나치정권은 동원체제 확립을 위해 몇 가지 부분에서 사회복지제도상의 발전된 변화를 주었다.

첫째, 1938년 「수공업자보험법」을 제정하여 많은 자영수공업자를 연금보험에 가입시켰다. 이는 사회보험의 적용 대상을 기존의 근로자에서 자영업자로 확대한 조치로 주목된다. 둘째, 산재보험의 적용대상에 예술가와 가내수공업자를 포함하였고, 전쟁유족은 특별한 심사를 거치지 않고도 산재보험 혜택을 권리로서 누릴 수 있었다. 1941년부터는 연금수령자도 산재보험 대상에 포함시켰으며, 보험료는 연금보험 재정에서 부담하도록 하였다. 상병수당은 26주까지 연장 지급하고, 출산 전후 각 6주 동안 출산급여를 지급할 수 있도록 하였다. 1942년에는 전문학교와 직업학교 학생, 농업노동자도 재해보험의 가입대상에 포함하였다. 이로써 통해 작업현장의 재해뿐 아니라 산업현장 이외의 장소에서 발생하는 재해에 대해서도 보험혜택을 받을 수 있게 되었다. 특히 이러한 조치는 재해보험 적용 대상이 산업근로자뿐 아니라 모든 근로자로 확대되었음을 의미하는 매우 혁신적인 제도변화로 평가받는다.

또한 나치정권은 가족복지정책도 전체주의적인 동원정책의 일환으로 추진하였다. 1933년에 일정한 자격을 갖춘 부부 대상의 무이자대출 제도를 도입하였으며, 1934년에는 조세개혁을 단행하여 다자녀가구에 대한 조세감면제도를 실시하였다. 1937년에는 저소득 가족에 대해서는 다섯 번째 자녀부터 아동수당을 지급하였다.

3. 전후 독일 복지국가의 확립과 발달

1) 기민당정권의 복지국가 확립

1949년 집권한 기민당의 아데나워 수상은 '사회적 시장경제'를 공식적 경제정책의 프로그램으로 채택되었다. 이 프로그램은 자유를 최대한으로 실현할 수 있는 경제질서정책을 펴는 데 있었다. 질서자유주의자(Ordo-Liberalismus)라 불린 그의 이념은 1920년대 말 대공황을 몰고 온 자유방임주의와 구별되는 것이다(우승명, 2019). 이는 독점기업의 횡포와 같은 자본주의 시장경제의 결함을 시정하기 위해 국가가 적절한 질서정책을 펼쳐 나간다면, 시장경제가 유효하게 기능하게 될 것이고 더 이상 사회문제는 발생하지 않는다는 것을 전제하고 있었다. 이처럼 서독경제를 특징짓는 사회적 시장경제는 지속적인 경제성장과 완전고용을 이루는 시장경제를 중심으로 하고 있다는 점에 있다. 그 결과, 사회복지제도는 단지 이를 보완하는 장치로 기능하고 있다는 것을 짐작할 수 있다. 이처럼 질서자유주의를 표방한 아데나워 수상 시절에는 사회복지제도의 획기적 발전은 기대하기 어려웠다.

그럼에도 불구하고 기민당 정부는 긴급한 사회문제와 사회보장에 대한 시민들의 요구마저 외면할 수는 없었기에 긴급한 사회문제에 대처하기 위해 필요한 법률을 제정하였고, 경제발전이 순조롭게 진행되던 시기에는 재정적 여유가 생기자 사회복지제도 확충에도 착수하였다. 1950년 전쟁희생자 유족과 전상자의 부조를 위해서 「연방원호법」을 제정하였고, 1952년에는 피난민과 피추방자의 재산 손실을 일부 보상해 주고, 이들의 서독 내 자립 기반을 지원해 주기 위한 「부담조정법」을 제정하였다.

한편, 국민들은 나치정권의 전체주의적 동원체제의 경험으로 중앙집권화와 통제에 대한 강한 거부감이 있었다. 이에 나치정권은 부정했던 사회보험의 자치원칙을 1951년부터 다시 회복하여, 근로자와 사용자가 자주적으로 사회보험의 관리 및 운영을 담당하게 하였다. 또한 비스마르크시대에 확립한 노사의 자주적 관리원칙도 회복되어 사회보험의 자치원칙으로 확고히 자리 잡게 되었다.

1950년대 후반 전후 침체되었던 서독경제가 점차 회복되면서, 사회복지제도의 근본적 개혁 필요성이 강력히 대두되었다. 이 시기 서독의 사회복지제도의 주요 대상은 영국이나 미국과 달리 일부 노동자계층 등 특정 사회집단에 한정되어 있었고, 대다수 국민은 적용 대상에서 제외되어 있었다. 이에 포괄적 사회복지제도 도입을 위한 개혁을 단행하였고 사회복지정책에서 계층적 관점을 완전히 없애고자 함은 물론 사회보장을 하나의 시민권 개념으로 확립하고자 하였다. 이러한 점을 잘 보여 주는 대표적 사례가 1957년에 있었던 제1차 연금개혁이다. 그 내용을 살펴보면 다음과 같다.

첫째, 1957년 '세대 간 계약(Generationsvertrag)'이라고 불리는 「신연금법」을 제정하고(남기창, 2016), 1959년에는 「연금조정법」의 제정을 통해 동태적 연금이라는 이름의 슬라이드제도를 도입하였다. 이는 연금의 실질적 가치의 확보를 위해서 연금수준을 임금상승과 연계하는 방식을 채택한 것을 의미한다. 이 같은 방식의 도입은 인플레이션에 따른 연금액 실질가치의 하락을 막고, 지금 현재 연금으로 생활하고 있는 생활자들보다 현역노동자들의 은퇴 후 생활수준이 열악해져 세대 간 격차가 확대되는 현상을 막기 위한 조치였다.

둘째, 연금의 재정방식을 적립방식에서 부과방식[5]으로 바꾸었다. 기여-급여의 균등원칙[혹은 수지상등의 원칙(principle of equivalence)] 대신 세대 간 계약원칙이 연금보험의 기초가 되었다.

이 밖에도 기민당정부는 1961년 「연방사회부조법」을 제정하여 현대화된 법치국가와 복지국가의 이념을 반영한 공공부조제도의 정비를 도모했다. 이에 따라 사회부조제도를 통한 사회적 보호의 목표로 빈곤층에게도 인간존엄성을 유지할 수 있는 생활수준의 보장을 제시하였다.

질병보험 관련하여 1957년 71개의 질병금고가 운영되고 있었고, 가입자는 2,600만 명으로 전 국민의 80%가 공적 의료보험의 혜택을 보게 되었다. 재해보험은 1956년 95개의 재해보험기관들에 3,500만 명의 가입자가 있었다. 연금보험 가입자는 1957년 2,000만 명에 달했고, 연금지급액은 720만 마르크로 1950년의 470만 마르크에 비해 크게 증가하였다.

2) 사민당의 정권 참여와 신사회주의 노선

1966년 사민당이 집권하면서, 1966년에는 사민당, 기민당, 기사당이 참여하는 대연정, 1969년에는 브란트 총리하의 사민당, 자민당의 소연정이 있었다(Leisering, 2001). 사민당은 연정기간동안 '신사회주의'를 모토로 내걸었다. '신사회주의'는 시장과 계획, 자유와 평등, 개인과 공동체 등의 이질적 요소의 조화를 통해 혼합경제질서를 추구하려는 것으로 기존 질서자유주의의 경제만능론과는 전혀 다르다. 과거 사민당은 1957년에 마르크스주의 노선에서 이탈해 사회민주주의를 지향하는 고데스베르크(Godesberg) 기본강령을 채택한 경험이 있다. '신사회주의'는 사회정책의 목적이 개인이 사회에서 자유롭고, 자기를 실현하고, 자기책임하에 생활을 영위할 수 있는 기본조건을 제공하는 데 있다고 보았다.

1967년 사민당은 「경제안정성장촉진법」 제정에 주도적 역할을 하였다. 이 법은 심각한 경제 불황에서 탈출하기 위해 최초로 케인즈주의를 도입한 것이다. 이 법을 근거로 1968년

5) 적립식은 개인이 적립한 원금과 투자수익을 기반으로 수급권 발생 이후 연금을 지급하는 방식이고, 부과식은 당대의 노동자가 낸 기여금(보험료)을 현재 연금수급자의 연금급여지출에 사용하는 방식이다. 기여 기반의 연금제도는 초기에는 수급자가 없기 때문에 적립방식으로 시작해 제도가 성숙(연금제도의 성숙도는 노령연금수급자 수/총가입자 수)돼 수급자가 다수 발생하면 적립식으로 변경하는 경로를 밟는다.

부터 중기경제계획과 중기재정계획의 기초 위에 매년 사회보고서를 발표하였고, 이 사회보고서는 사회보장의 전체 구조와 장래의 전망을 개관할 수 있게 해 주었다.

한편, 사민당은 오랜 숙원이었던 의료보험개혁에 착수해 1969년 「임금지속지불법」을 제정하였다. 이 법률에 따라 생산직 근로자들도 질병에 걸린 경우, 사무직 근로자들처럼 처음 6주 동안 임금 전액을 지급받을 수 있게 되었다. 같은 해에 연방노동공단의 업무를 직업보도, 직업소개, 직업훈련조성, 실업보험, 실업부조로 정비하였다. 이는 실업보험과 실업부조 등 현금급여 제공업무 이외에 적극적 노동시장정책을 체계화하려는 최초의 시도라 할 수 있다. 또한 질병보험의 재정상태를 개선하기 위해 1969년 「질병보험법」을 개정하였다. 그 결과 피보험자도 의료비의 일부를 부담하게 되었으며, 이는 1970년대 이후 질병보험의 재정난 타개를 위한 일련의 개혁조치의 서막이 되었다.

4. 1970년대 이후 복지국가의 개혁과 독일 통일

1) 1970년대 경제위기 이후 복지국가 개혁

1970년대 들어서 경제구조의 변화에 따른 실업률 증가와 스태그플레이션, 재정적자 및 국자 부채 급증 등으로 인해 독일이 추구하던 사회국가 체제에 대한 변화의 압력에 직면하게 되었다. 또한 높은 사회보험료 부담에 따른 임금상승, 정규직 감소에 따른 사회보험 재정기반의 약화로 인해 사회보장혜택의 축소가 논의되기 시작한 시기이다(남기창, 2016). 특히 사회보험 중 질병보험의 재정난이 심각해졌다. 이에 사민당과 자민당 연립정부는 1977년 「질병보험 지출억제구조개선법」을 제정하였다. 이 법을 토대로 질병보험의 재정 상태를 개선하기 위해 보험의 진료수가 인상률은 억제하고 피보험자의 부담률은 인상하는 등 일련의 조치를 단행했다.

1972년에는 제2차 연금개혁이 추진되었으며 변화된 주요 내용을 살펴보면, 첫째, 연금보험대상을 자유업 종사자와 주부까지 확대하였고 급여수준도 큰 폭으로 인상하였다. 둘째, 최저연금 보장 장치를 마련하였다. 즉, 소득수준이 국민평균소득의 75% 이하인 피보험자의 적용소득을 평균소득의 75%선으로 상향조정하여 연금을 산정하였다. 셋째, 연금수급 개시연령을 다양화하였다(심상용, 2008). 그동안 일률적으로 적용하던 65세 연금수급 개시연령을 탄력적으로 조정하여, 가입기간이 35년 이상인 피보험자의 경우 연금수급 시기를 63세에서 67세 사이에서 자유롭게 선택할 수 있도록 하였다.

한편, 1980년대 실업문제에 대한 국가와 사용자의 대응책은 소극적 실업대책과 조기퇴직제도였다. 이는 저숙련 혹은 고령 숙련 노동자들을 조기 퇴직시키고 젊고 신기술을 겸비한 근로자들로 대체하려는 의도, 즉 노동력의 세대 간 이전을 촉진하기 위한 목적에 있었다(Myles & Pierson, 2001). 소극적 실업대책과 조기퇴직제도의 구체적 내용은 다음과 같다.

첫째, 1976년부터 연금수급 개시연령을 60세로 낮추었다. 이는 1972년 제2차 연금개혁에서 연금수급 개시연령을 63세부터로 낮춘 지 불과 4년 만에 단행된 조치이다. 그 결과, 1988년에는 60~64세 인구의 경제활동 참여율이 31.5% 수준으로 하락했다(이정우, 1996; Wood, 2001).

둘째, 조기퇴직의 장려책으로 실업급여제도가 활용되었다. 1985년까지 실업급여 수급기간은 12개월이었지만, 1986년에는 노령의 장기실업자는 연금수급 개시연령인 60세가 되기 전까지 최고 32개월 동안 실업급여를 수급할 수 있도록 제도를 개선하였다(이정우, 1996; 황규성, 2008).

셋째, 장애연금이 조기퇴직의 통로로 활용되기 시작하였다. 이는 장해등급 판정 시 노동시장 여건을 고려하도록 한 1969년과 1976년 연방사회법원 판결에 영향을 받은 것이다. 1980년 신규 연금수급자의 50%가량이 장해연금 수급자이고, 이로 인해 평균적인 연금수급 개시연령은 남성 58.8세, 여성 59.8세로 나타났다(이정우, 1996).

넷째, 1984년에는 직장생활에서 연금생활로 넘어가는 「과도기적 편의에 관한 조기은퇴법」을 제정하였다. 이 법의 목적은 피용자들의 조기은퇴를 유도해 청년층에게 보다 많은 일자리를 제공하려는 것이다. 이에 따라 많은 기업에서 50대 중반 이후에 퇴직하는 근로자들의 기득권을 보호하기 위해 기존의 퇴직급여 이외에 추가보상을 지급하였다(Hassel, 2001; Manow & Seils, 2000).

한편, 1970년대 이후 연금보험도 재정난에 직면하게 되었다. 이에 대한 대책으로 1976년부터 3년간 슬라이드제도 적용을 중지하고 연금인상률을 법제화하였다. 그리고 고령화로 인해 연금수급자가 증가하고, 오일쇼크로 성장이 둔화되어 실업자가 늘어나자 1981년부터는 강력한 보험료율 인상 억제대책도 실시하였다.

1982년에는 기민당, 기사당, 자민당의 연립정권이 탄생하였다. 이 연정정부는 친시장정책으로 방향을 전환하여 경제성장과 고용창출에 우선순위를 두었을 뿐만 아니라 국가재정 건실화를 최우선 정부정책으로 두었다. 이로 인해 정부재정지원에 의존할 수 밖에 없는 사회복지제도는 확대되지 못하고 사회보장지출비중도 1982년 GDP의 33%에서 1990년

29.1%로 감소하였다(남기창, 2016). 특히 1980년대 사회보장정책의 중점 분야는 실업방지, 연금보험 및 의료보험의 재정건전화, 가족정책에 치중했으며, 특히 고용창출을 위한 조치, 재교육 중심의 직업교육에 많은 노력을 기울였다. 1985년에는 유족부양에서 남녀불평등을 제거하라는 연방재판소의 판결에 따라 연금제도를 개정하여 유족연금에 관한 새로운 규정이 마련되었다. 또한 자녀양육 기간을 연금 가입기간으로 인정하는 개정도 이루어졌다. 즉, 자녀를 양육하는 부모를 위해 1~3년의 양육 기간을 연금 가입기간에 추가 산입해 줌으로써 연금급여액을 높이는 데 기여하였다. 1985년에는 아동양육수당과 무급의 부모휴가제도가 신설하였고 1992년에는 육아휴직 기간을 3년으로 연장하였다.

이와 같은 일련의 질병보험과 연금보험 개혁조치에도 불구하고 1980년대에도 정부 지출은 줄어들지 않고 지속적으로 증가하였다(Palier, 2010). 지출 규모의 증가는 보건제도의 지출 팽창뿐만 아니라 무엇보다 조기퇴직제도 도입으로 인한 급격한 연금 및 노동시장정책의 지출 확대 때문이었다. 이에 1988년에는 「질병보험 구조개혁법」, 1989년에는 「연금개혁법」을 제정하여 사회보장의 급여를 제한할 목적으로 의료보험의 본인부담금을 인상하고 연금수급 개시연령을 단계적으로 늦추도록 하였다.

2) 독일 통일 이후 사회복지제도의 변화

베를린 장벽이 붕괴되고 서독과 동독은 1990년 10월 1일 공식적으로 통일하였다. 1990년 5월 18일에 체결한 '통화 · 경제 · 사회통합의 창출에 관한 조약'에서 동독은 서독의 「노동법」의 기본 원칙, 「취업촉진법」의 제 규정, 사회보장의 원칙, 사회부조체계 등을 그대로 도입하기로 확정하였다. 이로써 동독의 시민들도 서독 사회보장의 법규를 적용받을 수 있게 되었다(Manow & Seils, 2000).

독일 통일 이후 직면한 최대 문제는 구 동독과 구 서독 간의 경제력 및 생활수준의 격차와 구 동독지역에서 계속 증가하는 실업이었다. 하지만 구 서독 또한 경제성장률의 둔화, 실업 증가에 따른 실업수당 지출 증가, 사회보장 기여금 감소 등 재정상의 어려움을 겪었다. 이로 인해 독일 복지국가는 한계에 부딪혔다는 평가와 함께 독일은 '유럽의 병자'라는 악명을 얻기도 하였다(김윤태, 2015). 독일은 이러한 문제를 해결하기 위해 사회보장의 각종 급여를 제한하거나 낭비를 줄이는 등 사회보장개혁을 모색하였다.

먼저, 1992년에 연금개혁을 단행하였다(Bonoli & Palier, 2008). 노령연금의 수급연령을 과거 탄력적 운영방식에서 65세로 통일하는 수급연령을 상향조정하였다. 이로써 1972년 제2차

연금개혁 때 도입되었던 조기퇴직 장려책은 폐지되었다. 65세에 퇴직하더라도 경제활동을 지속하면 연금지급을 중단하지 않고 감액하는 부분연금제도도 도입되었다. 이러한 조치는 노동력 활성화정책의 일환으로 평가받았다(Alber, 2008).

또한 연금액 인상의 임금연동기준을 총액임금 슬라이드제도에서 순소득 슬라이드제도로 변경하였다. 이는 급여의 실질적 삭감을 의미하였다. 나아가 직업훈련 참여로 인한 소득에 대해 납부예외를 인정하지 않고 직업훈련 참여자에게도 보험료 부담을 의무화하는 한편, 학교교육 기간을 연금 가입기간으로 인정하는 범위를 기존 13년에서 7년으로 크게 줄었다.

질병보험의 개혁도 추진하였다. 의료소비자, 공급자, 보험자 3자 간 경쟁구조를 조성하여, 피보험자가 급여수준과 보험료율을 비교해 보험조합을 임의로 선택할 수 있게 하고, 보험조합 역시 의료공급자를 선택해 계약할 수 있도록 하였다. 1994년부터 의료보험조합들의 재정력 균등화를 위해 조합 간 재정조정을 실시하고 소규모 지역조합을 통합하였다. 이 외에도 민간의료보험을 도입하였으며, 그 결과 30%에 이르는 고소득자들이 민간 의료보험을 선택하였다.

실업보험은 각종 급여액을 1~3% 감액하는 조치를 취했다. 아동수당을 개혁하여 셋째 아이부터 지급하던 아동수당급여를 삭감하였다. 모든 아동에게 보편적으로 지급하던 교육수당도 1994년 이후 출생한 고소득자 가정의 아동에게는 지급하지 않도록 하였다. 그리고 1994년부터는 사회부조의 각종 급여 수혜자격을 강화하였다.

한편, 1995년에는 간병보험제도를 도입하였다. 이는 간병을 필요로 하는 인구가 증가하고 있지만, 핵가족화와 노인가구의 증가, 간병 인력의 부족, 간병에 대한 사회부조급여의 부족 때문에 적절한 욕구충족이 어려웠기 때문이다. 간병보험은 자택에서 간병할 경우와 입원할 경우에 현금급여와 간병인수당을 지급한다. 보험료는 원칙적으로 사용자와 피용자가 절반씩 부담하도록 하였으며, 독자적인 운영기구를 마련하지 않고 질병금고가 운영하도록 하고 있다. 간병보험의 도입은 사고나 질병 시 간호의 필요성이 노령, 사고, 질병, 실업 같은 사회적 위험의 하나로 인정되는 계기가 되었다.

5. 1990년대 이후 독일 복지국가 개혁

1) 노동시장제도의 현황과 노동-복지제도의 개편[6)]

전성기의 독일은 고숙련 생산전략, 산업별 노사관계, 장기고용에 기반을 한 기여 중심의 비스마르크 복지모형의 특징을 하고 있었다(Ebbinghaus & Manow, 2001). 바이마르공화국부터 임금과 근로조건에 대한 노사 간 교섭은 주로 산업 차원의 단체협약에 바탕을 두고 있으며, 기업 차원에서는 노동자 대표인 직장평의회와 경영자 간 협상을 거치는 공동결정제도를 운영해 왔다(Thelen & Kume, 2003).

독일은 노동규제가 매우 강한 나라로 알려져 있다. 고용보호라 일컬어지는 해고 규제의 엄격성은 독일 노동시장제도의 두드러진 특징이다. 「해고제한법」에 의하면 해고에는 정당한 사유가 있어야 하고 사용자는 해고 회피 노력을 기울이도록 하고 있다. 특히 근로자 20인 이상 기업의 고용주가 집단해고를 계획하고 있다면, 반드시 채용 · 해고 등에 대해 거부권을 갖고 있는 직장평의회와 보상패키지, 퇴직계획에 대해 협의하도록 하고 있다. 이 때문에 독일에는 장기고용이 지배적인 관행으로 자리 잡아 왔다(Jacobi et al., 1998). 비록 독일은 최저임금제도가 법으로 규정되어 있지 않지만, 산업 차원의 단체협약 효력이 모든 사업장에 적용되는 협약 효력의 자동확장제도를 두고 있어 최저임금이 높은 수준으로 유지되어 왔다.

그런데 1990년대 들어서 외부로부터 독일 모델에 대한 거센 도전이 제기되기 시작했다. 무엇보다 독일 통일의 여파가 예상보다 커서 구 동독지역을 연방공화국에 통합하는 일은 훨씬 어렵고 비용이 많이 들었다. 또한 독일식 고진로(high-road)[7)]의 기반이 되어 왔던 고비용의 경직된 노동시장제도는 유효성이 상실되고 있다는 지적을 받고 있었다. 독일의 경직된 노동시장제도는 서비스 부문의 고용창출 효과를 얻기 어려워 저성장-고실업을 극복하지 못하고 전형적인 내부자-외부자 문제를 고착화한다는 지적을 받았다(Andersen & Jensen, 2002). 게다가 고복지비용과 같은 높은 비임금비용 또한 커다란 압력으로 작용하고 있었다(Sarfati & Bonoli, 2002).

6) 이하의 내용은 심상용(2008)에 바탕을 두고 있다.
7) 독일식 고진로는 고숙련(고생산성), 엄격한 고용보호(장기근속), 고임금, 고복지를 특징으로 한다.

한편, 독일의 대부분 제도는 노사의 갹출에 의존하고 있어 조세 격차(tax wedge)를 증가시키는 경향이 있었다. 조세 격차는 기업이 노동자를 고용해 부담하는 노동비용과 노동자가 실제 받는 임금, 즉 실질임금 간의 차이를 의미하는 것으로 독일은 사회보험 부담금 등 사용자가 부담해야 하는 비용이 많았기 때문에 조세 격차가 컸고 이로 인한 기업의 부담감은 매우 컸다.

콜 정부는 해고 규제를 완화하는 노동개혁에 착수하였다. 1985년 「고용촉진법」을 제정하여 사유에 제한 없이 18개월까지 단기고용 도입을 한시적으로 허용하였다. 1986년 「고용촉진법」 개정을 통해 그동안 파업 등의 단체행동에 참여한 노동자에게 부여하였던 동종산업의 실업자와 동등하게 주었던 수급자격을 철회하였다. 이는 지역 차원의 파업 영향력이 전체 산업으로 확대되는 것을 막으려는 취지에 의한 것이었다(Wood, 2001). 그리고 1996년에 개정한 「고용촉진법」은 단기고용 허용시점을 2000년까지 연장하고 사용 기간도 24개월을 단기고용 기준으로 하여 이를 최대 3회까지 연장 사용할 수 있도록 허용하는 내용을 포함하였다. 이러한 법 개정은 정규직으로 채용하기 전 근로자를 심사하고 저수요시대의 출현에 대비한 고용 촉진의 목적도 내포하고 있었다. 이와 함께 1996년 해고 규제가 적용되지 않는 사업장을 5인 미만에서 10인 미만 사업장으로 확대하였으며, 이는 소생산과 서비스 부문의 유연 고용 확대를 위한 조치에서 비롯되었다(Fuchs & Schettkat, 2000).

하지만 이 같은 노동개혁 목적의 규제완화정책은 기대만큼 큰 효과를 얻지 못했다. 그 이유는 사용자 입장에서는 외부에 의한 수량적 유연성을 강화 정책이 기업경쟁력을 약화시킬 것이라고 생각하고, 이와 함께 만일 파업에 대한 노조의 권리를 제한하게 되면 노조가 단체교섭에 우호적으로 참여하지 않을 것이라는 우려가 컸기 때문이었다. 결국 슈뢰더 정부의 해고 규제는 성공하지 못하고 1998년 이를 과거 수준으로 되돌릴 수밖에 없었다(Fuchs & Schettkat, 2000).

슈뢰더 총리는 영국 블레어 총리가 제시했던 '제3의 길' 과 유사한 '신중도(Neue Mitte)'를 표방하며, 본격적인 재정적자감축, 경제 · 사회 · 노동 각 분야의 사회정책개혁을 추진하였다. 슈뢰더 총리는 2002년 재선 후 당면한 저성장, 고실업과 재정적자 해소 및 저출산, 고령화에 따른 각종 도전에 대처하기 위해서 노동시장, 연금보험, 건강보험, 실업보험 등 사회국가의 근간이 되는 사회정책의 구조개혁인 '어젠다 2010(Agenda 2010)'을 발표하고 이를 '사회국가의 해체'라는 비판 속에서도 이를 관철하였고, 이를 토대로 2002년부터 2005년 동안 노동시장 정책을 포함한 복지개혁을 단행하였다(김윤택, 2015; 남기창, 2016).

한편, 2000년대 들어 실시한 실업자와 신규 노동시장 진입자에 대한 고용창출방안이 주목 받았다. 이 방안은 청년, 여성, 중고령 노동자와 같은 취약계층 노동자들을 대상으로 외부 노동시장을 형성하려는 의도를 가지고 있었다. 2001년 「단시간 근로와 기간제 근로에 관한 법률」에 따라 사용주는 객관적 사유가 있으면 균등대우의 원칙하에 기간제 고용제도를 무제한으로 활용할 수 있게 하였다. 2002년에는 「근로자파견법」의 개정을 통해 기간 제한 규정은 폐지되었다(이호근, 2003).

2004년에는 10인 미만 사업장에 한해 신규채용자에 대해서는 고용 보호의 예외를 허용하도록 하였다(박명준, 2004). 특히 시간제 근로 형태로 세금과 사회보장 부담금이 일부 면제되는 미니잡(mini-jobs)을 확대하기 위해 2003년부터 미니잡의 월 소득한도를 325유로에서 400유로로 상향조정하고 주 15시간 이내였던 노동시간 규정도 삭제하였다.

독일 경제는 2008년 세계 금융위기의 직접적인 타격을 받았다. 2008년 독일 경제는 한때 마이너스 성장을 기록하다가 2009년에는 경제성장률이 전후 최저 수준인 −5.1%로 크게 하락했다. 금융위기 직후 메르켈 정부는 고용안정화정책을 추진하였다. '고용과 안정에 대한 협약'을 통해 약 500억 유로를 투입하여 조세 부담을 경감하고 소비자 수요를 회복하며, 투자를 자극하려는 노력을 기울였다(김윤택, 2015).

한편, 독일의 실업보호체계는 1933년 대공황을 겪은 후 실업급여와 실업부조의 이중구조 실업보호정책을 계속 유지해 왔다. 2004년 실업급여의 수령 대상은 고용이력을 충족하는 실업자로써 독신이면 이전 순임금의 60%, 자녀가 있는 경우는 67%까지의 실업급여를 연령에 따라 12~32개월까지 지급하였다(Fuchs & Schettkat, 2000). 반면, 실업부조제도는 정부재정으로 운영되는 것으로 수혜대상은 실업급여의 수급기간이 종료되었거나 실업급여의 적용 대상이 아닌 실업자였다. 급여는 피부양 자녀 유무에 따라 다르며, 대체로 이전 순임금의 50% 수준을 지급하고 있었다.

이처럼 이중구조의 실업보호정책이 지속됨에 따라 실업보호의 재정부담은 꾸준히 커져갔다. 더욱이 통일 이후 구 동독지역에서 급격히 증가한 실업자에게도 유사하게 관대한 실업급여를 지급하였기 때문에 재정은 감당 가능한 수준을 훨씬 넘어섰다(Jacobi et al., 1998). 하지만 노동−복지 연계구조에 깊숙이 자리매김한 실업보호대책을 수정하는 것은 독일의 사회개혁 중 가장 어려운 과제 가운데 하나였기 때문에 개혁의 필요성에도 불구하고 1990년대 있었던 변화는 매우 미미한 수준이었다(Berlinger, 2004).

실업보호제도의 개혁은 슈뢰더 정부를 통해 본격화되었다(김윤택, 2015; Wurzel, 2006). 2002년 재선에 성공한 슈뢰더 정부는 '어젠다 2010'의 일환으로 2002년 3월 '하르츠 위원회(Hartz-Kommission)'를 출범하고 2003년부터 2005년까지 4단계에 걸쳐 '하르츠 개혁(Hartz-

표 9-1 독일 실업보호제도의 변화

	개혁 전	개혁 후
실업보험 급여	• 명칭: 실업급여 • 대상: 실업보험 가입 실업자 • 재원: 실업보험기금(노사의 보험료) • 소득대체율: 60%(부양가족이 있는 경우 67%) • 수급기간: 최장 32개월	• 명칭: 실업급여 I • 대상: 실업보험 가입 실업자 • 재원: 실업보험기금(노사의 보험료) • 소득대체율: 60%(부양가족이 있는 경우 67%) • 수급기간: 최장 12개월
실업보험 외 급여	• 명칭: 실업부조 • 대상: 실업급여 종료 및 미적용 실업자 • 운영: 조세, 자산조사 • 소득대체율: 53%(부양가족이 있는 경우 57%) • 수급기간: 제한 없음	• 명칭: 실업급여 II • 대상: 실업급여 종료 및 미적용 실업자 • 운영: 조세, 자산조사 • 소득대체율: 정액 • 수급기간: 제한 없음

출처: 황규성(2011), p. 273 〈표 6-6〉; Konle-Seidl et al. (2007), p. 9 〈표 1〉에서 재정리.

Reformen)'을 추진했다. 슈뢰더 총리는 재집권 이후 실업 문제, 무엇보다도 구 동독지역의 만성적 실업을 개선하는 데 실패한 노동시장을 개혁하고, 노동시장을 관리하는 행정기구를 개편하고자 하였다(김성수, 2011; 우승명, 2019).

'하르츠(Harz) I, II'는 2002년 12월에 제정되어 2003년 1월부터 시행되었다. '하르츠 I'은 실업급여 수령 기준을 보다 엄격히 적용하고 실업급여와 실업수당이 임금과 연계되어 상승하지 않도록 하였다. '하르츠 II'는 유사자영업에 대한 규제를 대폭 완화함으로써 개인창업을 지원하였다. '하르츠 III'은 기존의 연방노동청을 연방고용사무소로 변경하고 현대적 경영원리에 기반한 서비스 기업으로 재편하였다(김성수, 2011).

'하르츠 IV'는 가장 중요한 법안이자 논란이 많은 법안으로 2005년 1월 1일부터 발효되었다. 이를 통해 조기퇴직을 억제하고, 실업급여의 비용부담을 줄이려는 계획을 수립하였다. 또한 최장 32개월에 걸쳐 실직 전 임금의 최고 67%까지 지급했던 기존 실업보험제도의 명칭을 실업급여 I로 바뀌었다. 2005년부터는 실업급여의 최대 수급 기간을 32개월에서 12개월로 단축하였다. 단, 55세 이상 실업자는 최대 18개월, 60세 이상 실업자는 최대 24개월까지 수급이 가능하도록 하였다. 그리고 기존의 실업부조와 근로 능력이 있는 사회부조의 대상자를 통합한 실업급여 II(Arbeitslosengeld II)를 새로 도입하였다. 실업급여 II는 이전의 소득 또는 기여금과는 관계없이 최소한의 정률 급여를 지급하여 급여 수준을 크게 삭감하였다.

2004년 독일 정부는 순임금의 6.5% 수준이던 실업보험료를 2007년 4.5%까지 점차적으로 낮추기로 결정하였다. 또한 부가가치세를 3% 더 인상하고 인상률만큼의 일반 조세를 실업급여 재원으로 활용하기로 결정하였다(정기혜 외, 2012).

메르켈 정부는 세계 금융위기 이후 급증하는 실업에 대처하기 위해 적극적인 국가개입을 통해 노동시장의 내부자들이 일자리를 잃지 않고 기업의 숙련 노동을 보전하려는 정책을 시행하였다. 주요 정책은 고용안정을 추구하는 전통적인 '고용보호'와 인적자본을 강화하는 '사회투자'라는 두 가지 차원의 전략으로 실행되었다. 이러한 전략의 실행을 위해 구체적으로 '유연근무제도'와 '단시간 근로수당(Kurzarbeit, Shortime Working Allowance)'이 확장되고 법률적 · 재정적으로 보강되었다. 단체교섭에서 유연근무에 대한 폭넓은 합의가 이루어졌고, 기업별로 다양한 형태의 유연근무가 도입되었다. 전체 기업 가운데 약 3분의 1이 '근로시간 계좌(working time accounts)'제도를 활용했다.

단시간 근로수당은 줄어든 근로시간만큼 실업수당에 상응하는 수준의 급여를 제공하는 제도다. 단시간 근로수당은 아동이 없는 근로자에 대하여 60%의 소득대체율을 보장했고, 아동이 있는 근로자에 대해서는 67%의 소득대체율을 보장하였다(김윤택, 2015). 코로나19 팬데믹 기간인 2020년, 평균 290만 명의 근로자가 단시간 근로를 하고 단시간 근로수당을 받았다. 단시간 근로 중에는 고용 관계가 유지되고 근로시간만 단축하였다. 근로시간 감축에 따른 임금 손실분은 순임금의 60%인 단시간 근로수당으로 대체되며 재원은 실업보험으로 충당하였다. 만일 단시간 근로의 영향을 받은 근로자가 자녀가 있을 경우, 임금 대체율은 67%까지 증가하였다(Bäcker, 2021).

2) 일-가정 양립을 위한 사회복지제도 개혁[8)]

독일은 젠더적 관점에서 대표적인 가부장적 복지국가로 알려져 있다. 독일의 일-가정 양립제도는 매우 더디게 발전해 왔다. 1979년에 도입된 고용 기반의 모성휴가제도를 제외하면, 최초의 아동양육지원정책은 콜 정부가 1985년 도입한 무급의 부모휴가제도가 전부였다(Schmidt, 2006). 이 제도는 적녹연정 정부에 의해 2000년에 들어서야 부모가 동시에 이용할 수 있도록 확대되었다(Leitner, 2010). 부모휴가제도는 아동마다 적용되기 때문에 아동 수

8) 이하의 내용은 심상용(2013)에 바탕을 두고 있다.

에 따라 6~9년 혹은 그 이상도 사용할 수 있도록 설계되었다. 총 3년간의 부모휴가제도는 매우 유연하게 적용될 수 있어서 부모 모두 전체 기간뿐 아니라 몇 달이나 몇 년씩 자유롭게 사용할 수 있고, 사용자의 동의 얻게 되면 12개월까지는 아동이 8세가 될 때까지 연장할 수 있었다. 하지만 부모휴가제도는 무급이기 때문에 현실적으로 제도를 이용하는 사람의 95%는 여성이었다. 게다가 보육시설이 발달하지 않아 부모휴가를 이용하는 여성은 사실상 노동시장에 복귀하지 못하고 경력단절을 겪게 되었다(Leitner, 2010). 아동양육수당은 저소득층에 한해 자산조사를 거쳐 총 2년간 매달 300유로만 제공받을 뿐이었다.

하지만 독일에서도 2000년대 접어들어 여성의 일-가정 양립 문제가 대표적인 신사회적 위험(New Social Risk: NSR)으로 대두되었다. 점차 증가하는 여성의 노동시장 참여와 함께 가족의 덫(family trap)에 갇힌 아이를 양육하는 양육모의 일-가정 양립을 위한 대책 마련의 중요성이 확산되었다.

독일은 1990년대 이래 여성의 노동시장 참여가 꾸준히 증가하고 있으며, 2007년 25~49세 여성의 노동시장 참여율은 73.3%에 이르렀다. 이에 반해 양육모의 경우에는 아동 수가 증가함에 따라 일-가정 양립의 어려움으로 노동시장 참여율은 현격히 떨어지고 있었다. 통계상 양육모의 취업률은 아동이 1명이면 74.2%, 2명이면 67.7%, 3명이면 51.2%로 양육하는 아동 수에 따라 취업률은 낮아졌다. 그리고 여성고용시장의 환경도 열악하여, 여성고용은 대부분 단시간근로 위주로 이루어져 왔다. 2003년 고용된 여성의 85%가 단시간 근로자이고, 전체 단시간근로자의 42%가 여성이 차지하고 있었다(Fagnani, 2012).

이에 독일은 스칸디나비아 모델을 참고해 일-가정 양립정책의 변화를 추진했다. 2007년 기민당의 메르켈(Merkel) 총리는 여성의 노동시장 참여를 촉진하기 위해 소득연계의 부모시간제도를 도입하였다. 이는 부모의 육아휴가 기간을 단축하고 남성의 육아 참여를 확대하는 것이 주요 골자로(Leitner, 2010), 이에 따라 기존의 부모휴가는 부모시간(Elternzeit)으로 부모휴가급여는 부모수당(Elterngeld)으로 명칭을 바꾸었다. 이는 육아가 휴가가 아니라 사회적으로 인정받아야 할 기여라는 점 그리고 아버지의 육아 참여 중요성을 강조하기 위함이었다(남현주, 2020).

만일 부모 모두 부모시간을 사용한다면, 부모수당이 지급되는 최대 기간은 14개월이 된다. 부모 중 한 명이 사용할 수 있는 기간은 12개월이고, 추가되는 2개월은 부모 중 이를 사용하지 않은 다른 배우자에게 주어진다(12+2). 예를 들어, 어머니만 사용하면 최대 12개월까지이지만, 아버지가 2개월을 사용한다면 부부가 사용 가능한 전체 부모시간은 총 14개월로 늘어나는 셈이다. 보통 추가되는 2개월은 대체로 남성이 사용하기 때문에 이를 '아버지

표 9-2 독일 부모휴가제도의 변화

	개혁 전	개혁 후(2018년 기준)
명칭	• 부모휴가제도	• 부모시간제도
이용기간	• 아동별 총 3년간 이용	• 아동 8세까지 최대 3년 이용 가능 (3세까지는 3회 분할 사용 가능) • 14개월간은 부모수당지급
급여	• 무급	• 부모수당 (65~68%, 1,800~10,000유로)
재원	• 필요 없음	• 조세 기반
이용대상	• 부모 중 한쪽 이용(대부분 여성이 이용)	• 부의 참여 확대(12개월+2개월)
유연근로 허용 여부	• 단시간근로 허용(주 18시간까지)	• 단시간근로에 대한 인센티브(부모수당플러스, 파트너십보너스)
보육지원	• 보육공급 부족	• 보육공급 점차 확대
효과	• 남성 생계부양자모델 고착화 • 여성의 경력단절 구조화	• 남성 생계부양자모델 완화 • 여성의 경력단절 완화

의 달(Partnermonate)'이라고 불리고 있다. 한편, 전체 부모시간은 아동이 8세가 될 때까지 3년 동안 사용 가능하며, 3세까지는 3회에 걸쳐 분할 사용이 가능하다. 3세부터 8세까지는 최고 24개월만 사용할 수 있다(남현주, 2020; Blum et al., 2018).

부모수당의 재원은 일반 조세로 충당된다(Wahl, 2008). 부모수당은 순소득대체율을 적용한다. 저소득가구의 부모수당 현실화를 위해서 순임금이 1,000유로 이하면 소득의 100%를 부모수당으로 받을 수 있도록 하고 있다(Fleckenstein, 2011).

2015년 기존의 부모수당 명칭이 기초부모수당(Basiselterngeld)으로 바뀌었다. 또한 부분근로 장려를 위한 유인책으로 부모수당을 보완하는 부모수당플러스(Elterngeld Plus)와 파트너십보너스(Partnerschaftsbonus)도 추가로 시행하였다(남현주, 2020; BMFSFJ, 2016). 기초부모수당(Basiselterngeld)은 기존과 동일하게 부모 중 한 명만 사용하는 경우에 최대 12개월간 지급하고, 부모 중 다른 배우자가 추가로 사용하는 경우에는 추가로 2개월이 부여돼 총 14개월을 보장하였다(12+2). 부모수당플러스의 수급기간은 기초부모수당의 두 배로 한 달의 기초부모수당 대신 두 달의 부모수당플러스를 신청할 수 있다. 부모수당플러스 신청자가 일하지 않으면, 기초부모수당의 절반만 지급하고, 만일 시간제근로를 하는 경우에는 월 기초부모수당만큼 지급된다. 파트너십보너스는 부모 모두 4개월 이상 주 25~30시간 일할 경

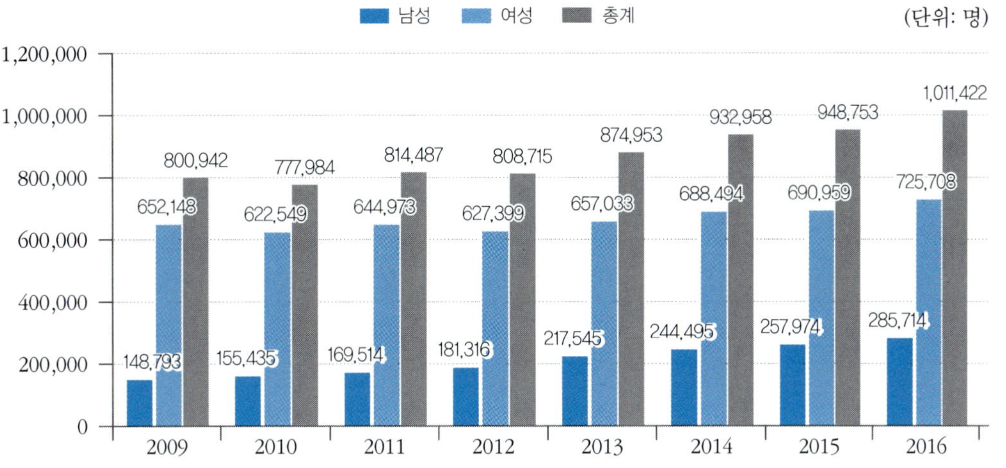

[그림 9-1] 독일의 자녀 출생연도에 따른 부모수당제도 이용현황

출처: 독일통계청 홈페이지[Statistisches Bundesamt (Destatis)]에서 정리.

우, 각각 4개월을 추가로 부모수당플러스를 사용할 수 있는 제도다(남현주, 2020; Blum et al., 2018).

2016년 기준 부모수당제도의 이용자 수는 100만 명을 넘어섰고, 특히 남성 이용자가 지속해서 증가하고 있다. 여성 이용자의 증가폭이 크지 않지만, 남성 이용자는 꾸준히 증가해 2016년 부모수당 이용자의 성비는 남성이 28.3%이고 여성이 71.7%를 나타내고 있다. 이는 전적으로 남성의 참여 확대로 부모수당제도가 활성화되고 있음을 의미한다([그림 9-1] 참조).

부모수당제도이용률은 아동 출생연도 기준으로 2008년 96.9%, 2009년 97.1%, 2010년 96.2%를 차지하고 있다. 또한 남성 이용률도 2008년 23.6%에서 2012년 29.6%, 2016년 38.8%로 꾸준히 증가하며 제도가 활성화되었다.[9)]

그리고 3세 미만 아동에 대한 보육서비스도 확대되고 있다. 3세 미만 아동에 대한 보육서비스는 모성과 노동권 사이의 갈등을 완화시키는 효과와 함께 출산과 육아로 인한 여성의 경력단절을 줄이고 이들의 노동시장 참여를 활성화하여 일-가정의 동시적 양립을 가능하

9) 여전히 전체 부모시간 사용의 성비 불균형 현상이 뚜렷이 나타나고 있다. 여성은 10개월 이상을 사용하지만, 남성의 사용시간은 2개월 정도에 불과하다. 이는 여성이 직접 양육해야 한다는 성별 역할분업의 가족문화가 유지되고 있고, 대체로 남성보다 여성의 소득이 낮아 남성이 장기간의 부모시간을 사용하면 여성이 사용하는 경우보다 가족단위의 소득이 적어지기 때문이다. 나아가, 이전보다는 개선됐지만 남성들이 아직까지 독일의 직장문화가 남성의 장기간 부모시간 사용에 대해 장려하는 분위기가 아니라고 느끼는 것도 원인으로 고려된다.

게 하는 핵심정책이다(Daguerre, 2006).

독일의 보육정책은 오랫동안 다른 유럽국가들보다 발달하지 못하였다. 1990년대에 들어서야 조금씩 관련 정책에 관심을 보이기 시작했고 3세부터 6세까지의 보육공급이 점차 확대되기 시작하였다. 1996년에 연방법원의 판결에 따라 콜 수상은 1999년부터 지방정부가 3세부터 6세까지 아동에 대해 유치원교육 기회를 제공할 것을 의무화하는 법률을 제정하였다. 1992년부터 1999년까지 서독지역에는 60만 개의 유치원이 세워졌다. 그럼에도 불구하고 3세 미만 영유아 대상 보육은 여전히 관심의 대상이 아니었다(Fagnani, 2012).

2002년 EU 정상회의에서 여성이 노동시장에 참여하는 데 불이익을 겪지 않도록 최소한 3세 미만 영유아의 33%는 보육서비스를 제공해야 한다는 의제를 채택하였다. 이를 계기로 슈뢰더 정부는 2005년부터 2013년까지 지방정부의 책임하에 3세 미만 영유아를 양육하는 일하는 부모를 위한 보육시설을 확대 공급할 것과 종사자에 대한 전문적 훈련도 실시하도록 하는 법률을 제정하였다. 또한 2005년부터 2010년까지 정부는 매년 15억 유로를 지원하여, 23만 개에서 30만 개의 보육시설을 확충하도록 하는 법률을 제정하였다. 이 비용은 실업보험과 사회부조의 통합으로 매년 발생하는 25억 유로의 여유자금을 통해 충당한다는 계획을 세웠다. 2008년 법률 제정을 통해서 2013년까지 75만 개의 보육시설을 새로 설립해 수요를 충족할 것을 목표로 세웠다. 이에 추가로 투입되는 비용 12억 유로 중 1/3은 연방정부가 지원하도록 하였다. 2013년 이후에는 매년 7억 7,000만 유로의 운영자금을 지원하고, 1세와 2세

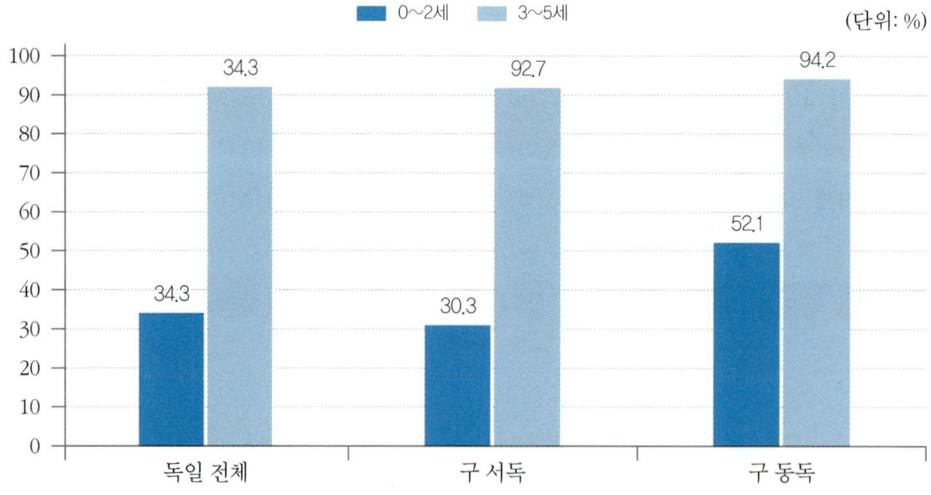

[그림 9-2] 독일의 보육공급률(2019년)

주: 구 동독에는 베를린이 포함됨.

출처: 독일통계청 홈페이지[Statistisches Bundesamt (Destatis)]에서 정리.

영유아의 보육권도 법제화하였다.

이러한 노력에도 불구하고 3세 미만 아동 대상의 보육시설은 여전히 낮은 공급수준에서 벗어나지 못하고 있다. 2009년 기준으로 독일 전체로는 평균 20.2%를 기록하였다. 구 서독지역은 14.4%(Berlin 제외), 구 동독지역은 45.9%를 기록하는 데 그쳤다(독일통계청홈페이지, 2009). 2013년에도 3년 미만 아동의 보육공급률이 29.3%에 그쳐 2013년까지의 보육공급 목표를 달성하지 못하였다. 2019년 1/4분기 전체 보육공급률도 34.3% 수준에 머물고 있다.

3) 독일 연금제도의 변화[10)]

독일의 연금제도는 가입자의 노령·장애·사망에 대비하여 연금급여를 지급하기 위한 제도이다. 다양한 사회계층과 직업군의 욕구에 따라 독립적으로 설계되어 있는 점이 특징이다. 연금유형은 대상에 따라 공무원부양연금, 일반 근로자 연금보험, 특수직종근로자연금, 농민 노령보장 등으로 구분된다. 1889년 세계 최초로 국가가 운영하는 노동자연금제도를 도입하면서 공적연금시대가 시작되었다. 1911년에는 그동안 노동자연금의 적용대상에서 제외되었던 일반사무직원 대상의 '사무직근로자연금(Bundes-versicherungsanstalt fur Angestellte)'이 별도로 도입되면서 공적연금의 적용 범위가 전체 근로자로 확대되었다. 2005년에 「공적연금 조직체계의 개혁에 관한 법률(Gesetz zur Organizationsreform in der gesetzlichen Rentenversicherung)」이 발효됨에 따라 그동안 독립적으로 운영되던 노동자연금과 사무직원연금이 일반연금보험으로 통합되고, 선원연금, 광원연금 및 철도직원 연금이 독일 광원-철도직원-선원연금보험(Deutschen Rentenversicherung Knappschaft-Bahn-See)으로 통합되었다(남기창, 2016).

독일 연금제도는 고용을 기반으로 한 완전소득비례방식의 확정급여형[11)] 부과방식(PAYG system)으로 운영되고 있다. 노사가 절반씩 갹출해 재원을 충당하는 조합주의적 관리가 특징으로 블루칼라 노동자연금은 지역별 2자 기구에 의해, 화이트칼라 노동자연금은 중앙에서 선출되는 대표들에 의해 운영되고 있다(Brugiavini et al., 2001).

10) 이하는 심상용(2008)에 바탕을 두고 있다.

11) 확정급여형은 연금급여액은 확정하지만 기여금(보험료)은 물가, 이자율, 경기, 기대수명을 고려해 결정하는 방식이다. 반대로 확정기여방식은 기여금(보험료)만 확정하고 연금급여액은 기여금과 기여금의 투자수익에 의해 결정하는 방식이다.

독일의 연금제도 개혁은 쉽지 않았다. 복지 축소에 앞장섰던 자유주의 정당이 약화된 후기민당과 사민당이 정치환경의 주류를 차지하면서, 어느 정당에서도 연금개혁 추진으로 인해 마주할 정치적 위험을 두려워했기 때문에 연금제도의 급진적 변화는 불가능하였다(Kitschelt, 2001).

하지만 1993년 이후 구 동독과 구 서독 지역 모두에서 실업률이 동시에 증가하고 베이비붐세대가 연금수급자에 포함되면서 연금제도의 위기가 본격화 되기 시작하였다. 이에 콜 정부는 임금연동지수에 평균수명 변화율을 반영하는 방식으로 소득대체율을 최종소득의 70%에서 64%로 점진적으로 낮추고, 장애연금과 노령연금의 조기수급자격을 강화하는 연금개혁을 단행하였다(Myles & Pierson, 2001). 이 같은 개혁조치는 노조와 사민당의 극렬한 반대를 불러왔고, 결국 신보수주의 연립정부는 1998년 선거에서 패배하고 말았다. 이후 집권한 슈뢰더 정부는 개정안의 시행을 연기하고 연금제도를 이전 방식으로 다시 되돌려 놓았다(Fuchs & Schettkat, 2000). 상병급여도 이와 유사한 과정을 거쳤다(Wood, 2001). 콜 정부는

표 9-3 독일 연금제도 변화의 방향

지향	내용 및 효과
세대 간 형평성 조정계수 도입 [1/△(연금수급자/연금가입자)]	• 베이비붐세대 퇴직 이후의 인구구조와 경제적 여건의 변화 반영 • 급여의 소득대체율을 매년 탄력적으로 조정
완전노령연금 산정기준 변경	• 기존 최고소득기간 15년 기준에서 생애소득 기준으로 급여기준 변경 • 실질적인 연금급여 감축효과 발생
완전노령연금 수급연령 상향조정	• 기존 완전노령연금 수급연령을 60세에서 점진적으로 67세부터로 상향조정 • 조기퇴직 추세에 제동을 걸고, 연금재정 부담 경감 추구
연금급여의 소득대체율 인하	• 기존 완전노령연금 소득대체율 70%를 점진적으로 64% 수준까지 인하 • 연금재정의 부담 완화 추구
연금기여금 인상	• 기존 노사 기여금 총 19.1%를 19.5%로 증액 • 연금재정의 건전성 확보 추구
연금에 대한 정부 기여	• 생태세를 도입해 연금재정지원 • 국가책임 강화와 연금제도의 노사자율주의 후퇴
임의가입의 보충연금 도입	• 노사가 관리하는 보충연금 도입해 다층연금체계 운영 • 연금의 소득대체율 약화로 인해 노후대비 저축을 원하는 고소득 근로자들의 추가적인 욕구 충족

1997년 상병급여의 급여수준을 100%에서 80%로 삭감했지만, 슈뢰더 정부는 집권 후 곧바로 이를 원상회복 시켰다.

슈뢰더 정부는 이전 정부와는 달리 연금개혁 과정에 충분한 논의와 타협을 기반으로 한 해법을 추구하였다(Bonoli & Palier, 2008; Lourdelle, 2002). 주요 개혁 내용은 세대 간 형평성 조정계수를 도입하여 2011년부터 20년 동안 점차적으로 완전노령연금 소득대체율을 64%로 낮추는 동시에 최저연금제를 도입하며, 연금부담률은 19.1%에서 19.5%로 증액하고, 부담금 납부대상자의 월 소득한계를 4,500유로에서 5,100유로로 상향조정하였다. 그리고 연금재정 조정을 위해 생태세를 도입하고, 국가 사회정책의 일환으로 시행하고 있는 보험이질적 급여(자녀양육기간의 인정 등)에 제한했던 연방의 재정보조를 확대하였다. 또 사회적 파트너들이 관리하는 임의가입의 보충연금을 도입해 다층의 연금체계를 만들기로 하였다(박명준, 2004; Natali & Rhodes, 2003). 2006년 사회복지개혁을 대표하는 '연금 67(Renta 67)'이 사민당에 의해 도입되었다. 이는 2005~2009년의 대연정시기에는 연금을 인하하지 않기로 합의하고, 대신 연금 수령 나이를 65세에서 2029년까지 67세로 단계적으로 상향조정하는 것을 골자로 하고 있다(김성수, 2011).

메르켈 정부는 2008년 세계금융위기 이후 고용을 늘리기 위한 목적으로 연금부담률을 2012년 19.9%에서 19.6%로 1.75% 인하하고 2015년에는 19.0% 노령연금부담률을 한 차례 더 인하하는 조치를 취하였다(김윤택, 2015).

6. 복지국가로서 독일의 현재

독일 복지국가는 오랜 역사적 과정의 결과이다. 1880년대 비스마르크 총리가 세계 최초로 산재보험과 질병보험 등 현대적인 복지제도의 근간이 되는 사회보험을 도입한 이후 독일의 복지제도는 직역별 사회보험과 가톨릭 문화가 결합된 독특한 복지제도를 발전시켜 왔다. 이런 점에서 독일의 복지국가는 영미권 국가와 북유럽국가와 뚜렷이 구별된다(김윤태, 2015; 박근갑, 2009).

독일의 복지국가 모델은 사회적 결합을 유지 혹은 강화하기 위해 최소한의 사회적 보호와 사회적 형평의 창출을 목표로 하였다. 독일의 복지국가 모델은 다음과 같은 특징을 가진다(Hanesch, 2012; 김상철, 2020, p. 9 재인용).

첫째, 사회보장은 보험료로 재원이 마련되는 사회보험 위주로 운영된다. 사회보험은 보험원칙과 연대성 원칙에 기반을 두고 있다. 둘째, 사회보험은 전통적인 노동자계급에 우선하며 임금노동 중심과 보충적으로 혼인 중심이라는 특징을 가진다. 셋째, 현금 이전급여에서의 생활수준보장(Lebensstandardsicherung)의 목적과 함께 노동상태의 신분보장이 달성되어야 한다. 넷째, 질병보험과 요양보험은 법적 강제적용 대상인 중간 혹은 하층소득자와 법적보험과 민간보험을 선택할 수 있는 고소득자로 나뉘어져 있다. 다섯째, 빈곤의 위험에 대한 보장은 공공부조의 성격을 가진 사회부조(Sozialhilfe)를 통해 시행되고 있다. 여섯째, 사회서비스는 보충성의 원칙에 의해 규정된다. 따라서 양육급여나 요양급여는 가족지원단체를 통해서 우선 의무가 부여되고, 다음으로는 지역차원의 민간복지단체(Freie Wohlfahrtspflege)에게 서비스 공급의 권한이 주어진다.

최근 독일은 저출산 및 고령화로 2015년부터 이미 경제활동인구와 연금생활자 사이에 수적 역전이 이루어졌다. 특히 60세 이상 고령 인구비율은 2030년 35%로 확대되어 '세대 간 계약'의 불균형이 발생할 것으로 예상되고 있다(남기창, 2016). 이 같은 특성을 고려할 때, 최근 독일 사회복지제도의 현황을 살펴보면 다음과 같다(국민연금관리공단, 2014; 김상철, 2020; 남현주, 2020; 박응격 외, 2005; 우승명, 2019; 정기혜 외, 2012; 정다은, 2022a, b; 홍승아 외, 2008a, b; Bäcker, 2021, 2022; Blum et al., 2018; Schneider & Bellinger, 2023; SSA, 2014, 2018).

첫째, 연금보험은 고용관계에 관계없이 미니잡 종사자(mini-jobber)를 제외한 거의 모든 근로자가 의무가입대상이다. 연금가입기간은 최소 5년이며, 급여는 노령연금, 유족연금(배우자 및 자녀), 소득감소연금 및 재활 등으로 구성되어 있다. 보험료는 소득의 총18.6%로 근로자와 사용자 각각 9.3%씩 부담한다. 자영업자는 18.6%의 보험료를 개인이 부담한다. 육아 양육은 아동 출산 후 10년간 가입 경력으로 인정하고 1992년 이전에 자녀를 출산한 여성에게는 자녀당 양육 기간 3년을 인정한다. 2018년 기준 65세 7개월이 되면 연금수급 자격을 얻을 수 있다. 연금수급 연령기준이 2021년까지는 매년 1개월, 그리고 2022년부터 2029년까지는 매년 2개월씩 늘어난다. 2029년부터 67세가 되어야 연금을 받을 수 있다. 만일 연금가입기간이 45년 이상이 되면, 가입자에게 장기가입자 노령연금 수급권을 부여한다. 독일은 저임금 사업부문을 제한하고 연금 수급권을 충분히 보장하기 위해 2015년 법정 최저임금제도를 도입하였다. 2022년 기준 최저임금은 시간당 12유로이다.

둘째, 독일에서 질병 발생 시 사회보장제도는 보험 원칙에 따른다. 다른 유럽국가들과 차별화되는 한 가지 속성은 법정 및 민간 건강보험제도가 공존한다는 것이다. 『사회법전 제5권(Sozialgesetzbuch V)』에 따르면 독일에 거주하는 모든 사람은 법정 또는 민간 건강보험(의무보험)에 가입해야 한다.

질병보험은 8종류의 질병금고가 자치적으로 운영한다. 보험료는 근로자 소득의 총 14.6%로 사업장 가입자는 근로자와 사용자가 각각 7.3%를 부담한다. 최소가입기간에 대한 별도 규정은 없으며, 질병급여의 소득대체율은 총소득의 70%이고 동일 질병에 대해 78주간 지급된다. 질병급여의 남용을 방지하기 위해 최초 6주는 사용자가 100% 부담하도록 하고 있다. 만일 새로운 질병에 걸렸다면 6주간 추가로 급여를 받을 수 있다. 급여 수령 자격은 근무시간에 상관없이 전 근로자에게 적용되며, 재활 기간까지 연장된다. 그러나 질병에 걸렸을 때 급여를 전액 받을 수 있는 자격이 되려면 이전 고용 관계가 중단 없이 4주간 이상 지속되어야 한다.

간병보험은 질병보험 산하에 간병금고를 별도로 운영하고 있다. 간병보험의 보험료는 총 2.55%로 사업장 가입자는 근로자와 사용자가 각각 1.275%씩 부담한다. 간병급여는 최근 10년 가운데 최소 2년 동안 보험료를 납부한 이력이 있으면 수급자격을 갖게 된다.

재해보험은 다양한 직업협동조합을 통해 운영되고 있다. 사용자가 근로자급여의 평균 1.18%를 보험료로 납부한다. 하지만 근로자는 보험료 납부의무가 없다. 자영업자는 자부담으로 가입할 수 있다. 재해급여의 최소가입기간은 규정하고 있지 않으며, 재해 직전 총소득의 80%를 78주간 일시재해급여로 지급한다. 완전장애에 대한 영구재해급여는 재해 직전 총소득의 66.7%를 지급한다.

실업보험은 연방노동공단과 노동자, 사용자, 정치계 대표가 동수로 구성하는 행정평의회와 이사회를 중심으로 운영된다. 보험료는 근로자 소득의 총 3%로 사업장 가입자는 근로자와 사용자가 각각 1.5%씩 부담한다. 자영자는 소득의 3%를 개인이 전부 부담한다. 실업급여 수급권은 최근 2년 중 12개월을 근로한 경우, 그리고 고용청에 등록을 하고 구직활동을 하는 경우에 주어진다. 만일 이러한 조건들이 충족되지 않으면 수급권은 12주 동안 유보된다. 실업보험은 근로자의 근로기간과 연령에 따라 6개월에서 24개월 동안 주어지며, 자녀가 있는 근로자에게는 순소득의 67%, 자녀가 없는 근로자에게는 60%의 실업급여(실업급여 I)가 지급된다. 특히 실업급여 I의 수급기간을 초과한 장기실업자와 그 가족, 그리고 15세 이상의 구직활동자들의 경우 자산조사를 통해 대상자로 선정되면 공공부조의 일종인 실업급여 II (Arbeitslosengeld II)와 근로능력이 없으면서 근로능력이 있는 가족구성원과 공동의 생계를 영위하면서 사회부조에 해당되지 않는 경우에 사회수당(Sozialgeld)을 지급하였다. 그런데 실업급여 II와 사회수당은 2022년 10월 일명 「시민수당 법률(Burgergeld-Gesetz)」의 제정에 따라 2023년부터 시민수당으로 대체되어 시행되고 있다.

아동수당(Kindergeld)은 보편적 급여로서 만 18세까지 부모의 소득, 재산 등과 상관없이 모든 아동에게 지급된다. 만 18세가 넘은 경우 실직자에게는 21세까지, 학생 또는 직업훈련 이수자에게는 25세까지 지급될 수 있다. 2022년 기준 첫째와 둘째 자녀에게는 월 219유로, 셋째 자녀에게는 월 225유로, 넷째 자녀부터는 월 250유로(약 34만 원)가 지급되고 있다. 보편적 아동수당과 달리 2005년에 도입된 아동추가수당(Kinderzuschlag)은 선별적 급여로서 저소득층 가정의 만 25세까지 자녀에게만 지급된다. 저소득이란 부모의 급여가 자신의 생활을 위해서는 충분하지만, 가족을 부양하기에는 충분하지 않은 최저소득 수준을 뜻한다. 저소득층 가정의 자녀는 지급 요건을 충족하면 아동수당과 함께 아동추가수당 또한 받을 수 있다. 급여액은 아동의 나이, 부모의 한달 소득, 거주지 월세액 등 세부 기준에 따라 다르게 산정되며, 2022년 기준 아동 한 명에게 지급될 수 있는 최대 급여는 209유로이다.

일-가정 양립을 위한 가족정책을 위해 '어젠다 2030-지속 가능한 가족정책'을 수립하고 일-가정 양립, 가족 구성원들의 파트너십 증진, 가족의 경제적 안정성 보장을 가족정책의 세 가지 핵심 목표로 제시했다. 이 일환으로 「가족형성시간법(Family Start Time Act)」을 제정하여 시행하고 있다. 이 법에 따라 근로자는 배우자 출산 직후에 10일(근무일 기준)의 유급휴가를 받을 수 있다(Familienkasse-Info, 2023). 배우자가 없는 여성이 출산했을 경우 배우자 대신 지인을 이 휴가 대상자로 지정할 수 있다.

사회부조제도는 자산조사를 거쳐 근로무능력자에게 제공되며, 이에는 생계급여, 기초보장급여 등이 있다. 생계급여는 취업능력이 있는 가족 구성원과 생계를 같이 하지 않는 아동과 취업 활동이 일시적으로 불가능한 노인이 아닌 사람이 수급대상이다. 기초보장급여는 18세 이상으로 취업활동이 계속해서 완전히 불가능한 사람과 노인이 급여를 신청할 수 있다.

최근 독일은 디지털의 발전으로 인한 4차 산업혁명과 '노동 4.0'을 '복지국가 4.0'의 전략으로 연결하여 새로운 과제로 제시하고 있다. 독일은 '노동 4.0'으로 독일 경제의 경쟁력 우위를 사회보장과 부의 정당한 분배와 연결시켰다. 대표적으로 연방내각은 2020년 2월 19일 기초연금(Grundrente)도입을 결정하였다. 처음에는 기초연금 도입을 기민당에서는 부정적이었으나, 이를 수용하여 2021년부터 기초연금이 본격적으로 시행되고 있다. 이에 따르면, 취업기간이 최소 35년이고, 이 기간에 연금보험에 가입했음에도 연금급여가 노인에 대한 기초생활보장액에 못 미칠 경우, 추가급여의 형태로 지급된다. 이는 그동안의 독일의 연금보험의 기본 원칙이었던 수지상등의 원칙(Äquivalenzprinzip)에 위배된 결정으로 매우 혁신적인 변화라 할 수 있다.

참고문헌

김상철(2020). 독일의 사회정책과 경제질서의 관계연구. **질서경제저널**, 23(2), 1-26.

김성수(2011). 독일의 복지정책 개혁과 정당구조 변화: 지난 10년의 현황과 전망. **한국사회와 행정연구**, 21(4), 49-72.

김영순(2013). 누가 어떤 복지국가를 만드는가?: 서구 복지국가들의 형성 및 발전과정이 한국의 보편주의 논의에 주는 함의. **경제와 사회**, 97, 192-225.

김윤태(2015). 2008년 세계 금융위기 이후 독일 사회정책의 변화. **동향과 전망**, 94, 165-203.

김진욱(2007). 한국 사회서비스의 공사역학분담 개혁방향에 대한 연구: 공공책임성 강화를 전제로 한 공사혼합 모델을 중심으로. **사회복지정책**, 31, 177-210.

남기창(2016). 독일 사회보험제도의 고찰: 독일 사회적 시장경제체제 하의 사회정책을 중심으로. **경상논총**, 34(4), 185-207.

남현주(2020). 복지국가의 육아휴직제도의 변화와 시사점: 영국, 독일, 스웨덴을 중심으로. **인문사회 21**, 11(2), 871-884.

박근갑(2009). **복지국가 만들기: 독일 사회민주주의의 기원**. 서울: 문학과지성사.

박명준(2004). 독일의 개혁 프로그램 〈아젠다 2010〉: 어떻게, 얼마나 진행 중인가? **국제노동브리프**, 2(3), 17-23.

박병현(2005). **복지국가의 비교: 영국, 미국, 스웨덴, 독일의 사회복지역사와 변천**. 경기: 공동체.

박응격, 김상겸, 심익섭, 윤도현, 정재각, 윤선오, 홍완식, 정창화, 강영실, 김은영, 김주일, 이진숙, 유임수, 김익성(2005). **독일 사회복지론**. 서울: 앰-에드.

신섭중, 임춘식, 송정부, 고양곤, 김형식, 현외성, 최일섭, 김영화, 나병균, 이상석, 김융일, 김성이(2005). **비교사회복지론**. 서울: 유풍출판사.

심상용(2008). 독일 노동레짐의 지속과 변화에 관한 연구: 협상구조, 노동규제, 복지제도를 중심으로. **사회복지연구**, 38, 165-191.

심상용(2013). 독일 일-가정 양립정책과 젠더레짐 변화에 대한 연구: 최근 부모수당제도의 도입을 중심으로. **한국사회복지학**, 65(3), 265-289.

우승명(2019). 독일 통일과 사회정책의 변화: 공공부조제도를 중심으로. **한독사회과학논총**, 29(1), 3-34.

유광호(2001). **세계의 사회보장: 역사 현황 전망**(전정판). 서울: 유풍출판사.

이정우(1996). 조기퇴직제도의 국제비교와 파급효과 분석. **노동정책연구**, 16(2), 43-70.

이호근(2003). 독일에서의 비정규근로 대책. **국제노동브리프**, 1(1), 73-80.

정기혜, 김용하, 이지현(2012). **주요국의 사회보장제도: 독일**. 세종: 한국보건사회연구원.

정다은(2022a). 독일의 아동 긴급추가수당과 기초생활보장에 관한 논의. **국제사회보장리뷰**, 21, 132-

137.

정다은(2022b). 독일의 시민수당 도입에 관한 논의. **국제사회보장리뷰, 23**, 106-118.

함세남, 이원숙, 김덕환, 김범수, 윤찬중, 서화자, 구종회(1996). **선진국 사회복지발달사**. 서울: 홍익제.

홍승아, 류연규, 김수정, 정희정, 이진숙, Leprince, Jenson., Dulk, Naoko(2008a). **일가족양립정책의 국가별 심층사례연구**. 서울: 한국여성정책연구원.

홍승아, 류연규, 김영미, 최숙희, 김현숙, 송다영(2008b). **일가족양립정책의 국제비교연구 및 한국의 정책과제**. 서울: 한국여성정책연구원.

황규성(2008). 2000년대 독일 노동시장 개혁과 복지국가의 미시적 작동방식 변화. **노동정책연구, 8**(2), 115-147.

황규성(2011). **통일 독일의 사회정책과 복지국가: 통일 20년, 독일인 살림살이 들여다보기**. 서울: 후마니타스.

Alber, J. (2008). Recent Developments in the German Welfare State: Basic Continuity or a Paradigm Shift? (pp. 9-74). In N. Gilbert & Rebecca A. Van Voorhis (Eds.), *Changing Patterns of Social Protection*. New Brunswick and London: Transaction.

Andersen, J. G., & Jensen, J. B. (2002). Different Routes to Improved Employment in Europe (pp. 58-90). In H. Sarfati & G. Bonoli (Eds.), *Labour Market and Social Protection Reforms in International Perspective*. Ashgate: Hampshire, Berlinger.

Bäcker, G. (2021). Income Losses due to the COVID-19 Pandemic and the Benefits of the Welfare State: The Situation in Germany. *Global Social Security Review, 19*, 5-16.

Bäcker, G. (2022). The Recent Pension Scheme Reforms in Response to the Transforming Labor Market in Germany. *Global Social Security Review, 21*, 31-42.

Berlinger, K. (2004). 독일 연방고용청(BA) 및 사회복지법전 II('하르츠특별법 IV') 개혁. **국제노동브리프, 2**(4), 75-81.

Blum, S., Koslowski, A., Macht, A., & Moss, P. (2018). *14th International Review of Leave Policies and Related Research 2018*. DOI: 10.13140/RG.2.2.18149.45284.

BMFSFJ (2019). *Elterngeld, ElterngeldPlus und Elternzeit*. Berlin: BMFSFJ.

Bonoli, G., & Palier, B. (2008). When Past Reforms Open New Opportunities: Comparing Old-Age Insurance Reforms in Bismarckian Welfare Systems (pp. 21-39). In B. Palier & C. Martin (Eds.), *Reforming The Bismarckian Welfare Systems*. Hong Kong: Blackwell.

Brugiavini, A., Ebbinghaus, B., Freeman, R., Garibaldi, P., Holmund, B., Schludi, M., & Verdier, T. (2001). What Do Unions Do to the Welfare States? (pp. 157-291). In T. Boeri, A. Brugiavini, & L. Calmfors (Eds.), *The Role of Unions in the Twenty-First Century*. Oxford and New York:

Oxford University Press.

Daguerre, A. (2006). Childcare Policies in Diverse European Welfare States: Switzerland, Sweden, France and Britain (pp. 211-226). In K. Armingeon & G. Bonoli (Eds.), *The Politics of Post-Industrial Welfare States: Adapting Post-War Policies to New Social Risks*. Oxford and New York: Routledge.

Ebbinghaus, B., & Manow, P. (2001). Introduction: Studying Varieties of Welfare Capitalism (pp. 1-24). In B. Ebbinghaus & P. Manow (Eds.), *Comparing Welfare Capitalism: Social Policy and Political Economy in Europe, Japan and the USA*. London: Routledge.

Fagnani, J. (2012). Recent Reforms in Childcare and Family Politics in France and Germany: What Was at Stake? *Children and Youth Services Review, 34*, 509-516.

Familienkasse-Info. (2023). *Die Familienstartzeit: Sonderurlaub für den zweiten Elternteil geplant.* https://www.familienkasse-info.de/news/kindergeld-und-elterngeld/die-familienstartzeit-sonderurlaub-fuer-den-zweiten-elternteil-geplant-1270.

Fleckenstein, T. (2011). The Politics of Ideas in Welfare State Transformation: Christian Democracy and the Reform of Family Policy in Germany. *Social Politics, 18*(4), 543-571.

Fuchs, S., & Schettkat, R. (2000). Germany: A Regulated Flexibility (pp. 211-243). In G. Esping-Andersen & M. Regioni (Eds.), *Why Deregulate Labour Markets?* Oxford and New York: Oxford University Press.

Hussel, A. (2001). The Governance of the Employment-Welfare Relationship in Britain and Germany (pp. 146-168). In Ebbinghaus, B. & Munow, P. (Eds.), *Comparing Welfare Capitalism Social Policy and Political Economy in Europe, Japan and the USA*. London: Routledge.

Jacobi, O., Keller, B., & Muler-Jentsch, W. (1998). Germany: Facing New Challenges (pp. 190-238). In A. Ferner & R. Hyman (Eds.), *Changing Industrial Europe* (2th ed.). London: Blackwell.

Kitschelt, H. (2001). Partisan Competition and Welfare State Retrenchment: When Do Politicians Choose Unpopular Policies? (pp. 264-302). In P. Pierson (Ed.), *The New Politics of the Welfare State*. Oxford: Oxford University Press.

Konle-Seidl, R., Eichhort, W., & Grienberger-Zingerle, M. (2007). *Activation Policies in Germany: From Status Protection to Basic Income Support*. IAB Discussion paper, No. 6.

Leisering, L. (2001). Germany: Reform from Within (pp. 161-182). In P. Alcock & G. Craig (Eds.), *International Social Policy*. New York: Palgrave Macmillan.

Leitner, S. (2010). Germany Outpaces Austria in Childcare Policy: The Historical Contingencies of

'Conservative' Childcare Policy. *Journal of European Social Policy, 20*(5), 456-467.

Lourdelle, H. (2002). The Future of Trade Union Organizations in Social Protection (pp. 414-430). In H. Sarfiti & G. Bonoli (Eds.), *International Perspective: Parallel or Converging Tracks?* Ashgate: Hampshire.

Manow, P. (2001). Business Coordination, Wage Bargaining and The Welfare State: Germany and Japan in Comparative Historical Perspective (pp. 27-51). In B. Ebbinghaus & P. Manow (Eds.), *Comparing Welfare Capitalism: Social Policy and Political Economy in Europe, Japan and the USA*. London and New York: Routledge.

Manow, P., & Seils, E. (2000). Adjusting Badly: The German Welfare State, Structural Change, and the Open Economy (pp. 264-307). In Fritz W. Scharpf & Vivien A. Schmidt (Eds.), *Welfare and Work in the Open Economy: Volume II. Diverse Responses to Common Challenges*. Oxford and New York: Oxford University Press.

Muehler, G. (2008). *Institutional Childcare: An Overview on the German Market. Center for European Economic Research* (ZEW) Discussion Paper 08-077.

Myles, J., & Pierson, P. (2001). The Comparative Political Economy of Pension Reform (pp. 325-333). In P. Pierson (Ed.), *The New Politics of the Welfare State*. Oxford: Oxford University Press.

Natali, D., & Rhodes, M. (2003). *The 'New Politics' of the Bismarckian Welfare State: Pension Reforms in Continental Europe*. EUCE Conference Paper October.

OECD (2019). *Pensions at a Glance 2019: OECD and G20 Indicators. Paris: OECD Publishing*. https://doi.org/10.1787/b6d3dcfc-en.

Palier, B. (2010). Continental Western Europe (pp. 601-615). In Francis G. Castles, S. Leibfried, J. Lewis, H. Obinger, & C. Pierson (Eds.), *The Oxford Handbook of the Welfare State*. New York: Oxford University Press.

Rimlinger, G. (1971). *Welfare Policy and Industrialization in Europe, America, and Russia*. New York: Weiley.

Sarfati, H., & Bonoli, G. (2002). Introduction: Tight Constraints, New Demands and Enduring Needs: Addressing the Labor Market versus Social Protection Challenge (pp. 1-7). In H. Sarfiti & G. Bonoli (Eds.), *Labour Market and Social Protection Reforms in International Perspective: Parallel or Converging Tracks?* Ashgate: Hampshire.

Schmähl, W. (2003). Private Pensions as Partial Substitute for Public Pensions in Germany (pp. 115-143). In G. L. Clark & N. Whiteside (Eds.), *Pension Security in the 21st Century*. Oxford: Oxford University Press.

Schmidt, M. (2006). Employment, the Family, and the Law: Current Problems in Germany. *Comparative Labor Law and Policy Journal, 27*(45), 451–486.

Schneider, N. F., & Bellinger, M. M. (2023). Fertility Trends and Family Policy in Germany: How are they related?. *Global Social Security Review, 26*, 16–24.

SSA (2014). *Social Security Programs Throughout the World: Europe, 2014*. Washington: SSA Publication.

SSA (2018). *Social Security Programs Throughout the World: Europe, 2018*. Washington: SSA Publication.

Thelen, K., & Kume, I. (2003). The Future of Nationally Embedded Capitalism: Industrial Relations in Germany and Japan (pp. 183–211). In K. Yamamura & W. Streeck (Eds.), *The End of Diversity?: Prospects for German and Japanese Capitalism*. New York: Cornell University Press.

Wahl, von A. (2008). From Family to Reconciliation Policy: How the Grand Coalition Reforms the German Welfare State. German Politics and Societies, *Issue 88, 26*(3), 25–49.

Wood, S. (2001). Labour Market Regimes under Threat? Sources of Continuity in Germany, Britain, and Sweden (pp. 368–409). In P. Pierson (Ed.), *The New Politics of the Welfare State*. Oxford: Oxford University Press.

Wurzel, E. (2006). *Labour Market Reform in Germany: How to Improve Effectiveness*. ECO/WKP, 40.

국민연금관리공단 http://www.nps.or.kr.

독일통계청홈페이지 Statistisches Bundesamt(Destatis)

OECD 홈페이지 https://stats.oecd.org(Pensions at a Glance)

프랑스 사회복지의 역사

1. 프랑스 사회복지의 역사적 전개

프랑스에서 공식적인 제도로서의 사회복지체계는 20세기 중반에 형성되었으나, 중세부터 20세기에 이르는 동안 정치, 경제, 종교 등 사회변화에 따라 다양한 빈민구제단체와 구제정책이 존재하였으며, 이러한 전통을 바탕으로 프랑스 사회복지제도의 기초가 형성되었다(나병균, 2001). 지난 20년간 프랑스 사회복지제도는 큰 변화를 경험해 왔다. 그리고 최근 들어서는 더욱 근본적인 개혁이 이루어지고 있는 것처럼 보인다. 하지만 이는 갑작스럽게 나타난 개혁이라기보다 지난 수십 년간 누적된 크고 작은 수많은 개혁의 효과라고 말할 수 있을 것이다. 그리고 이러한 개혁들은 2차 세계대전 이후 구축된 현 사회복지체계가 빠르게 변화하는 경제 · 사회 현실과 충돌하며 만들어 낸 결과물일 것이다. 이는 결국 프랑스 사회복지제도의 역사적 변천 과정을 통해 이해해야 할 문제이다.

1) 자선의 시대

프랑스 역사에서 빈곤은 긴 역사를 가지고 있다. 그러나 빈곤과 빈민 집단에 사회가 개입하기 시작한 것은 기독교 전파 이후로 알려져 있다(Lallemand, 1910). 기독교에서는 이웃을 사랑하라고 가르치고 어려운 이웃을 돕도록 장려한다. 중세시대 사회보호의 기본 단위는 교구였다. 그리고 빈민과 부랑인은 사회로부터 환영받는 존재였다. 이들은 평생을 신의 존재를 찾아 전국을 떠돌며 생활하는 순례자들과 동일시되었으며, 모든 교회와 수도원에서는 문을 활짝 열고 이들을 환대하였다.

자선은 종교적 동기에 의해 빈민을 돕는 것을 말한다. 자선의 논리는 단순한 것이 매우 흥미롭다. 신은 돈이 많은 사람의 기도소리보다는 빈민의 기도소리를 더욱 경청한다. 따라서 돈이 많은 사람이 구원받기 위해서는 빈민에게 자선을 베풀어야 한다. 부자의 금전적 혹은 물질적 도움을 받은 빈민은 신에게 이를 알리고 부자의 구원을 위해 기도하며, 빈민의 기도소리를 경청한 신은 부자를 구원한다는 논리이다. 중세시대 사회는 빈민을 앞다투어 도와줌으로써 빈민 집단은 어느 시대보다도 적극적으로 보호되었다.

2) 공공부조의 시대

공공부조는 자선의 세속화로 이해할 수 있다. 유럽의 역사에서 16세기는 상공업의 부활과 절대왕권 대두의 시대였다. 상공인의 지원에 의한 절대왕권의 강화는 바티칸의 교황을 능가하리만큼 커졌고 빈민에 대한 보호는 교회에서 절대왕권의 손으로 넘어갔다. 빈민은 이제 사회로부터 환영받는 존재가 되지 못하였고 오히려 사회질서를 위협하는 성가시고 귀찮은 존재로 바뀌었다.

첫 번째 세속화 노력은 프랑수아 1세 때 있었던 '빈민 사무소'이다. 이 기관은 현재의 코뮌 사회복지센터(CCAS)의 기원이다. 영국에서는 「엘리자베스 빈민법(Poor Law, 1601)」이 16세기 말 「빈민법」을 집대성한 총괄적 형태의 법으로 기록된다. 프랑스의 빈민 사무소와 영국의 「빈민법」은 절대왕권 주도로 지방자치단체가 해당 지역의 빈민에 대한 공식적 책임을 천명한 최초의 노력으로 이해할 수 있다. 파리 지역에는 오텔 디외(Hotel Dieu)가 민간서비스로 전환되었다. 그 이후 모든 대도시마다 오피탈 제네랄(Hopital General)이 세워졌고 왕이 임명한 검사에 의해 운영되었다.

18세기 말부터 19세기 초 사이, 프랑스 혁명기에는 역사상 처음으로 부조의 권리 개념이 출현하였다. 몽테스키외(Montesquieu)는 『법의 정신』에서 "길거리에서 나눠 주는 동냥과 자선으로 국가의무가 이행되었다고 볼 수 없다."라고 하였다. 1790년에는 혁명세력에 의해 '구걸방지위원회'가 결성되었고, 프랑스 제1공화국 헌법(1791년 9월 3일 공포) 제1조는 "유아나 기아를 양육하고 병약자를 부양하고 노동 가능한 빈민에게 노동 기회를 제공할 목적으로 공공구호 총괄본부를 조직한다."라며 부조에 할애되어 있다. 1793년 정비된 헌법에는 "사회는 시민에게 노동의 기회를 제공해 주거나 생존수단을 보장해 줌으로써 생존을 보장해 주어야 한다."라고 규정하였다.

이러한 프랑스 혁명기의 새로운 부조이념은 보호 대상자 권리개념에 기초한 이상적인 것이었지만 「실정법」과 사회복지제도로 구체화되지 못하고 끝나 버렸다. 이어 나폴레옹 집권 이후 국가는 사회권 실현에 관심을 두지 않았고 프랑스 혁명세력이 만든 사회권 이념은 계승되지 못한 채 거의 한 세기를 지나다가[1] 19세기 말 제3공화정에서 부활하였다.

프랑스 제3공화정(1871~1939년)은 사회보호 발달에서 매우 중요한 시기이다. 빈민에 대한 관심과 공공부조 중심의 사회보호 정책을 말하면서 레옹 부르주아의 연대주의에 주목하지 않을 수 없다. 그는 사회구성원 간의 관계를 연대의 관계로 정의하고 사회구성원 전체가 연대적 관계 속에서 지내야 하고 또 지내고 있다고 주장하였다. 그에 따르면 가장 유복한 사회구성원은 가장 빈곤하고 빚이 많은 사회구성원에게 빚을 지고 있다는 것이다. 따라서 빈곤한 사회구성원에 대한 부유한 사람의 일종의 의무가 존재하는데, 이것이 공공부조제도로 구체화되는 것이다. 따라서 부르주아는 빈곤문제 대안으로서 국가의 적극적 정책과 제도, 특히 공공부조의 현대화, 활성화가 필요하다고 역설하였다.

19세기 말 제3공화정이 추진한 복지개혁은 교육 개혁과 함께 매우 강력하고 강도 높게 진행되었다. 이들 개혁을 뒷받침하는 공화주의 이념은 프랑스 혁명에서 근원을 찾을 수 있는데, 복지개혁과 교육 개혁의 기본이 되었다. 1890년대부터 부조체계의 전면적 재구조화가 이루어졌다. 현대적 공공부조 입법이 들어서게 된 것은 1889년 파리 공공부조 국제회의가 채택한 공공부조 헌장이 그 효시가 된다.

3) 사회보험의 시대

독일에 비해 프랑스는 30여 년이 지난 이후 사회보험이 제도화되었다. 프랑스 최초 형태의 사회보험은 1910년의 노동자와 농민을 위한 퇴직연금(일명 ROP)이다. 그러나 이 제도는 노령이라는 사회적 위험에 대한 사회보험으로서 당연히 유지되어야 할 조건, 즉 대상자의 강제가입과 보험료 납부의 의무가 개인의 자유를 침해한다는 이유로 법원의 위헌 판결을 받은 이후 의무가입 조항을 삭제함으로써 가입자 수가 급감하는 현상을 겪었고, 결국 실패한

1) 19세기 부조 역사에서 하나의 예외적인 복지입법으로 간주되는 1838년의 「정신질환자법」을 빼놓을 수는 없다. 이 법은 지역마다 1개씩 정신질환자 수용시설을 설치하도록 규정하고 있다.

제도로 끝나 버렸다. 19세기 말 산업재해 보상의 책임 개념을 중심으로 전개된 의회논쟁은 결국 1898년 「산재보상법」으로 귀결되었다. 산업재해 보상에 대한 기업주 책임을 규정한 「산재보상법」은 사법이 정하고 있는 과실 책임주의에서 탈피하여 산업재해 보상에 대한 전적인 기업주 책임을 규정하는 내용이며, 오랜 의회 논쟁을 거친 끝에 공포되었다. 그러나 보상제도로서 사회보험 원칙의 적용은 정치적 협상과정에서 삭제되었다. 그런 이유로 하츠펠드는 당시의 「산재보상법」을 정치적 타협의 산물로 규정하고 있다(이은주, 2020).

하지만 국가는 노동자 및 가족의 경제생활 안정 문제에 무관심하였다. 국가는 노동자의 공제조합을 대상으로 재정적 지원을 하거나(1850년 「공제조합지원법」), 국립 노령 퇴직공단(1850)을 설치 및 운영하는 등의 방법으로 노동자의 개인적이고 임의적인 대비책을 장려하고 보조하는 데 그쳤다. 빈곤자에 대한 국가의 채무, 노동자계급의 경제생활 안정 보장에 관한 국가의무 등은 19세기 말부터 진보적 성향의 공화파 의원을 중심으로 논의되기 시작하였다. 19세기 말 무렵부터 국가의 무간섭주의는 노사 간의 대립 심화와 노동자계급의 요구 증대에 의한 압박으로 점차 변화하기 시작하였다.

프랑스의 노동자를 대상으로 한 포괄적인 사회보험제도가 제도화된 것은 제3공화정 기간에 해당하는 1928~1930년(「사회보험법」, 1930년 7월 1일) 기간에 와서의 일이다. 프로이센과의 전쟁(보불전쟁)에서 패배함으로써 독일에게 양도하였던 알자스와 로렌 지역이 제1차 세계대전 승리로 프랑스 영토에 환원됨에 따라 그동안 독일 사회보험에 가입되어 혜택을 누렸던 알자스와 로렌 지역 노동자의 사회보험 권리를 유지할 것이냐를 둘러싸고 의회에서 논의가 전개되었다. 결국, 이 지역 노동자를 포함한 전국의 노동자로 확대하여 포괄적 제도로 만들어 사회보험 권리를 확대하는 방향으로 결정되며 의회 논쟁이 마무리되었다. 1930년 프랑스 사회보험제도는 일정 소득수준 미만의 상공업 부문 임금근로자를 대상으로 질병, 노령, 산업재해 등 포괄적인 사회적 위험에 대해 보상하는 것을 내용으로 하였다. 사회보험의 일선 공단은 노사동수의 대표로 구성된 위원회가 운영하도록 규정하였다(이은주, 2020). 사회보험 관련 입법(1898, 1910, 1930년)의 의회 통과는 프랑스의 현대 복지국가 진입으로 이어졌다.

20세기 들어 계속되는 산업화로 임금근로자 집단이 확대되고 가족 부담 등 새로운 사회적 위험에 대한 급여가 신설됨에 따라 사회보험의 적용범위가 점차 확대되었다. 프랑스 가족수당은 모든 가정을 대상으로 포괄적인 급여와 서비스를 제공하는 제도로 알려져 있다. 이 제도는 19세기 말 교황 레옹 13세가 회장을 통하여 발표한 '정당한 봉급(juste salaire)'의 개념을 기업 내에서 자발적으로 실천코자 하였던 일군의 기업주로부터 시작되었다. 가족수당이 전 인구로 보편화된 것은 1930년대 초 가족수당제도가 국가의 출산장려 인구정책과 결합하면서부터다. 가족수당은 1945년 성립된 프랑스 사회보장체계 안에 정착되었다.

4) 사회보장의 시대

제2차 세계대전 중에 시작된 프랑스 사회보장 계획은 베버리지보고서에 나타난 사회보장 개념으로부터 많은 영향을 받았다. 사회보장의 원칙으로서 보편성과 단일성의 원칙이 대표적이다. 이 계획에는 종전의 프랑스 사회보험제도가 추구해 온 고유한 원칙도 있다. 국가에 의한 사회보장제도 운영을 원칙으로 하는 베버리지 사회보장의 경우와는 판이하게, 프랑스의 제도는 가입자에 의한 자치를 원칙의 하나로 제시하고 있다.

1945년 발표된 프랑스 사회보장안은 아래에 열거된 3대 원칙을 포함하고 있다. 보편성의 원칙, 단일화의 원칙 그리고 (사회적) 민수수의(democratie sociale) 원칙이다. 첫째, 보편성의 원칙은 모든 사회적 위험에 대비한 경제생활 보장정책을 강구하는 급여를 제공하고 가입 대상자 범위도 전 국민으로 확대한다는 의미이다. 둘째, 단일화의 원칙은 종전까지 난립한 인상을 주던 각종 사회보험공단을 정리하고 국민연대의 원칙에 기초하여 일원화된 보상체계를 확립한다는 의미이다. 그러나 사회적 위험으로서 실업은 계획의 원안에 포함되지 않았던 연유로 사회보장의 사회적 위험 범위에서 제외되었다. 셋째, (사회적) 민주주의 원칙의 실현이란 새로이 설립되는 사회보장제도의 운영을 가입 대상자 대표에게 맡긴다는 의미이다. 구체적으로 일선 사회보장공단의 이사회는 가입 대상자 대표로 구성되는 것을 원칙으로 하였다.

1945년 10월 4일 「사회보장조직에 관한 법」 제1조를 보면 이상에서 열거한 프랑스 사회보장안의 목표가 요약되어 있음을 알 수 있다. 사회보장제도는 노동자와 그들 가족의 소득을 감소하거나 상실케 하는 모든 종류의 위험 그리고 출산 및 가족부양의 부담으로부터 보호함을 목적으로 한다. 사회보장조직은 향후 여러 사회보험, 예컨대 임금근로자, 연금, 산업재해 보상 및 가족수당 등에 관한 법률이 정하는 바에 따라 급여서비스를 실시한다. 1945년과 1946년의 관계 법령에 의하여 노동자 및 가족의 생활에 영향을 미치는 각종 사회적 위험이 보호의 대상에 포함되었다.

질병, 출산, 노령 및 사망 등의 보상을 위한 사회보험에 관한 규정(1945), 전 국민을 대상으로 하는 가족수당에 관한 규정(1946), 산업재해의 치료와 예방에 관한 규정(1946)에 관한 세 법령은 향후 프랑스 사회보장제도가 대상으로 하는 포괄적 사회적 위험의 범위를 규정한 것이다.

2. 프랑스 사회복지제도 및 사상

1) 제3공화정의 사회적 현황과 특성

프랑스 역사에서 제3공화정은 1871년부터 1939년까지 자그마치 68년이란 긴 기간 지속된 정치체제로서 역사학적인 관점에서 다양한 의미를 지닌다고 할 수 있다.

첫째, 프랑스 제3공화정은 정치적 · 사회적 혼란기였던 19세기를 지내고 난 후, 1789년 프랑스 대혁명에서 구체화된 정치적 이데올로기로서의 공화주의가 국가제도의 차원에서 실현되고 확립되는 시기인 동시에 현대 국가로서의 프랑스가 탄생되는 시점이기도 하다. 둘째, 이 시기는 교육 부문에서 기존의 기독교 교육에서 벗어나 공화주의 이념에 입각한 교육이 시행되는 교육 혁명의 시기였다. 이른바 「쥘 페리 법」(1891)의 제정으로 프랑스는 공화주의 이념에 기초한 대중교육과 더불어 전 국민에게 보편적이고 무상으로 제공되는 의무교육이 실시되기 시작하였다. 셋째, 복지개혁이다. 이미 두 세기 전인 18세기 말, 프랑스 대혁명을 이끈 혁명가들은 제1공화국 헌법의 제정과 1791년의 인권선언을 통해 실업자 집단을 겨냥한 노동권의 보장(일자리 제공)과 빈곤자 집단에 대한 생존권의 보장(기초생활보장)을 국가의 의무로 규정하였다. 국민은 복지국가 수혜자로서의 권리를 가졌고, 권리 구현의 주체로서 국가는 사회복지 법과 제도들을 만들 의무가 있었다. 이러한 사회복지제도들이 정착된 것은 제3공화정 때의 일이고, 이와 같은 정책과 제도들은 프랑스 복지국가의 사회정책과 사회보장제도로 계승 · 발전하게 된다. 이러한 의미에서 제3공화정은 프랑스 역사에서 분수령이 되는 시기인 것이다. 마지막으로, 프랑스 제3공화정은 19세기 말과 20세기 초반을 아우르는 시기, 즉 세기말적 분위기와 새로운 시대에 대한 기대가 교차하는 시기에 존재한 체제라는 점에서 의미가 크다. 프랑스에서 이 시기는 '아름다운 시절'이라는 의미의 '벨 에포크'에 해당하는 시기로서 다양한 이념이 생겨나고 미래 사회에 대해 기대와 희망이 충만했던 시기다. 이런 점에서 당시 프랑스 사회는 20세기의 한류 등과 더불어 미래 사회에 대한 사회구성원들의 기대와 희망으로 점철된 오늘날의 한국 사회에 비견할 만하다(나병균, 2013).

스톤(Stone)에 따르면 제3공화정에서는 사회의 산업화, 의회민주주의, 대중적 평등이데올로기의 확산 등으로 인하여 사회개혁 입법이 발의되고 논의되도록 강제하는 분위기가 형성되었다. 또한 연합화되고 조직화되는 노동계급의 출현으로 말미암아 남성 보통 선거제도와 공화주의가 시험대에 오르게 되었다. 이러한 상황에서 사회개혁이 노사 갈등과 같은 새로운 사회문제에 대한 한 가지 대응방법으로 부각되기에 이르렀다. 부르주아지의 공통된 관심사는 사회평화를 창조하는 것이었다. 다시 말해서, 산업현장에서 노사갈등을 줄여 공장이 지속적으로 돌아가도록 하고 폭력과 범죄가 없는 사회를 구현하는 것이 그들의 궁극적인 목표였다(Stone, 1985). 부르주아 사회개혁가들은 공화주의와 연대주의 이념으로 무장한 정치 엘리트들이었다. 이들은 제3공화정 초기(1870년대와 1880년대)에는 정치적 영향력이 미미하였으나 1890년에서 1910년 동안에는 급진 공화주의 진영을 이루어 제3공화정 정치무대의 주역으로 성장하게 되었다.

2) 공제조합의 발달

영국과 비교하여 프랑스의 산업화는 약 1세기 후인 19세기 후반에서야 본격적으로 이루어진다. 하지만 19세기 초반부터 산업화로 인한 여러 징후가 나타난다. 즉, 무산자계급의 열악한 생활을 초래하는 원시적 자본축적, 임금생활자 체계의 등장, 불완전고용, 실업, 저임금현상이 이미 나타나기 시작했으며, 이러한 현상은 결국 개인저축, 가족 혹은 지역 연대에 의한 생활보장을 불가능하게 만들었다. 아울러 공장의 재해, 질병, 실직 등은 이러한 상황에서 하나의 재앙으로 다가왔다. 반면, 이미 언급한 대로 부조를 위한 국가개입 정도는 여론 차원에서나 정책적으로 매우 제한적이었다.

이러한 상황에서 당시 무산자계급, 임금생활자 및 그 가족의 생활보호장치(오늘날 의미에서의 사회보장) 여부 및 운영방법을 살펴보면 다음과 같다.

첫째, 저축은행의 설립을 들 수 있다. 이는 예방보호조치의 하나로서 자유주의자들이 선호했던 방법으로, 1835년부터 발전하기 시작하여 프랑스 제2제정 때 절정을 이루었다. 하지만 일반 임금생활자들의 관심을 모으지 못했던 것이 한계였다. 둘째, 사용주 주도로 만들어진 보호체계를 들 수 있다. 흔히 사용주기금 혹은 구호기금으로 불리는 이 체계는 기업체별로 기금을 설치하고 고용인의 산업재해, 질병 혹은 퇴직 시 약간의 혜택을 부여하는 것을 내용으로 하고 있다. 재원은 노사 양자 부담으로 하는데, 이것이 많이 조직된 업종은 산업재해 가 빈번한 광산과 탄광업체(산업재해 보상을 위한 사용주기금), 철도 분야(퇴직 대비 사용주기금) 등이었다. 기본적으로 사용주기금의 운영 목적은 사용주 입장에서 필요한 양질의 노동력 확보로서 현재의 관점에서 보면 기업복지(좁은 의미)의 성격이 짙다고 할 수 있다(Rigaudiat, 1997).

19세기에 운영되었던 세 번째 보호체계는 공제조합이다. 이는 1830년대부터 빈곤, '개인주의 및 경쟁의 악'에 대처하기 위한 목적에서 근로자들 스스로 조직한 것이다. 프랑스 대혁명 당시 제정된 동업조합 및 단체 설립 금지를 내용으로 하고 있는 알라드 명령과 르 샤플리에 법에 의해 법적으로 금지된 조직임에도 불구하고 공제조합의 수는 점점 증가하여 1841년에는 200개를 기록하였다. 이후 1848년의 2월 혁명과 1850년의 「공제조합지원법」이 제정된 이후 비약적인 발전을 기록, 1852년에는 2,438개의 공제조합에 27만 1,000명이 가입했고 1863년 기준 4,721개에 67만 6,000명이 가입한 것으로 집계되었다. 이러한 양적 증가는 1898년의 공제조합 설립 자유에 관한 법이 제정된 후 더욱더 급증하여 1913년에는 540만명이 가입하였는데, 이 수는 당시 전체 임금생활자 수에 버금가는 것이다(Rigaudiat, 1997).

공제조합의 활동은 크게 두 가지로 분류된다.

첫째, 노동운동, 동업조합의 결성이 법적으로 금지되어 있던 상황하에서 실질적인 노동운동을 주도하였다. 즉, 임금인상 요구, 노동시간 단축 요구 등의 근로자 권익을 보호하기 위한 운동을 전개하면서 때로는 파업을 주도하기도 하였다. 둘째, 사회보험, 사회보장제도가 없던 시기에 그 기능을 대신하는 역할을 수행하였다. 즉, 공제조합 가입자들은 정규적으로 소득의 일정액을 적립하여 기금을 형성하고, 가입자 및 그 가족들의 사회적 위험 발생시 정해진 약관에 따라 일정액을 지급함으로써 생활을 보호할 수 있도록 하였다. 당시 공제조합의 보호 사회적 위험은 노령과 질병이었는데, 질병이 주요 보호대상이었다(김근홍 외, 2011).

한편, 이러한 공제조합에 의한 근로자 보호체계는 몇 가지 의미가 있다.

첫째, 역사적으로 사회보험이 본격적으로 실시되는 1930년대까지 공제조합은 하나의 사회보장의 보조 역할을 수행하고 있다. 둘째, 이념적으로 공제조합은 근로자들에 의해서 운영됨으로써 19세기 당시를 지배하였던 국가무개입주의, 자유주의사상을 반영하는 제도라는 점이다. 어떤 의미에서 보면 공제조합은 19세기 당시 근로자의 생활보호체계 도입의 필요성과 전통적인 국가무개입주의 사이에서 창안된 하나의 절충적인 형태로 볼 수 있다. 셋째, 운영 기술 차원에서 공제조합의 재정확보 방식이나 지출 방식은 프랑스 사회보장제도의 그것과 기본적으로 동일하다는 것이다. 즉, 가입자의 기여금 납부에 의한 급여 제공으로서 이는 보험 원리에 입각한 프랑스 사회보장과 다를 바 없다. 넷째, 그럼에도 불구하고 실질적인 생활보호제도로서는 공제조합의 한계를 지적하지 않을 수 없다. 즉, 저기여에 의한 저급여로서, 특히 노후의 생활보장 수단으로서는 기본적인 한계를 지니고 있었다(김근홍 외, 2011).

3) 연대주의

복지사상과 관련하여 프랑스를 대표하는 전통적 사상으로서 연대주의에 주목할 필요가 있다. 시기적으로 프랑스에서 연대주의가 하나의 공식적인 이데올로기로 자리 잡기 시작한 것은 1871년부터 시작되는 프랑스 제3공화정 때다. 프랑스 제3공화정 시기를 한마디로 표현하면, 정치적으로뿐만 아니라 이데올로기적으로 매우 혼돈의 시대였다. 이때 제3공화정의 독트린으로서, 좌익통합 이데올로기로서, 프랑스 대혁명의 자유, 평등, 박애사상을 대체하는 국민 사상으로서, 더 나아가 당시 무너져 가는 제3공화정을 구하는 구국의 사상으로 등장한 것이 바로 연대주의다(Brigitte, 2008).

사실, 연대주의 성립의 역사는 프랑스 제3공화정 이전으로 거슬러 올라감에도 불구하고 정치적 이데올로기로서 연대주의가 프랑스에 정착하게 된 것은 1896년 이후로 보는 것이 적절하다. 그 이유는 당시의 유명한 정치가이자 사회주의자였던 레옹 부르주아(Léon Bourgeois)가 연대주의를 이론적 · 사상적으로 정리한 『연대(Solidarite)』라는 저서가 발간된 때가 1896년이기 때문이다. 레옹 부르주아는 1851년에 태어나 1925년에 작고한 정치가, 행정가, 민간단체의 주요 지도자이자 이론가다. 그의 활동시기는 프랑스 제3공화정 시기로서, 그는 25세의 젊은 나이에 부지사로 공직을 시작하여 도지사, 장관을 거쳐 수상을 역임한 화려한 경력의 소유자다. 그뿐만 아니라 좌익 연대를 위해 각고의 노력을 아끼지 않은 좌익 진영 당의 지도자이기도 하다. 그리고 그가 정립한 연대주의는 프랑스 국내뿐만 아니라 국제적인 평화체제 구축에 공헌한 업적이 인정되어 1920년에는 노벨 평화상을 수상하기도 하였다.

레옹 부르주아가 생각하는 연대, 연대주의를 한마디로 요약하면 '국민들 스스로 현재 각자 삶의 위치, 즉 경제적 · 사회적 위치를 생각할 때 이에 도달하기까지에는 타인 혹은 사회에 기인하는 바가 큼을 인정하는 사상'이다. 즉, 경제적 · 사회적으로 높은 지위에 있는 사람은 사회 혹은 타인, 특히 빈자, 하층계급의 사람들이 있었기에 오늘날의 위치에 올 수 있었다고 인정하고, 반면 경제적 · 사회적으로 낮은 지위에 있는 사람은 이의 원인을 일정 정도 사회 혹은 타인에 있었다고 판단하는 것을 정상적으로 보는 사상이다(Ludovic Vievard, 2011). 여기서 레옹 부르주아는 세 가지 부문에 걸쳐 그의 사상을 발전시킨다.

첫째, 사회부채이론이다. 즉, 앞의 관점에서 사회는 사회구성원에 대해서 긍정적인 의미에서건, 부정적인 의미에서건 그의 출생뿐만 아니라 이후의 시간적 · 공간적 조건 지움에 대한 책임을 지고 있다는 것이다. 이는 개인과 사회 간의 관계에 관한 것이다.

둘째, 사회구성원 간의 상호 사회부채의 존재를 강조한다. 레옹 부르주아의 이러한 사상의 기원은 루소의 사회계약설에 근거하고 있다. 그럼에도 두 가지 점에서 두 이론은 차이를 보인다. 첫째, 루소의 사회계약설은 내재적 계약, 즉 선험적으로 주어진 계약의 성격을 강조하는 데 반해, 레옹 부르주아는 계약 자체보다도 계약의 내용에 더 초점을 맞춘다. 의무, 권리의 규정, 평등 보장 등의 계약이 구체화될 때 비로소 계약은 존재 의미를 가진다고 강조한다. 이른바 '준계약'의 중요성을 부각하고 있는 것이다. 둘째, 루소의 사회계약론이 개인권의 완전한 양도를 의미한다면, 레옹 부르주아는 부분적 양도를 주장한다. 즉, 상호 사회부채 관점에서 사회에 대한 개인의 권리 양도, 개인과 개인 간의 권리 양도가 완전한 성격이 아닌 제한적 성격을 가지고 있다는 것이다. 이러한 그의 생각은 급진적 사회주의자로부터 절충적 사회개혁주의라고 비판받기도 하나 기존에 양립 불가한 것으로 간주되어 왔던 독립과 보호, 자율과 원조(부조) 간의 관계를 초월하고자 시도하는 의도에서 비롯되었다는 점에서 의의가 크다고 할 수 있다.

셋째, 국가 역할에 관한 부분이다. 주지하다시피, 19세기에 걸쳐 프랑스를 지배하였던 국가사상은 사회문제에 대한 국가 무개입 혹은 소극적 개입주의였다. 이에 반해 레옹 부르주아는 연대주의에 기초하여 국가 역할을 강조한다. 즉, 시간적 · 공간적 연대에 기초한 준계약을 지지하고, 사회부채 지급을 강화하고 사회부정을 치유하는 데 국가의 역할이 중요하다는 것이다. 구체적으로 사회구성원에 대한 소득보장, 「사회법」의 제정, 조세체계의 정비 등에 국가 개입 및 역할이 필요하다고 주장하며, 법 제정을 통한 혁명을 제시하고 있다. 하지만 여기서 분명히 해야 할 것은 사회에 대한 국가의 일방적 지배, 개입에 대해서는 반대하고 있다는 것이다. 오히려 그는 자발적 시민단체의 활동, 생산자–소비자 연계 조합의 창설을 지지하는 등 사회의 자생적 활성화를 동시에 지지하였다.

그의 연대주의는 관련 분야의 정책 제시를 통해 구체화되었다. 그는 1891년에 이미 연금 및 공적 부조 실시를 주장하였으며, 1893년에는 스스로 사회보험심의위원장이 되었다. 아울러 당시의 대표적인 논쟁의 하나였던 징세방법을 둘러싼 자유주의파와 민주주의파(연대주의자) 간의 논쟁에서, 그는 누진세로의 변경 및 상속세의 신설을 주장하기도 하였다. 이렇게 레옹 부르주아에 의해 정립된 연대주의는 제3공화정시대의 이데올로기적인 혼란기의 절충적 이데올로기로서, 어떤 의미에서는 사상적 공황기의 대체 이데올로기로 등장하여 「사회(복지)법」 등의 제정 및 제정과정에 많은 영향을 미쳤다.

4) 가족수당제도

프랑스 사회복지제도의 특징을 꼽으라면 가족수당제도(1932)의 조기 도입과 발전을 들 수 있을 것이다. 프랑스를 대표하는 사회복지제도 중 하나로서 가족수당제도가 전국적으로 실시된 것은 1932년이다(1932년 3월 11일자 「가족수당에 관한 법」). 하지만 이 제도가 최초로 실시된 것은 1918년으로 프랑스 남부의 이제르 지방의 의원이자 경영주였던 로마네트(Jules Romanet)에 의해서였다. 이후 그러노블 전 지역으로 확산되었다.

가족수당제도의 도입과정에서 흥미로운 점은 초기에는 경영주 집단의 주도로 시행되었다는 점이다. 사실 경영주 집단은 제1차 세계대전 발발 이전부터 유사한 급부를 피용자들에게 지급했었다. 방식은 자녀의 양육 부담을 지는 피용자에 대해 통상임금 외의 초과임금 형태로 지급되었다. 경영주 집단이 이러한 제도의 실시를 고려하게 된 데에는 세 가지 배경이 있었다.

우선, 프랑스 경영주의 전통적인 이데올로기인 가부장주의(온정주의)를 들 수 있다. 즉, 사업장을 하나의 가정으로 간주하고, 고용인은 단순히 근로계약에 기초한 고용인이 아니라 가족의 구성원으로서 그리고 고용주는 가족 부양 책임자로 여기는 관념이 전통적으로 강했다. 둘째로, 노무관리의 수단으로서 가족수당 제도가 고려되었다. 즉, 가족수당의 지급은 노동자의 노동의욕을 향상해 효과적인 노무관리의 수단으로 유효하다는 것이 당시 경영주에 의해 인정되었다(윤찬중, 1996). 셋째, 경기 활성화 차원에서 적절한 제도로 인식되었다. 즉, 가족수당의 지급은 소비를 촉진하며 이는 결국 생산 및 투자의 활성화로 연결될 것이라는 것이다(김근홍 외, 2011).

1980년 초반부터 영유아정책은 모성의 취업을 돕는 정책과 가족수당 형태의 유아에 대한 금전적 지원을 함으로써 여성이 아동양육과 가정 밖 노동 사이에서 자유로운 선택을 하도록 유도하는 정책을 병행해 나아갔다. 결과적으로, 다양한 형태의 가족수당 급여가 발전하였다. 1980년 후반과 1990년에 가족정책의 개혁은 여성의 일-가정 양립을 돕기 위하여 한편으로는 직장 탁아소를 비롯한 아동보육 인프라를 강화하고 다른 한편으로는 유급 출산, 육아휴가제도, 영유아 대상으로 제공되는 다양한 형태의 가족수당이 소위 여성의 '자유로운 선택(libre choix)'이라는 명분 아래 제공되었다. 그러나 이 다양한 형태의 가족수당은 암묵적으로 실업률을 줄이기 위해서 노동시장에 제대로 정착되지 않은 여성들을 정리하여 가정으로 돌려보내려는 목적을 가지고 제공되는 것이기도 하다(Martin, 2010). 현재의 프랑스 가족정책은 출산주의라는 전통적 목표를 버리지 않은 상태에서 한편으로는 여성 취업과 사회

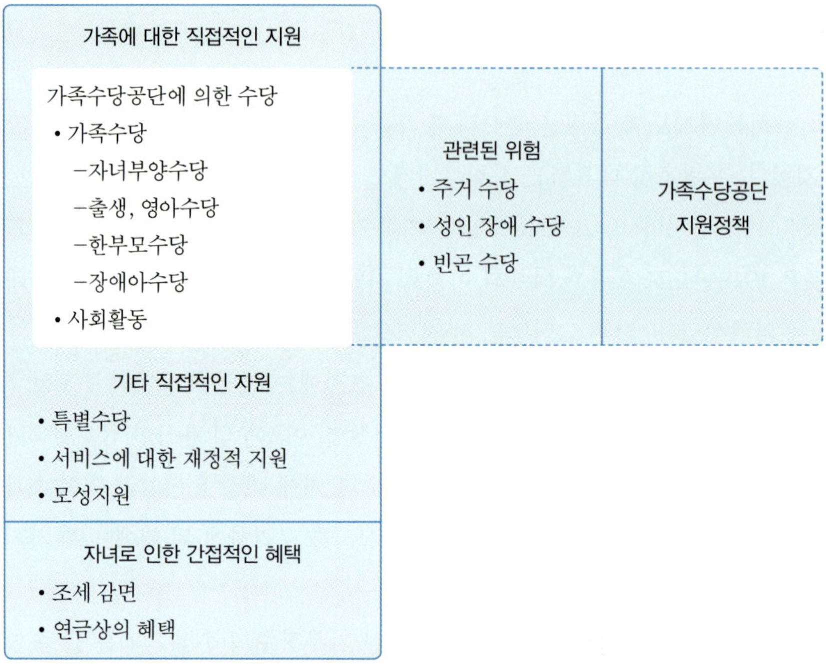

[그림 10-1] 프랑스 가족정책의 범주

출처: 신윤정, 이지혜(2012); Commaille, Strobel, & Villac (2002)에서 재인용.

진출을 돕고, 여성의 직장업무와 가정생활의 양립을 지원하는 방향으로 개혁이 추진되고 있다. 또한 가족정책은 1980년대와 1990년대 추진된(저소득가정을 상대로 한) 선별주 급여를 동시에 제공하고 있으며, 가족정책의 재정 또한 (기업주 부담의) 사회적 기여금 방식으로부터 이 방식과 조세화(fiscalisation)에 의한 재원조달 방법이 절충된 형태로 변화되어 시행되고 있다.

3. 최근 프랑스의 복지정책 동향

1) 인구정책

프랑스에서는 결혼과 관계없이 자녀가 태어났을 때 2005년 7월 5일 발효된 법령에 따라 혼인 외 출생 자녀(enfants nes hors mariage)의 권리가 부부 사이에서 태어난 자녀(enfants nes de couples maries)의 권리와 동일하기 때문에 민법에서 이 두 가지 용어를 삭제하였다. 또한 프랑스 사회의 인식이 전환되어 결혼하지 않고 출산한 여성에 대해 사용하던 부정적 의미의 단어인 '미혼모(filles-meres)'를 '독신모(mere celibataire)'로 바꿔서 사용하고 있다. 행정적으로는 한부모 가족(famille monoparentale)으로 부르고 있다. 프랑스는 사회에서 가족의 다양성을 수용하고 있음을 알 수 있다.

무엇보다, 프랑스에서 아이를 낳는다는 것에 대한 사회적 부담은 크지 않다. 이는 앞에서 제시하였듯이 프랑스 정부의 출산과 관련된 현금지원의 규모가 크기 때문이라고 볼 수도 있을 것이다. 하지만 프랑스의 저출산 대책의 핵심 가치는 가톨릭 문화에 기반한 가족주의로, 전통적으로 가족과 모성을 중시하고 있고 이에 따라 강력한 가족수당 정책 이상으로 사회 전반에 걸쳐 가족과 모성을 중시하는 환경과 분위기를 조성하고 있기 때문이다(강명원, 2024). 이에 따라 프랑스의 인구정책은 생애주기 중 출산 시기에만 집중되어 있지 않고, 아동이 자라서 독립적으로 사회활동을 할 수 있을 때까지 세밀하게 지원되고 있다. 예를 들어, 앞에서 제시하였듯이 학교 개학을 맞아 필요한 준비를 하도록 지원하는 신학기수당은 1974년부터 추진되고 있다. 이 외에도 최근에는 스포츠패스, 문화패스 등 청소년이 성장하는 데 필요한 문화 활동을 할 수 있도록 하는 제도를 끊임없이 구축하고 있다(이소영 외, 2024).

물론 프랑스 정부가 오랜 기간 출산율을 높이기 위한 정책을 강력하게 시행하고 있음에도 불구하고, 프랑스 출산율은 최근 들어 감소하였다는 사실은 간과할 수 없다. 이는 출산과 관련된 경제적 지원이나 아동 돌봄에 대한 지원정책이 확대된다고 해서 그에 상응하는 만큼 출산율이 증가하는 것은 아니라는 것을 보여 준다. 우리나라에서 출산율을 증가시키기 위한 정책으로 프랑스의 출산 지원정책이나 돌봄 정책에서 많은 시사점을 찾는다. 프랑스가 투입하는 아동 돌봄과 양육에 대한 예산을 동일하게 투입하기도 어렵지만, 많은 예산을 투입한다고 해서 출산율이 유의미하게 증가하는 것은 아니라는 점을 프랑스 사례를 통해 알 수 있다. 그러나 프랑스는 과거에 저출산을 극복한 바 있고, 여전히 유럽 내에서는 가장 출산율이 높은 국가이다(Eurostat, 2021). 이것이 가능한 것은 출산과 양육에 대한 부담과 책임을 사회가 함께 나눠지고 있다는 것을 국민이 체감할 수 있도록 꼼꼼하고 체계적으로 다양한 지원정책이 추진되고 있기 때문이다. 앞에서 살펴보았듯이, 프랑스의 인구정책은 소득과 자녀 수를 기준으로 차등적으로 지원하여 자녀 양육에 대한 경제적 부담을 경감시키고 있으며, 전체적으로 정책이 체계적이고 촘촘하게 구성되어 있다. 실제로 프랑스의 안정적인 출산율은 일-가정 양립 지원을 통해 출산과 양육이 여성의 고용에 미칠 수 있는 부정적 영향을 완화했기 때문으로 평가된다. 피케티(Piketty, 2005)는 "육아휴직수당(APE)이 1994년과 2001년 사이 출산율에 20~30% 기여했다."라고 입증하였고, 가족정책 중 출산휴가, 영아 돌봄서비스 그리고 직접적 재정 지원이 출산율에 긍정적인 영향을 미치고 있음을 확인하였다.

한편, 한국과 비교하여 상대적으로 안정적인 출산율 추이를 가진 프랑스도 2023년 합계출산율이 1.68명으로 감소하자, 선제적으로 국가 차원의 인구재정비 계획을 발표하였다. 출산 장려에서 시작하여 일–가정 양립을 지원하고, 이제는 양성평등의 기조하에 가족정책의 실효성을 높일 수 있는 방향을 모색하고 있다. 특히 앞에서 제시하였듯이 현재 추진되고 있는 마크롱의 인구재정비 계획의 핵심은 실효성 있는 출생휴가(Conge de naissance)와 난임 근절을 위한 지원이다. 2025년부터 변경되어 추진될 출생휴가는 급여 기간을 짧게 하되, 급여액은 더 높게 책정하여 정액제에서 월급 비례 보상제를 도입하여 월급의 최대 50%를 지급하는 것으로 변경된다. 난임을 예방하고 치료를 위해 교육 및 정보의 제공부터 생식 건강 상담과 보조생식술 지원, 국립 난임연구소의 설립까지 다방면으로 정책을 추진하고 있다. 즉, 가정 내 돌봄의 양성평등을 위해 기존 정책의 한계점을 보완하여 출생휴가를 도입하고, 국민 누구나 희망하는 자녀 수를 실제 자녀 수로 실현할 수 있도록 출산 격차를 줄이는 난임 근절 대책을 추진하는 등의 선택과 집중을 통한 프랑스의 선제적 인구 대응 정책이 한국에 주는 시사점이 크다. 즉, 상대적으로 높은 출산율을 보이고 있음에도 인구 변화를 모니터링하고 변동에 즉각 대응하며, 선택과 집중을 통해 인구재정비 계획을 수립하는 등 프랑스 인구정책의 추진력은 시사하는 바가 크다.

프랑스는 1930년대부터 인구정책을 추진하였고, 출산을 장려하는 기조를 지금까지 유지하고 있다. 반면, 한국은 인구 억제에서 출산 장려로 상반되게 정책의 기조를 전환한 바 있다. 또한 범정부의 인구 변화 대응 중장기 계획인 저출산 · 고령사회 기본계획은 제3차 저출산 · 고령사회 기본계획(2016~2020)까지 합계출산율이라는 양적 목표를 전면에 내세워서 추진하다가 제4차 저출산 · 고령사회 기본계획(2021~2025)에서 출산율 목표 대신 개인의 삶의 질 향상, 성평등하고 공정한 사회, 인구 변화 대응 사회 혁신이라는 세 가지 목표를 가지고 추진되고 있다. 그리고 다시 2024년 6월 19일에 발표된 저출생 추세 반전을 위한 대책은 2030년까지 합계출산율 1.0명을 목표로 추진되고 있다. 인구정책이 실효성 있게 추진되기 위해서는 장기적 시계를 가지고 꾸준하고 일관되게 추진해 나가야 할 것이다. 이에 더해 정책에 대한 실효성 있는 평가가 필요하다. 프랑스 정부는 매년 가족정책의 효과성을 모니터링 및 평가하기 위해 가족의 양육부담 경감, 취약 가정 지원, 일가정 균형 촉진, 가족정책 재정의 지속 가능성이라는 네 가지 가족정책의 목표별 성과 달성도를 분석하여 보고하고 있다. 즉, 사회적 공감대를 얻은 인구정책의 목표를 설정하고 목표 달성에 대해 지속적으로 평가하는 것이 중요하다. 추가로, 인식 조사 결과에서도 살펴볼 수 있었듯이 저출산의 근본적 요인인 한국 사회의 구조적 문제들을 해결하고 완화하기 위해 불평등을 완화하고, 노동시장과 교육에서의 경쟁을 완화하며, 궁극적으로 삶의 질을 개선하기 위해 노력해야 한다.

2) 가족정책

3세 미만 아동에 대한 보육은 단순히 여성의 노동시장 진출로 인한 돌봄 공백을 해결하기 위한 제도를 넘어, 성평등과 사회적 불평등 문제에 대응하는 프랑스 가족정책의 핵심 요소로 자리 잡고 있다. 일상의 질 좋은 보육에 보편적으로 접근할 수 있는 정책은 여성들이 직면한 문제를 해결하는 데 도움이 될 뿐만 아니라, 사회적 불평등을 감소시키는 효과적인 도구이다. 이는 아이들의 미래의 기회와 미래 사회의 생산성에 대한 생산적 투자이다(Esping-Andersen, 2003). 양질의 영유아 돌봄에 대한 투자는 생애 전반에 걸쳐 동등한 기회를 제공하는 담론과 연결되며, 영유아 정책은 출산 장려, 일-가정 양립, 성평등, 사회적 불평등 완화, 사회적 투자 등 다양한 가치를 내포한 매우 중요한 가족정책 영역으로 간주된다.

첫째, 영유아에 대한 사회적 돌봄의 강화이다. 최근 20년간 프랑스 가족정책은 3세 미만 영유아를 위한 공보육서비스의 이용률을 높이고 돌봄의 질 개선을 주요 정책 목표로 삼아 왔다.

출산율 증가는 양질의 공보육서비스 지원의 결과물로 간주되며, 이는 프랑스의 가족정책에서 중요한 역할을 하고 있다. 현재 영유아 공공서비스는 영유아 보육서비스를 공공적으로 관리 및 제공하며, 보편적 접근성을 보장하고 보육의 질을 향상하기 위해 노력하고 있다. 특히 저소득층 및 취약계층 가정을 지원하여 사회적 불평등을 완화하고 있으며, 보육시설의 운영과 관리체를 기초단체로 규정하여 사회적 돌봄을 더욱 강화하고 있다. 맞벌이 부부와 한부모, 구직활동 중인 부모에게 질 높은 돌봄과 아동의 발달 및 사회화를 지원하는 해결책으로서 보육시설의 중요성이 강조되고 있으며, 이는 사회적 투자 접근과 밀접하게 관련되어 있다. 이러한 접근은 보육시설 확충의 주요 근거로 작용하며, 보육의 질을 높이고, 모든 가정이 공평하게 보육서비스를 이용할 수 있도록 지원한다. 또한 저출산 문제 해결에 기여할 수 있는 중요한 제도로 간주된다.

둘째, 프랑스의 정책적 우선순위는 출산주의보다 사회 내 다양한 불평등에 대응하는 방향으로 전환되었다는 점이다. 초기 가족정책은 출산율을 높이기 위한 출산주의적 접근에 기반했지만, 가구의 다양화와 사회구조의 변화에 맞춰 오늘날의 정책은 주로 성평등과 사회적 불평등 해결을 목표로 하고 있다. 올해 초 저출산 대응 정책으로 발표된 새로운 출생 휴가 제도도 이러한 정책적 방향을 담고 있다. 남성의 저조한 육아휴직 이용률을 높이고, 이를 통해 남성의 자녀 돌봄 책임을 강화할 뿐만 아니라 여성과 남성 모두에게 동일한 육아휴직제도를 보장하여 접근성에서 나타나는 불평등에 대응하고 성평등을 촉진하려는 의도를 가진다.

셋째, 노동시장 지위에 따른 제도 접근성에서 나타나는 불평등 문제에 대한 시사점이다. 육아휴직제도와 영유아 공공서비스 개혁을 통해 부모가 1세 미만 자녀를 직접 돌볼 수 있도록 지원하는 동시에 3세 미만 유아를 위한 보육시설을 확충하고 있다. 이로써 부모에게 양육 선택권을 보장하고, 사회 전반의 돌봄 부담을 줄이는 데 기여하고 있다(임밝네, 2024).

3) 상병수당 정책

상병수당은 보건과 노동 영역을 중재하는 사회정책 도구로서 정부의 부족한 보건 위기관리에 대한 비판의 상당 부분을 상쇄시키는 중요한 역할을 했다. 일반적으로, 프랑스 내 병가수당은 복잡한 제도적 시스템의 일부다. 첫 단계는 대상자가 근무가 불가능하다는 의료적 소견서를 제출하는 것이다. 병가인 이 상태에서는 세 가지 수당의 대상이 된다. 우선, 병가기간 급여의 대부분은 사회보장 시스템이 부담한다. 이 급여는 상병수당(sickness benefits)이라 불린다. 다른 유럽국가들과 대조적으로, 프랑스에서는 사회보장 시스템에서 지급하는 상병수당을 기본으로 하고, 고용주가 그 위에 급여를 추가(top-up)하는 방식이다. 법적으로 상병수당의 수급자격은 다음 층의 급여를 받기 위한 조건이 된다. 다음으로 고용주는 보수와 일반 건강보험제도로부터 나오는 상병수당의 차액의 일부를 근로자에게 지급한다. 이를 병가 중 급여(sick pay)라고 한다.

이는 보수의 월지급액에 대한 전국 전문직 간 협약 또는 단체협약 조건에 따르며, 후자인 단체협약이 더 유리할 경우, 단체협약에 따른다. 마지막으로, 고용주와 직원(피고용인)은 보험 회사의 추가 적립금 제도에 가입해 사회보장 분담금에는 영향을 미치지 않지만, 법적인 합의보다 고용주 측에서 더 높은 금액을 지불할 수 있다. 이러한 전반적 체계에서 사회보장제도의 주요한 역할은 다른 무엇보다 재정 수치로 설명될 수 있다. 2020년 병가 기간에 대하여 보충 보험사를 통해 지급된 수당은 64억 유로인 반면, 사회보장은 상병급여로 190억 유로를 지급하였다(Gonzalez et al., 2021). 대부분의 직업 단체가 특수 사항이 명시된 부분별 협약(branch agreements)을 맺고, 실제로 대다수 고용주의 지급액은 법적 최저 임금을 상회하는 프랑스의 조합주의적 특성 때문에 이러한 어려움이 증폭된다. 이 같은 약점에도 불구하고 프랑스는 전반적으로 다른 많은 국가 대비 법적 보상 기간이 3년으로 길다. 이와 동시에 상병수당의 소득대체율은 50%로 상대적으로 낮은 수준이다. 이 두 수치는 프랑스의 사회보장 시스템에 빈번하게 내재된 논리를 설명한다. 수급 자격과 기간이 상대적으로 관대하여 재난적 지출 또는 생활 수준을 효과적으로 예방하고 있다. 그렇지만 지난 몇십 년간 인구구조 변화에 대응하여 공적 시스템의 보장 수준(보수 대체 수준 또는 의료비 상환 수준)은 상대적으로 점차 낮아지고 보험회사를 통한 보충적 제도들의 역할이 증가하고 있다.

코로나19 팬데믹으로 인한 사회적 위기의 관점에서 프랑스는 근로 능력이 없는 경우, 관대한 추가 수당을 도입했고, 기존 수당을 확대했다. 가장 중요하게는 아동 보육 방안이 없는 자녀를 둔 부모나, 특히 위험이 높거나 취약한 사람과 함께 거주하는 피보험자 등 지속적인 근무가 어려운 사람들을 대상으로 새로운 유형의 수당을 도입하였다. 이러한 수당 지급은 위기 이전에는 상병수당을 받지 않았던 전문 자영업자로[장인(craftmen), 상인 및 농부가 아닌, 외래 진료의사 또는 약사 등의 전문직] 확대되었다. 또한 이들 수혜자에 대해서는 상병수당의 대기 기간(통상적인 법에 따르면 병가 첫 3일)을 폐지했다. 2020년 5월 1일 기준, 가족 중 이 같은 아동 및 취약계층이 있는 직원은 더 이상 일일 수당을 받지 않고, 국가 및 실업 보험 재정에 의한 소위 '부분 활동(partial activity)' 지원을 받게 된다(Gonzalez et al., 2021). 이 같은 새로운 수당 외에 기존의 상병수당은 팬데믹과 관련된 특정한 상황에 놓인 사람들에게까지 확대되었다.

4) 1인 가구 관련 정책

프랑스의 1인 가구 비율은 꾸준히 증가하고 있다. 2011년에 전체 가구 중 약 33%를 차지하였고 2017년에는 35%로 상승하였다. 프랑스에도 1인 가구 관련 단일 정책은 존재하지 않는다. 다만 다른 나라와 마찬가지로 주택 정책에서 가구원별 범주를 중요한 기준으로 삼고 주택수당 지급 기준을 경제적 상황과 연계하기 때문에 1인 가구가 주요 수혜자라고 볼 수 있다(김윤영, 2017).

이를 구체적으로 살펴보면, 수입이나 자산이 일정 규모 이하인 청년 1인 가구에 대해서는 주택수당을 제공한다. 그리고 학생에게는 임대 보증금을 지원한다. 국적과 상관없이 청년이 정부와 협약을 맺은 임대아파트, 학교 기숙사나 민간 기숙사에 입주하게 될 경우 개인주택수당(Aide Personnalisee au Logement: APL)을 제공한다. APL을 받게 되면 그만큼 월세나 대출금이 줄게 된다. 다른 유형의 주택에 입주하는 경우 사회주택수당(Allocation de Logement

표 10-1 프랑스 노년 정책의 차원과 관련 정책

차원	정책
빈곤	노인연대수당
고립과 정신 건강	노인을 위한 활동과 모임 활성화
주거	각종 주택수당
이민자	은퇴 이민자 수당, 주거 지원

Sociale: ALS)을 받게 된다. 1인 가구가 아니지만, 앞서 두 개 유형의 주택수당을 받지 못할 경우 가족수택수당(l'Allocation de Logement Sociale: ALS)을 신청할 수 있다. 마지막으로, 학생을 위한 임대 보증금 지원 제도(CLE)는 임대 보증금을 지급하기 어려운 학생을 대상으로 정부가 보증하는 제도이다. 28세 미만이고 일정한 수입이 있는 학생은 이 보증제도에 지원할 수 있다. 가족이나 제삼자의 보증은 필요 없다. 박사 학위가 있는 28세 이상의 외국인도 이 보증제도에 지원할 수 있다(European Youth Portal, 2019).

한편, 노년 1인 가구에 대한 정책은 노년 인구에 대한 전반적인 정책에 포함되어 있다. 다만 1인 가구 비율이 높다는 점에서 노년 인구 문제를 살펴보아도 큰 문제가 없을 것이다. 프랑스에서 노년 인구에 대한 정책은 크게 네 가지 차원으로 나눠 볼 수 있다(〈표 10-1〉 참고).

첫 번째 차원은 주거 문제이다. 그런데 노인도 청년 1인 가구와 마찬가지로 일정 자격을 갖추면 주택수당을 신청할 수 있다.

두 번째 차원은 노년 빈곤 문제이다. 예를 들면, 2013년부터 2017년까지 빈곤과의 전쟁과 포용 정책(The Five-Year Plan of the Fight against Poverty and for Social Inclusion)을 통해 사회보장의 최소 기준을 높이고 건강 지원의 편이성을 향상시켰다. 노인의 경우는 다양한 지원 제도를 이용할 수 있다. 간병 · 간호 지원 제도(Allocation Personnalisee d'Autonomie: APA)는 독립적으로 생활하기 어려운 노인에게 간병 혹은 간호를 제공한다. 가정도우미제도와 노인연대수당(solidarity grant for elderly people)은 65세 이상 노인 중 장기요양보험 혜택을 받지 못하는 노인이나 노령연금을 받지 못하는 노인 빈곤층에 제공되는 수당이다.

세 번째 차원은 노년 인구의 고립 문제이다. 많은 노인이 고립감과 우울감으로 인해 정신 건강을 해치게 된다. 노년 인구를 대상으로 하는 각종 활동과 모임은 비슷한 연령대 사람들을 만날 수 있게 해 준다. 아울러 다른 세대 사람들을 만날 기회를 늘릴 수 있다. 이러한 맥락에서 사회적으로 고립된 노년 1인 가구의 사회적 유대와 활동을 위해 각종 기관과 협회로 구성된 모나리자(MObilisation NAtionale contre l'Isolement Social des Age: MONALISA)가 2013년부터 활동하고 있다(김윤영, 2017).

네 번째 차원은 노년 이민자 문제이다. 이 문제는 프랑스의 특수 상황과 관련이 있다. 노년 이민자들은 대부분 프랑스 사회에서 오랜 기간 일하고 살아왔음에도 불구하고 프랑스 주류 사회로부터 고립되어 있다. 심지어 고국으로 귀국한 이민자들도 고국의 가족들로부터 고립되어 있는 경우가 많다. 이 문제를 해결하기 위해 프랑스 정부는 최대 매달 550유로를 노년 이민자에게 지급하고 있다. 아울러 프랑스 아도마(Adoma) 같은 공공 기업은 60세 이상이고 1960년대 프랑스로 와서 계속 거주하는 노년 이민자에게 주거를 제공하거나, 노년층의 필요에 맞추어 주거 환경을 개선하고, 노년 이민자의 개별 상황에 맞는 지원 제도를 시행하고 있다(Ministere des Solidarites et de la Sante, 2017).

5) 공적연금제도의 개혁[2)]

프랑스도 연금 개혁 문제로 몸살을 앓고 있다. 2024년 4월 재선에 성공한 에마뉘엘 마크롱 대통령이 정년을 62세에서 64세로 늘리는 것을 골자로 하는 연금제도 개혁을 재시도하자 프랑스 전체가 들끓고 있다. 1월 19일(현지시간) 노동단체들과 시민 최소 100만 명 이상이 거리로 나와 연금 개혁에 반대하는 대규모 시위를 벌였다.

2019년 연금 개혁을 처음 시도했으나 당시에도 반대 시위와 코로나19 여파로 한발 물러났던 마크롱 정부가 이번만큼은 물러설 수 없다는 강한 의지를 피력하는 가운데, 반대 목소리도 결코 쉽게 꺾이지 않을 분위기다. 과거 프랑스 정부도 노동제도 개혁 등 기존 정책 변화를 시도했다가 대규모 반대 여론에 의해 좌초된 뒤 곧장 레임덕에 빠진 전례가 있다. 자칫 이번 사태가 2기 마크롱 정부의 운명을 뒤흔들 수도 있다는 전망이 제기된다.

프랑스 정부의 이번 연금제도 개편안은 2019년과 비슷하다. 1월 10일 엘리자베트 보른 총리가 개편안에 대해 공식적으로 발표하고 설명했다. 요약하면, 우선 직군별 연금제도 시스템을 하나의 보편적 제도로 간소화하겠다는 방침이다. 몇몇 직군에만 적용됐던 특별연금제도를 없애겠다는 것이다. 그렇게 되면 모두가 공정하고 평준화된 연금 납입 비율과 은퇴 연령을 가지게 된다는 게 프랑스 정부의 설명이다. 프랑스 정부는 이러한 직군별 연금제도 통합을 통해 최소연금 상한을 최저임금의 75%에서 85%로, 월 1,200유로(약 160만 원)까지

2) 시사저널 2025-05-10 1856호

인상하겠다는 계획이다.

특히 가장 큰 이슈로 떠오르는 부분은 정년을 62세에서 점차 늘려 2030년에는 64세부터 연금 수령이 가능하도록 하겠다는 것이다. 또한 연금 전액을 받기 위한 근속 기간도 42년에서 43년으로 늘리겠다는 방침이다. 마크롱 대통령의 의지는 확고해 보인다. 그는 2023년 신년사에서도 "연금제도를 바꾸지 않으면 재정으로 (연금) 적자를 메워야 한다."라면서 "우리는 더 오래 일해야 한다."라고 강조했다. 마크롱 대통령이 계속 강조하는 핵심 키워드는 '공정'과 '균형'이다. 그는 공정이 결핍된 현재의 연금 시스템이 결국 균형을 깨트릴 것이기에 여기서 연금제도를 '구해 내야' 한다고 표현했다. 브뤼노 르메르(Bruno Le Maire) 재정경제부 장관은 현행 제도를 유지할 경우, 2030년 연금제도 적자는 135억 유로(약 18조 원)에 달할 것으로 내다 봤다.

아울러 프랑스 정부는 이번 개혁을 통해 경제 도약 또한 꿈꾸고 있다. 42개로 구성된 복잡한 연금제도를 하나의 보편적 제도로 통합하면 직종 간 혹은 직장 간 노동 이동이 더 활발해질 것이라는 게 마크롱 정부의 설명이다. 노동 개혁을 통해 노동 유연성을 높여 프랑스의 경쟁력을 키우겠다는 의지를 피력한 것이다.

이처럼 대규모 거리 시위와 반대에도 불구하고 프랑스 정부는 적자가 불가피한 연금제도를 지키기 위해 연금 개혁은 피할 수 없는 조치라면서 변함없는 결의를 밝히고 있다. 올리비에 뒤숍트(Olivier Dussopt) 노동부 장관은 1월23일 국무회의를 마친 후 정부가 추진하는 개혁은 "2030년까지 연금제도의 균형을 맞추기 위한 조치이다."라고 재차 강조했다.

엘리제궁은 당장은 특별한 반응을 보이지 않았는데, 프랑스 사회학자 마뉴엘 세르베라 마르잘(Manuel Cervera Marzal)은 이를 "(마크롱 대통령이) 그저 거센 여론이 잦아들기를 기다리는 전략을 택한 것으로 보인다."라고 분석했다. 거대한 부담에도 마크롱 대통령이 연금 개혁 의지를 고수하는 건 지금은 비록 침묵하고 있지만, 적지 않은 파업 반대 여론을 믿고 있기 때문이란 풀이도 있다. 마르잘 역시 총파업이 장기화돼 시민들의 생활이 불편해지면, 연금 개혁 반대 여론도 파업 반대 여론에 부딪혀 힘을 잃을 수 있다고 내다봤다. 실제 2019년 연금개혁 반대 파업이 한창일 때 시민들 생활에 불편을 끼치는 파업에 대해 일부 부정적 여론이 조성됐던 것도 사실이다. 마르잘은 또 재택근무자 수가 늘어남에 따라 파업이 프랑스 사회에 미치는 영향 또한 줄어드는 추세라고 덧붙였다.

4. 프랑스 사회복지역사의 미래

1) 복지재정정책의 화두와 변화

2025년 프랑스 사회복지정책의 변화를 알 수 있는 주요한 지표 중 하나는 재정규모의 변화이다. 프랑스의 2025년도 사회복지 총 지출규모는 약 6,620억 유로로 2019년에 비해 30%가 증가한 수준이다. 올해 재정 변화가 있는 복지분야는 건강보험, 노령연금, 가족수당, 장애수당 등이며 나머지는 지난해와 비슷한 수준이다. 프랑스 정부 사회복지정책의 가장 큰 고민 중 하나는 적자규모로 2024년 전체 사회복지재정은 약 180억 유로의 적자를 기록했다.

2025년도 재정 개선이 없는 한 2025년 말 적자 규모는 국내 총생산의 약 7% 수준을 예상하고 있다. 이에 정부는 2025년 말 적자 규모를 국내총생산의 약 5%로 내리는 목표를 갖고 재정절약 개선안을 발표하였다. 계획된 공공지출절약 413억 유로에는 정부 재정 215억 유로, 사회보장 재정 148억 유로, 지방정부 재정 5억 유로 등으로 구성되어 있다. 사회복지분야의 가장 큰 적자는 건강보험으로 2024년 약 146억 유로의 적자를 기록하였다. 정부의 2025년 건강보험예산계획 주요 내용에는 올해 약 40억 유로의 절약을 위한 단기 재정감축안과 건강보험개선을 위한 30개의 제안이 포함되어 있다. 건강보험 지출감소를 위한 절약 방법으로는 약제비용 조절을 통한 12억 유로 절약, 병가수당 조정으로 6억 유로 절약, 의료진료비의 보험수가 조절을 통한 11억 유로 절약, 만성질환 치료 방법 개선을 통한 8,000만 유로 절약, 허위보험 청구와 진료남용 단속을 통한 4억 200만 유로 절약, 효율적이고 적합한 치료방법 개선을 통한 10억 6,000만 유로 절약 등이 계획되어 있다(이은주, 2025).

이러한 절약에도 불구하고 올해 국민건강보험 지출 목표(L'Objectif national de depenses d'Assurance maladie: Ondam)는 지난해에 비해 2.8%가 증가한 2,639억 유로이다. 2024년도 지출 목표는 전년도에 비해 3.3%가 증가한 규모였다.

건강보험 다음으로 적자 규모가 큰 사회복지분야는 노령연금이다. 2024년 노령연금의 적자는 63억 유로였으며, 2025년에는 31억 유로의 적자를 목표로 적자 폭을 줄이는 다양한 정책안을 제시하였다. 프랑스는 이미 10년 전부터 노령연금의 개혁이 시작되었는데, 국민들의 저항이 심해 개선안은 연차적으로 실행하고 있는 중이다. 정부가 제시한 노령연금의 개선안은 2028년이면 모두 실행될 예정이다. 그동안 연금 수령을 65세 이상으로 늘리고, 노인일자리 정책을 강화하면서 연금이 적자를 줄여 가고 있다. 올해는 노령연금 적자 해결방법의 하나로 사업주 부담액을 늘리고 농업인 노령연금을 개편할 예정이다.

반면, 빈곤노인을 대상으로 지원하고 있는 노인연대수당(L'allocation de solidarite aux personnes agees: ASPA)과 노령기초연금(allocations du minimum vieillesse)은 개혁안에 포함하지 않을 예정이고 수당도 물가와 연동하여 매해 조금씩 증액하고 있다. 또한 노인 재가복지의 하나인 '건강하게 나이들기(Bien Vieillir)'정책을 강화하기 위해 1억 유로의 재정을 증가하였다. 가족수당과 장애수당도 올해 개편안이 발표되었다. 2025년부터 영유아 보육시설 이용을 확대하여 영유아 보육방법의 선택폭이 넓어졌다. 또한 한부모 가정의 가족수당 대상 조건을 자녀 연령 6세까지에서 12세까지로 확대하였다. 장애인과 부양이 필요한 노인을 대상으로 하는 지원정책으로는 424억 유로의 재정으로 실행 중인 2023~2027년 장애인 지원계획이 올해도 이어질 예정이다. 이 외에도 재정의 누수를 방지하고 생산적 복지를 강화하기 위해 실업수당과 기초생활수급자 대상자들의 노동시장 유인정책이 올해 더 강화될 예정이다.

이상과 같이 프랑스 정부의 2025년 복지재정정책의 변화는 만성적자를 줄이기 위한 노력이 강화되어 건강보험의 절약과 더불어 소비적 복지에서 생산적 복지로의 전환을 강화하기 위하여 기초생계수당 대상자들의 노동시장 유인 정책이 올해 주요한 이슈가 되고 있다. 반면, 빈곤 취약계층을 위한 지원은 물가연동에 따라 수당이 증가되어 보편적 복지보다는 선별적인 복지로 방향을 잡아 가는 추세이다. 2025년 초 개편의 중심에 있는 사회복지 적자재정 해소를 위한 계획이 2025년 말 정책의 목적을 어느 정도 달성할지 귀추가 주목된다.

2) 사회복지정책의 검토와 쟁점

프랑스 복지정책은 배제와 불평등을 최소화하는 국가연대와 근로자들의 연대를 위한 직업연대를 목적으로 실행되고 있다. 복지정책은 다음과 같은 3개 형태로 구성된다.

첫째, 개인의 소득, 재산에 근거하여 책정된 개인 보험금을 납부하고 필요할 때 국가의 재정이 추가되면서 혜택을 받는 사회보험이며, 둘째, 빈곤층을 지원하는 사회보장으로 본인부담금 없이 국가가 기본생활을 지원하는 것이다. 셋째, 본인부담금 없이 국가가 전액지원하는 보편적 보장으로 노인장기요양서비스가 이에 해당된다.

오늘날 프랑스 복지정책의 주요한 문제는 생애별 복지정책 혜택의 차이를 줄이는 것, 노령인구의 증가에 따르는 노령연금의 개혁, 노동시장변화에 따르는 청년일자리 창출, 장기질병의 보호지원, 펜데믹과 같은 새로운 사회위험 방지와 대책, 이민 노동자 보호, 산업기술

변화 대응정책 등이다. 특히 2020년 이후 정부가 만성적자인 건강보험 체계의 개선, 노인인구의 증가로 인한 노령연금체계의 개선을 시도하고 국민과의 갈등에서 적절한 합의점을 찾아가는 노력을 한 해이다.

2020년 이후 정부는 전반적인 올해의 주요 복지정책을 검토하였다. 첫째, 전생애에 걸쳐 세대별로 필요한 지원을 하고 있음에도 불구하고 여전히 지원혜택이 생애주기별로 차이가 있는 점이다. 둘째, 최근 2년간 코로나 위기를 경험하면서 사회경제위기에 필요한 복지정책의 개선이다. 이 두 가지 정책 개선이나 복지지원의 확대를 위한 복지재정의 중요성이 다시 제기되었다. 올해 7월, 사회보장 재정 위원회는 사회복지 적자 문제를 논의하였다. 중요한 논점은 복지재정지출과 재원방법에 관한 것이었다. 재정지출의 큰 부분을 차지하고 있는 건강보험과 노령연금의 적자는 건강보험서비스 확대, 노인인구의 증가가 주요 요인으로 검토되었다.

반면, 재원마련 방법에 있어서 세 가지 쟁점이 제기되었다.

첫째, 복지재정의 상당부분이 국민들의 세금으로 마련되고 있어 세금의존도가 너무 높다는 점이다. 둘째, 개인이 납부하는 보험료 면제 대상이 많은 점으로 총 면제금액은 약 112억 유로이다. 셋째, 정부가 기업에게 세금을 환급해 주고 있는 점으로 세금면제나 환급되는 금액이 상당히 많아 이 문제를 개선하면 복지재정 마련에 큰 도움이 될 것이라는 논의가 있었다. 2021년 복지재정 적자는 247억 유로로 건강보험, 가족수당, 산재보험의 적자규모가 가장 컸다. 이 적자규모는 2021년 초 예상한 410억 유로에 비해 낮은 수준인데, 이는 작년에 경제회복으로 근로자들이 증가하면서 이들이 납부한 세금 덕분인 것으로 분석되어 복지재원 마련에 국민들의 세금 기여도가 다시 확인되었다.

향후 예산과 더불어 주요하게 논의된 정책으로, 건강보험정책이다. 코로나 사태를 경험하면서 건강보험 체계의 불안정성이 노출되어 내년도 건강보험 체계 강화의 필요성이 제기되었다. 내용으로는 의사들의 텔레진료 구축, 의사가 부족한 지역에 수련의사 배치방법, 응급실 의료진 강화, 저녁과 주말진료 확대 등 세부적인 사항까지 현재 검토 중이다. 둘째, 몇 년 전부터 조금씩 변화되고 있는 노령연금개혁이 완전히 마무리되지 않아, 이에 대한 합의점을 찾는 내용인데 내년에도 또 다른 갈등을 예상하고 있다. 셋째, 아동돌봄에 대한 것으로 6세 미만 아동의 보호 방법에 있어서 집에서 돌보는 보모보다는 보육시설에 대한 평가가 더 높이 나타나고, 부모들도 시설보호를 선호하고 있어 이를 개선할 예정이다(이은주, 2022).

참고문헌

강명원(2024). 주요국의 저출생 대응 법제동향. **국회도서관-한국법제연구원 공동세미나 자료집**. 96-98.

김근홍, 서화자, 심창학, 이만식, 함세남, 홍금자(2011). **사회복지 역사와 철학**. 서울: 학지사.

김윤영(2017). **1인 가구를 위한 정책 방향 연구**. 인천: 인천발전연구원.

나병균(2001). 프랑스의 사회보장. 신섭 외, **세계의 사회보장**. 서울: 유풍출판사.

나병균(2013). 한국과 프랑스 제3공화국의 사회정책과 국가. **사회복지연구**, 44(3), 371-393.

노대명(2017). 프랑스사회보장제도의 최근 개편동향: 마크롱 정부의 개편방향을 중심으로, **국제사회보장 리뷰**, **창간호**, 41-57.

손영우(2010). 프랑스의 퇴직연금제도 개혁과 퇴직연령 연장. **국제노동브리프**, 8(9), 한국노동연구원.

유은경(2011). 프랑스 의료보험 개혁의 배경과 내용. **HIRA 정책동향**, 5(1), 64-72.

윤찬중(1996). 日本의 老人福祉政策 動向에 관한 一考察-施設福祉를 軸으로. **사회과학논총**, 2, 243-264.

이소영, 최인선, 이지혜, 손동기, 김영아(2024). 프랑스의 인구정책 사례. 연구보건사회연구원 연구보고서, 2024-18.

이은주(2020). 프랑스 산재보험제도와 종속적 자영업자에 대한 보호. **사회보장법학**, 9(1), 87-118.

이은주(2022). 프랑스 사회복지정책의 검토와 쟁점. **서울시복지재단 복지이슈Today**, 117(12).

이은주(2025). 2025년 프랑스 복지재정정책의 화두와 변화, **서울시복지재단 복지이슈Today**, 142(1).

임밝네(2024). 최근 프랑스의 가족정책 동향과 시사점, **국제사회보장리뷰 2024 겨울호** Vol. 31 pp. 85-100.

Marc, C., Héam, J. C., Mikou, M., & Portela, M. (2020). *Les dépenses de santé en 2019—Résultats des comptes de la santé*. DREES.

Eurostat. (2021). Fertility in Europe: Which countries have the highest and lowest numbers of live births per woman? https://www.euro

Gonzalez, L., Lefebvre, G., Mikou, M., & Portela, M. (2021). *Les dépenses de santé en 2020—Résultats des comptes de la santé*. DREES.

Dupeyroux, J., Borge, C. M., & Lafore, R. (2011). *Droit de la Securite Sociale*. Paris Dalloz.

SARTHOU-LAJUS, N. (2009). Revenu de solidarité active: quelle philosophie? Entretien avec Martin Hirsch et Emmanuelle Wargon. *Etudes (1945)*, *410*(1), 33-41.

European Youth Portal. (2019). *European Youth Portal*. https://europa.eu/youth/fr/article/118/18213_en

Esping-Andersen, G. (2003). Women in the new welfare equilibrium. *The European Legacy, 8*(5), 599-610.

Brigitte, F. (2008). *Société civile en renfort des solidarités in Où va la protection sociale?* Guillemard A-M. (dir.), éd Puf., coll. Lien social, pp. 315-323.

Hirsch, M., & Wargon, E. (2009). Revenu de solidarite active: Quelle philo-sophie?, Entretien avec Martin Hirsch et Emmmanuelle Wargon. *Etudes, 2*(420), 33-41.

Lallemand, L. (1910). *Histoire de la Charite, 21*. Paris: Heard.

Ministère des Solidarités et de la Santé. (2017). *Report on the French Ageing Policy*. news.com/next/2023/03/17/fertility-in-europe-which-countrie

Palier, B. (2002). De la crise aux reformes def Etat-providence. *Revue Frangaisede Sociologie, 43*(2), 243-275.

Piketty, T. (2005). L'impact des incitations financières au travail sur les comportements individuels: Une estimation pour le cas français. *Économie et Prévision, 132-133*(1-2), 1-35. https://doi.org/10.3406/ecop.1998.7020

Rigaudiat, J. (1997). Deux cents ans d'histoire. In CNFPT (Ed.), *La protection sociale en France*, pp. 10-17.

Stone, J. (1985). *Search for the Social Peace, Reform legislation in France 1890~1914*. New York: State University of New York Press.

스웨덴 사회복지의 역사[1)]

1. 스웨덴 사회복지발달의 전사와 최초의 사회복지제도

스웨덴은 사회복지의 이상향으로 인식되어 있다. 스웨덴은 산업화의 후발주자이지만 급속한 사회복지의 발달을 이루었다. 1970년대의 복지국가 위기도 그리 심각하게 겪지 않고 새로운 복지패러다임의 전환도 일찍이 이루어, 전통적인 복지국가가 겪은 모순과 갈등을 비교적 쉽게 극복할 수 있었다. 여기에는 사민당의 오랜 집권과 노동조합과의 전략적 동맹, 경제, 노동, 사회, 가족정책 등 여러 정책영역에 대한 포괄적인 개입이 배경으로 자리 잡고 있다.

스웨덴의 복지는 열악한 여건에서 출발하였다(변광수, 2006). 스웨덴은 북극에 가까이 있어 10월부터 다음 해 3월까지 6개월간의 겨울은 낮이 매우 짧고, 음산하며, 평균 영하 10도 내외의 추운 기후가 지속된다. 농작물도 감자 외에는 알려진 게 없다. 의학이 발달하지 않아 결핵이 만연해 1800년대까지만 해도 유럽에서 가장 가난한 나라였다. 빈곤으로 인해 1870년부터 1930년 사이에 약 110만 명이 기아로부터 해방되기 위해 북미대륙으로 이민을 떠났다. 그래서 혹자는 스웨덴을 '신이 버린 나라'라고 불렀다.

1) 이 장에서 별도의 인용이 없는 내용은 고양곤 외(2005); 박병현(2005); 정이환(2005); 천세충(2001); Benner & Vad (2000)에 근거를 두고 있다.

그러나 스웨덴은 복지국가로 발전할 수 있는 여러 조건을 갖추고 있었다.

첫째, 지리적으로 유럽의 북부 변경에 위치해 외적의 침략과 지배로부터 자국을 방위할 수 있었다. 스웨덴은 지난 300년 동안 자국의 영토에서 전쟁을 치른 적이 없다. 줄곧 무장중립노선을 견지해 유럽을 초토화한 두 차례 세계대전에도 개입하지 않았다. 오히려 전시의 비상체제가 스웨덴을 단결시켰고, 전쟁이 끝난 뒤 유럽의 전쟁 복구 시기에는 전쟁 특수가 스웨덴 경제의 붐을 가져왔다.

둘째, 봉건제도가 없었다. 따라서 장원 영주나 농노가 없었고, 중세부터 현대까지 줄곧 자유농민들이 존속해 왔다. 이들은 과거에 열국 간의 패권쟁탈전쟁 시기에는 자주적으로 단결해 외국의 침략에 대항하였고, 평화로운 시기에는 참정권을 요구하였다. 이렇게 자주적이고 안정된 농민들은 과격한 사회적 분쟁이나 충돌을 선호하지 않았다. 근세에 있었던 두 차례의 농민봉기도 규모는 비교적 컸으나 무혈로 끝났고, 계급 간의 대립도 혁명적인 성격은 없었다.

셋째, 1523년 종교개혁 이후 개신교를 받아들였고, 1600년대에는 개신교를 국교로 결정해 종교적 통합을 이룩하였다. 독일의 경우에서 보듯이 과거 전통적인 가족주의를 지지하는 보수적인 가톨릭의 영향력이 강하면 성별 분업에 입각한 가부장주의 문화가 유지된다. 그러나 스웨덴에서는 개신교가 국교로 수립되어 향후 스웨덴이 여성-친화적인 복지국가이자 사회적 서비스국가로 발전하는 여건이 마련되었다고 볼 수 있다.

일찍이 스웨덴에서는 도시의 성장과 함께 1762년에 「빈민법」이 제정된 이래 1871년 「신빈민법」이 제정되고 1885년에 「부랑자법」이 실시되는 등 영국 「빈민법」의 전통을 따르고 있었다. 1900년대 들어 산업화의 완성과 노동운동의 활성화에 힘입어 근대적인 사회복지제도가 도입되었다. 하지만 1920년대까지 스웨덴은 농업중심 사회였고 빈곤한 국가였다. 당시 사회보험으로는 적용 대상자도 적고 소득대체율도 매우 낮은 자발적 질병보험제도(1891), 자산조사를 거쳐 67세 이상에게 제공되는 기초연금제도(1913), 강제적인 재해보험(1916)만이 있었다.

2. 사민당의 집권과 스웨덴 복지국가 모델의 탄생

1) 인민의 집 모델과 살쇠바덴협약

1932년 사민당이 집권하면서 등장한 스웨덴 복지국가 모델의 모체는 '인민의 집(Folkhemmet,

People's Home)' 구상에서 찾을 수 있다. 인민의 집은 한손(Hansson) 수상이 1928년 의회에서 연설하면서, '스웨덴의 장래에 대해 어떤 사람이 다른 사람을 경시하거나 그 희생으로 이득을 얻는 자가 없으며, 강자가 약자를 억압하거나 약탈의 대상으로 삼지 않는 좋은 집'이라고 전망한 데에서 유래한다. 이 개념은 근대 스웨덴 복지국가의 이념적 근거를 제공하고 있다. 연대주의적이고 보편주의적인 인민의 집은 스웨덴 농부들의 전통적인 촌락공동체에 기원을 두고 있다.

인민의 집 개념은 피착취계급이 더는 존재하지 않아야 하고, 국가가 적극적인 역할을 떠맡으면 불평등을 의미하는 계급은 점차 평등을 의미하는 인민 혹은 시민으로 대체될 수 있다는 것이다. 이처럼 스웨덴 사민당은 혁명적 사회주의보다는 평등지향의 점진주의적인 복지주의를 택하였다.

스웨덴 복지국가의 원년은 1932년 사민당 집권 때라고 할 수 있다. 사민당은 대공황 중이었던 1932년의 의회선거에서 창당 이후 최고인 42% 득표로 집권하였다. 그 이전에는 스웨덴 노동자계급은 급속히 성장하기는 했지만 자본과의 경쟁에서 번번이 패하였다. 사민당 역시 보통선거권이 도입된 1917년 이후 제1당의 지위는 유지했지만, 비사회주의 정당들의 상호 제휴와 견제로 집권에는 실패해 왔다.

대공황으로 인한 경제침체기에 자유주의적 정책을 고수한 자유당과 보수당과는 달리, 인민의 집 슬로건 아래 완전고용과 복지국가를 정책으로 내세운 사민당은 노동자계급뿐 아니라 다른 계층에서도 폭넓은 지지를 얻었다. 사민당의 한손 내각은 마르크스주의 이념을 버리고 케인즈주의 경제정책[2)]을 채택하였다. 케인즈 경제이론은 스웨덴 정부의 사회복지정

표 11-1 스웨덴 적녹연합의 구조

	세부 내용
연합의 필요성	의회 내 다수세력 구성해 집권해야 할 필요
연합의 배경	대공황하에서 사민당이 국가 지출 확대하는 케인즈주의 노선 채택
연합의 내용	농민당의 농업보조금 지급정책 수용
연합의 이익	• 농민: 농업보조금 수입, 노동자의 구매력이 증가해 농산물 가격 유지 • 노동자: 농민들의 공산품 소비 증가로 노동자 고용 및 소득 증진

2) 제5장에서 자세히 다룬 것처럼, 케인스는 경제불황기에는 총수요를 진작하기 위한 정부의 적극적인 역할이 필요하다고 강조하였다. 불황기에 정부가 지출을 늘리면 소비와 투자가 촉진된다는 것이다. 이를 위해 정부는 금

표 11-2 **스웨덴 살쇠바덴협약의 이해**

	세부 내용
협약의 배경	• 정치적 배경: 최초의 사민당 집권 • 조직적 배경: 구성원에 대한 노사 정상조직의 강력한 권한
노사의 태도	• 노동: 사민당 집권으로 정치적 협상 통한 노사문제 해결 추구 • 자본: 사민당 집권하에서 노조와의 타협의 불가피성 인식
연합의 내용	• 노동: 자본가의 경영특권 인정, 노조들의 파업 통제해 산업평화 보장 • 자본: 노조의 파업권 인정, 경영에 대한 공동협의권 부여, 노사 간 계약과정 명문화
연합의 의의	• 노동과 자본의 타협이 상호 권력행사의 필수조건이라는 이해 공유 (정치권력과 경제권력이 분리돼 있어 노동과 자본이 서로의 존재 인정)

책의 토대가 되었고 사민당의 사회복지정책으로 인해 빈곤계층의 구매력이 강화되었다.

실업률이 25%까지 치솟는 대공황 상황에서 사민당은 농민당과 적녹연합을 맺고 다수파를 구성하였다. 고용을 확대하고 노동자의 구매력을 증진하기 위해 사민당 정부는 농민당의 요구인 농업보조금 지급정책을 받아들였다. 노동자들의 입장에서는 농민들에게 지급되는 농업보조금은 결국 공산품 소비를 촉진해 노동자들의 고용확대와 소득 증진으로 이어질 것이기 때문이다. 또한 농민들의 입장에서도 노동자들의 고용확대와 구매력 증대가 농산물 가격 유지로 연결된다. 이 점에서 양 정당의 이해관계가 맞아떨어졌다. 이후 양당은 1959년 소득비례연금 도입 때 균열되기까지 지속적인 연합을 통해 권력을 유지할 수 있었다.

1938년 스톡홀름 교외의 살쇠바덴(Saltsjobaden)에서는 사용자와 노동자 간의 역사적 대타협이 이루어졌다. '살쇠바덴협약(Saltsjobaden Agreement)'은 노사 간에 이해관계가 일치했기 때문에 가능했던 측면이 있었다. 1932년 사민당과 연합해 집권에 성공하자 블루칼라 노동자가 중심이 된 노동조합총연맹(Labor Organization: LO)은 정치적 환경이 자신들에게 유리한 것으로 판단하였다. 이에 파업 등 자본과의 직접적인 대립보다는 정치적 협상을 통해 노사문제를 해결하려 하였다. 또한 자본가들의 전국조직인 고용주총연맹(Svenska Arbetsgivare Forenign: SAF)도 노조를 힘으로 제압하는 것은 무리라고 판단하고 노동조합총연맹과 정치

융정책(금리인하 등의 통화정책), 재정정책(적자재정편성을 통한 사회적 인프라 투자, 소득지원과 복지지출 등의 정부지출 증대)을 확대할 필요가 있다. 금리인하는 투자활성화와 소비촉진으로 이어지고, 정부지출을 통한 국민들의 일자리와 소득 증가는 구매력 증가의 효과를 낳아 불황 타개의 선순환 효과를 발휘한다고 본다.

적으로 타협하였다.

살쇠바덴협약의 내용은 노동조합총연맹은 자본가의 경영특권을 인정하고 중앙본부가 산하 노조들의 파업을 통제하여 산업평화를 보장한다는 것이었다. 대신 고용주총연맹은 노조의 파업권을 공식 인정하고 경영에 대한 공동협의권을 부여하며 노사 간의 계약과정을 명문화한다. 이 타협은 결국 사민당의 집권을 계기로 변화된 노사 간의 권력을 추인하는 성격이 있다.

살쇠바덴협약은 경제권력인 생산수단은 여전히 자본가의 수중에 있지만 정치권력은 노동자가 유리하게 활용할 수 있음을 의미한다. 정치권력과 경제권력이 분리되어 있었기 때문에 조직화된 노동자와 조직화된 자본이 서로를 인정할 수밖에 없었던 것이다. 어느 한쪽도 다른 쪽과 타협하지 않으면 권력을 행사할 수 없기 때문에 그야말로 노사 간의 대타협이 이루어졌다고 할 수 있다. 생산에 대한 결정은 자본가에게 맡기고 정책결정이 내려지는 환경인 정치과정은 국가와 노조가 강력히 통제하는 체제라고 평가할 수 있다.

결론적으로, 1932년 사민당이 집권하면서 내세운 케인즈주의가 살쇠바덴협약의 노사대타협과 결합하면서 스웨덴 복지국가 모델을 탄생시켰다. 즉, 스웨덴 복지국가 모델은 자본가와 노동자 간의 타협이 있었기 때문에 가능하였다.

2) 인구 및 가족정책의 발전

스웨덴에서는 19세기 말과 20세기 초의 산업화와 함께 인구가 증가하였다. 1870년의 스웨덴에서는 농업인구가 70%를 넘었지만 1910년에는 50% 이하로 떨어졌다. 사망률 감소로 인해 1840년부터 약 100년간 인구는 배로 증가해 1935년에는 총인구가 620만 명이 되었다. 그러나 1930년대 이후 출산율이 감소하는 현상이 벌어졌다. 1899년부터 1910년까지 인구 1,000명당 출산율은 26.8명이었는데, 1931년부터 1935년 사이에는 14.1명까지 낮아졌다. 이는 유럽국가 중에서 가장 낮은 수준이었다.

보수세력은 출산율 저하의 원인을 성도덕의 위기에서 찾았다. 보수당은 1910년에 「반출산 통제법」을 도입하였다. 이 법은 피임기구를 사람들 눈에 띄게 진열하거나 신문이나 라디오를 통해 광고하는 행위를 금지하였다. 또한 보수세력은 독신자나 자녀가 없는 부부에게 세금을 부과하는 방안도 논의하였다. 노동세력은 이러한 보수세력의 정책에 반대하였다. 1930년대에 사민당은 인구 감소에 대처하기 위해 인민의 집 개념에 입각해 일련의 사회복지정책을 수립하였다. 인구의 감소는 국가 존립을 걱정할 정도로 심각한 것이어서, 인구문제에 대한 대응은 스웨덴 복지국가의 방향을 결정하는 문제이기도 하였다.

1930년대부터 1960년대까지의 가족정책은 인구정책을 중심으로 구성되었다. 1930년대에 최초로 도입된 출산장려정책은 공공진료소에서의 산모 보호, 공공주택, 주거비 보조, 아동수당, 결혼융자, 모자가정에 대한 소득보장 등 빈곤가정에 대한 원조를 위주로 구성되었다. 그 이후 아동이 있는 가정을 돕기 위한 스웨덴식 가족정책이 발달하기 시작하였다. 이로 인해 낮은 출산율이 반등하였다. 가정융자제도, 주택건설 보조금, 부인들의 방학, 학교건강 프로그램 등이 도입되었다. 공공의료와 치과서비스가 확대되었고 「낙태법」이 통과되었다. 1938년에는 연간 2주간의 유급휴가가 도입되었고, 1946년에는 무료학교급식이 시작되었다. 1940년대에는 주택건축에 대한 정부의 융자제도가 도입되었다.

이후에는 보편적인 가족정책을 본격적으로 확대하였다. 보편주의적인 성격의 출산수당이 도입되었고, 1947년에는 16세까지의 모든 아동에게 자산조사 없이 제공되는 아동수당이 도입되었다. 1950년대에는 정부 차원에서 가족계획상담을 제공하였다. 이와 같은 보편주의적인 사회복지정책의 개념은 향후 노령연금과 건강보험에도 적용되어 스웨덴 복지국가 모델의 시금석이 되었다고 할 수 있다.

스웨덴의 인구정책 수립에 결정적인 공헌을 한 사람인 뮈르달(Myrdal)은 도시화와 사회구조의 변화가 저출산의 원인이라고 보았다(Myrdal, 1939). 주택 상황이 열악해 가족을 늘리는 데 방해 요인이 되고 있고, 취업한 여성이 출산과 함께 직장을 그만두어야 하기 때문에 결혼한 부부가 출산을 기피한다는 점에 주목하였다. 이에 예방적 사회복지정책이 필요하다고 보고, 주택정책, 출산 · 육아정책, 여성취업 확대 정책, 노동시간 단축 등을 저출산 극복대책으로 제시하였다. 묄러(Möller)는 사회부장관(1924~1951)이었는데, 그는 뮈르달 부부의 구상을 한손의 인민의 집 개념과 연결해 보편주의적인 사회복지정책을 도입함으로써 복지국가 발달의 기회로 활용하였다.

3) 연대임금정책의 시행과 기타 사회복지제도의 발전

1941년 노동조합총연맹은 연대임금정책을 개발하였다. 연대임금정책은 동일노동에 대해 동일임금을 지급하는 정책이다. 이를 통해 근로자들 간의 갈등을 예방하고 연대성을 강화할 수 있다. 또 이 정책을 통해 노동조합총연맹은 임금교섭에서 주도권을 장악할 수 있었다. 연대임금정책은 회사의 수익성이 아니라 직업의 성격에 의해 임금을 결정하도록 했고, 정책을 시행한 결과 임금격차가 줄어들었다.

표 11-3 스웨덴 연대임금정책의 작동

	세부 내용
정책의 방향	• 동일노동 동일임금의 원칙(산업 및 업종별 임금결정체계)
정책의 취지	• 사업장 간의 임금격차 축소로 노동자의 연대성 강화 • 직장 단위가 아니라 산별 노조와 노총이 임금교섭의 주도권 장악
보완장치	• 실업보험제도(실직자의 생계보장) • 적극적 노동시장정책(교육훈련 등으로 실직자의 생산성 향상)
정책의 효과	• 경제의 효율성 제고와 완전고용 가능 – 고생산성 기업은 투자 확대로 성장 지속 가능 – 저생산성 기업의 퇴출 촉진해 산업구조 개편 가속화 – 실직자의 생산성 향상과 고생산성 기업으로의 이직 촉진

연대임금정책은 적극적 노동시장정책[3]으로 보완되었다. 연대임금정책으로 인해 생산성이 높은 기업은 자기 기업의 높은 수익성에 따라 임금을 결정하지 않고 산업 및 업종별 연대임금을 적용하기 때문에 투자 여력을 확보할 수 있어 성장이 가능하고, 낮은 수익성에도 불구하고 산업 및 업종별 연대임금을 적용해야 하는 생산성이 낮은 기업은 수익성을 확보할 수 없어 퇴출되었다. 실직자에 대한 교육훈련 등 적극적 노동시장정책은 연대임금을 감당할 수 없어 퇴출되는 기업의 근로자들을 생산성이 높은 산업으로 이직시킬 수 있는 기반이 되었다. 그 결과, 적극적 노동시장정책은 경제의 효율성을 높이고 완전고용을 가능하게 하였다.

이 시기에는 다른 사회복지제도에도 변화가 있었다. 1934년에 실업보험제도가 도입되었다. 스웨덴의 실업보험제도는 노조가 자주 관리하고 지방자치단체가 보조하는 겐트(Ghent) 제도[4]다.

3) 소극적 노동시장정책과 적극적 노동시장정책 등 노동시장제도에 대한 설명은 제5장 참조.
4) 겐트제도는 벨기에 겐트(Ghent) 지역에서 최초로 실시된 실업방식으로, 노조에 가입한 사람에게만 실업보험이 적용되는 제도다. 이 제도는 노동자의 노조가입률을 높이는 데 상당한 기여를 하는 것으로 알려져 있다 (Hilson, 2008).

3. 전후 사민당의 집권과 복지국가의 확립

제2차 세계대전 동안의 사민당을 포함한 4개 정당의 연립정부가 종결되고, 1945년에는 사민당 단일 정권이 수립되었다. 이로써 전후 기간의 스웨덴 복지국가의 발전은 사민당 주도로 이루어질 수 있었다. 사민당은 완전고용이 복지국가의 토대이고, 예방적 사회복지정책을 기반으로 해야 경제성장이 가능하다는 관점을 견지하고 있었다. 사민당은 경제정책과 사회정책은 불가분의 관계가 있다고 보아, 국제시장에서 경쟁할 수 있는 효율적인 경제 및 노동시장정책, 사회보험과 사회적 서비스 등 예방적 사회복지정책이 연계되어야 국민의 생활보장이 가능하다고 판단하였다.

1) 렌-메이드네르 모델

스웨덴 경제는 지리적 특성 때문에 철강 · 목재 · 펄프 등의 자원을 주요 원료로 하는 제철 · 조선 · 제지산업에 특화되어 있고, 자동차, 기계 및 호화 소비재의 수출에 의존한다. 소규모 개방경제인 스웨덴은 수출 의존적인 성장전략을 펼 수밖에 없고, 따라서 높은 수준의 국제경쟁력을 요구한다. 완전고용을 목표로 1930년대 도입된 케인즈주의 경제정책은 유효수요창출 등을 위해 불가피하게 사회복지제도를 확대할 수밖에 없었다. 따라서 고임금과 높은 복지비용 등 과도한 노동비용의 문제가 대두되었고, 이는 또다시 인플레이션에 의한 가격상승과 그에 따른 실업을 동반하는 경향으로 이어졌다. 이와 같은 악순환은 스웨덴 제품의 수출경쟁력을 어렵게 만드는 요인이 되었다.

이제 완전고용을 이루면서도 동시에 가격의 안정을 기하고 실업을 관리해야 하는 필요성이 대두되었다. 이를 위해 스웨덴판 케인즈주의라고 불리는 렌-메이드네르(Rehn-Meidner) 모델이 개발되었다. 이 모델은 국가가 경제과정에 깊숙이 개입해 경제의 효율성을 제고하는 적극적인 케인즈주의로서의 스웨덴식 경제관리방식이라고 할 수 있다. 사회적 합의에 바탕을 둔 스웨덴의 포용적(inclusive) 국가는 이해당사자들의 동의를 획득할 수 있는 강한 국가능력(nation capacity)을 갖출 수 있었다(Molina & Rhodes, 2007; Van Waaden, 2003). 강한 국가능력은 능력부여국가(enabling state)로 표현되는데, 경제의 효율성 제고를 위해 경제과정에 깊숙이 개입해 온건한 유효수요 유지, 상품가격 안정, 고이윤기업의 투자 촉진, 한계기업 퇴출, 산업구조 촉진, 적극적 실업관리와 재배치의 정책 메뉴를 실행하는 기반이 됐다.

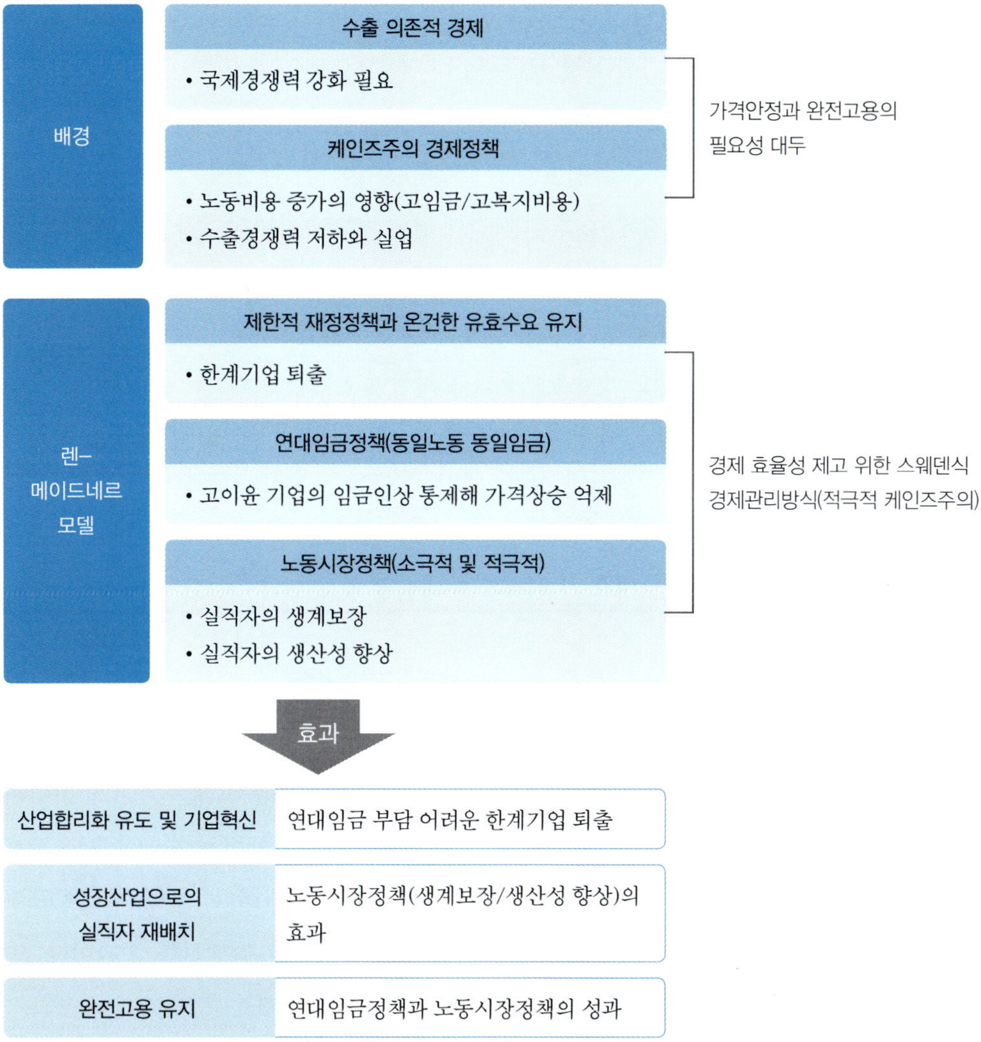

[그림 11-1] 스웨덴 렌-메이드네르 모델의 작동원리

이는 영국, 미국 등 많은 국가가 금융정책과 재정정책을 확대해 유효수요를 창출함으로써 경기를 조절하는 방식(경기가 과열되면 긴축재정을 펴고 경기가 위축되면 확대재정을 펴는 이른바 'stop and go system')으로 간접적이고 소극적으로 경제에 개입하는 한계를 지닌 것과 대비된다.[5)]

5) 이런 점에서 이들 국가의 정부는 일방주의적 통치행태를 보이지만 이해당사자들을 포용하지 못해 시장의 효과적인 작동을 보증하는 데 자신의 역할을 제한하는 최소주의적 규제국가에 머물러 국가능력이 제한된다.

렌-메이드네르 모델은 1951년 노동조합총연맹의 경제학자 고스타 렌(Gosta Rehn)과 루돌프 메이드네르(Rudolf Meidner)에 의해 개발되었다. 이 모델은 경제적 수요가 증가해 경기가 확대되면 인플레이션을 초래해, 특히 국제시장에서의 제품의 가격경쟁력을 떨어뜨리기 때문에 높은 경제적 수요만으로는 완전고용을 달성할 수 없다는 가정에 기초해 있다. 일반적으로 경제적 수요의 수준은 경제 여러 부문 간에 불균등하고 가변적이기 때문에 모든 경제 부문에서 높은 유효수요수준을 유지하는 접근은 무분별하다고 할 수 있다. 따라서 경제 전반적으로는 상대적으로 제한적인 재정정책(재정지출을 억제해 유효수요의 무분별한 확산을 통제하는 정책)을 통해 온건한 정도의 유효수요를 유지해야 한다는 것이다.

연대임금정책이 운영되기 때문에 유효수요수준이 제한되면 한계기업의 퇴출을 촉진해 산업 간의 구조조정을 촉진하는 효과가 있다. 대신, 적극적 노동시장정책으로 불가피하게 발생하는 실업을 흡수하자는 구상이다.

구체적으로 렌-메이드네르 모델은 다음과 같은 내용을 갖고 있다.

첫째, 제한적 재정정책으로 한계기업을 압박하고 동일노동·동일임금의 연대임금정책을 통해 고이윤 기업에서의 임금상승을 통제하여 인플레이션을 억제한다. 둘째, 한계기업에서 발생하는 실업은 적극적 노동시장정책으로 해결하고, 임금을 억제하는 대신 높은 수준의 복지를 제공한다. 높은 복지비용은 법인세보다는 소득세와 간접세를 통해 조달하여 기업이 부담을 줄이고 경제성장을 촉진한다. 셋째, 연대임금정책은 인플레이션을 억제하는 효과 이외에도 노동자 간의 임금격차를 줄여 계급연대를 촉진하는 수단이다. 넷째, 연대임금정책과 제한적 재정정책은 산업의 합리화를 유도하고 기업의 혁신을 촉진하는 수단이다. 연대임금을 지불할 수 없는 한계기업은 불가피하게 도태하기 때문이다.

스웨덴의 실업률은 1960년대에 2%, 1970년대에 3% 미만으로 다른 유럽국가들보다 훨씬 낮은 수준을 유지하였다. 이는 렌-메이드네르 모델의 도입과 이에 따른 연대임금정책과 적극적 노동시장정책에 힘입은 것이다. 그 결과, 스웨덴은 경제성장과 완전고용이 동시에 달성되는 복지국가로 발전하였다.

2) 적극적 노동시장정책

렌-메이드네르 모델의 핵심에는 적극적 노동시장정책이 자리 잡고 있었다. 정부의 무분별한 재정지출을 통한 완전고용정책은 인플레이션을 유발해 경제의 효율성을 떨어뜨리는 단점이 있었다. 스웨덴은 무분별한 재정지출을 억제하는 대신, 유효수요의 제한과 연대임금정책으로 인해 한계기업에서 불가피하게 발생하는 실업에 대해서는 적극적 노동시장정책으로 극복하려 하였다(Benner & Vad, 2000).

적극적 노동시장정책은 정부, 고용주, 노동자조직의 대표들로 구성된 노동시장위원회에 의해 운영된다. 1948년에 설립된 노동시장위원회는 인플레이션 통제와 산업 부문별 확장과 감축으로 인해 불가피하게 발생하는 경제구조 변동에 대응해 노동력의 이동을 원활히 하도록 하자는 취지를 갖고 있다. 정부가 노동시장에 적극적으로 개입해 한계산업의 노동자들과 잉여노동자들을 고임금산업으로 재배치하거나 이들을 위한 직업훈련 기회를 제공한다. 그 결과, 완전고용이 유지될 수 있다는 것이다. 노동시장위원회가 적절히 기능하면, 스웨덴 경제는 인플레이션을 통제해 경기순환을 억제하고 산업 부문별 확장과 감축이 용이하도록 조정한다. 개별 기업에 대해서는 기업이윤의 일부분을 경기 후퇴 때 투자할 재원으로 적립하도록 유도할 수 있다.

이처럼 스웨덴은 실업자 대상의 실업수당 같은 소극적인 노동시장정책도 당연히 펴지만, 적극적 노동시장정책을 중시해 직업이동과 노동력의 재훈련을 위해 노력한다. 적극적 노동시장정책의 취지는 노동자들을 경력 · 학력의 구속이나 실업에 대한 두려움에서 벗어나도록 하자는 것이다. 노동시장에서의 선택의 자유를 확대하기 때문에 인간적인 정책이라는 점을 강조한다.

적극적 노동시장정책을 실행하는 핵심 기구는 각 시와 읍의 국립직업소개소다. 국립직업소개소는 노동력의 수급을 효과적으로 조절하기 위해 운영된다. 구체적으로, 구인 · 구직자 간의 소개 · 알선업무, 직업상담, 각종 직업훈련 주선, 직업훈련 후 복지 제공, 이사수당 등 지역 간 인력 수급조절 등의 업무를 담당한다.

3) 공공 부문 사회적 서비스 발달과 여성고용 확대

사회적 서비스가 확충되자 여성의 노동시장 참여율이 높아지기 시작하였다(Benner & Vad, 2000). 1960년대와 1970년대의 적극적 노동시장정책, 성평등 법률 제정, 노동조합의 여성평등 옹호 등이 여성의 노동시장 참여와 급여인상에 기여하였다. 여성고용 증가는 1980년대까지 지속되었다. 여성노동시장 참여율은 1960년대에는 OECD 평균인 34% 정도였으나, 1987년에는 48%로 증가하였고, 1990년대는 서구 국가 중에서 유일하게 80%를 넘어섰다. 1990년대에는 시간제 일자리에 고용되어 있는 여성의 비율이 40~42%에 달하였다.

사회민주주의이론(혹은 권력자원이론)에서 설명하는 것처럼 스웨덴은 공공 부문 사회적 서비스정책을 면밀히 확충해 왔다(심상용, 2009). 이를테면, 1960년대 노동력 부족 사태가 발생하자 여성경제활동 참여를 확대하기 위해 무료 출산, 공보육, 출산휴가 및 부모휴가, 공공양로서비스 등 양육 · 양로에 대한 사회적 책임성을 확대하였다.

그 결과, 건강 · 교육 · 사회적 서비스 분야의 공공 부문 여성취업자 비중이 매우 높아졌다. 1980년대에는 여성의 1/3가량이 공공 부문에 취업할 정도였다. 여성고용에 의한 공공 부문의 확대는 공공 부문에서의 노동조합조직이 활성화되고 친복지적인 정치세력의 영향력이 확대되는 결과로 이어졌다. 사회적 서비스정책의 발달과 노동조합과 사민당의 영향력 확대 간의 선순환 관계가 공고화된 것이다(Ferrarni & Forssén, 2005).

한편, 스웨덴 여성의 높은 노동시장 참여율은 직종분리라는 이면을 갖고 있다. 여성의 노동시장 참여수준이 높지 않을 때에는 노동시장 참여자와 미참여자 간의 차별은 크지만, 전문직 종사여성의 비율이 높기 때문에 노동시장 내에서의 성 차별성은 크게 부각되지 않는다. 그러나 여성의 노동시장 참여가 확대되면, 여성이 비서직 등 비숙련 직종과 건강 · 교육 · 복지 등 공공 부문 사회적 서비스 분야에 종사하는 비율이 매우 높아진다. 반면, 여성의 노조가입과 노조 내에서의 영향력 확대 등으로 임금차별은 줄어든다. 따라서 여성의 노동시장 참여율이 매우 높은 스웨덴은 임금 등 근로조건이 아닌 직종 면에서 가장 성차별적(gender-segregated)이라고 평가되기도 한다.

4) 1959년의 연금개혁과 중간계층과의 연대

앞서 설명한 바와 같이 스웨덴은 1912년에 기초연금제도를 실시하였다. 이 제도는 67세 이상 노인에게 자산조사에 기초해 급여를 제공하였다. 1946년에는 새로운 국민연금제도를 도입하였다. 전 국민을 부과방식[6]의 단일한 연금체계로 포괄해 낮은 균일급여를 제공하는 보편주의적 방식이었다(윤석명, 1999; Palme, 2003). 즉, 급여수준은 소득비례연금만큼 높지는 않지만 보편주의적인 국민연금을 통해 국민 간의 단결을 도모하는 특징을 갖고 있었고, 그 주요 수혜자는 가장 큰 인구집단이었던 농민이었다. 국민연금제도는 모든 국민에게 사회적 시민권을 부여하였다. 가정주부, 장기체류자, 비경제활동인구를 포함해 모든 사람이 적용의 대상이 되었다. 재원은 모두 고용주 및 자영자의 기여금과 정부의 일반 조세로 조달

6) 적립식과 부과식에 대한 설명은 제9장 참조.

되었다.

그런데 1959년 연금개혁은 기존의 국민연금제도와 별도로 소득비례연금제도를 도입하는 변화를 꾀했다. 즉, 기존의 동일률 급여체계의 국민연금제도에 기여제의 부가연금제도(Allmnna Tillggs Pension: ATP)를 추가한 것이다. 소득비례연금 도입을 고려할 수밖에 없었던 이유는 모든 사람에게 동일한 급여를 제공하는 기존의 국민연금제도는 소득대체율이 낮아 급여수준의 적절성이 부족한 한계가 있었기 때문이다. 단신퇴직자의 국민연금의 급여는 1,000크로나 정도(산업노동자 임금의 1/3 수준)여서 생활을 유지하는 데 매우 부족한 수준이었다. 따라서 공무원을 포함한 화이트칼라 노조는 고용주와의 단체협약을 통해 독자적인 부가연금을 도입해 불충분한 급여를 보충하는 경향이 있었다. 그러나 블루칼라 노조는 광산 노조를 제외하면 부가연금을 도입하지 못하고 있었다.

제2차 세계대전 이후 화이트칼라와 블루칼라 등 근로자들이 자신의 소득수준에 맞는 급여를 요구하기 시작하였다. 현실적으로 완전고용과 경제성장으로 인해 근로자들의 빈곤율은 낮아졌지만, 국민연금의 급여수준의 적절성이 부족해 노인빈곤율이 여전히 높다는 문제점도 부각되었다. 이처럼 부가연금제도의 도입은 국민연금의 낮은 급여수준을 보완해 노인빈곤을 극복하고 적절한 노후소득을 보장하려는 취지를 갖고 있다.

한편, 사민당의 정치적 고려도 부가연금제도 도입의 배경으로 작용하였다. 스웨덴에서는 이미 농업인구가 감소하고 화이트칼라가 증가하는 산업인구의 변화가 진행되고 있었다. 이에 따라 산업인구의 비중이 급격히 변화하였다. 1920년에는 농업종사인구가 41%, 화이트칼라가 12%였으나, 1950년대에는 각각 16%, 28%로 역전되었다. 게다가 1956년 선거에서 보수당이 10석을 늘렸고, 사민당은 집권에는 성공했으나 4석을 잃는 위기를 겪었다.

이에 사민당은 상대적으로 고소득자인 화이트칼라층을 지지 기반으로 확충하기 위해 연금개혁을 추진하기 시작하였다. 대신 농민과의 갈등은 피할 수 없었다. 사민당과 노동조합총연맹은 안정적인 집권을 위해 부가연금제도 도입을 매개로 중간계층의 지지를 유도하였다. 이 과정에서 농민당과 결별해 연정(1951~1957)이 종식되었다.

부가연금제도는 재원조달방식과 급여산정방식에서 화이트칼라에 유리하였다. 부가연금제도의 완전노령연금은 소득이 가장 높은 15년간을 기준으로 60%의 높은 소득대체율을 보장하지만, 완전노령연금을 수급하기 위해서는 30년간 소득의 13%를 기여금으로 납부해야 한다. 근로자에 대해서는 사용자가 13%를 전액 부담하고 근로자의 부담은 면제되었다.

부가연금제도의 도입은 스웨덴 사회복지정책의 커다란 변화를 의미한다. 모두에게 동일한 급여를 제공한다는 평등주의적 이상보다는 급여는 소득수준에 비례해야 한다는 주장이

표 11-4 스웨덴의 1959년 연금개혁의 구조

	세부 내용
국민연금의 한계	• 제도의 특징 – 재원: 고용주와 자영자의 기여금과 일반 조세 – 급여: 전 국민 균일 급여 – 농민에게 절대적으로 유리한 제도 • 제도의 한계 – 낮은 소득대체율(임금의 1/3 수준) – 경제성장으로 인한 소득증대 수준에 뒤처짐
부가연금 도입 취지	• 제도의 방향 – 소득증대 수준에 부합하는 연금급여 확보 – 소득대체율 개선으로 노인빈곤문제 해결 • 정치적 이유 – 농민인구의 비중 감소로 적녹연합의 실효성 감소 – 중산층(화이트칼라)의 정치적 지지 획득 (화이트칼라에 유리한 제도의 특징)
부가연금의 설계	• 급여산정방식 – 완전노령연금은 최고소득 15년 기준 – 완전노령연금의 기여기간 30년, 소득대체율 60% • 기여방식 – 근로자 소득의 13%를 연금보험료 납부 – 사용자가 전액 부담 – 주로 자영농인 농민에게 절대적으로 불리한 제도
효과와 영향	• 국민연금과 소득비례연금의 이원적 구조 확립 • 화이트칼라를 포함해 근로자계층의 노후보장 적절성 확보 • 사회보험 전반(실업보험, 의료보험 등)의 소득대체율 인상 • 적녹연합 해체와 사민당에 대한 화이트칼라의 지지 확대

받아들여졌기 때문이다. 뒤이어 실업보험과 의료보험도 급여수준을 소득과 연계하는 변화가 이루어졌다.

부가연금제도는 화이트칼라 노조가 사민당의 지지 기반으로 흡수되는 데 기여하였다. 그 결과, 사민당은 1960년 선거에서 승리하였다. 이는 중산층을 지지계층으로 흡수한 데 힘입은 것이다. 사민당에 대한 화이트칼라의 지지율은 1960년대에는 52~54%에 이르렀고, 1970년대에는 43~48%를 유지하였다. 이처럼 사민당은 전통적인 블루칼라뿐 아니라 화이트칼라의 지지 속에 오랫동안 집권할 수 있었다.

5) 사회복지제도의 발전

스웨덴 복지국가는 1960년대와 1970년대에 소득비례형 사회보험제도를 도입하고 보편적인 사회적 서비스를 확충해 중산층의 복지국가를 지향하였다. 이제 적녹동맹 때와는 다른 정치환경이 조성된 것이다. 화이트칼라와의 동맹관계 속에 중산층의 정치적 지지가 확충되면서 사회복지정책을 순조롭게 확대할 수 있었다.

기존의 임의가입 질병보험제도는 1955년부터 소득에 비례해 급여를 제공하는 보편적이고 강제적인 의료보험제도로 개혁되었다. 기존에는 의료이용의 빈부격차가 심해 국민건강 확립에 장애를 겪어 왔다. 이 때문에 1950년대 초반까지 건강 빈부 격차가 이슈로 제기되어 왔는데, 의료보험제도 개혁으로 국가가 책임지고 건강관리를 제공해 주는 보편적인 제도가 확립된 것이다.

1955년에는 재해보험이 통합되고 적용범위가 확대되었다. 그동안 직장별로 분절화된 재해보험을 제공하였고 노동자가 사고를 당해도 제대로 보상받지 못하는 경우가 많았다. 국민보건체계가 확립되고 보편적인 의료보험제도가 도입됨에 따라 산재노동자들의 건강과 가족의 소득을 보장하는 체계가 확립된 것이다.

1945년에는 해외이주민을 관리하고 근로 가능 빈민으로 인한 정치적 사회적 혼란을 방지하기 위해 운영되던 구빈원을 폐지하였다. 1956년에는 「빈민법」을 폐지하고 「공적부조법」으로 개정해 자조능력이 없는 국민의 생활을 보호하였다.

한편, 스웨덴에서 주택정책은 사회정책의 핵심요소 중 하나로 평가된다. 주택은 빈곤을 없애고 사회적 평등을 성취하는 수단으로 간주되었기 때문이다. 1960년대 중반부터 10년간 백만 프로그램을 시행해 지방 공공주택청은 100만 개 이상의 아파트를 신축하였다.

사회보험의 팽창은 1970년대까지 계속되었다. 1932년에 도입된 실업보험제도는 실직 후 200일까지는 직전 소득의 80%, 300일까지는 70%, 450일까지는 65%를 보장한다. 1974년에는 실업보험의 보장을 받지 못하는 실직자들을 위해 정액제의 실업부조제도가 도입되었다. 도입 당시 수급기간은 300일이고, 피부양자녀가 있으면 450일까지 연장되었다(조돈문, 2015). 1974년에는 상병급여에 과세되었고, 치과도 건강보험에 포함되었다. 1974년부터는 질병보험의 소득대체율을 90%로 정하고 소득세를 부과하기로 하였다. 1980년대 들어 연금보험, 질병보험, 실업보험 등 사회보험제도의 소득대체율이 다른 나라들에 비해 현격히 높아졌다. 최고수준을 기준으로 할 때 제도별 소득대체율은 상병급여는 90%, 실업급여는 100%, 연금급여는 60%였다.

이 시기에는 사회적 서비스 분야에서도 변화가 두드러졌다(홍승아 외, 2008a). 1974년에 부모보험제도(Fooraaldrafoorsaakring)가 도입되었다. 남녀 간 기회의 평등을 추구하기 위해 출산 후 6개월 동안 부모 모두에게 휴가를 부여할 수 있도록 하였다. 그리고 이 제도를 이용한 여성이 가정에 머물러 경력단절로 이어지지 않고 복직하기 위해서는 공보육의 확대가 필수적이었다. 이에 따라 공공 부문을 중심으로 보육시설이 급증하였다. 1974년 제정된 「유아학교법」은 공보육 서비스 확대의 내용을 담고 있으며, 스웨덴의 공보육은 1970년대에 가파르게 상승하였다. 1960년에 309개소였던 보육시설은 1971년에 1,124개소에서 1980년에 2,721개소, 1990년에는 6,697개소로 증가하였다.

4. 최근 스웨덴 사회복지제도의 변화

1) 기본소득제도 도입 여부 갈등

크리스티안 엥스트룀(Chrisian Engström) 전 유럽의회 해적당 의원은 스웨덴에서 기본소득제 도입을 가장 적극적으로 주장하고 있다. 이전까지만 해도 개인 차원에서 주장하다가 유럽의회 의원에 당선된 이후 기본소득제 도입을 위해 활동해 왔다. 엥스트룀은 기본소득제 도입에 대해 다음과 같이 역설하고 있다.

첫째, 고정 소득이 없는 19세와 65세 성인 40만 명 모두에게 1년 기본소득 10만 스웨덴크로네(SEK), 즉 매월 8,333크로네(대략 900유로)를 세금 공제 없이 보장한다. 매월 이 금액을 초과하지 않는 범위 내에서 소득활동을 할 수 있고 이때 그 차액금만 지급한다(Bergström, 2016).

둘째, 출산부모보험 등의 기존 봉급대체제도를 그대로 유지하면서, 기본소득보다 높으면 그 수준을 그대로 유지하지만 낮으면 차액만큼을 보전해 준다. 예를 들어, 출산부모보험의 경우 480일의 보장 기간 중 최초 390일(13개월) 동안에는 현 임금의 80% 수준을 받을 수 있는데, 직장이 없거나 최근 8개월 이상 임금노동을 하지 않은 경우 최저수당이 7,500크로네로 확정되어 있기 때문에 기본소득제를 도입하면 833크로네의 보조금을 더 받을 수 있게 된다(Enström, 2015).

셋째, 출산부모보험제와 마찬가지로 현재 스웨덴에서 사용되고 있는 병가급여제를 그대로 유지하면서 기본소득제를 결합하고자 한다. 스웨덴의 병가급여는 최초 2주는 고용주가 부담하고 이후 최대 364일까지는 국가가 지급하는 방식으로 제공된다(Enstrom, 2016).

넷째, 이 제도를 도입할 경우 소요되는 총비용 1,340억 크로네는 사회 개혁의 큰 틀 없이 세 가지 사회보험제도의 개혁을 통해 확보할 수 있다. 기본소득 도입에 따른 기금 확보에 문제가 없고, 도리어 660억 크로네 정도의 여유 자금을 확보할 수 있다. 새로운 재원을 마련하는 것이 아니라 기존의 실업기금, 최저생계비용, 학생 학비 지원금, 부가세율의 재조정 등으로 재원을 충당하기 때문에 현행 제도를 최소한의 개혁 수준에서 당장 실현할 수 있다(Enström, 2015).

다섯째, 현재 스웨덴에 체류하고 있는 이민자 출신 비시민권자와 정치 망명을 위해 스웨덴을 선택한 난민을 포함한 이민자의 비율이 점차 높아지는 상황에서 기본소득제를 실시할 경우, 사회갈등이 확대될 것이라는 우려에 대해서는 두 가지 접근법을 취한다. 우선, 이민자 출신 비시민권자는 현재 80만 명에 이르며 이들은 가족 중 한 사람이 시민권을 획득해 초청한 가족이거나, 기존의 비시민권자로 장기 노동 허가를 받고 노동시장에 진출해 있는 스웨덴 태생 자녀까지 포함하는 집단이다. 이들은 아직 노동시장에 투입되지 못하고 언어 습득, 교육이수 등의 과정을 거치고 있거나 스웨덴에서 태어나 스웨덴 교육제도를 거쳐 나갔다고 해도 교육성취도가 낮아 실업 혹은 구직자 신분을 장기간 갖고 있어 현재 사회복지의 수혜를 보고 있는 집단이기도 하다. 따라서 이들에게 기본소득을 보장해 줌으로써 가급적 빨리 언어와 교육과정을 마치고 노동시장에 진출할 수 있도록 한다.

스웨덴은 기본소득제도 도입에 대해 부정적인 시각이 지배적이다. 1940년대 이후 사민당이 주축이 되어 만든 스웨덴 복지 모델의 해체가 전제되어야 하기 때문에 개혁에 소극적이며, 사회복지서비스 분야에 종사하는 비율이 전체 노동시장의 30%를 차지하고 있어 기본소득제를 도입할 경우, 공공 분야의 축소가 불가피하기 때문에 사회보험, 사회서비스제도, 세제 등의 대단위 개편이 뒤따라야 한다. 원외 정당인 해적당의 주도로 촉발된 기본소득제도 논의는 아직까지 찻잔 속 태풍에 그칠 것으로 전망된다. 좌우 기존 정당들의 부정적 시각과 함께 스웨덴 노동조합총연맹(LO)과 고용주총연맹(SAF)까지도 적극적으로 반대 의사를 표명하는 등 정치, 경제, 노동 분야의 총체적 반대에 직면해 있어 이 분위기는 특별한 상황의 전개, 예를 들어 핀란드의 실험적 시행이 성공적으로 이루어져 전면적으로 시행되는 상황 등이 전제되지 않고서는 스웨덴 내에서 다시 수면 위로 올라와 사회적 관심을 끌기는 쉽지 않은 형국이다. 이와 함께 재원 확충 부분의 불확실성도 보완적 시행을 어렵게 만드는 원인이다. 또 다른 부정적 요소로 노동인구의 20%를 차지하는 이민자 집단의 낮은 노동시장 진출률, 즉 높은 실업률이 있는데, 이는 제도를 도입할 경우 더욱 고착화될 가능성이 있어 핀란드의 실험이 긍정적으로 귀결된다 하더라도 쉽게 채택되기는 어려울 것으로 전망된다.

2) 보건의료 재정 지출

보건의료비 지출이 모든 국가에서 지속적으로 증가함에 따라, 각 국가의 보건의료체계에서 재정의 지속 가능성 측면에서 중요한 과제가 되고 있다. 경제성장의 개념을 이해하기 위해서는 각 국가가 도입하는 정책 및 정책의 오류, 특히 위기 상황에서 국가마다 채택하는 정책의 차이를 이해하는 것이 필수적이다. 보건의료비 지출에는 1인당 소득, 보건의료체계 요소, GDP, 사회경제적 특성, 도시화 수준 등이 영향을 준다. 의료비 지출 증가 문제는 다각도의 측면에서 발생한다. 의료비 지출 관리는 국가마다 다양하게 나타나며, 한 국가 내에서도 지역에 따라 다양하게 나타난다.

예를 들어, 1인당 지출의 규모는 재정적 · 정책적 결정에 따라 관리 방식이 다양하다. 북유럽국가들은 1995년 이후부터 가장 큰 경제위기를 경험하였는데, 경제위기 이후 회복 과정은 국가마다 달랐다. 그중 스웨덴이 가장 빨리 회복하여 2010년에 연평균 GDP 성장률이 6%에 가까운 성장을 보였다. 경기침체 또는 저성장은 보건의료체계의 우선순위 설정에 변화를 주는 중요한 요소로 작용한다. 저성장은 미시 · 거시경제에 영향을 주며, 이는 정부가 공공보건 부문에 대한 투자 방식을 결정하는 데 영향을 주게 된다.

스웨덴의 선험적 사례를 정리하면 다음과 같다(고숙자 외, 2021).

첫째, 복지 구조를 유지하기 위한 정부의 재정 지원이 강화될 필요가 있다. 스웨덴의 조세체계를 보면 단순하면서도 세입의 규모가 크기 때문에 지방자치를 실현하는 데 효율적으로 구성되어 있다. 특히 지방세는 구조가 단순하며, 개인지방소득세 단일 세목으로 구성되어 있고 세입 규모가 커서 충분한 세수를 확보하고 있는 특징이 있다. 이는 세무 행정비용과 납세 협력 비용을 낮추는 데 긍정적으로 기여한다고 볼 수 있다. 이러한 구조는 주요 기간 세목이 제 역할을 할 수 있도록 하기 때문에 미래 재정 수요 증대에 대비할 수 있는 장점이 된다.

둘째, 중앙과 지방의 명확한 역할 분담이 필요하다. 스웨덴은 오랜 지방분권의 역사를 바탕으로 중앙정부와 지방정부 간 권한과 의무를 명확히 구분하고 있다. 이를 통해 중앙정부는 큰 틀 안에서 정부정책의 방향을 제시하고, 지방정부는 정책 집행을 자율적으로 수행함으로써 업무의 효율을 높이고 있다. 이는 지방정부 간에도 그 역할을 명확히 함으로써 각 자치단체 간 업무의 중복으로 인한 예산 낭비를 막고 주민을 위한 질 높은 사회복지서비스를 제공하는 데 집중할 수 있도록 한다.

셋째, 노인돌봄서비스 강화를 통한 서비스 질 향상이 필요하다. 광역자치단체에서 기초지방자치단체로 노인돌봄 영역이 전격 이관됨에 따라 기존 노인돌봄 정책이 체계적으로 발전할 수 있는 계기가 되었다. 이는 지역민에게 필요한 서비스에 민감하게 반응할 수 있도록 함으로써 실제 특별주거기관의 거주 환경도 더욱 쾌적하게 개선하는 효과를 가져왔다. 그리고 보건의료서비스를 직접적으로 제공하는 광역자치단체와 기초자치단체는 내부적으로 서비스 질을 평가함과 동시에 외부적으로는 중앙정부에 의해 서비스 질을 감독받기 때문에 이중 모니터링의 효과가 있다. 이는 보편적 복지의 취지에 맞게 모든 사람에게 평등하게 서비스가 제공될 수 있도록 하고 있다.

넷째, 보건의료 · 장기요양인력의 효과적인 활용과 증대가 필요하다. 스웨덴은 에델 개혁 이후 시설이 아닌 너싱홈 형태로 돌봄서비스를 전환함에 따라 국가 차원에서 전문 간호사 양성과정을 장려했다. 실제로 초고령화사회로 진입하면서 보건의료서비스에서 의사만큼 역할이 중요한 사람은 돌봄서비스 종사자이다. 따라서 스웨덴은 보건의료 종사자들이 유사 직종의 전문인으로 전환하고자 할 때 유기적으로 연동될 수 있도록 하고 있다. 이는 전문인력을 양성하는 데 드는 비용을 줄이는 것뿐 아니라 향후 고령화사회에 대비하는 효과도 있다.

다섯째, 보건의료서비스 효율화를 위한 구조적 개혁이 필요하다. 스웨덴 달라르나 지역의 사례를 보면, 예상되는 보건의료서비스 비용을 절감하기 위한 방안으로 과감한 구조 개혁을 실시함으로써 예상 비용을 효과적으로 줄이는 데 도전했다. 단순히 기존 투자 지출을 감소하거나 재정을 삭감하는 방식이 아니라, 비효율적인 경영 관리 시스템을 근본적으로 개혁하고 유사 · 중복 프로그램을 최소화하는 지속 가능성의 관점에서 개혁을 시도했다는 점에서 의미가 있다. 이는 현재 지방자치단체별로 유사 · 중복 프로그램이 진행되고 있는 한국에도 시사하는 바가 있다.

최근에는 서비스의 분절화를 막기 위해 보건 · 복지 통합 서비스를 제공하려 하고 있으며, 탈시설화를 통하여 재정의 지속 가능성을 확보하려 노력하고 있다. 스웨덴은 노인인구 증가에 대응하기 위해 에델 개혁과 장기요양제도 정비를 통해 기초자치단체를 중심으로 효율적인 노인복지 정책을 시행하고자 하였다. 진료와 돌봄, 복지서비스를 기초자치단체에 통합시킴으로써 전달체계의 분절성을 완화하고 사회적 입원에 대한 지불 책임도 부과함으로써 사회적 입원을 줄이고, 기초자치단체가 지역사회에 적합한 돌봄과 퇴원 환자 관리 등을 할 수 있게 되었다. 우리나라도 향후 고령자가 급속히 증가하고 돌봄과 간병 수요가 더욱 증가할 것으로 예상되는 상황에서, 스웨덴의 사례와 같이 환자 의료전달체계에서 중앙과 지방의 역할 분담과 책임을 명확히 하고, 지역 중심의 전달체계 속에서 의료 및 장기요양서비스 공급과 재원 조달이 효율적으로 작동할 수 있는 기전을 마련할 필요가 있다.

3) 일 · 생활 균형정책

스웨덴은 일 · 생활 균형정책의 핵심이 되는 부모 육아휴직제도, 보육서비스의 공적 지원, 유연근로제도의 확대, 시간제 일자리의 활용 등 복지 정책에 기반한 일 · 생활 균형정책의 시행으로 여성의 경제활동 참가율을 높이고 개개인의 삶의 질을 높이는 데 크게 기여하였다.

첫째, 일의 강도를 줄이고 삶의 재충전을 위한 휴가 정책을 개편하는 것도 중요하지만 이는 장기적인 관점에서 논의해야 할 사항이고, 직장에서 일상 휴식시간을 정책적으로 보장함으로써 하루 일과의 일 · 생활 균형을 지킬 수 있도록 지원해 주는 것은 업무의 효율성을 높이고, 동료들 간의 유대를 돈독하게 하는 좋은 방안이 될 것이라고 생각한다.

둘째, 부모 공동 육아 책임을 위한 육아휴직 할당제가 필요하다. 육아휴직이 보편화되면서 과거에 비해 남성의 육아휴직 참여율이 점차 증가하는 추세이다. 실제로 남성들 중에는 육아휴직을 통해 양육에 좀 더 적극적으로 참여하고 싶어 하는 비율이 늘고 있다. 이는 학술적으로도 검증된 바 있는데, 양육 초기에 아버지가 육아에 관여하는 경우에는 양육 초기 이후에도 더욱 적극적으로 육아에 참여한다는 연구 결과가 있다(Norman et al., 2014). 따라서 남성이 육아에 적극적으로 참여할 수 있도록 스웨덴과 같이 자녀가 태어난 후 첫 1년 안에 대체율이 높은 아버지들에게 지급되고 어머니에게는 이전될 수 없는 할당 부성휴가를 부여할 필요가 있다(정희정, 2019). 또한 육아휴직으로 차별받지 않도록 법률을 강화하는 것도 육아휴직 할당제가 정착할 수 있는 계기가 될 것으로 생각한다.

셋째, 보육서비스의 공적 지원 확대가 필요하다. 현재 스웨덴은 보육시설의 95%를 국가가 운영하고 있으며, 서비스 시설이나 이용 시간도 사용자 중심으로 운영한다. 따라서 일 · 생활 균형의 질이 가장 낮은 그룹인 기혼 여성이면서 아이가 있는 가정에 이러한 시스템은 매우 효과적인 정책이 될 수 있다. 따라서 여성의 직장 이탈을 막고, 질 높은 보육서비스를 제공할 수 있도록 국가의 공적 지원 확대가 절실하다.

넷째, 유연근무제도나 시간제 일자리를 제대로 활용하기 위한 근로시간 단축이 필요하다. 우리가 지향하는 일 · 생활 균형의 가장 기본이 되는 것은 일과 개인의 시간을 균형 있게 사용함으로써 삶의 질을 높이는 것이다. 하지만 한국에는 장시간 근로가 업무 성과와 동일 선상에서 논의되는 독특한 직장 문화가 있기 때문에 제도적 장치가 마련되어 있어도 실제로 활용하기는 매우 어려운 상황이다. 또한 장시간 근로로 인한 누적된 피로감과 개인 시간 활용의 부족은 고스란히 여성의 독박 육아와 가사 전담으로 이어진다. 따라서 이러한 문제점을 해결하고 현 제도를 제대로 활용하기 위해서는 스웨덴과 같이 다양한 사회적 실험을 통해 근로 시간을 단축하는 데 좀 더 적극적으로 나서야 할 것이다.

다섯째, 성평등에 기반한 사회적 인식 변화를 위해 여성의 경제활동 참가를 적극적으로 권장해야 한다. 스웨덴은 1970년부터 개인 과세 단위 채택, 부모 공동 육아휴직제도, 보육서비스의 공적 지원 확대 등 여성들이 경제활동에 적극적으로 참여할 수 있도록 다양한 제도적 기반을 다져 놓았다. 한국은 스웨덴에 비해 사회적 인식은 아직 미미하지만, 제도적으로 상당 부분 스웨덴과 비슷한 수준으로 향상되었다. 따라서 스웨덴 여성들이 경제활동에 적극적으로 참여하여 자신들의 권리를 주장한 것과 같이 한국 여성들도 경제활동에 적극적으로 참여함으로써 자신들의 요구를 반영한 정책을 제안하고, 제도가 실질적인 효과를 낼 수 있도록 고위직까지 성장하여 임계치를 달성할 수 있도록 하는 것이 필요하다.

4) 돌봄서비스

스웨덴과 북유럽국가들의 돌봄서비스의 괄목할 만한 성과와 심각한 결점은 과거의 구빈제도와 오늘날의 사회서비스가 조직된 방식과 밀접하게 연관되어 있다. 모호한 법률, 부족한 재원, 천차만별인 지역 리더십 수준 등은 때로는 매우 훌륭한 서비스를, 때로는 매우 저급한 서비스를 양산했다. '시민에게 가장 좋은 것'은 정부가 잘 안다는 관념이 깔린 온정주의(paternalism)의 흔적이 과거에는 시설보호에서 나타났고, 오늘날에는 돌봄서비스에 묻어난다. 스웨덴은 국내총생산(GDP)의 약 3%를 취약계층과 노인을 대상으로 하는 사회서비스에 지출한다. 스웨덴은 GDP의 2~3%를 노인의료에 지출하고 연금에 GDP의 9% 정도를 지출하는데, 스페인도 이와 유사하다. 오랫동안 중앙정부는 지방정부가 그 의무를 잘 수행하는지 지켜보려고 애썼다(Sundström, 2018).

1870년대에 지방정부 재정과 구빈 프로그램 및 그 운영에 대한 통계가 작성되기 시작했다. 1900년도에는 지방정부의 1/10이 아직 제대로 된 구빈프로그램을 만들지 못했다. 가끔 특별정부조사(SOU, 1956)가 수행되어 서비스 성과를 평가하려 한 적은 있다. 이러한 중앙정부 활동은 1980년대에 더욱 강화되었다. 2000년부터 중앙정부는 서비스 제공자와 이용자들에게 정보를 제공하기 위하여 욕창의 빈도, 시설보호 이용자의 고독사 비율 등 지방정부들의 서비스를 광범하게 비교하는 보고서를 출간하기 시작했다. 중앙정부가 바람직한 정책 증진을 위해 지방정부를 조정할 수 있는 방법으로는 재정적 유인 외엔 거의 없는데, 재정적 유인도 항상 성공하진 않는다. 중앙정부의 이해관계에 대해 지방정부의 이해관계를 대변하는 전국지방정부협회는 재정적으로 자족하는 회원 정부들을 조정할 동기나 역량이 거의 없다.

스웨덴은 북유럽국가 중 지방정부와 계약을 맺은 민간서비스 공급자 수가 가장 많은 국가이다. 지방정부의 절반 정도가 민간사업자들을 활용하며, 일부 서비스들은 거의 '민영화' 되었다. 평균 재가돌봄서비스 이용자의 18%와 시설보호 이용자의 20%가 민간사업자가 제공하는 서비스를 이용한다(2017년 기준). 그 배경에는 '경쟁'을 통해 서비스 질을 향상하고 이용자에게 서비스 선택권을 줌으로써 이용자로 하여금 "서비스 이용 빈도로 투표권을 행사하게 하자."라는 의도가 깔려 있다(동일 서비스에 대한 이용 요금은 공급자와 관계없이 똑같으며 요금은 지방정부에 지불한다). 또 다른 배경에는 비용을 통제하려는 목적이 있다. 민간 공급자들도 그들이 제공하는 서비스에 대해 고정된 금액을 받기 때문이다. 이용자 욕구 사정이나 지방정부에 주는 요금 등은 민간 공급자와 공공 공급자 간에 차이가 없다. 이에 대해 두 가지 비판이 제기돼 왔는데, 하나는 공적 자금이 이익의 형태로 민간 금고에 들어가서는 안 된다는 것이고, 다른 하나는 이용자들이 서비스 질의 차이를 구별하는 것이 불가능하여 의도된 선택권을 행사할 수 없다는 것이다.

지방정부가 비효율적이라는 것에 대한 증거는 많다(SOU, 2018). 그러나 민간 공급자와 공공 공급자 모두에서 남용과 부정 사례들이 보고되었다. 이는 통제와 모니터링이 부족하기 때문일 수 있다. 또 다른 문제는 병상 수의 부족과 지방정부의 시설보호 및 돌봄서비스 감축이다. 이를 해결하기 위해 서비스 전달과 기록 보관을 디지털화하려는 시도들은 일부 직원들에게는 시간 낭비나 귀찮은 일로 여겨질 수 있지만, 일부 지방정부들은 이 같은 시도를 통해 직원과 이용자 모두를 위해 서비스를 개선할 혁신적인 방법들을 발견했다. 때로는 개선된 서비스가 이전 방식보다 비용이 덜 들기도 한다. 대표적인 예로, 과거 야간 경비(night-patrol) 서비스를 대체할, 소위 야간 카메라(지방정부 인터넷에 연결된 적외선 비디오카메라)라는 새로운 유형의 서비스를 들 수 있다. 거의 모든 사람이 한밤중에 이루어지는 누군가의 불편한 방문보다는 이 새로운 서비스를 선호했다. 처음에 몇몇 지방정부가 시범적으로 사용하기 시작한 이 카메라는 현재 여러 지방정부로 확산되고 있다. 다른 서비스들에서도 혁신에 따른 유사한 효과들이 나타나고 있다. 구빈제도와 사회서비스가 수백 년의 역사를 가지고 있다는 사실은 이러한 제도가 취약계층을 지원하는 조직적 방법으로 얼마나 안정적인가를 보여 준다. 이는 긍정적으로 평가할 수 있지만, 동시에 제도 안에 내재된 경직성이 필요한 변화를 막을 수도 있다는 점을 간과해서는 안 된다.

5) 장애인활동지원정책

스웨덴에서는 최근 장애인활동지원제도와 그 비용에 관한 논의가 활발하게 진행되고 있다. 특히 2016년에 정부가 스웨덴 사회보험청에 활동지원 시간의 증가와 과잉 이용을 막으라는 지시를 내린 이래 논쟁은 더욱 가열되었다(Ministry of Social Affairs, 2015). 장애인활동지원제도의 비용은 그동안 증가해 왔지만, 이러한 비용 증가가 중앙정부나 지방정부에 초래된 실제 비용의 증가인지 아니면 사실상 제로섬 게임(zero-sum game)인지 분간하기는 쉽지 않다. 장애인활동지원제도의 비용 중 절반 이상은 활동보조인력의 인건비이며, 이 인건비의 일부는 세금의 형태로 다시 중앙정부로 돌아간다. 장애인활동지원제도는 다른 지원제도와 서비스에 소요될 비용의 일부를 재분배한다(SOU, 2008). 스웨덴 사회보험심사평가원(Swedish Social Insurance Insepctorate)은 지방정부의 활동지원급여 수급자들의 수급 전과 후를 비교해 보았다. 수급 개시 직전 연도에 수급자의 60%는 다양한 사회적 지원을 받고 있었지만, 수급 개시 다음 연도에는 이러한 수급자 비율이 30%로 떨어졌다. 일상생활 지원을 제외한 다른 형태의 지원들이 줄어든 것이다.

장애인활동지원제도는 중증장애인들의 생활 여건 개선에 기여했다. 이들은 장애인활동지원제도를 통해 시설이나 다양한 수준의 서비스를 제공하는 특수목적주택에서 벗어나 평범한 주거를 선택할 수 있게 되었다. 오늘날 스웨덴에서는 활동지원급여 수급자의 생활수준과 비장애인들의 생활수준에 큰 차이가 없다(SOU, 2008). 장애인활동지원제도의 목적은 장애인이 자신의 삶에 대해 자기 결정권을 갖는 것이다. 사회보험청의 보고서에 따르면, 실제 활동지원급여 수급자들은 활동지원서비스에서 주도권을 쥐면서 더 안정적인 생활에 안심하고 있고, 장애인활동지원제도로 장애인 수급자나 그 친척들의 복지가 향상되었다(SOU, 2014). 장애인활동지원제도의 또 다른 목적은 장애인이 비장애인과 같이 살아갈 수 있도록 필요한 지원을 제공하는 것이다. 활동지원급여 수급자들에게 이 제도가 그들이 사회에서 비장애인들과 다를 바 없는 삶을 영위할 수 있는 기회를 준다는 것은 자명하다.

장애인활동지원제도는 장애 아동을 둔 부모들에게도 의미가 크다(The National Board of Health and Welfare, 2008). 이 제도로 인해 부모 모두 일을 할 수 있게 되었고, 동시에 그들이 수행한 돌봄에 대하여 금전적 보상을 받게 되었다. 활동지원급여를 받는 아동을 둔 부모의 임금 소득은 그렇지 못한 장애 아동을 둔 부모의 임금 소득보다 훨씬 많은 것으로 드러났다. 또한 상병수당, 한시적 부모수당, 실업급여, 주거수당, 기타 보조금 등도 받는다. 부모들의 평가에 따르면, 장애인활동지원제도를 통해 가족 모두의 삶의 질이 개선되었으며, 장애 아동 외의 다른 자녀들에게도 관심을 쏟을 수 있게 되었다. 활동지원급여를 받는 아동들도 자신의 삶을 주도적으로 살 수 있는 기회를 갖게 되었고, 스스로 다양한 활동에 참여할 수 있게 되었다. 또한 청소년들은 집을 떠나 자립할 수 있는 기회를 갖게 되었고, 장애인활동지원제도로 인해 가족 구성원 모두의 건강도 개선되었다.

6) 이민자 통합정책

2015년 기록적인 난민 유입과 함께 이어진 이민자 증가로 인해 스웨덴 사회는 이민자 통합을 위한 새로운 과제를 안게 되었다. 그 동안의 이민정책이 스웨덴의 사회적 가치를 실현하기 위한 수단으로 활용되어 왔다면 2015년 이후의 난민, 이민자 유입과 이민정책은 저출산, 고령화로 인한 노동시장 공백 문제를 해결하려는 경제적인 이유가 더욱 큰 것으로 평가된다(송지원, 2015). 따라서 최근의 이민자 통합에 대한 접근 역시 이민자들을 어떻게 노동시장에 빠르게 진입시켜 스웨덴 사회에 정착하게 할 것인가에 초점이 맞춰져 있다. 정부는 이민자를 위한 맞춤형 노동시장정책(Step in Jobs, New Start Job 등)을 도입하였으나, 정부의 기대와는 달리 이민자의 실업률은 자국민에 비해 월등히 높은 상태로 나타났다. 2018년 1월 기준 스웨덴의 전체 실업률은 4.0%였으나, 이민자의 실업률은 21%로 나타나 큰 격차를 보였다. 또한 직장을 구한 이민자 중 다수가 특정한 직업 능력을 필요로 하지 않는 저숙련 일자리에 배치되어 노동시장의 양극화가 심화되고 있음을 보여 주었다. 국제통화기금(IMF), 경제협력개발기구(OECD)와 같은 국제기구는 이러한 노동시장의 양극화를 지적하며, 이민자들이 더 나은 일자리를 구하고 스웨덴 사회에 완전히 정착하고 통합될 수 있도록 기존에 제공되던 이민자를 위한 스웨덴어 교육과정 강화와 스웨덴어 교육을 동반한 일자리정책을 더욱 확대해야 함을 강조했다(IMF, 2015; OECD, 2014).

그동안 스웨덴 정부는 이민자를 위한 스웨덴어 교육과정(Swedish for Immigrants: SFI)을 무료로 제공하면서 이민자의 노동시장 진입과 사회통합을 도모해 왔다. 하지만 최근 들어 이 교육과정이 제구실을 못하고 있다는 지적이 잇따르고 있다. 스웨덴 학교조사국은 2018년 스웨덴 내 15개 지역의 SFI를 조사한 결과를 발표하였다. 조사국은 SFI 프로그램의 획일화되고 반복적인 교육 방식과 교사의 낮은 질적 수준을 근거로 이민자를 위한 스웨덴어 교육과정이 이민자의 언어능력 향상에 기여하지 못하고 있다고 지적했다(The Local, 2017b). 또한 2015년 대거 유입된 난민으로 인해 SFI 내 교사와 학생 수의 불균형이 발생해 수업의 질이 낮아졌다는 스웨덴 교육청(Skolverket)의 조사 결과도 발표되었다. SFI를 수강하는 이민자 수는 2005년 5만 600명에서 2015년 13만 8,000명으로 10년간 두 배가량 증가했는데, 교육청은 앞으로 수강 인원이 더 증가할 것이라 예상하고 있다. 하지만 급증한 이민자 수강생에 비해 교사의 수는 절대적으로 부족해 교육청은 교사 수 증대를 위한 대책 마련에 나서고 있다(The Local, 2017a). 이처럼 최근 드러난 SFI의 문제들로 인해 이민자 수강생들은 잦은 이탈과 재수강을 반복하고 있다. 정부는 이로 인해 많은 세금과 사회적 비용을 감당해야 하는 상황에 직면했으며, 교육과정의 혜택을 누려야 할 이민자들은 해당 프로그램에 장기간 머물기만 할 뿐 취업이나 다른 진로로 선뜻 나서지 못해 악순환이 이어지고 있다.

이민자 통합 문제를 풀기 위한 해법으로 온건당 대표 울프 크리스테르손(Ulf Kristersson)은 다음의 세 가지 방안을 제시했다.

첫째, 스웨덴에서는 누구나 일해야 한다. 둘째, 스웨덴에서는 스웨덴어를 반드시 사용해야 한다. 셋째, 스웨덴에서는 스웨덴 법이 우선이다. 이 중 이민자의 원활한 스웨덴어 사용을 가장 강조했다. 그가 언어 사용을 강조한 이유는 언어를 원활히 구사할 수 있어야 이민자들이 빠르게 노동시장에 진입할 수 있고, 스웨덴법에 대한 이해도 가능하기 때문이다. 그는 현 정부의 이민 및 통합정책이 올바르게 운영되고 있지 않음을 지적하면서 이민자의 스웨덴어 사용이 의무화되어야 이들이 스웨덴 사회에 통합되고 시민으로서 제대로 활동할 수 있을 것이라 주장했다(The Local, 2017b).

현 스웨덴 정부는 최근 이민자 수의 증가 추이에 맞춰 고용정책을 준비해 노동시장 진입과 사회통합을 동시에 도모했지만, 기대에 못 미치는 성과를 냈다. 또한 이민자 통합의 기초인 스웨덴어 교육에도 실패하여 어려움을 겪고 있다. 현재 연정을 구성하고 있는 사민당의 해법은 간단하다. 결국, 언어가 중심이라는 것이다. 고용정책과 같은 단기적인 해법보다 언어 습득 문제가 해결되어야 장기적으로 이민자들이 사회에 적응하고 시민으로서 활동할 수 있다는 것이 핵심이다. 여러 시행착오와 정책 실패 후, 이민통합 정책의 방향을 언어교육 강화로 재정립하고자 하는 사민당의 의도를 눈여겨볼 필요가 있다.

5. 복지국가로서 스웨덴의 현재

1) 보건의료 분야

의료 혜택의 확대를 위해서 치과 치료 보조금을 현재 금액에서 2배 높여 22~29세 연령 구간에 600크로나(약 7만 8,000원), 30~64세 연령 구간에 300크로나(약 3만 9,000원), 65세 이상 연령 구간에 600크로나를 지급할 예정이다. 또한 여성 건강과 출산율에 관련 있는 자궁경부암 진료를 무상으로 제공하는 데 예산을 투입하기로 했다(고숙자, 2022). 또한 돌봄과 의료의 질을 개선하기 위해서는 보건의료 종사자의 근로 환경을 개선하는 것이 필수적이라는 인식하에 보건의료 종사자 근로 환경 개선이라는 목표를 설정했다. 스웨덴은 의료 종사자 수와 역량 부족 등 그동안 보건의료 부문에서 여러 문제를 안고 있었다. 이를 개선하기 위해 몇몇 지방정부는 병원 내 6시간 근로제를 실험해 보기도 하고, 종사자의 임금을 인상하는 등 다양한 정책을 시도해 봤지만, 뚜렷한 성과를 얻지 못했다. 이에 스웨덴 정부는 중앙정부 차원의 지원 계획을 수립하고 이를 위해 2018년부터 매년 20억 크로나(약 2,600억 원)를 투입하기로 하였다(고숙자, 2022). 스웨덴 정부는 보건의료 부문의 근로 환경 개선이 종사자 개개인의 건강과 삶의 질뿐만 아니라 환자의 안전과 돌봄의 질 향상에도 도움을 주어 여러 방면에서 긍정적인 효과를 낼 수 있을 것으로 기대한다.

2) 임산부서비스 개선

2016년부터 스웨덴 내 16개 지역에서 임산부서비스의 개선과 병실 확대를 요구하는 시위가 이어졌다(The Local, 2017). 특히 임산부를 수용할 수 있는 병원 입원실 및 공간 부족으로 여성들이 출산에 어려움을 겪는 사례가 연이어 발생해 공분이 일었다. 병원 내 임산부를 위한 공간 및 간호 인력 부족 문제는 지방뿐만 아니라 스톡홀름을 비롯한 대도시에서도 발생한다. 특히 여름휴가 기간인 7~8월 즈음에는 의료진, 병실 부족으로 인한 문제가 더욱 불거져 임산부와 가족들이 애를 겪는 일이 자주 발생한다. 올해 초에는 스웨덴의 두 조산사가 혹시나 모를 위급한 상황을 대비해 임산부가 차 안에서 아기를 출산할 수 있는 방법에 대한 강좌를 열어 대중과 언론의 주목을 받기도 했다(Roden, 2017). 스웨덴 정부는 임산부를 위한 병실과 의료진 확보를 위해 매년 10억 크로나(약 1,300억 원)를 투입할 계획이다(Government

Offices of Sweden, 2017b).

3) 사회서비스 분야

스웨덴 정부는 고령자를 위한 주택 보조금을 인상하기로 하고, 이를 위해 6억 5,500만 크로나(약 850억 원)를 투입할 예정이다. 약 29만 명의 고령자가 확대된 혜택을 누릴 것으로 예상된다. 정부는 또한 고령자에 대한 세제 혜택을 확대하기로 했는데, 이를 통해 65세 이상 고령자의 약 75%가 각각 연간 5,000크로나(약 65만 원)의 감세 혜택을 누릴 예정이다. 한편, 다중 중증 질환을 앓고 있는 고령 환자가 증가함에 따라 정부는 이들의 건강 상태를 관리하기 위한 기관을 설립하여 고령 환자들의 건강권을 보장 · 강화하는 노력을 기울이기로 정하고, 2018년부터 매년 1,000만 크로나(약 13억 원)를 투자하기로 결정했다(Government Offices of Sweden, 2017b).

4) 아동복지 개선

스웨덴 정부는 아동과 청소년 돌봄 종사자를 지속적으로 늘릴 계획이며, 이를 위해 2018년부터 2020년까지 2억 5,000만 크로나(약 325억 원)를 투입하였다. 또한 건강이 좋지 않은 아동들에 대한 보건의료서비스 강화를 위해 매년 13억 7,000만 크로나(약 1,780억 원)를 관련 기관에 배정할 예정이다. 특히 정부는 예방접종의 접근성을 높이고 아동들의 건강 상태를 전체적으로 증진하는 데 그 목표를 두고 있다. 정부는 영유아 위장염을 야기하는 로타 바이러스 백신을 국가 예방접종에 포함시키는 방안도 함께 고려하고 있다(Government Offices of Sweden, 2017b).

5) 장애인의 노동시장 참여 기회 확대

장애인 관련 정책 중 이번 예산안에 새로이 추가된 내용은 시각 · 청각 장애인들의 노동시장 참여 기회를 확대하는 방안이다. 정부는 시각 · 청각 장애인이 근무지에서 자신의 능력을 온전히 발휘할 수 있도록 근무 공간 내 통역서비스를 강화하기로 하고, 이를 위해 2018년부터 1,500만 크로나(약 19억 5,000만 원)를 투입하기로 했다(Government Offices of Sweden, 2017b).

6) 양성평등 분야

현 정부는 양성평등을 지속적으로 강조하며 페미니스트 정부임을 자임하고 있다. 정부는 우선 스웨덴 내 명예 살인, 폭력, 여성억압 등 여성 인권에 관련된 문제를 보다 적극적으로 해결하기 위해 2018년에 10억 크로나(약 1,300억 원)를 책정했다. 또한 양성평등 정책의 효과적이고 일관적인 이행과 지속 가능한 양성평등 관리를 위해 예테보리에 새로운 양성평등 기구를 설립해 2018년 1월 1일부터 운영하고 있다. 이를 위해 투입된 금액은 8,000만 크로나(약 104억 원)이다.

7) 사회부조

스웨덴의 사회부조는 다른 나라와 마찬가지로 지방정부가 관리하되 생계지원은 중앙정부가 상당한 재정책임을 진다. 생계지원은 통상 국가기준에 근거해 지급되고, 주거, 가사, 출장, 가족재산보험, 조합원비, 실업기금을 위한 특별비용 등을 포함하며, 특별 사유가 있을 때에는 더 높게 책정된다. 스웨덴의 사회부조는 일반적 부조, 범주적 부조, 통합적 부조 등으로 구분된다. 일반적 부조는 최저생계비 미만의 모든 사람에게 현금급여를 지급하고, 범주적 보조는 실업자 등의 특정집단에게 지급되는 현금급여를 의미하며, 통합적 부조는 주택급여 등 현금이나 현물로 지급되는 제반 급여를 포괄한다.

8) 결론: 복지국가의 특징

스웨덴 복지국가는 두드러진 특징을 갖고 있다(박병현, 2005; Benner & Vad, 2000).

첫째, 노동조합이 복지국가 발전의 기반이 되어 왔다. 스웨덴의 노조가입률은 발달된 자본주의 국가 중에서 가장 높고 노조는 매우 중앙집권적이다. 고용주총연맹도 중앙집권적이며 기업의 가입률이 매우 높다. 스웨덴 복지국가 건설에서는 노동조합총연맹과 고용주총연맹의 성공적인 협상이 밑바탕이 되었는데, 두 조직 모두 중앙집권적이기 때문에 가능하였다. 노조는 임금억제를 수용해 양보하였고 그 대가로 완전고용과 복지국가를 이루었다. 즉, 스웨덴은 계급 간의 타협을 고도로 제도화한 국가다.

둘째, 스웨덴 특유의 적극적 노동시장정책이 매우 발달하였다. 스웨덴의 완전고용은 적극적 노동시장정책이 있었기에 가능하였다. 스웨덴은 전통적으로 수출 의존적인 경제구조를 갖고 있어 대외적인 환경변화와 국제경쟁력 이슈에 민감하였다. 공공고용서비스, 직업이동수당, 직업훈련, 일시적 공공고용 같은 적극적 노동시장정책은 수출 의존적인 소규모 개방경제에 양질의 인적자본을 제공하였다.

셋째, 사회적 서비스 국가의 특성을 지니고 있다. 스웨덴은 사회보험 중심의 사회보장 말고도 다양한 사회적 서비스가 공공 부문에서 제공된다. 공공 부문이 돌봄의 의무를 지기 때문에 공공 부문에 투입될 인력을 확보할 필요가 있다. 이 때문에 스웨덴에서는 공공 부문에 종사하는 사회적 서비스 부문 종사자의 비율이 매우 높다.

참고문헌

고숙자(2022). 스웨덴의 보건의료・장기요양 재정 지출 효율화 사례. **국제사회보장리뷰 2022 여름호** Vol. 21, 67-82.

고숙자, 황안나, 장익현, 홍희정, 박영선, 전진아, 정소라(2021). **보건의료 재정 지출 효율화를 위한 사례 연구**. 세종: 한국보건사회연구원.

고양곤, 최영현, 안홍순, 윤찬중, 임병우, 박재간(2005). **OECD 국가의 노인복지정책 비교연구**. 서울: 한국노인문제연구소.

박병현(2005). 복지국가 발달의 문화적 분석. **한국사회복지학**, 57(3), 277-304.

변광수(2006). **북유럽사**. 서울: 대한교과서주식회사.

송지원(2015). 스웨덴 정부와 주요 정당들이 발표한 난민 위기 대책. **국제노동브리프**, 13(12), 32-39.

윤석명(1999). 스웨덴 공적연금제도 개혁과 시사점. **보건복지포럼**, 59, 59-69.

정이환(2005). 사민주의 노동체제는 와해되는가: 북유럽 노동시장 제도의 변화. **경제와 사회**, 67, 171-195.

정희정. (2019). 일・생활 균형 및 성평등 현안과 유연근로제의 한계. **국제사회보장리뷰**, 8, 49-60.

천세충(2001). **세계의 사회보장: 역사 현황 전망(전정판)**. 서울: 유풍출판사.

홍승아, 류연규, 김수정, 정희정, 이진숙, Leprince, Jenson, Dulk, Naoko(2008a). **일가족양립정책의 국가별 심층사례연구**. 서울: 한국여성정책연구원.

Benner, M., & Vad, T. B. (2000). Sweden and Denmark: Defending the Welfare State (pp. 399-466). In Fritz W. Scharpf & Vivien A. Schmidt (Eds.), *Welfare and Work in the Open Economy: Volume II. Diverse Responses to Common Challenges*. Oxford and New York: Oxford University Press.

Bergström, C. (2016). *Basic Income: A concrete and financed proposal for Sweden*.

Enström, C. (2015). Basinkomst-kostnad 134 miljarder, finansierat med 200 miljarder (video).

Enström, C. (2016). Basinkomst: Lat sjukforsakringen vara kvar.

Ferrarni, T., & Fossén, K. (2005). Family Policy and Cross-National Patterns of Poverty (pp. 118-146). In Kangas, O., & Palme, J. (Eds.), *Social Policy and Economics Development in the Nordic Conntries*. New York: Palgrave Macmillan. Government Offices of Sweden. (2017b), Reforms for increased security and welfare in the Budget Bill for 2018.

Hilson, M. (2008). *The Nordic Model: Scandinavia since 1945*. London: Reaction Books. 주은선, 김영미 공역. **노르딕 모델: 북유럽 복지국가의 꿈과 현실**. 서울: 삼천리. 2010.

IMF. (2015). *Sweden: Selected Issues*.

Ministry of social affaires. (2015). *Regleringsbrev för budgetåret 2016 avseende Försäkringskassan*.

Myrdal, A. (1939). A programme for family security in Sweden. *International Labour Review, 39*(6), 723-763.

Norman, H., Eliot, M., & Fagan, C. (2014). Which fathers are the most involved in taking care of their toddlers in the UK〉 An investigation of the predictors of patemal involvement. *Community, Work & Family, 17*(2), 163-180.

OECD. (2014). Finding the Way: A Discussion of the Swedish Migrant Integration System.

Roden, Lee. (2017). *Swedish midwives launch course on giving birth in cars*. The Local.

SOU. (2014). Förändrad assistansersättning-en översyn av ersättningssystemet. Betankande av As sistansersattningsutredningen. [Changed assistance allowance-A review of the remuneration system. Report of the assistance allowance investigation]

SOU. (1956). Åldringsvård [Care for elderly people]. Government White Paper No. 1, 1956.

SOU. (2018). Lite mer lika [A little more equal]. Government White Paper No. 74, 2018.

Sundström, G. (2018). 스웨덴의 노인 돌봄 서비스와 지역사회의 역할[Aged care and the role of community in Sweden]. **국제사회보장리뷰**, 7, 36-48.

The Local. (2017a). 'More teachers needed' to cut long waits for Swedish classes. https://www.thelocal.se/20170419/more-teachers-needed-to-cut-waiting-times-for-swedish-classes-for-immigrants

The Local. (2017b). Swedish opposition leader: 'In Sweden, we speak Swedish'.

The national board of health and welfare. (2008). Personlig assistans enligt LASS ur ett samhällsekonomiskt perspektiv. [Personal assistance according to LASS from a socio-economic perspective]

Van Waarden, F. (2003). Renegotiating the Welfare State through Corporatist Concertation: An

Introduction. (pp. 3-30). In F. Van Waarden, & G. Lehmbruch (Eds.), *Renegotiating the Welfare State: Flexible Adjustment through Corporatist Concertation*. London & New York: Routledge.

일본 사회복지의 역사[1)]

1. 일본 사회복지의 역사적 전개

일본은 독일, 영국 등에 비해 복지국가로의 변신이 늦다. 근대화 작업 착수가 더뎌 노동자 등 일반 국민의 복지강화에 나설 시기가 그만큼 미뤄진 것이다. 20세기 초반에 형성되기 시작한 일본 내 사회주의 사상이, 당시의 제국주의와 군국주의 체제하에 엄격히 통제되면서 노동자 복지강화에 대한 요구가 서구권 국가에 비해 약했던 것도 한 가지 이유로 지적될 수 있다. 다소 늦게 시작된 일본의 사회복지제도는 사회보험을 필두로 단계적으로 정비된다. 이때 일본이 벤치마킹한 나라는 서구권에서는 후발 자본주의 국가에 속하는 독일이었다. 독일의 사회보험은 보험료 방식으로, 다른 나라에 비해 정부 부담이 크지 않고 노동자와 사업주 부담으로 운영된다(배준호 외, 2018). 그렇다고 일본의 복지체계가 독일 등 서구권 국가의 그것과 유사한 것은 아니다. 일본의 독자적 특성을 꽤 많이 지닌다. 그래서 일본의 복지체계는 에스핑-앤더슨(Esping-Andersen)이 일반화하여 제시한 주요국 복지체계 구분에 들어맞지 않는 유형이다. 복지와 취로의 연계가 강하고 소득재분배가 약한 '자유주의 체계' 특성과 가족 · 직장의 역할과 소득재분배를 강조하는 '보수주의 체계' 특성이 혼합된 유형이기 때문이다.

1) 배준호 외(2018)의 자료를 재구성.

이 같은 특성을 지니게 된 배경에는 일본인과 일본 사회의 독특한 철학이 자리 잡고 있는지 모른다. 일본인들은 서구권 국가 국민에 비해 상대적으로 연대의식이 약하고 자기 책임을 강조하며 낙인의식이 강하다. 역사적으로도 빈곤의 책임을 국가나 사회에서 찾으려는 인식이 약하다. 그렇다 보니 근대화 과정에서 발생하는 빈부 격차 확대에 대해서 국가에 책임을 추궁하며 해결을 요구하는 목소리가 상대적으로 약하였다. 물론 근대화기의 독재와 제국주의, 군국주의 체제가 이러한 목소리를 억압한 측면도 없지 않다.

일본 사회복지의 역사적 변천을 살펴보면 일본도 앞서 서술한 서구 주요국의 발전 경과를 약간의 시차를 두고 뒤따라왔다고 할 수 있다. 후발 산업자본주의 국가로서 경제발전이 더디고 연대에 대한 의식이 서구권 국가에 비해 상대적으로 약한 일본이라는 점에서 각종 사회복지제도의 적용범위와 깊이 면에서 다소 뒤진 모습을 보여 준다. 몇 가지 예외적인 제도도 있다. 가령, 건강보험 같은 제도의 경우 서구권 국가의 그것을 넘어설 정도의 적용범위와 깊이를 지닌다고 평가받는다. 건강보험은 국민개보험을 실현한 대표적 제도로 국민연금은 국민개연금을 실현한 대표적 공적연금으로 평가받아 서구 주요국의 그것과 비교하여 뒤떨어질 것이 없거나 오히려 나은 것으로 거론되기도 한다. 이 밖에 사회복지 관련 제도 가운데 가령 저소득층 대상의 기초생활보장(일본의 생활보호 등)과 각종 장애자 지원제도에서는 일본이 서구권 국가에 비해 질적 · 양적으로 꽤 뒤처져 있는 것이 사실이다.

일본의 사회복지제도는 서구 주요국의 그것과 유사한 측면을 지닌 것도 있지만, 꽤 다른 형태로 운영되는 것도 있다. 이러한 제도들은 일본적 특성을 반영하는데, 그 배경에는 사회보장과 복지에 대한 국민 혹은 수급자층의 인식에서 일본과 서구권 국가가 보여 주는 차이가 있다. 일본에 근대적 사회복지제도가 도입된 지 90년 이상이 지났다. 이제부터는 그간의 변천과 경과를 간략히 소개하면서 일본 사회복지의 특성에 대해 살펴보겠다.

1) 제2차 세계대전 이전 사회복지

근대적 사회복지제도가 일본에 처음 도입된 것은 1922년으로 이해에 노동자 대상의 「건강보험법」이 제정된다. 이후 노동자 이외로 적용 대상을 확대하기 위해 「구국민건강보험법」이 1938년에 도입된다. 이때 제정된 「국민건강보험법」은 군인과 국민들을 건강하게 만들겠다는 '건병건민책(健兵健民策)'의 일환으로 도입되었으며 노동자보험이 아닌 지역가입자보험으로 서구권 국가의 사례와 다른 것이었다. 서구에 비해 노동자 대상 건강보험 도입은 늦었지만, 자영업자와 전업주부 등 지역가입자 대상 건강보험은 일본이 앞서 그 의의가 작지 않다고 할 수 있다. 다시 말해, 전 국민에게 건강보험을 제공한다는 국민개보험 구상의 기초 작업이 일찍이 실현되었다.

이처럼 일본의 근대적 사회복지제도는 사회보험인 건강보험에서 시작되었는데 이후 「선원보험법」(1939년), 「근로자연금보험법」(1941년) 제정으로 이어진다. 「선원보험법」은 선원이라는 특수한 직종의 노동자와 그 가족 등을 대상으로 종합적 사회보장을 제공한다. 건강보험(출산 · 육아지원 포함)은 물론이고 노동자 일반에 적용되지 않고 있던 연금보험, 고용보험, 산재보험, 행방불명수당을 제공하는 내용을 담고 있다. 「선원보험법」은 1940년의 시행 이후 오늘날까지 시행되지만 제도 내용은 조금씩 바뀌었다. 선원보험은 선원이라는 특수성, 즉 직장과 생활의 터전이 하나이고 자택에서 장기간 떨어져 생활해야 하는 현실, 고립된 선내작업 등 선원작업의 어려움을 고려하여 ILO 조약 및 「선원법」 등이 선원에 대해 규정한 우대조치를 담은 종합적 사회복지제도다.

노동자연금보험은 일정 규모 이상의 기업체에 종사하는 노동자에게 은퇴 후 노령연금 등을 지급하는 제도다. 중일전쟁이 1937년에 발발한 이후 일본 국가 전체가 전시체제에 돌입하는 과정에서 이 같은 사회복지제도를 도입한 것에 대해 복지제도 도입이라는 표면상 목적 외에 다른 실질적인 목적이 배경에 있다고 주장하는 이들도 있었다. 통화 증발에 따라 우려되는 인플레이션을 진정시키고 전비를 조달하는 한 가지 방법으로 연금제도 도입이 구상되었다는 것이다(吉原健三, 2004).[2)] 물론 그러한 측면을 무시할 수 없겠지만 노동자 대상의 공적연금 도입은 서구권 국가에 비하면 꽤 늦었고, 자조노력을 강조하는 미국보다 늦었다는 점을 감안하면 세계적 조류 속에서 노동자 복지정책의 일환으로 도입되었다고 이해하는 것이 본질을 제대로 파악한 것이다. 실제로 전쟁 수행의 주무기관인 육군성과 재원조달의 책임부처인 대장성은 연금제도 도입 초기에 반대의사를 표명하였다.

이처럼 근대적 사회보험을 통한 사회보장이 서구권 국가에 비해 크게 늦어진 이면에는 더딘 경제발전이 자리하고 있다. 1880년대 이후 일본에 들어선 수많은 공장에는 농촌지역에서 일자리를 찾아 올라온 노동자들이 있었다. 당시 정부는 노동자들의 열악한 노동환경 개선 등 복지 증진보다 자본가인 사용자들의 눈높이와 이해에 맞춰 행정을 펼치고 있었다. 정치가와 관료들 사이에는 '자본가들이 있고 그다음에 노동자가 있다.'라는 인식이 보편화

2) 당시 법은 제도 도입 목적을 노동자 복지 개선과 적용 노동자 확대 등으로 서술하지만 일부 인사들은 실질적 도입 목적이 중일전쟁에 따른 과잉구매력 흡수를 통한 인플레이션 억제, 보험료 적립을 통한 자본축적, 노동력의 단기 이동 방지 및 장기근속 장려 등에 있을 것이라고 주장하였다.

되어 노동자를 부품 정도로 취급하는 경향이 컸다. 기업별 노동조합이 결성되어 발전하는 것은 제2차 세계대전 이후이므로 이전의 약한 노동자들의 권리보호는 거의 그대로 미숙한 사회복지제도로 이어졌다고 할 수 있다.

제2차 세계대전 이전의 근대적 사회복지제도는 건강보험과 연금보험 정도를 선보여 일부 노동자를 적용 대상으로 제도의 혜택을 주고 있을 뿐이었다. 산재보험, 고용보험, 장기요양보험 등의 다른 사회보험과 아동, 여성, 장애인 등 취약계층 대상의 다양한 사회보장서비스는 엄두조차 낼 수 없는 상황이었다. 예외적으로, 선원이라는 특수직종의 노동자와 그 가족을 대상으로 종합적 사회복지제도가 시행된 것이 주목할 만하다.

2) 제2차 세계대전 이후 사회보장

패전 후 일본은 미군이 중심이 된 연합군총사령부(GHQ) 사령관의 통치를 6년 반가량 경험한다. 이때 일본은 군국주의 국가에서 민주주의 국가로 탈바꿈한다. 이에 따라 전체주의와 군국주의의 구습이 남아 있는 각종 제도를 자유민주주의에 입각한 형태로 바꾸었다. 일부는 일본인 스스로 바꾸기도 했지만, 「헌법」을 위시하여 더 많은 내용을 GHQ의 지침과 지시에 따라 미국 방식으로 혹은 미국 방식을 참조하여 바꾸었다. 정부의 규제로 억제되던 노동조합 결성이 자유화된 것도 이 무렵이다. 각종 사회복지제도가 정비되기 시작한 것은 이 같은 흐름에 따른 것이라고 할 수 있다.

미군이 주도한 일본국 「헌법」이 1947년 5월에 시행되는데, 여기서 국민의 권리로서 사회권이 규정된다. 사회권에는 생존권(제25조), 교육을 받을 권리(제26조), 근로의 권리와 노동기본권(제27조, 제28조) 등이 포함된다. 사회권 관련 규정은 대일본제국 헌법(1890년 11월 시행)에는 없다. 이로 인해 사회권 관련 정책은 행정당국의 정책에 좌우된다. 생존권은 사람이 사람답게 살아가는 데 필요한 여러 가지 조건의 확보를 요구하는 권리, 사람이 일정한 사회관계하에 건강하고 문화적으로 생활할 수 있는 권리를 지칭한다.

1961년에는 가장 큰 변화가 찾아온다. 이해에 국민 모두가 건강보험과 국민연금(및 후생연금보험)에 가입하는 전국민건강보험, 전국민연금이 실현된 것이다. 이후 고도 경제성장이 지속되는 가운데 고령자 복지, 장애자 복지, 보육 등의 아동복지 관련 제도가 잇달아 정비된다. 1973년 이후에는 다나카 가쿠에이(田中角栄) 총리에 의한 과감한 복지강화가 시도되면서 기왕에 도입된 복지제도 급여수준이 높아진다. 노인의료비 지급제도에 의한 70세 이상 노인 의료비 무료화, 고액요양비제도에 의한 요양비 상한제 도입, 노인복지연금 급여수준 대폭인

상, 연금급여에 물가·임금 연동제 도입 등으로 '복지원년'이라고 일컬어지기도 한다.[3)]

1973년은 전후 베이비붐세대의 자녀들이 태어날 무렵이다. 결과적으로 보면 이해에 제1차 오일쇼크가 일어나고, 그 여파로 고도 경제성장이 종료되며, 중성장시대로 접어든다. 제2차 베이비붐을 지켜보면서 다나카는 '사회보장의 내실화'가 표로 이어질 수 있다는 생각에 그간의 양호한 경제성과를 토대로 펴 주는 복지정책을 선거공약으로 내건다. 금전살포에 의한 사회보장 강화와 공공사업 시행을 통한 격차 시정에 본격적으로 나선 것이다.

이후 두 차례에 걸친 오일쇼크로 경제성장이 둔화하면서 복지강화 노선에 일시적으로 제동이 걸리기도 했지만, 큰 흐름 차원에서는 복지강화 기조가 유지된다. 그러다가 1981년의 제2차 임시행정조사회(제2임조)가 추진한 행정과 재정 개혁으로 증가 일로를 보이던 사회보장 관련 예산에 일정한 제약이 가해지기 시작한다. 당시 제2임조에 참여한 인사들이 사회보장에 대해 보여 준 태도는 '일본형 복지사회' 구상으로 집약될 수 있다. 이는 가족과 지역의 상호부조를 강조하여 복지예산 증대를 억제하자는 구상으로, "일본인이 지니는 자주자조 정신, 배려심 있는 인간관계, 상호부조의 틀을 지키면서 여기에 적정 수준의 공적 복지를 결합한 공정하고 활력 있는 사회를 추구하자."라는 것이다.

3) 1990년대 이후 사회복지: 제도 지속 가능성과 기능 강화

1990년대 이후의 일본 경제는 저성장, 저출산, 저금리, 디플레이션으로 압축될 수 있을 만큼 '마이너스' 이미지의 경제상태가 계속되었다. 이 같은 상황에서 지속적으로 수요가 증대되는 것이 사회보장 관련 지출이라는 점에서 이 시기 사회보장은 일본 경제와 일본 사회 전반에 어두운 그림자를 드리운다. 일부 제도에서 급여의 충실화를 통한 기능 강화가 추구되는 한편, 다른 제도에서는 부담 증대와 급여 삭감 등을 통한 지속 가능성 확보가 시도되기도 한다. 이 시기의 가장 큰 이슈는 사회복지제도의 지속 가능성과 기능 강화라고 할 수 있다.

저출산대책으로 1994년에 문부성, 후생성, 노동성, 건설성 장관 등의 합의로 '자녀 양육 지원을 위한 종합계획(엔젤플랜)'이 마련되어 1995년부터 시행되었다. 1999년에는 신엔젤플랜이 수립되어 재무성, 문부성, 후생성, 노동성, 건설성, 자치성의 6장관이 '중점 추진할 소

3) 금권정치의 대명사인 다나카 가쿠에이가 1972년 총리에 취임한 후 시행한 포퓰리즘 정치로 인해 붙은 이름이다. 복지강화 외에 대중국교 정상화, 신간선 건설 등 인프라 강화를 통한 일본열도 개조 시도, 강한 보스 기질과 친화력, 카리스마 등으로 그는 2016년 기준 전후 일본인 중 국민들로부터 가장 높이 평가받는 인물이다.

자녀 대책의 구체적 실시계획'을 2000년부터 추진한다. 그러나 합계출산율은 1.4 이상 수준으로 높아지지 않았다.

노인 수가 증가하면서 개호(介護)수요가 급증하자 2000년 개호보험이 발족한다. 개호의 사회화를 시도한 것으로 보건의료와 복지서비스를 하나로 묶어 제공하는 다섯 번째 사회보험이다. 개호보험의 경우 당초 예상보다 수요가 크게 늘어나 개호보험 적자가 확대되는 등 시행착오를 거치면서 정착에 주력하고 있다. 평균수명의 연장에 따라 60세 정년의 의무화를 넘어서 이를 초과한 연령대에서의 취업을 권장한다. 이를 통해 후생연금과 국민연금의 노령연금 지급 개시연령을 65세에서 그 이상의 수준으로 단계적으로 끌어올릴 계획이다(1994년 관련법 개정). 보험료 상한을 정하고 성장률, 피보험자수와 수급자수 변화, 평균여명 증가 등을 고려하여 급여수준을 조정하는 방식인 거시경제 연동(2004년) 장치도 도입된다.

또 노인 수 증가에 따른 노인의료비 증가로 건강보험비 지출이 빠르게 늘어나면서 가입자 본인 일부 부담의 인상이 시도되었다(1997년). 노인보건제도를 폐지하는 대신 75세 이상의 후기고령자의료제도와 전기고령자(65~74세) 의료비 관련 재정 조정제를 창설하고, 특정건강검진 등 의료비 적정화 종합추진(2006년) 등을 도모한다.

세계화 추세가 강화되면서 대표적 일본 기업들이 경쟁력 확보를 위해 정규직보다 비정규직(단시간근로자, 파견근로자 등) 형태의 고용을 선호하게 된다. 이로 인해 그간의 사회보장 설계의 전제인 '일본형 고용시스템'이 흔들리게 되었다. 근간의 제도개혁이 지속 가능성을 확보하기 위한 것이지만, 그에 따라 보장기능이 떨어지고 의료와 개호 현장이 피폐해지는 문제가 발생하였다. 그래서 2008년 이후 사회보장의 기능을 강화하려는 시도와 더불어 전세대 대응형 사회복지제도로의 전환이 추진되고 있다.

일본의 사회복지제도를 서구 주요국의 그것과 비교하면 지출 규모가 작고 서비스 대상이 노인에 집중된다는 점이 먼저 지적될 수 있다. 이 같은 사회복지제도는 높은 성장률과 낮은 실업률, 정규직 고용 중심의 종신고용, 남성 노동자와 여성 전업주부 그리고 자녀 등 소수의 부양가족, 충실한 기업 내 복리후생, 강한 지역사회 유대 등을 전제로 구축되었다. 안정된 고용이 전제되므로 취업 중인 현역세대(배우자 자녀 등 부양가족 포함)에의 사회보장 지출이 낮아 지출의 많은 부분이 퇴직노인의 의료와 연금, 개호 관련 비용이다. 그런데 1975년 이후 출산율이 2% 이하로 떨어지면서 저출산이 기조가 되고[4] 일본형 고용시스템이 붕괴되기 시작

4) 1961년 1.96, 1962년 1.98, 1966년 1.58의 기록이 있으나 이후 회복되었고 1975년 이후 지속적으로 2.0을 밑돌고 있다(관방통계정보부 인구동태통계).

하는 등 사회복지제도의 전제가 틀어지면서 그간의 제도를 전반적으로 재검토해야 할 시점이다. 그동안 일본 사회를 이면에서 지지했던 혈연, 지연, 직연의 축들이 곳곳에서 금이 가고 있어 각 분야에서의 유대감, 연대감 약화를 보완하는 역할이 기왕의 사회복지제도에 추가적으로 기대된다(배준호 외, 2018).

2. 일본 주요 사회복지제도

[그림 12-1]은 일본의 사회복지제도를 사회보험형 제도와 비사회보험형 제도로 구분하여 각각의 제도를 생애주기별 수요와 연관하여 소개한다. 사회복지제도는 생애주기별로 서비

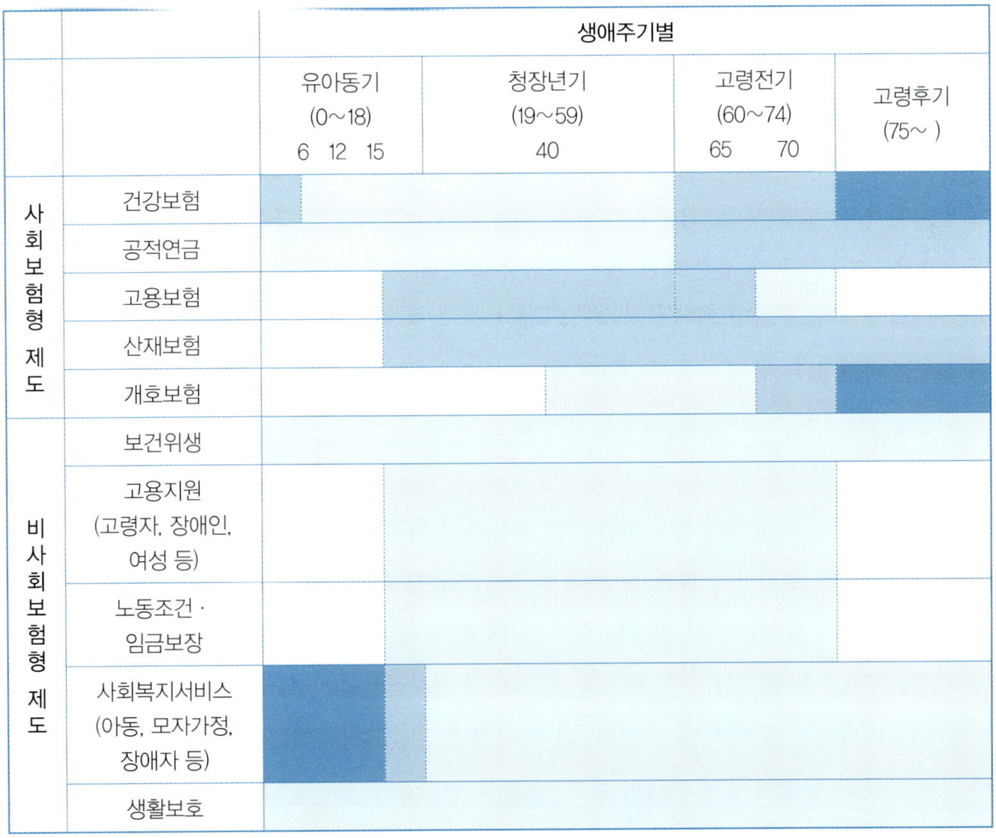

[그림 12-1] 일본 사회보장제도의 개요: 생애주기별

주: 음영이 진할수록 급여지출이나 서비스 수준이 높음을 의미한다.

출처: 厚生労働省 (2012), p. 34에서 수정.

스를 받는 기간이 다소 상이하며 서비스 수준도 조금씩 다르다. 서비스를 제공받는 기간은 음영이 들어간 기간이며 서비스 수준은 음영의 농도 차이로 나타냈다. 이들 기간과 수준은 제도, 서비스별로 차이가 적지 않으며 여기서는 이들 값에 대해 개략적 수준을 제시하였다.

1) 공적연금제도

노인인구 비율이 세계 최고수준에 달하고 장수자가 지속적으로 늘어나고 있는 만큼 공적연금은 건강보험 및 개호보험과 더불어 일본에서 매우 큰 관심사 중 하나다. 그동안 이루어진 제도 개편 중 특히 주목할 만한 조치로 다음의 세 가지를 들 수 있다.

첫째, 1986년의 기초연금 도입이다. 이때의 조치로 민간근로자, 공무원, 자영업자 등으로 분립되었던 공적연금제도에 공통기반이 구축되면서 제도별 가입자 간 연금 불공평 해소의 시발점이 된다. 특히 피용자의 무소득 배우자(제3호 피보험자)에게 기초연금 수급권을 허용함으로써 맞벌이와 외벌이 부부의 은퇴기 연금격차를 줄인 점은 주목할 점이다. 둘째, 긴 기간을 두고 피용자연금제도를 하나로 통합한 점이다. 1985년 개혁으로 피용자연금제도를 기초연금과 소득비례연금의 2층으로 구분하여 제도 간 통합의 기반을 구축한 다음, 단계적 준비 작업을 거쳐 30년 후 두 제도를 통합하였다. 물론 보험료율과 급여수준 등이 완전히 같아지기까지 시간이 좀 더 소요되겠지만, 단계적 일치를 통한 연금 불공평 해소라는 정책목표를 일관되게 추진한 점이 평가될 수 있다. 셋째, 고령화와 장수화가 한층 심화되더라도 그간의 개혁조치로 모든 공적연금이 100년 후 시점에도 특단의 정부재정지원 없이 독자적으로 지속할 수 있는 가능성이 높다(김상호 외, 2015).

일본의 공적연금은 유럽의 복지 선진국가의 그것과 비교하면 급여수준 등 부족한 점이 적지 않다. 노후소득보장은 공적연금에만 의존하여 해결하기보다 주된 부분을 맡는 공적연금을 사적연금이 보조하는 형태로 공사 연금이 조화를 이루도록 하는 것이 필요하다. 어느 정도로 보조해야 할지는 나라별 역사와 여건에 따라 상이할 것이다. 효율과 공평 측면에서 공적연금 강화가 바람직하지만, 가입자 저항이 클 경우에는 자조노력 강화를 통한 사적연금 비중 강화가 대안으로 고려될 수 있다. 다만 사적연금 강화가 국내 자본시장 및 금융 보험회사 발달 수준과 밀접하게 연관되어 있고, 은퇴자 연금소득 불평등 확대로 이어질 수 있다는 점에서 신중히 접근해야 할 것이다.

2) 고용보험과 산재보험제도

일본의 고용보험은 5대 사회보험 중 건강보험과 공적연금(후생연금보험)에 이어 1947년 12월 '실업보험'이라는 이름으로 시행된다. 같은 해 9월에 앞서 시행된 노재보험과 더불어 노동보험의 2대 보험이 비슷한 시기에 발족한 것이다. 패전 직후의 혼란한 경제 상황에서 실업급여 지급을 주된 목적으로 창설되었다가 1975년, '고용보험'으로 이름을 바꾸면서 실업급여 지급 외에 고용안정과 능력개발 등의 부대사업을 추가하여 추진한다(厚生労働省, 2017).

출발 당시 제법 높았던 보험료율(2.2%)은 제도시행 70년 후인 2017년 기준 0.9%(일반사업 기준, 농림수산 · 청주제조는 1.1%, 건설은 1.2%)로 주요국과 비교할 때 월등히 낮은 수준이다. 근로자와 사업주에게 주는 부담은 세계적으로 볼 때 최저수준에 가깝다. 완전실업자가 2010년부터 지속적으로 감소하면서 7년째 인하 추세가 시속되었나.[5] 배경에는 경기회복 요인도 일정 부분 기여하고 있지만, 그 이상으로 베이붐 세대의 은퇴에 따른 대체 고용수요가 있다.

낮은 실업률과 보험료율만으로 고용보험제도가 잘 운영되고 있다고 단정할 수는 없다. 보험료율이 높더라도 실업급여를 포함하여 고용안정, 능력개발 관련 급여가 충실하면 근로자와 사업주 측의 만족도가 높고, 장기적으로 실업률을 낮게 유지하는 데 도움이 될 수도 있기 때문이다. 문제는 실업위험의 보장에 대한 철학과 역사가 국가별로 달라, 고용보험의 적용 대상, 보험료율, 각종 급여의 수급조건과 수준, 수급기간 등을 비교 평가하여 국가 간 고용보험 운영의 성과를 비교하기가 쉽지 않다는 것이다. 이들 정책의 성과는 실업률과 경제생산 등 거시적 경제지표와 연관되어 있고, 일부에서 이용하는 사회후생의 평가기준도 다를 수 있기 때문이다. 그럼에도 불구하고 ILO나 OECD 등의 국제기관에서는 대표적인 몇 가지 지표의 국제 비보 현지 방문조사를 통해 국가별 제도운영 실태를 정성적으로 평가하고 적절하다고 생각되는 방안을 권고하기도 한다.

일본의 산재보험은 5대 사회보험 중에서도 가장 모범적으로 운영되는 제도라고 평가받는다. 이는 어느 보험보다 재정이 장기적으로 안정되어 있고, 재해발생률이 지속적으로 낮아지면서 그렇지 않아도 낮은 가입자의 보험료 부담이 추가적으로 인하되고 있으며, 중증 재

5) 고용보험 실업급여 중 가장 비중이 큰 '일반 구직자급여'는 2010년 1조 1,060억 엔에서 2011년 1조 404억 엔, 2012년 9,432억 엔, 2013년 8,359억 엔, 2014년 7,248억 엔, 2015년 6,772억 엔으로 감소하였다(厚生労働省, 2016c).

해로 연금을 받는 수급자 수가 매년 줄어드는 등 산재보험 운영 성과가 걸출하게 양호하기 때문이다. 얼마 전부터는 고유 업무인 피재근로자와 유족 대상의 보험급여 업무가 일정 수준 이상에 달했다는 인식하에 이 사업과 함께 추진해 온 피재근로자의 사회복귀 촉진 등 사업의 효율성 강화에 주력한다. 이 사업은 피재근로자의 재활 지원, 피재근로자와 유족의 원효 안전과 위생 확보를 통한 노동재해 방지 등을 포함한다.[6)]

일본에서는 산업재해보상보험(산재보험)을 '노동자재해보상보험(노재보험)'이라고 칭한다. 「노동자재해보상보험법」은 1947년 법률 제50호로 도입된 「노동기준법」과 동시에 입법, 시행되었다. 동시에 입법된 것은 재해보상에서 업무상 재해에 대해 사업주의 무과실 배상책임을 규정하기 때문에, 재해발생에 따른 사업주의 일시적 보상 부담을 완화하고 재해노동자에 대한 신속하고 공정한 보상을 실현할 필요성이 있었기 때문이다.

먼저, 정책당국은 재해발생을 억제하기 위해 재해발생률이 낮은 사업장에 대해서는 보험료를 할인해 주고, 반대로 높은 사업장에 대해서는 보험료를 할증하는 유인효과를 지니는 제도를 일찍부터 활용한다. 법 제정 후 4년이 지난 1951년의 일이다. 이 제도는 개별실적요율제도라고 하여 1947년의 법 제정 시 들어가 있었지만, 과거 5년의 재해율 통계가 있어야 적용할 수 있기 때문에 시행이 미뤄졌었다. 당시 재해발생이 줄지 않고 보험 재정 상황이 좋지 않아 정책당국은 조기 시행을 통한 재해예방이 필요하다고 판단하여 법을 개정한 것이다. 재해를 예방하는 유인효과와 더불어 재해율이 다른 사업장 간 보험료 부담의 형평성을 제고하는 효과를 기대할 수 있도록 이 제도는 이때 이후 약간씩 수정되면서 지금도 활용된다.

1970년대 초반까지 정책당국은 사업장 대상의 재해발생 억제 정책과 피재근로자와 유족 대상의 보상급여 수준 확보에서 일정한 성과를 거둔다. 이어 당국은 노재보험의 과제로 남아 있던 적용 대상 확대와 통근재해에 노재보험 적용을 위해 나선다. 1972년에는 원칙적으로 모든 사업장에 노재보험이 강제 적용되어 그동안 적용 대상에서 배제되었던 5인 미만의 제조업 사업장, 재해발생 빈도가 낮은 사업장 등이 제도권으로 들어온다. 그리고 1973년 9월에는 통근재해보호제도가 창설되어 통근재해도 업무상 재해와 동일하게 보험을 적용받는다. 이로써 일본의 노재보험은 유럽 선진국에 뒤지지 않는 수준의 보호망을 갖춘다.

6) 특기할 점은 이들 사업과 더불어 '임금 지불 확보 사업'이 포함되어 있다는 사실이다. 산재보험 예산으로 도산기업 퇴직자의 미지불 임금의 일부를 사용주 대신 지급해 주고, 중소기업의 퇴직금 공제사업을 지원해 주는데 예산 규모가 꽤 크다. 2011년 기준 200억 엔(3,682 기업, 4.3만 명)으로 전체 사회복귀 촉진 등 사업 예산(918억 엔)의 22%에 해당한다. 일본 산재보험 재정에 여유가 있음을 말해 주는 대표적 사례일지 모른다(厚生労働省, 2017).

외형상 선진국에 부러울 게 없는 노재보험이었지만, 1980년대에 들어와 연금수급자가 늘면서 장기재정 상황이 불안해졌다. 그래서 당국은 1989년 획기적 개혁에 나선다. 장기급여 재정방식을 수정부과방식에서 적립방식으로 바꾸고 보험료율을 인상하여 적립금을 늘려갔다. 당시까지 발생했던 미적립 채무를 장기(35년)에 걸쳐 상환하기 위해 필요 보험료를 전 업종에 일률 부담시키는 등 강력한 제도개혁을 단행한다. 이때의 개혁으로 평균보험료율이 일시적 인상되기도 했으나 장기재정이 안정되고 재해발생이 줄면서 평균보험료율은 다시 지속적으로 하락하여 2015년에 0.47%를 보였다. 국제 수준의 보상급여 수준을 유지하면서 이 정도의 낮은 평균보험료율을 보이는 국가는 찾아보기 쉽지 않다(문성현, 2008).

이처럼 1990년대에 이미 세계적인 수준의 산재보험 체계를 구축한 일본은 이후 내실화에 나선다. 1995년엔 전 국민 대상의 개호보험 실시에 앞서 노재보험상의 개호(보상) 급여를 창설하고, 2000년에는 2차 건강검진 등 급여를 창설하여 돌연사, 과로사 발생의 억제에 나선다. 2006년 3월에는 「석면건강피해구제법」을 통해 석면에 의한 질병으로 사망한 노동자 등의 유족에게 '특별유족급부금'을 지급한다.[7)]

3) 공공부조제도

일본의 공공부조는 생활보호제도가 대표적이다. 이는 연령에 관계없이 경제적 어려움에 빠진 자를 지원하는 최종적인 사회안전망으로서 기능하는 제도다. 헌법 제25조 12 3)에 규정된 사회권, 생존권 이념에 입각한 것으로 패전 직후인 1946년 제정된 「생활보호법」이 모법이다. 이 법보다 앞서 제정된 「구호법」(1929년)이 있다. 이런저런 이유로 생활하기 힘든 자를 구호하기 위한 법으로 1932년부터 시행되다가 「생활보호법」 제정으로 폐지되었다. 구호대상은 65세 이상 노쇠자, 불구폐질 등 사회적 약자층이며, 구호기관은 원칙적으로 거주지 시정촌장이다. 재가구호가 원칙이며, 이것이 어려울 때 양로원, 고아원, 병원 등에 수용하거나 다른 곳에 위탁토록 하였다. 구호 종류는 생활부조, 의료, 조산, 생업부조의 4종 외

7) 대상자는 2016년 3월 26일까지 석면에 의한 질병으로 사망한 노동자(산재특별가입자 포함)의 유족으로 노재보험의 유족보상급여 청구권(사망일 익일로부터 5년)을 시효로 상실한 이들이다. 지원금은 특별유족연금의 경우 유족 수에 따라 연간 240만 엔에서 330만 엔, 특별유족일시금의 경우 1,200만 엔이다. 청구기한은 2022년 3월 27일까지다. 지급결정건수는 2011년부터 5년간 합계가 270건 정도다. 「노재보험법」에 근거한 보험급여 중 석면에 의한 지급결정건수는 5,384건이다(厚生労働省, 2016).

에 매장비를 지급하였다. 구호비용은 구호대상자의 거주 조건에 따라 시정촌이나 도도부현이 부담하며, 중앙정부가 전체 비용의 50%, 도도부현이 시정촌 부담의 25%를 분담하였다.

「생활보호법」 제정에는 당시 일본을 통치하고 있던 연합군총사령부(GHQ)의 복지정책이 큰 영향을 미쳤다. GHQ는 일본의 사회보장과 사회복지정책을 구상하면서 세 가지 원칙을 내세운다. 무차별 평등, 국가책임, 필요충족의 원칙이다. 점령 개시 후 불과 반년이 경과할 시점인 1946년 2월 27일, GHQ는 공공부조에 대한 3원칙을 담은 지령(SCAPIN775)을 통해 일본 복지정책에 대한 기본방침을 천명한다. 무차별 평등은 곤궁자에 대해 차별적이거나 우선적 처리를 하지 말고 평등하게 식량, 의료, 주택, 의료를 제공해야 한다는 것이다. 국가책임은 중앙정부 주도로 제도운영에 필요한 재정지원과 실시 체제를 확립하고, 이를 민간이나 준정부기관에 위양하지 말라는 것이다. 필요충족은 곤궁 방지에 필요한 재원에 제한을 가하지 말라는 것이다.

메이지시대 초기에는 사회적 불안과 농민봉기의 발생 등으로 인해 빈민이 증가한다. 지방자치단체인 사가현 등이 정부에 어려운 백성들의 구제정책을 요구하자 이를 받아들여 1874년 현재 「생활보호법」의 뿌리인 휼구규칙(恤救規則)이 제정된다. 휼구규칙은 일할 능력이 없는 70세 이상의 고령자와 13세 이하의 아동, 병과 장애로 일할 수 없는 자들이 생계를 유지하도록 금전(성인 쌀 1섬 8되, 아동 7되)을 제공하였다. 일본에서 최초로 시행된 「구빈법」이라고 할 수 있다. 흥미 있는 점은 정부가 「구빈법」을 제정만 했지, 구제를 의무화하지 않았다는 것이다. 즉, 빈민구제는 왕의 자비와 은총에 의한 것이지 정부가 책임질 의무가 아니라고 보았다. 이러한 시각에서 휼구규칙은 정부 책임보다 주민 간의 상부상조를 강조한다.

1929년 「구호법」이 제정(1932년 시행)되면서 휼구규칙은 1931년 폐지된다. 「구호법」은 기초자치단체장이 주체가 되어 65세 이상 노약자와 13세 이하 아동, 임산부, 신체장애인 등 중에서 부양의무자가 부양할 수 없는 자에게 생활부조와 의료, 조산, 생업부조를 제공하였다. 하지만 「구호법」도 휼구규칙처럼 국가책임이 명확하지 않고, 실업에 따른 가난은 구호대상으로 간주하지 않았다. 이처럼 구호가 차별적이고 제한적으로 실시되면서 보호를 필요로 하는 많은 빈민이 법의 보호를 받지 못하는 문제가 생겼다.

1945년 8월 패전 이후에 전쟁 피해자, 귀환자 등으로 실업자가 급증하면서 「구호법」으로 이들을 보호하기 어려워진다. 정부는 1945년 12월 15일, 임시조치로 주거 및 의료생활에 필요한 생활필수품과 식료품을 보급하는 '생활곤궁자 긴급생활 원호요강'을 내각에서 결정하여 1946년 4월부터 실시한다. 같은 해 9월에는 「생활보호법」이 제정되어 10월부터 시행되고, 종래의 「구호법」 「모자보호법」 「군사부조법」 「의료보호법」 등이 폐지된다. 「생활보호

표 12-1 공공부조의 변천 과정

연도	주요 내용
1929	「구호법」 제정, 1932년 시행, 제공 급여는 생활보호보다 미흡(4종+매장비)
1946	GHQ 지령(SCAPUN775, 2월 27일)—공공부조 3원칙: 무차별 평등 · 국가책임 · 필요충족, 이후 일본의 사회보장, 사회복지의 중요 지도원리로 작용
1947	일본국 헌법 공포
1950	「개정 생활보호법」(현행법)
1954~1957	제1차 적정화기—의료부조 중심으로 한 적정화, 아사히 소송[1)]
1964~1967	제2차 적정화기—취업 능력 요건 중심으로 한 적정화
1981~1990	제3차 적정화기—123호 통지[2)] 근거하여 생활보호대상자 인정 엄격화
2000	「개호보험법」 시행으로 개호부조 창설
2003	생활보호 현황과 향후 방향에 관한 전문위원회 설치
2005	생활보호 실시 요강 개정—고교취학비용을 생업부조에 도입
2006	생활보호 노령가산 폐지(3월 말)
2007	생활보호 모자가산 일부폐지(아동이 16세 이상) 고령자가구 대상 역모기지제도 도입
2009	생활보호의 모자가산 완전폐지(3월 말) 민주당정권 성립으로 모자가산 부활(12월)
2013	생활보호기준 대폭인하 단행. 「개정 생활보호법」 성립
2014	「개정 생활보호법」 시행
2015	「생활곤궁자자립 지원법」 시행. 주택부조와 동계가산 삭감

주 1) 아사히 소송은 1957년 당시 국립오카야마요양소에 입소해 있던 아사히 시게루씨가 당시의 후생성 장관을 상대로 헌법 제25조에 규정된 건강하고 무화적 최저한도의 생활수준을 영위할 권리와 「생활보호법」의 내용에 대해 다룬 행정 소송이다.

2) 123호 통지는 생활보호비에 대한 국고 지출을 축소하기 위해 보호의 적합성에 대한 조사를 철저히 할 것을 복지사무소에 요구한 것이다.

출처: 伊藤周平 (2015).

법」은 요보호자에 대한 생활보호를 국가책임으로 명문화한다(厚生労働省, 2017).

4) 건강보험

일본인은 원칙적으로 여러 가지 공적 의료보험(이하 건강보험)[8)] 중 하나에 반드시 가입하여 혜택을 받도록 되어 있다. 이를 일본에서는 국민개보험, 즉 전국민 건강보험이라고 부른다. 일본 내에 주소를 가진 전체 국민 및 1년 이상의 체류 자격이 있는 외국인도 건강보험에 가입할 수 있다. 일본인 중 생활보호 수급자는 의료부조라는 별도 의료보장의 혜택을 받고 있다.

일본에서는 이미 19세기 후반경부터 군인, 공무원 그리고 일부의 처우가 좋은 기업들에서 건강보험이 시작되었다. 하지만 이것은 강제적 사회보험이 아니었다. 1911년에는 「공장법」이 제정되면서 노재보험이 도입되었다. 강제보험으로서의 건강보험은 제1차 세계대전 직후인 1922년 「건강보험법」이 제정되어 1927년부터 시행됨에 따라 시작되었다. 이는 광업 등 위험한 업종의 노동자를 위한 조합을 만드는 피용자보험이었고, 10인 이상 사업장에 적용되었다. 적용 피보험자는 국민 전체의 3%에 불과하였다. 그 후 경제가 전쟁 모드로 재편되면서 건강보험조합은 급속히 늘어났고, 1934년에는 5인 이상 사업장, 1937년에는 사무직 근로자에게 확대되었다. 1941년에는 노동자 본인들만이 아니고 피부양자에게도 건강보험이 적용되기 시작하였다.

한편, 농민을 포함한 자영업자들은 더 큰 어려움에 직면해 있었다. 그들에게는 보험료를 내줄 사용자도 보험료를 낼 임금도 없었다. 1920년대와 1930년대에 직장의 건강보험조합이 확산되는 상황 속에서 마을단위 자생적 농민조합이 생겼다. 1938년에는 「국민건강보험법」이 통과되어 국가가 지역의 건강보험을 공식적으로 보조하게 되었다. 이는 지금까지도 '국민건강보험(국보1)'으로 불리는 지역보험의 시작을 의미한다. '국보'에 참여하는 시정촌의 수는 서서히 증가하다가 제2차 세계대전 발발 후 급속히 늘어나서 1943년에는 국민의 70% 이상이 강제보험의 하나에 속하게 되었다. 하지만 전쟁 말기부터는 보험 재정이 곤란을 겪게 되고 많은 시정촌이 '국보'에서 빠져나가게 되어 패전 후인 1948년에는 60% 밑으로 떨어지게 되었다. 연합군총사령부(GHQ)는 1947년 '국보'의 재건을 위해 국고보조금을 대폭 늘리는 계획을 발표하기도 하였다.

일본 건강보험의 어려움에 돌파구를 마련해 준 것은 아이러니하게도 한국이었다. 1950년 한국전쟁의 발발을 계기로 일본 경제는 빠르게 성장하고 보험료 수입이 확보되면서 건강보

8) 일본에서는 '의료보험'과 '건강보험'의 용법이 한국과 다르기 때문에 주의가 필요하다. 직장인 중심으로 시작된 공적 의료보험이 건강보험이고, 지역가입자 중심의 공적 의료보험이 국민건강보험이다. '의료보험'은 조금 더 일반적인 용어로 쓰인다. 여기에서는 넓은 의미로 사용하거나 법률명, 의료보험자와 같이 꼭 '의료보험'이란 용어가 필요한 경우에만 '의료보험'으로 표기하고 통상적 공적 의료보험을 지칭하는 경우에는 '건강보험'으로 표기한다.

험은 흑자로 돌아선다. 이에 따라, 많은 시정촌이 '국보' 프로그램을 재개하였다. 1956년 말 적용자 수는 총인구의 68%였고 피용자 중 가입자 비율은 73%이었다. 미가입 자영업자와 농민은 약 3천만 명이었다. 1955년에 통합 정비된 사회당과 자민당은 '국민개보험(전국민건강보험)'을 공약하면서 득표 경쟁을 하였다. 이러한 상황의 변화에 따라, 후생성은 '국민개보험을 위한 4개년 계획'을 마련하게 되었다. 1958년에는 「국민건강보험법」이 통과되었고, 마침내 1961년에는 전국민 건강보험이 달성되게 되었다. 전국민 건강보험의 달성에는 최초의 법 제정 이후 39년, 최초의 제도 도입 이후 34년이라는 인구 보장의 점진적 확장 기간이 필요했던 것이다.

표 12-2 전국민 건강보험 달성 후의 제도 변천

연도	제도 변천
1961	• 국민개보험(전국민건강보험) 실현
1963	• 요양급여기간 제한 폐지 • 국민건강보험 가구주의 본인부담률 50%에서 30%로 인하
1968	• 국민건강보험의 본인부담률을 30%로 통일
1969	• 약제 본인부담 폐지
1973	• 「노인복지법」 개정으로 노인의료비 무료화 • 고액요양비제도 창설 • 건강보험 피부양자 본인부담률 50%에서 30%로 인하
1980	• 건강보험 피부양자의 입원 본인부담률 30%에서 20%로 인하
1983	• 「노인보건법」 시행, 노인 본인부담 외래 400엔/월 및 입원 300엔/일(2개월까지)
1984	• 퇴직자의료제도 창설 • 건강보험 피보험자 본인부담률 10% 부과 시작
1987	• 노인 본인부담 인상(본인부담 외래 800엔/월 및 입원 400엔/일) • 노인보건제도 가입자 안분율 인상 • 노인보건시설 창설
1992	• 노인방문간호제도 창설 • 공비부담비율 인상
1994	• 수발간호 · 개호관련 급여 개혁 • 재가의료 추진 • 식사요양비제도 도입 (급여항목을 별도 선정하여 본인부담 상향조정 근거 마련)

1996	• 노인 본인부담 인상(본인부담 외래 1,020엔/월 및 입원 710엔/일) • 식사요양비 표준부담액 인상(760엔/일)
1997	• 강보험 피보험자 본인부담률 10%에서 20%로 인상 • 노인 외래약제 정액본인부담 도입 • 노인 본인부담 인상(본인부담 외래 500엔/일 및 입원 1,000엔/일)
1999	• 노인 본인부담 인상(본인부담 외래 530엔/일 및 입원 1,200엔/일) • 노인 약제 본인부담 폐지
2000~2001	• 노인 본인부담 변경(입원 및 외래 모두 본인부담률 10%. 단 외래는 월 3,000엔, 입원은 월 37,200엔의 상한 있음) • 식사요양비 표준부담액 인상(780엔/일)
2003	• 노인 외래약제 정액본인부담 폐지 • 3~69세의 건강보험 본인부담률 30%로 통일 • 피용자보험에 총보수제 도입
2006	• 현역 수준 소득을 지닌 고령자 30% 본인부담 • 요양병상 입원하는 고령자 식비 및 거주비 부담 인상
2008	• 미취학아동 20% 본인부담 • 후기고령자의료제도 창성
2013	• 협회건보 재정지원에 대응한 조치로 협회건보에 대한 현장조정권 부여 위한 「건강보험법」 등 개정
2015	• 건강보험의 안정화, 부담 공평화, 후기고령자 지원금의 전면총보수제 도입 • 의료비 적정화, 환자신청요양 창설 담은 「국민건강보험법」 등 개정

출처: 厚生労働省 (2016)의 자료를 재구성.

5) 장기요양보장제도[9)]

장기요양보호는 1963년 「노인복지법」이 제정되기까지에는 「생활보호법」에 의한 생활부조에 포함되어 있었고, 그것도 시설중심의 보호체계였다. 그러나 「노인복지법」의 제정을 계기로 「생활보호법」에 의한 양로시설 수용에서 「노인복지법」에 의한 양호노인홈 또는 특별 양호노인홈에서의 입소보호로 전환하기에 이르렀다. 아울러 노인가정봉사원제도의 실

9) 일본의 장기요양보험은 개호보험(介護保險)으로 지칭되며, 제도 내용은 우리나라의 노인장기요양보험과 유사하지만, 개호보험에 의료 · 재활 · 지역밀착형(치매전담) 서비스가 있고 요개호(5등급) 외에 요지원이라는 예방등급(2등급)이 있는 점이 다르다. 이하에서는 일본에서 사용하는 '개호보험'과 '개호'라는 용어를 그대로 사용한다.

시와 함께, 재가복지의 중요성이 강조되기 시작하였지만, 1973년도 도입된 노인의료비 무료화제도의 실시로 노인병원의 입원이 노인요양시설 입소보다도 비용부담이 저렴하여 병원에서의 사회적 입원 현상이 만연되기에 이르렀다.

1970년대 중반에 발생된 전 세계의 오일쇼크로 경제성장이 부진하였고, 그로 인한 사회보장체계의 재편이 이루어지면서 노인의료비제도의 개선을 포함하는 「노인보건법」이 1982년 말에 제정되기에 이르렀다. 「노인복지법」에 의한 노인요양시설 및 재가복지서비스가 제공되고 있었던 반면, 「노인보건법」에 의해서는 방문간호서비스가 제공되고 중간시설의 기능을 지닌 노인보건시설이 1986년에 설치 · 운영하게 됐다. 특히 1986년도에 장수사회대책대강이 수립되어 노인보건시설 이외에 재가개호지원센터(1990년), 방문간호스테이션이 설치되었고, 1989년도에 「사회복지사 및 개호복지사법」도 제정되었다. 그 이후 골드플랜(고령자보건복지10개년 계획)의 수립 및 추진, 「노인복지법」 등 복지관계 8개법의 개정 등으로 재가서비스가 법제화되고, 「노인복지법」 및 「노인보건법」에 의한 개호서비스가 개별적으로 제공되었다. 이러한 양 제도의 재정은 정부예산으로 충당되고 있었기 때문에 지속적인 경제불황 속에 노인의료비제도의 재정비를 구상하는 과정에서 장기요양보호와 관련된 서비스도 재검토하기에 이르렀다(조남경, 김경임, 2014).

이에 따라 정부는 개호보장제도의 수립을 위해 1994년도에 고령자개호 대책본부를 당시의 후생성에 설치하여 새로운 고령자개호시스템을 검토하기 시작했다. 그 결과, 연말에 '고령자 개호 및 자립지원시스템연구회'에서 사회보험방식에 기반을 둔 새로운 개호시스템에 대한 보고서를 발표했다. 1995년도에 후생성 장관의 자문기관인 노인보건복지심의회에서 개호시스템에 대한 심의를 거친 후 1996년 초 보고서를 발간하였고, 이를 바탕으로 정부가 개호법안을 국회에 제출하기에 이르렀다. 다만, 지방정부의 의견 상충, 당시 여당 내부 조정의 미흡 등의 이유로 국회의 법안 통과가 이루어지지 못하였고, 1997년 12월에 가서야 법안 수정을 거친 후 국회를 통과함으로써 「개호보험법」이 제정되었다. 그 후 2000년 제도가 시행되기 이전까지 관계법령의 정비, 개호인정체계에 대한 시범사업, 개호서비스 수가의 마련 등이 이루어졌다(厚生労働省, 2013).

2000년 4월 개호보험제도의 도입 이후 구체적 추진과정을 살펴보면, 제도 도입 직후에는 고령자의 보험료를 전액이 아닌 절반만 징수한 다음 1년 후부터 전액 징수하기에 이르렀다. 2005년 「개호보험법」에 명시된 도입 5년 후 제도의 재검토 계획 및 결과를 근거로 1차 제도개혁을 단행했고, 제도 자체의 운영에 대한 기본방향을 전환하게 되었다. 제도개혁에 따라 제도 내용이 수정되면서 개호서비스 수가가 인하 또는 소폭 인상되는 과정을 거쳤으며, 인구고령화의 심화로 장기요양대상자의 폭증, 고령자대상의 보험료 인상 부담 등으로 재원조달이 용이하지 못하게 되면서 정부는 급여축소 대상자의 축소 등 적극적 지출억제 대책을 강구하기 시작하였다. 특히 일본은 제도 도입과 함께, 3년 주기로 지방자치단체마다 개호보험사업계획을 수립하도록 하며, 이에 따라 재정수입 측면에서의 개호보험료 조정과 재정지출 측면에서의 개호수가의 조정이 동시에 이루어진다. 전체적으로 제도 도입 이후 「개호보험법」이 개정된 시기는 2005, 2008, 2011, 2014년이었다.

3. 최근 일본 사회복지 변화

1) 사회보장재정

일본의 공적연금제도는 국민연금과 후생연금의 두 가지 주요 축으로 구성되어 있다. 국민연금은 20세부터 59세까지의 모든 일본 내 거주자(자영업자, 학생, 무직자 포함)가 가입 대상이며, 정액제로 운영된다. 가입자는 동일한 금액의 보험료를 납부하며, 주요 목적은 기본적인 생활비를 지원하는 것이다. 한편, 후생연금은 민간 기업의 급여 근로자와 공공 부문 근로자를 대상으로 한다. 후생연금 가입자는 국민연금(기초연금)을 수령하면 가입할 수 있으며, 국민연금이 기본적인 생활비를 보장하는 한편, 후생연금은 추가적인 수입을 제공해 보다 안정적인 노후 생활을 지원한다.

(1) 소득대체율

소득대체율은 은퇴 후 연금을 수령하는 사람이 현역 세대와 비교하여 어느 정도의 생활수준을 유지할 수 있는지를 나타내는 지표로, 부부의 연금액이 현역 세대 남성의 세후 수입의 몇 %에 해당하는지를 보여 준다. 이는 연금제도가 사회적 안전망으로서 얼마나 효과적인지를 평가하는 핵심 요소이다. 2024년 재정 검증 결과에 따르면, 2024년도 소득대체율은 61.2%로, 5년 전 전망보다 개선되었다. 이는 연금 수령자가 은퇴 후에도 현역 시절 소득 대비 약 60% 이상의 생활 수준을 유지할 수 있음을 의미한다. 또한 5년 전 재정 검증과 비교하여 장래 급여 수준도 상승했다. 1인당 성장률을 제로로 예상한 케이스를 제외하면, 향후 소득대체율 50%의 급여 수준을 확보할 수 있음이 확인되었다. 이러한 결과는 여성 및 고령자의 노동시장 참가율 상승, 연금에 가입한 여성의 증가로 인한 연금재정 개선 그리고 최근의 주식시장 호황으로 인한 적립금 운용 실적 호전에 기인한 것으로 보인다(読売新聞 社説, 2024).

(2) 거시경제 슬라이드

거시경제 슬라이드는 일본 공적연금제도의 자동 조정 장치이다. 연금의 재원은 보험료, 국고 부담, 적립금으로 구성되는데, 저출산과 고령화로 인해 재정 상태가 악화되고 있다. 이러한 문제를 해결하기 위해, 보험료를 고정한 상태에서 연금 지급액을 자동으로 조정하여 감액하는 제도가 거시경제 슬라이드이다. 조정률은 공적연금의 피보험자 수 변동률과 평균수명의 연장률을 곱하여 계산된다. 예를 들어, 보험료를 납부하는 피보험자 수가 줄어들면 보험료 수입이 감소하므로 연금 인상분에서 차감된다. 또한 평균수명이 길어지면 급여 총액이 늘어나므로, 이 역시 연금 인상분에서 차감된다. 이러한 조정 과정을 통해 연금재정의 균형을 유지하고, 공적연금제도의 지속 가능성을 확보하려는 것이다(厚生労働省, 2024).

(3) 재직노령 연금제도

재직노령 연금제도는 임금과 후생연금의 합계가 월 50만 엔을 넘는 60세 이상 후생연금 수급자에게 보수 비례 부분의 일부 또는 전부를 지급 정지하는 제도다. 이 제도로 인해 일을 하면 손해를 본다는 생각을 갖게 되면서 취업 시간을 조정하는 고령자가 적지 않다. 이는 고령자의 노동시장 공급을 저해하여 노동력 부족 문제를 심각하게 하는 측면이 있다. 하지만 2027년부터 재직노령 연금제도가 폐지될 경우, 일하는 연금 수급자의 급여는 증가하겠지만 장래 세대의 급여 수준은 일정 부분 하락할 것으로 전망된다. 과거 30년 투영 케이스에서는 급여 조정이 종료되는 시점에서 소득대체율이 0.5% 포인트 하락할 것으로 예상된다. 재직노령 연금제도의 수정은 연금재정을 악화시키는 한편, 현 제도를 유지할 경우 고령자의 노동시장 공급이 정체되어 경제 성장률 저하 및 연금재정 수지 악화로 이어질 가능성이 있다(木内, 2024).

2) 공적연금재정

일본에서 가장 최근에 이루어진 2019년 공적연금재정 검증 결과, 총 다섯 가지의 개선 과제가 도출되었다.

첫째, 피용자보험의 적용을 확대하는 것, 둘째, 수급 개시 시기의 선택지를 확대하는 것,

셋째, 재직 중의 연금 수급 방법을 수정하는 것, 넷째, 확정 갹출연금의 가입 가능 요건을 수정하는 것, 다섯째, 국민연금 보험료 전액 면제 기준을 추가하는 것이다. 이 중 노동시장 변화와 관련된 내용은 피용자보험의 적용 확대이다. 피용자연금 적용 확대에 관한 주요 내용은 다음과 같다(厚生労働省, 2019).

2012년의 개혁 결과 현재 일본의 피용자들은 피용자보험, 즉 후생연금에 가입하고 자영자 등은 국민연금에 가입한다. 법인사업소는 업종이나 종업원 규모에 상관없이 피용자보험 강제 적용 사업소가 되지만, 개인사업소의 적용 규정은 다소 복잡하다. 법정 업종 16개에 대해서는 강제 적용이 되지만, 비적용 업종이나 종업원 5인 미만의 개인사업소는 노사 합의가 있는 경우에만 '임의포괄 적용 사업소'라 하여 후생연금 가입 대상에 포함하고 그 외에는 비적용된다. 적용 사업소의 범위에 대해서는 1985년 연금 개혁 시 법인을 강제 적용한 이래 변경이 없었으며, 개인사업소 중 16개의 법정 업종도 1953년 이래로 변경이 없는 상태였다. 따라서 이번 재정 계산 시 사회보장심의회 연금부회에서는 적용 사업소의 범위를 확대할 것을 제안하게 되었다. 사회보장심의회 연금부회가 적용 사업소의 범위 확대를 제안하게 된 배경은 피용자들이 자신의 근로 여건이나 형태와 관계없이 어떠한 사업소에서 근무하느냐에 따라 후생연금의 가입 자격을 취득하지 못하는 것은 불공평하다고 보았기 때문이다(年金部会, 2019). 예를 들어, 5인 미만이 근무하는 변호사 사무실의 경우 법인화가 되어 있다면 피용자들은 후생연금에 가입할 수 있으나, 개인사업소로 되어 있다면 국민연금에 가입하게 되고 보험료는 전액 본인이 부담하게 된다. 따라서 피용자가 근로하는 사업소에 관계없이 후생연금에 가입할 수 있도록 보장하는 방향으로의 제도적 진전이 필요하다고 본 것이다.

3) 아동빈곤 현황 및 정책 동향

(1) 사회문제로서 아동빈곤 문제의 등장

일본에서 아동빈곤 문제가 본격적으로 주목받게 된 것은 2000년대 이후이다. 2008년에는 부모가 의료보험료를 납부할 수 없어서 아동이 국민건강보험의 혜택을 받을 수 없는 사례가 주목을 받았다. 이후에 아동빈곤을 주제로 한 서적도 다수 발간되었다(堀内, 2019). 2009년에는 후생노동성이 처음으로 일본 정부 차원에서 상대적 빈곤율 조사 결과를 공표하였다(朝日新聞, 2009). 경제협력개발기구(OECD) 가맹 30개국 중 네 번째로 높은 상대적 빈곤율의 수치(15.7%)와 더불어 한부모가족 아동의 경우, 58%에 달하는 상대적 빈곤율의 수치가 확인된 것이 사회문제로서 아동빈곤 문제를 결정적으로 위치 짓는 계기가 되었다. 아동빈곤 문제가 2000년대 후반에 사회문제로 등장하게 된 그 밖의 배경 요인으로는 생활보호제도에 대한 예산 삭감을 들 수 있다. 생활보호 기준의 적정화가 이루어지면서 취학원조제도 등 경제적으로 곤궁한 아동을 경제적으로 지원하기 위한 제도를 이용할 수 없게 되는 사례가 발생해 연쇄적으로 아동빈곤 문제에도 영향을 미치게 되었다(近藤, 2013). 이와 같이 아동빈곤 문제가 사회문제로 주목받게 되면서 시민사회 차원에서도 '없애자! 아동의 빈곤' 전국 네트워크, '아시나가육영회' 등의 단체를 중심으로 아동빈곤 문제 대책을 위한 입법을 요구하는 운동이 전개되었다(鳫, 2017).

(2) 정책 대응

① 아동빈곤 대책의 추진에 관한 법률의 제정

일부 국회의원을 중심으로, 시민사회로부터 제기된 아동빈곤 문제 대책을 위한 입법 요구에 응하여 2013년 「아동빈곤 대책의 추진에 관한 법률」이 제정되었다. 2014년 8월 29일에는 동법 제8조 4)에 의거하여 「아동빈곤 대책에 관한 대강」을 각의 결정하였다. 대강은 중점 시책으로, (1) 교육 지원, (2) 생활 지원, (3) 보호자에 대한 취로 지원, (4) 경제적 지원 등을 설정하였다. 교육 지원 항목의 구체적 시책으로는 학교 사회복지사 배치 충실, 소득연동 반환형 장학금제도 도입 등이 제시되었다(堀内, 2019). 생활 지원 항목과 관련하여서는 생활 곤궁자에 대한 포괄적인 상담 지원 사업 마련, 아동의 방과후 거처 기능 충실, 체험 장소 제공 등의 시책이 제시되었다. 보호자에 대한 취로 지원과 관련하여서는 생활 곤궁자를 위한 직업훈련 사업 마련, 모자가정 등의 취업 · 자립 지원 사업 실시 등의 시책이 제시되었다. 경제적 지원과 관련하여서는 아동부양수당의 지급과 모자과부복지 대부금 및 생활복지자금 대부 등의 시책이 제시되었다(近藤, 2013).

② 민관 협력

한편, 일본 정부는 2015년 4월 민관 공동에 의한 '아동의 미래응원국민운동'을 시작한다고 발표하였다. 아동을 지원하고 싶은 사람 및 기업을 실제로 현장에서 아동들을 지원하고 있는 비영리단체(NPO) 등과 연결시켜 중앙정부 및 지방공공단체가 행하는 시책을 촉진하고자 함을 목적으로 하고 있다. 이와 더불어 2015년 10월에는 '아동의 미래응원기금' 모금을 시작하였다. 이는 아동빈곤 대책을 추진하기 위한 민관 연계 프로젝트의 하나로, 기업 및 개인의 기부금을 모아 현장에서 아동들을 지원하는 단체의 활동을 지원하고자 하는 것이다.

(3) 향후 전망

일본의 아동빈곤율은 여전히 선진국 중 높은 수준을 유지하고 있다. 후생노동성이 2020년에 공표한 국민생활기초조사 결과를 보면 아동빈곤율은 2018년 시점에 13.5%로 이전 조사인 2015년 13.9%보다 소폭 낮아졌다고는 하지만, 이는 여전히 일본의 아동 7명 중 1명은 빈곤 상태에 놓여 있다는 것을 의미한다. 일본은 지금까지 아동을 포함한 가족 지원에 대한 정부 지출 규모가 대단히 적은 국가였다. 2019년에 일본 정부가 가족 지원에 지출한 금액은 9조 6,730억 엔으로(国立社会保障, 人口問題研究所, 2021), 국내총생산(GDP) 대비 1.73% 수준이다. 이는 스웨덴과 영국이 3% 전후의 수준임을 감안하면 매우 낮은 것이라고 할 수 있다. 이에 대한 비판은 연구자를 중심으로 지속적으로 제기되어 왔으며, 사회적으로도 문제가 되어 왔다. 이러한 영향을 받아 최근 실시된 자민당 총재 선거 및 중의원 선거에서 주요 후보자 및 정당들은 아동청 신설, 아동수당의 대폭 확대 등 아동을 정책 대상으로 하는 공약들을 적극 개진하였다.

한편, 막대한 재정 지출을 동반한 일본의 주요 정책은 필연적으로 재원 문제를 낳게 하는데, 2020년 스가 정부는 고소득층에 대한 아동수당 제도를 폐지하고 이를 보육소 대기 아동 해소를 위한 재원으로 활용하는 것을 결정하였다. 이는 육아지원정책 내부에서 한정된 재원을 이동시킴으로써 현역 세대 내부에서의 갈등을 초래할 가능성이 높다고 할 수 있다(末冨, 2021). 일본 정부가 지금까지 실시해 온 아동빈곤 문제와 관련한 정책 동향은 비록 짧은 기간이기는 하지만, 정책 분석 지표의 세밀화를 통한 정책 효과의 향상을 목표로 하는 것으로 보인다. 그럼에도 불구하고 「아동빈곤 대책의 추진에 관한 법률」이 제정될 당시부터 시민사회가 주장해 왔던 아동빈곤율 등에 관한 구체적인 수치 개선 목표의 설정은 개정법안에도 반영되지 못하였다. 가능한 한 촘촘하게 지표를 구축하려는 노력은 정책 목표 달성을 위하여 필요한 요소이다. 하지만 노동시장의 변화로 대표되는 사회구조의 급격한 변화가 기존 지표만으로는 정책 수요 파악이 곤란한 부분을 지속적으로 만들어 내는 것은 아닌지 신중히 고려해 볼 필요가 있다.

4) 노인복지정책

(1) 개호인력 확보를 위한 정책 방안

후생노동성(2016)은 개호인력을 양성 · 확보하기 위해, ① 개호 직원의 처우 개선, ② 퇴직 인력의 복귀, ③ 신규 참여 촉진, ④ 이직 방지 · 정착 촉진 · 생산성 향상을 정책목표로 삼아 적극 추진하고 있다. 이와 관련한 사업 추진에 2017년 기준 약 460억 엔을 투입하였다(후생노동성, 2016).

① 개호 직원의 처우 개선

후생노동성은 개호 직원의 처우를 개선하기 위해 '개호 직원 처우 개선 가산제도'를 운영하고 있다. 이 제도는 2008년 5월 제정된 「개호 종사자 등 인력 확보를 위한 개호 종사자 등의 처우 개선에 관한 법률」에 근거한다. 후생노동성은 2009년 개호 직원의 처우 개선을 목적으로 개호수가를 3% 인상하는 조치를 취하고, 필요한 보험료 인상분은 국가가 보험자인 시정촌에 개호 종사자 처우 개선 임시특례교부금을 배분하는 형태로 지원했다(서동민 외, 2012). 이 제도에서 가산금은 개호 직원에게 직접 지급되는 것이 아니라 개호 직원의 처우 개선에 노력을 기울인 기관 운영자에게 지급된다. 기관 운영자가 이러한 가산금을 받으려면 개호 직원의 직위, 직책, 직무 내용에 맞춘 임용 조건, 임금체계 등을 정비해야 한다. 또한 개호 직원의 전문성 향상을 위한 계획을 수립하고 연수 기회를 제공함과 동시에 경험이 많거나 다양한 자격을 갖고 있는 직원은 승급시키는 등의 체계를 갖춰야 한다. 이러한 가산 조건을 어떻게 갖추고 있는지에 따라 가산금은 달라진다. 최대 월 3만 7,000엔, 최저 1만 5,000엔 상당의 차이를 두고 가산제도를 운영하고 있다. 현재 개호서비스를 제공하는 기관의 89.1%가 가산(I)~가산(III)에 해당하는 가산금을 지원받고 있다.

② 퇴직 인력의 복귀

개호 현장에서 근무하다 퇴직한 개호인력이 재취업할 수 있도록 재취업준비금을 대여하는 제도가 운영되고 있다. 재취업으로 인해 자녀 보육 경비가 급하게 필요하거나 취업을 위해 기타 비용이 필요한 경우, 이를 대여해 주는 제도이다. 이들의 개호 현장 복귀를 지원하는 제도라고 할 수 있다. 재취업 준비금 대여 제도의 대상자는 각 도도부현에 거주하면서, 첫째, 개호 직원으로서 1년 이상 근무한 경험이 있는 자, 둘째, 개호복지사 자격자, 개호 직원 초임자 연수나 그 외 도도부현이 정한 연수를 수료한 자, 셋째, 원칙적으로 도도부현 복지인력센터에 이직한 개호 직원으로서 개인정보가 등록되어 있는 자이다. 지원 한도는 1인당 20만 엔이다. 재취업 후 개호 직원으로서 2년간 종사하면 대여금 상환을 면제받는다.

③ 신규 참여 촉진

일본 정부는 청년층의 개호 현장 진입을 유도하고자 개호복지사 양성 장학금제도를 운영하고 있다. 개호 직원으로 일하길 희망하는 학생들이 관련 교육을 받는 데 어려움이 없도록 학자금 대여(상환 면제 조건 포함) 제도를 운영하는 것이다. 개호복지사 양성 시설에 입학한 학생들에게 학비 5만 엔(월), 입학 준비금 20만 엔(최초), 취업 준비금 20만 엔(최종), 국가시험 준비 비용 4만 엔(연), 생활비 가산 4만 2,000엔(월 단위, 단 생활보호수급자 등 취약계층에 한정)을 지원한다. 이들이 졸업 후 개호 현장에서 5년간 근무하면 대여금 상환을 전액 면제해 준다. 아울러 중고령자가 자원봉사활동으로 개호 현장을 경험해 볼 수 있도록 지원하는 제도도 함께 시행한다. 전국에서 자원봉사자로 활동하고 있는 중·고령층(50~64세)이 복지인력센터, 실버인력센터, 자원봉사센터 등과의 연계를 통해 개호 현장에 취업할 수 있도록 유도하기 위한 지원이 이뤄지고 있다. 복지인력센터는 취업 의향이 있는 중·고령층에게 연수와 취업의 기회를 제공하고, 이와 관련한 상담을 개인 맞춤형으로 진행한다. 실버인력센터는 회원이 개호 현장에 취업할 의향이 있는 경우 복지인력센터로 연계해 준다. 자원봉사센터도 노인 사회활동 참여자 가운데 개호 현장에 취업할 의향이 있는 사람을 복지인력센터에 연계하는 역할을 담당하고 있다. 일본 정부는 이러한 사업 진행을 위해 지역 단위의 네트워크를 구축해 놓았다.

④ 이직 방지·정착 촉진·생산성 향상

후생노동성은 개호 직원의 이직 방지와 정착 촉진을 위해 다양한 제도를 강구하고 있다. 개호 직원이 양육 부담으로 이직하는 것을 방지하기 위해 개호 시설과 사업소에 보육시설을 개설·운영할 수 있도록 비용을 지원한다. 자녀 양육을 지원하기 위해 대체 직원을 매칭 지원하는 사업도 함께 추진한다. 또한 고용 관리를 우수하게 수행하는 사업자를 대상으로 사례 발표를 하게 한다거나 표창장을 수여하고, 인증 및 평가 제도를 도입해 이들을 격려하고 있다. 이와 함께 개호인력의 체력 부담을 줄여 주기 위해 개호 로봇을 활용해 효과적으로 개호서비스를 제공하도록 지원하며, 행정 부담을 줄이기 위해 정보통신기술(ICT)을 이용해 개호 기록 등을 관리하는 사업을 시범적으로 실시하여 성과를 확대해 나가고 있다.

이와 같이 다양한 정책을 추진하지만, 인력 부족 문제를 근본적으로 극복하는 데 한계가 있다는 전제하에 외국인 개호인력 확충을 위한 제도적 환경 정비 노력을 하고 있다. 일본은 2017년 11월 「외국인 기능 실습의 적정한 실시 및 기능실습생 보호에 관한 법률」 시행에 맞춰 외국인 기능 실습 제도의 대상 직종에 개호 직종을 추가했다. 개호복지사 국가자격 취득을 희망하는 외국인 유학생 등에게 개호복지사 교육 지원금을 대여하거나 이들의 원만한 일상생활 영위를 위해 상담을 지원하는 등의 제도 마련 등이 검토되고 있다(후생노동성, 2018).

(2) 치매기본법의 의의

일본은 다른 국가들에 비해 초고령사회를 먼저 맞이하여 한발 앞서 국가와 사회 차원에서 치매 문제에 대응해 오고 있다. 2000년 노인 장기요양을 위한 개호보험법이 시행된 이래 20여년에 걸쳐 제도적 발달과 서비스 향상을 이루어 내었다. 특히 그 결실로 2023년에는 「공생사회의 실현을 추진하기 위한 치매기본법(이하 치매기본법)」이 수립되었다. 총 4장, 37조로 구성된 「치매기본법」은 치매 정책의 방향성 및 구체적 실천을 위한 수단까지 폭넓게 규정하고 있다.

「치매기본법」이 갖는 의의는 다음과 같이 생각해 볼 수 있다.

첫째, 의학적 모델(의학)과 사회적 모델(돌봄)에 대한 통합적 관점의 제시이다. 치매는 한편에서는 의학적인 관리가 필요한 질병으로, 다른 한편에서는 돌봄이 필요한 상태로서 인식되어 왔다. 전자의 관점에서는 의학의 발전을 통해 치료하고 예방하는 데 중점을 두었으며, 후자의 관점에서는 치매환자가 지역사회에서 통합적으로 살아갈 수 있는 사회를 만드는 것이 중시되었다. 이 두 가지 관점에서의 실천은 영역별로 제각각 이루어졌으며 때로는 의료(전자의 관점)와 복지(후자의 관점) 간 갈등으로 나타나기도 하였다. 그래서 의학적 모델과 돌봄 모델을 뛰어넘는 새로운 모델의 필요성이 필요하다는 의견도 제시되었다(徳田雄人, 2020). 이번에 제정된 「치매기본법」은 치매를 의료적 내용뿐 아니라 행정, 의료, 개호, 복지, 일상생활 지원, 대중교통, 각종 서비스, 치매환자에 대한 인식 개선을 위한 국민의 의무 등을 포괄적으로 담았다. 이를 통해 궁극적으로는 치매환자는 의료와 돌봄을 받으면서도 함께 살아가야 할 동등한 사회 공동체원이라는 점이 강조되어, 두 관점을 포용적으로 담았다는 의미가 있다(栗田駿一郎, 2024).

둘째, 당사자 관점과 권리의 강조이다. 치매환자는 자신과 직접 관련된 사항에 대해 의견을 표명하고 사회 각계각층의 활동에 참여할 수 있는 기회가 보장되어야 함이 명시되었다. 또한 치매와 관련된 모든 계획 및 정책 수립, 정책 입안, 연구개발 등에 치매환자 및 가족, 전문가를 포함한 사회 각계각층의 사람들이 참여할 수 있는 기회가 제시되었다. 이와 같은 참여권 보장은 치매환자가 기본적 인권을 향유하는 개인으로서 자신의 의지로 일상생활과 사회생활을 영위하기 위한 기본적인 전제라 할 수 있다. 치매당사자 단체인 사단법인 일본치매당사자 워킹 그룹(Japan Dementia Working Group: JDWG)은 2023년 9월 '포용적 사회의 실현을 촉진하기 위한 「치매기본법」 시행에 대한 기대와 제안'을 발표하였다. 여기에서는 기본법 제정 과정에서 치매환자의 입장에서 제시된 제안들 중 많은 부분이 반영되었다고 평가하면서, 「치매기본법」 제정을 계기로 치매환자들이 언제 어디서나 자신들의 방식으로 살아갈 수 있는 포용적인 사회를 만들어 가자고 제안하고 있다(JDWG, 2023). 지금까지 사회에서 배제되기 쉽거나 온정주의에 따른 돌봄을 받기 쉬운 치매환자가 본인의 욕구를 명확히 할 수 있는 권리의 근거를 마련하였다는 점은, 일본뿐 아니라 가족에게 부담이 되기 싫어 시설을 선택할 수밖에 없는 사례가 많은 한국에도 시사하는 바가 크다고 할 수 있다.

셋째, 주체별 역할과 의무를 규정함으로써 치매에 대한 공동체적 대응을 실천하려 한다는 점이다. 「치매기본법」에서는 정부뿐 아니라 광역자치단체, 기초자치단체까지 치매 관련 계획 수립의 책무를 부과하고 있다. 따라서 「치매기본법」의 목적을 실현하기 위해서는 정부뿐 아니라 지자체 차원의 노력을 요구한다는 점에서 치매 대책에 지역 공동체원이 참여할 기회가 열릴 가능성이 확대되었다. 한 조사에 따르면, 일본의 지방자치단체의 치매에 대한 대응은 각각의 상황에 따라 크게 상이하고 편차가 있는 것으로 나타났다. 특히 실질적으로 지역에서 치매 대응을 위해 필요한 조례 여부와 그 내용이 매우 상이하다고 보고되었다(栗田駿一郎, 2024). 진정한 의미에서 공동체적 대응을 위해서는 '우리 마을의 치매 계획'과 같이 그 지역 공동체원이 참여하여 함께 계획을 수립하고 실천하는 과정이 필요하다. 특히 정책 결정 과정에 관여하는 당사자들의 노력이 일방적으로 정부나 관료에게 맡겨지지 않도록 치매환자나 그 가족 등 관련 이해관계자들이 적극적으로 의견을 표명할 수 있는 기회가 기초지자체에서부터 열려야 하며, 「치매기본법」은 그 계기가 될 것이라 기대되고 있다.

앞서 언급하였다시피 「치매기본법」으로 인하여 일본사회에 당장 치매 관련 새로운 정책이 생겨나거나 서비스의 변화가 일어나지는 않는다. 하지만 지금까지의 치매 정책의 관점을 보다 포용적으로 변화시키고 각 영역과 주체들의 노력이 함께 담길 수 있는 기본적 토대가 이루어졌다는 점은 매우 중요하다. 무엇보다 치매환자와 가족의 욕구 및 의견을 반영해야 하는 권리와 의무를 부여함으로써 포용적 공동체를 지향한다는 점을 명확하게 밝힌 것도 인권의 측면에서 의의가 있다.

5) AI 기반 간호 로봇 산업

일본은 2015년에 일본 전체 인구 중 1/3이 이미 65세 이상이었으며, 2050년에는 고령층이 전체 인구의 40% 이상이 될 것으로 예상된다(IMF, 2018). 이는 일본 내 노동층(15~64세) 비율이 급격하게 줄어든다는 것을 의미함과 동시에 부양해야 할 노년층이 증가함을 뜻한다. 다행인 것은 일본은 역사적으로 기술 개발을 통해 인적자본을 포함한 제한된 자원을 대체하는 데에서 선두 국가라는 점이다. 일본은 인간의 노동력을 향상시키거나 더 나아가 대체하는 자동화 및 로봇공학 기술 부문에서 가장 선진적인 기술을 보유하고 있다. 국제통화기금(IMF)은 현재 일본이 직면한 인구 및 노동력 역학을 고려할 때 자동화 증가와 이의 적극적 활용에 따른 순이득이 매우 클 뿐만 아니라 앞으로 더 커질 수 있으며, 이러한 모범 사례는 유사한 인구 구조 변화를 보이는 중국과 한국, 그리고 유럽국가에 건설적인 시사점을 제공할 수 있다고 평가했다. 동시에 주의해야 할 점으로 인공지능 로봇이 대체하는 업종 대다수가 여성노동력이 집중 분포되어 있는 업종이라는 점을 지적하며, 대책 마련을 권고했다(IMF, 2018). 인공지능 기술 개발을 통해 선진화된 복지 산업을 추구하는 동시에 이러한 구조적 전환이 사회에 미치는 영향을 고려해 이를 보완할 정책적 · 제도적 수단이 마련되어야 한다는 것이다. 로봇에 대한 인식 개선도 중요한 역할을 하는데, 일본인들은 대체로 로봇에 대한 반감이나 거부감이 적다. 이는 대중매체에서 로봇이 가지고 있는 친근한 '동반자'로서의 역할을 긍정적으로 나타낸 덕분이라고 할 수 있다.

국제로봇공학연맹(International Federation of Robotics)은 2016년 국제 간호 및 복지용 로봇 시장의 크기는 약 1,920만 달러로 아직 규모가 작지만, 일본 기업이 독점하다시피 하고 있다고 발표했다(Foster, 2018). 하지만 시장의 잠재적 규모는 거대하며 일본 정부는 선두권을 놓치지 않으려고 정책적 · 금전적 지원을 아끼지 않고 있다. 2015년 발표한 '신로봇 전략(New Robot Strategy)'을 기반으로 간호복지, 농업, 인프라 등 각 부문에서 어떻게 로봇을 활용할 수 있는지에 대한 정책적 기반을 제공했으며, 2015년 이후 간호 로봇 기술 개발에 지원하는 보조금을 47억 엔(약 4,500만 달러) 지원했다(IMF, 2018; IFR, 2018).

인공지능 기술을 노인 간호에 직접적으로 응용한 사례로는 도쿄에 소재한 신토미(Shintomi) 요양원이 있다. 요양원이 도입한 총 20개의 다양한 로봇 모델 중에는 심신 안정 및 테라피용도로 사용되는, '파로(Paro)'라는 이름의 물개 모양 인형 로봇이 있다. 소프트뱅크 로봇 회사(SoftBank Robotics Corp)에서 개발한 '페퍼(Pepper)'는 인간의 형상을 한 로봇으로 간단한 체조 및 운동을 돕는다. 걷기 재활을 돕는 '트리(Tree)'는 리프(Rief)사에서 개발한 제품으로 균형을 잡을 수 있도록 지원하며 어느 방향으로 내디뎌야 하는지 알려 주는 기능을 갖추고 있다. 일본 정부는 신토미요양원을 모델로 일본 내 요양원의 로봇화를 추진할 계획이라고 밝혔다. 하지만 인공지능 기술 개발은 높은 투자 비용을 기반으로 한다. 예를 들어, 물개 모양의 작은 파로 로봇은 무려 10년에 걸쳐 만들어진 작품으로, 총 2,000만 달러를 정부에서 지원받아 제작한 것이다. 2018년 기준 약 5,000개가 유통되었으며 그중 3,000개는 일본 내에서 판매되었다. 파로가 더 많이 수출되지 못하는 데에는 비용 문제가 있다. 현재 개당 약 40만 엔에 판매되는 이 로봇은 유럽과 같은 주요 수출 대상 국가에서는 더 비싼 가격에 팔린다. 하여 일본 정부는 파로와 같은 간호 로봇 상품 구매에 대해서도 금전적 지원을 하고 있다. 신토미요양원의 경우 도쿄 지방정부와 중앙정부의 보조금을 통해 금전적 부담을 해결할 수 있었다.

더 나아가 일본 경제산업성 내 로봇정책실 책임자 야스다 씨는 간호 복지 부문의 로봇 산업 발전을 '기회'라고 표현하며 이를 독일, 중국, 이탈리아와 같이 비슷한 인구적 난제를 겪고 있는 국가에 수출할 계획이라고 밝혔다(Foster, 2018). 이미 파나소닉(Panasonic)에서는 휠체어로 개조해 사용할 수 있는 로봇 침대 레시온 침대(Resyone bed)를 대만에 수출했으며, 파로는 덴마크로 수출되었다.

일본 정부는 약 38만 명의 간호 전문인력이 부족한 부분을 메꾸기 위해 노인 간호 로봇 개발을 적극적으로 지원하고 있다. 예를 들어, 2016년에 일본 정부는 외국인 간병복지사 비자를 만들었지만 2017년에는 겨우 18명의 외국인이 해당 비자를 획득할 수 있었다(Foster, 2018). 언어 장애, 시험 등의 제도적 장벽이 높은 탓에 노인복지 전문인력을 해외에서 데려오려는 노력의 성과가 생각보다 미미했다. 이에 일본 정부는 앞으로 간호 로봇 개발에 더욱더 박차를 가할 것으로 보인다.

6) 장애인 탈시설화

(1) 자립생활 원조

탈시설화 정책은 장애인들에게 새로운 선택지를 제공하는 정책으로 기대를 받고 있으며, 지금은 정책 설계와 관련된 논의가 자세히 이뤄지고 있다. 예를 들어, '지역이행지원'의 경우 전년도에 1명 이상 지역이행을 하게 한 제공 기관에 '지역이행지원서비스 비용(I)'이라는 인센티브를 주고 있으나, 두 명 이상의 장애인을 지역으로 이행하게 한 제공 기관에 대한 추가 인센티브는 없다. 그러므로 전년도 지역이행 실적이 우수한 제공 기관에 대한 추가 인센티브를 도입하라는 목소리가 나타나고 있다(厚生労働省, 2020).

'자립생활원조'는 제공 기관에 대한 인원 배치 기준으로 지역생활지원원(地域生活支援員)을 1명 이상 배치하고, 서비스관리책임자를 이용자 30명당 1명 이상 배치하도록 규정하고 있다. 서비스관리책임자는 자립생활원조계획의 작성 및 제공한 자립생활원조의 평가 등 중요한 역할을 수행하므로 지역생활지원원과 별도로 인력을 배치하도록 규정한 것이다. 하지만 실제 이용자 수는 제공 기관 1개 기관당 약 4.6명에 불과하다. 자립생활지원원과 서비스관리책임자를 따로 배치하면 제공 기관의 부담이 클 뿐만 아니라 새로이 제공 기관을 만드는 것도 쉽지 않기 때문에, 자립생활원조 제공 기관을 늘리기 위하여 서비스관리책임자와 지역생활지원원을 겸임할 수 있도록 하자는 의견이 나오고 있다. 사실 '지역이행지원'에서는 종사자가 혼자 지역이행지원 계획까지 작성하기도 하므로 자립생활원조에서도 특별한 문제가 생기지 않을 것이라는 의견도 있다(厚生労働省, 2020). 그리고 자립생활원조에 대해서는 「장해자종합지원법(障害者総合支援法)」에서 "후생노동성이 정하는 기간 동안 필요한 서비스를 제공한다."라고 정한 바 있다. 「장해자종합지원법 시행규칙」은 해당 기간(이른바 '표준이용기간')을 1년으로 규정하고 있다. 이 표준이용기간 이상 서비스를 제공할 경우, 시정촌 심사회의 개별 심사를 거쳐 승인을 받아야 하고, 승인되면 최대 1년 연장할 수 있다. 그러나 제공 기관들에 의하면 '서비스를 받아야 하는데도 서비스 기간 연장을 승인받지 못한 사례가 있었다. 표준이용기간을 넘어서 서비스를 제공할 경우, 연장 횟수를 1회로 제한하지 말고 몇 번 갱신할 수 있도록 하자.'라는 의견도 있다(厚生労働省, 2020).

그 외에 '자립생활원조'에서는 "현재 수가 방식에서 동반 지원에 대한 수가는 실제 실시 횟수와 무관하므로 동반 지원을 자주 하게 되면 손해를 본다." "이용자에게 야간에 방문 요청을 받을 때가 있고, 야간에 전화를 받기도 하는데, 현재 수가 방식에서는 이에 대한 보상이 없다."라는 등의 하소연을 하고 있다(厚生労働省, 2020).

탈시설화와 관련해서는 '나이가 많을수록 장벽이 많다.'라는 지적이 나온다. 연령이 높아지면 거동이 불편해지고 치매에 걸릴 수도 있다. 거주시설 입주자가 지역으로 이행할 때는 가족의 동의를 얻어야 하고, 그를 받아들이는 지자체나 제공 기관의 협조도 얻어야 하지만, 연령이 높으면 그것도 장벽이 높다(朝日新聞, 2018). 앞에서 봤듯이 최근에 지역생활 이행자 수가 줄어들었다. 후생노동성 담당자는 그 이유를 지역이행이 진행되어 중증장애인과 고령자가 시설에 남게 된 결과로 보고 있다(朝日新聞, 2017). 지역이행의 흐름을 탈 수 없는 것이 주로 고령자이며, 장애인시설에서는 입주자의 고령자 비율이 높아지고 있다. 시설 측에서는 젊은 나이에 지역이행을 했다가 나이가 들어 다시 시설에 입소하는 사람을 받아들이기 위한 준비도 필요하다는 이야기가 나온다. 그룹홈 확충이 급선무이지만 현재는 복지 인력의 확보가 어렵기도 하며, 장애인과 비장애인의 셰어하우스 등 새로운 선택지를 제안하는 등 새로운 대안도 나타나고 있다(朝日新聞, 2017).

일본의 장애인 탈시설화 정책은 서양과 약간 다른 배경을 가진다. 캐나다에서는 지적장애인 당사자 단체와 부모 모임 모두 시설 폐쇄를 요구하였으나, 일본에서는 당사자 단체인 '피플퍼스트 재팬'과 부모 모임인 '전국 손을 잡는 육성회연합회(全国手をつなぐ育成会連合会)' 사이에 의견 차이가 있다. 제도적 측면에서도 캐나다에서는 주립시설이 많으므로 시설

을 폐쇄해도 시설에서 일하던 직원들을 다른 부서로 옮길 수 있었으나, 일본에서는 대부분 사회복지법인에서 운영하는 민간 시설이므로 시설을 폐쇄하면 직원들의 실업 문제로 이어질 수 있다. 뿐만 아니라 캐나다에서는 운영 비용 때문에 주립 시설 폐쇄를 지지하는 세력이 많았으나, 일본 시설들은 대부분 보조금 없이 기본수가만으로 운영되는 민간 시설이므로 비용 삭감이라는 논의가 부각되지는 않는다. 더불어 일본 시설은 대부분 정상화 이후에 생긴 60명 이하 시설이며, 시설을 설립했을 때부터 시설의 개방성 및 단위화를 고려했으므로 서양에 비하면 '시설'이라는 성격이 뚜렷하지 않다는 평가도 있다(鈴木良, 2020).

(2) 개선방안

한편, 일본의 탈시설화 정책에도 아직 개선할 여지는 많다. 이는 앞으로 한국에서 탈시설화 정책을 추진하는 데 시사점이 될 수 있다.

첫째, 탈시설화를 실현하기 위해서는 특히 자해 · 타해 행동을 보이는 경우나 위관영양 등 의료행위를 요하는 경우를 고려한 지원 체제를 마련하는 것이 중요하지만, 일본에서는 아직 그들을 위한 지원 체계가 미흡하다. 그러므로 여전히 시설이 필요하다는 논의가 지지를 받는다(鈴木良, 2019). 특히 일본은 소규모 그룹홈이나 보건의료서비스를 충분히 제공할 수 있는 인력을 확보한 그룹홈이 부족하다. 예산을 보더라도 일본 그룹홈의 1인당 연간 평균 서비스 수가는 캐나다의 1/5에 불과하므로 중증장애인들을 충분히 지원할 수 없다.

둘째, 그룹홈 입주자들 역시 서비스, 직원 그리고 다른 입주자와의 인간관계에 불만이 있어도 그룹홈을 쉽게 떠나 다른 곳을 선택할 수 없다(鈴木良, 2019). 이러한 문제를 극복하는 데 도움이 되는 것은 직접지불제(direct payment)이지만, 일본의 경우 중앙정부 차원에서 그러한 정책은 없다. 일본에는 24시간 분량의 서비스를 받을 수 있는 '중도방문개호(重度訪問介護)'가 있으나, 이것도 역시 이용자에게 서비스 이용에 대한 결정권을 보장하고 있지 않는다. '중도방문개호'나 '거택개호(居宅介護)'를 확충하면 그룹홈 이외의 선택지도 늘릴 수 있으나, 지방에는 요양서비스 제공 기관이 모자라고 서비스 제공 기관조차 없는 지역도 있다(鈴木良, 2020).

셋째, 일본에서 장애인의 가족들에 대한 정책적 접근 역시 장애인 탈시설화에 있어 중요한 과제다. 일본에서는 "시설의 가족 모임 말고는 상담할 수 있는 상대가 없다."라는 부모가 많기 때문이다. 장애 아동의 부모는 자녀를 집에서 양육하려고 노력하지만, 한계에 도달하여 자녀를 시설에 입소시킨다. 또한 이미 오래 전 자녀를 시설에 입소시킨 나이 많은 부모는 자녀가 지역에 정착할 수 있을지 불안해한다. 캐나다의 경우 자녀를 시설에서 벗어나게 한 경험이 있는 부모가 다른 부모의 상담을 하기도 한다. 같은 경험을 공유할 수 있는 가족들 간의 교류를 지원하는 것도 하나의 정책 방향이 될 수 있다(鈴木良, 2019).

7) 취약 청년 지원정책: 히키코모리 청년을 중심으로

일본에서는 2000년대 초반부터 청년의 취약성에 주목해 정책 대상으로 발굴하고 지원하는 시도가 이어지고 있다. 그러한 시도의 대표적인 예가 니트(NEET) 청년과 히키코모리(은둔) 청년에 대한 지원정책이다. 정책 지원 대상으로서 니트 청년은 15~34세의 청년으로 일하지 않고 가사도, 통학도 하고 있지 않은 사람을 말하며(厚生労働省, 2013), 히키코모리 청년은 조현병과 같은 정신질환을 제외한 여러 원인으로 인해 사회참여를 거부하고, 6개월 이상 집안에 머무르는 상태(외출 여부와 상관없이 타인과의 교류가 단절된 상태)에 있는 사람을 뜻한다(齊藤万比古 et al., 2010).

(1) 사업 개요

후생노동성에서는 히키코모리 지원 추진 사업(ひきこもり支援推進事業)을 통해 2009년부터 광역지자체(도도부현, 지정도시)를 중심으로 '히키코모리 지역 지원센터'를 설치 및 운영했으며 2018년에 모든 광역지자체에 설치되었다. 이후 2021년부터는 히키코모리 청년의 조기 발견과 지원을 위한 거점(쉼터, 상담 창구) 조성을 목표로 히키코모리 지원센터의 설치 주체를 광역지자체에서 기초지자체(시정촌)로 확대했다. 또한 2018년부터는 기초지자체에서 '히키코모리 지원 사업'이 실시되었고 상담지원, 쉼터 조성, 네트워크 구축을 수행하는 '히키코모리 스테이션 사업'이 2022년부터 추진되고 있다. 다만 기초지자체의 상담 창구 조기 설치와 지원 내용 내실화가 요구되어, 2022년에는 광역지자체가 기초지자체를 체계적으로 지원하여 기초지자체의 히키코모리 지원 체제를 정비하고 있다. 광역지자체 백업 기능 강화의 일환으로 히키코모리 지원 사업을 하고 있지 않은 기초대한 재정 지원과 지원 방법의 노하우 전수 등을 실시하고 있다. 또한 기초지자체의 상담지원제 구축과 지원 내용 내실화 도모를 위해 히키코모리 지원 사업을 히키코모리 스테이션 사업으로 이행하고, 광역지자체 수준의 기능을 가진 히키코모리 지역 지원센터로의 단계적 이행을 추진하고 있다(厚生労働省 社会・援護局 地域福祉課, 2022).

(2) 지원 체계

후생노동성에서 히키코모리 지원은 사회원호국 지역복지과에서 주관하고 있으며, 지원 가이드라인 제시, 지역사회 홍보[심포지엄, 정보 포털 사이트 '히키코모리 보이스 스테이션(ひきこもりVOICE STATION)' 운영], 히키코모리 지역 지원센터 직원 및 시정촌 상담창구 직원 대상 인재 양성 연수 사업 등을 수행한다. 광역지자체는 히키코모리 지역 지원센터, 기초지자체는 히키코모리 지원 사업과 히키코모리 지원 스테이션을 운영하는데, 지역 상황에 따라 민간기관에 위탁 운영을 하기도 한다. 기초지자체는 지역사회 내 NPO 법인, 지역 청년 서포트 스테이션, 사회복지협의회, 가족 및 당사자 모임, 정신보건복지센터 및 보건소, 헬로워크, 교육 기관, 기타 관계기관 등과 네트워크를 구축하여 지원 사업을 수행한다(厚生労働省社会, 援護局 地域福祉課, 2022).

(3) 지원 내용

히키코모리 지역 지원센터 설치 운영 사업(ひきこもり地域支援センター設置運営事業) 중 히키코모리 지역 지원센터(ひきこもり地域支援センター)는 보건·의료·복지·교육·고용 분야 등의 관계기관과 연계하여 지원하는 히키코모리에 특화된 상담 창구이다. 주요 업무는 상담창구로서 히키코모리 지원의 거점 역할을 수행하고, 지원서비스와 기초지자체에 대한 후방 지원 및 시정 업무를 지원하는 것이다(김성아 외, 2021). 히키코모리 지역 지원센터의 사업 내용을 살펴보면, 필수 사업으로 상담지원 사업, 쉼터 만들기, 연락협의회·네트워크 구축 사업, 주민 대상 강연회 및 연수 개최 등을 수행한다. 상담지원 사업은 상담 창구에 히키코모리 지원 코디(사회복지사, 정신보건복지사, 임상심리사 등)를 2명 이상 배치하여 전화, 시설 방문, 자택 방문을 통해 히키코모리 당사자 및 가족과 상담을 하고, 이를 통해 적절한 지원 기관으로 연계하여 히키코모리 당사자를 지원한다. 임의사업으로는 서포터 파견 및 양성 사업, 민간단체 연계 사업, 실태 조사, 다직종의 전문팀 설치 등이 선택적으로 실시되고 있다. 이 외에도 광역지자체(도도부현, 지정도시)의 히키코모리 지역 지원센터는 직원양성 연수 사업, 기초자치단체(시정촌)에 대한 후방지원사업(위성센터 설치)를 필수로 수행해야 한다.

(4) 운영 현황 및 과제

히키코모리 지역 지원센터는 2022년 기준 광역지자체에 67곳, 기초지자체에 18곳이 설치되어 있다. 또한 히키코모리 지원 사업은 85개의 기초지자체에서 수행하고 있으며, 히키코모리 지원 스테이션은 87개 지자체에서 운영하고 있다. 상담창구에 대한 접근성을 높이고 히키코모리에 대한 지원을 확대하기 위해 기초 단위의 지원 기관 설치를 확대하고, 기초지자체의 사업 수행을 지원하는 등 히키코모리 지원 사업을 추진하고 있다.

그럼에도 불구하고 히키코모리 지원 사업에 대한 몇 가지 문제점이 지적되고 있다. 히키코모리 지원 담당자를 대상으로 조사를 시행한 유한책임감사법인(有限責任監査法人, 2021)의 보고서에 따르면 지원 인력의 부족 및 불안정한 고용으로 인해 안정적인 지원이 어렵고, 민간기관에 위탁하는 곳의 경우 위탁 기간과 재위탁 여부에 영향을 받아 히키코모리 지원을 장기적으로 제공하기 어려우며, 상담창구의 담당 부서가 명확하지 않거나 관련 부서와 기관 간 연계가 미흡한 점 등이 지적됐다. 이 외에 공익재단법인 도쿄시정촌 자치조사회(公益財団法人; 東京市町村自治調査会, 2021)에서도 상담창구가 명확하지 않고, 상담창구에 대한 홍보 부족으로 대상자 발굴이 어려우며, 지원 기관으로의 연계가 미흡한 점이 지적되었으며, 기초지자체의 경우 지역 상황에 따라 시행하지 않거나, 다양한 지원 체제로 지원 사업을 진행하고 있어 지역 간 격차가 있는 점도 개선 과제로 제시됐다.

8) 1인 가구 정책

(1) 현황

일본의 1985년 1인 가구의 비율이 20.8%였으나 2015년 현재는 34.5%로 75% 정도 빠르게 증가하였다(日本總務省統計局, 2019). 일본 1인 가구의 특징은 젊은 남성과 여성 고령자가 많은 비율을 차지하고 있다는 점이다. 이는 우리 사회에 던져 주는 시사점이 크다. 우리 사회도 청년 남성 1인 가구, 여성 독거노인의 비율이 증가하고 있다. 거기에 더하여 우리 사회에서는 중년 남성 1인 가구의 증가도 눈여겨보아야 할 부분이다. 따라서 '옥탑방 남성 청년' '고독사 예비군 중년 남성' '독거 여성 노인' 등에 1인 가구 정책이 집중되어야 한다는 주장은 설득력이 있다(문정희 외, 2017).

이처럼 싱글족의 유형은 주체적 싱글족과 비주체적 싱글족이 다르다. 자발적으로 선택한 비혼, 이혼으로 인한 싱글, 사별로 인한 싱글 등 형태가 매우 다양해지고 있다. 따라서 기존의 표준 가구 중심으로 설계된 사회보장제도가 가족이 아닌 개인을 중심으로 변화되어야 할 필요성이 특히 중요하게 대두된다. 일본의 경우 단신세대(單身世代) 중 20~30대 남성이 약 40%를 차지하고 있다. 단편적으로 보면, 소득이 많은 젊은 단신세대가 늘어나는 게 소비활동 촉진 등 단기적으로 경제에 좋은 영향을 미칠 수도 있다. 그러나 결혼이나 출산을 포기하는 젊은 세대가 늘어나면서 인구가 줄어들게 되고, 장기적으로는 경제에 악영향을 미칠 가능성이 높은 것이 사실이다. 고령자 단신세대의 경우도 생활비와 의료비의 증가나 복지서비스의 욕구 증가로 인한 사회적 비용이 늘어나는 문제를 초래하고 있다. 따라서 개인적 차원과 사회적 차원의 문제 해결에 관한 복합적 정책 과제가 대두된다.

(2) 외로움 방지 및 자활지원 확대

1인 가구 증가의 긍정적 요인을 다 더한다 해도 외로움과 고립의 심화는 극복할 수 없는 치명적인 문제다. 대부분의 나라에서 노년층 1인 가구의 증가는 평균연령 상승이 주요 원인이다. 청년층의 경우는 취업이나 대학 진학 후 부모에게서 독립한 다음 결혼까지의 기간이 길어진 요인이 크다. 30~50세 남성 1인 가구는 이혼이나 별거 이후 자녀 양육을 여성이 담당하면서 남성 혼자 살게 되는 경우가 많기 때문이다. 이 경우, 편모가정의 자녀들이 독립을 하는 시기인 45세부터는 여성 1인 가구가 남성 1인 가구보다 더 많아진다. 어떠한 경우나 집단에 속하든 문제는 경제적 · 주거적 어려움뿐 아니라 사회적 고립 위험에 처할 가능성이 크다는 것이다. 이를 해결하기 위해 경제적 · 사회적 · 정서적 돌봄 시스템 구축으로 1인 가구의 사회적 고립을 방지하는 것이 필요하다.

사회적 돌봄 시스템이 발달한 나라는 아무래도 일본이다. 일본에서는 1인 가구를 단신세대(單身世帶)라고 하는데, 이러한 단신세대가 증가하는 원인을 가족 형태의 변화 이외에도 크게 두 가지로 보고 있다.

첫째, 젊은 층이 교육과 일자리를 이유로 도시로 집중하는 것이다. 버블경제가 심화되고 도쿄일극집중(東京一極集中) 현상이 가속화되면서, 젊은 세대의 단신 가구가 수도권으로 몰리기 때문이다.

둘째, 고령자가구의 지방 도시 이전이다. 젊은 세대들이 수도권으로 이주하는 사이에 단신 고령자는 지방 도시로 이동하는 것이다. 이 중 여성 고령자 단신세대가 증가하고 있으며, 연령도 70대가 19.6%, 80대가 19%를 차지하고 있다. 이러한 고령자 단신세대는 고독사 문제뿐만 아니라 상대적으로 인프라가 미비한 지방 도시에 거주하면서 열악한 환경에 노출될 수밖에 없는 상황에 있다. 이에 대응하기 위한 것이 노인 중심의 1인 가구 지원을 위한 통합지원센터 운영이다. 통합지원센터는 종합상담 지원 시스템을 제공하는데, 고령자 권리 옹호(성년후견제도, 학대 방지), 개호 예방 매니지먼트(경증, 고위험군에 대한 예방 사업), 포괄적 · 지속적 케어매니지먼트 지원(케어 매니저 지원) 등이 주 내용이다(문정희 외, 2017).

이러한 지역 포괄 케어의 시사점은 크게 세 가지로 정리할 수 있다.

첫째, 지역 단위의 전담 기관 운영이다. 지역 특성에 맞는 1인 가구 및 노인 돌봄 시스템을 구축하여 일상생활권 단위(중학교 교구, 30분 내외)에서 적극적인 지원 체계를 구축하고 있는 것이다. 둘째, 공식화된 다양한 조직과의 연계 · 조정 기능이 강화된다는 것이다. 관련 기관의 연계와 조정으로 서비스 사각지대를 해소하고 개호, 의료, 요양의 전문적 서비스를 공급하여 주거, 생활 지원 · 복지 분야 등 전반에 걸쳐 포괄적인 지원을 제공한다. 셋째, 지역 공동체 의식에 기반한 지역 포괄 케어 시스템을 구축한다는 것이다. 주민들의 자발적 참여와 행정의 지원으로 지역 단위의 1인 가구와 노인 돌봄 문제를 동시에 해결하는 것이다.

4. 일본 사회복지 미래: 전(全)세대형 사회보장구축

최근 일본이 추진하고 있는 '전(全)세대형 사회보장구축'의 도입경과와 추진내용에 대해 살펴보면, 일본 정부는 2021년 12월 '전세대 대응형 지속 가능한 사회보장제도를 구축'하기 위하여, 총리대신과 전세대형 사회보장개혁담당대신을 본부장과 부본부장으로 하는 '전세대형 사회보장구축본부'를 내각에 설치하였다. 그 산하에 설치한 '전세대형 사회보장구축회의'에서 정리한 「전세대형 사회보장구축회의 보고서 — 전세대가 함께 도와 인구감소 및 초고령사회의 과제를 극복한다」가 2022년 12월 채택되었으며, 이를 바탕으로 「전세대 대응형 지속 가능한 사회보장제도를 구축하기 위한 건강보험법 등의 일부개정을 위한 법률」이 2023년 5월 국회를 통과하는 등 사회보장개혁을 계획적으로 추진하고 있다(최은희, 2025).

이러한 개혁추진 배경으로는, 저출산 고령화의 심화로 인한 사회보장 수급자의 급속한 증가와 사회보장제도를 지탱하는 생산연령인구의 급속한 감소에 대한 대응이 급선무라는 인식이 사회적으로 급속히 확산하고 있는 것을 들 수 있다. 일본의 인구구조는 급격히 변화하고 있으며, 2022년 1억 2천 5백만 명이었던 인구는 2055년경에 1억 명을 밑돌 것이라고 추정되고 있다. 생산연령인구도 급격한 감소추세로, 2022년 59.4%에서 2040년 55.1%, 2060년에는 52.8%로 감소할 것으로 추정되고 있다. 이들 통계는 중위추정치로, 현실은 이보다 훨씬 급격한 감소추세를 띠고 있다는 것이다.

그러면 전세대형 사회보장구축은 어떠한 내용을 담고 있는지, 후생노동성(2024)의 「전세대 대응형 지속 가능한 사회보장제도를 구축하기 위한 건강보험법 등의 일부개정을 위한 법률의 성립에 대하여」를 바탕으로 살펴보겠다. 개정법률(2023년 5월 제정, 2024년 4월 시행)의 주요 내용은 다음과 같다.

첫째, 아동 · 육아지원 확충이다. 출산 · 육아 일시금을 상향조정(42만 엔 → 50만 엔)하였으며, 산전 · 산후기간 동안 국민건강보험료를 면제하고 면제금액을 정부와 지자체가 부담하도록 하였다.

둘째, 고령자의료를 전세대가 공정하게 지원하도록 고령자의료제도를 재검토하는 것이다. 75세 이상 후기고령 자의 의료급여비를 후기고령자와 현역세대에서 공평하게 부담하기 위해, 후기고령자 부담률 설정방식과 관련하여 '후기고령자 1인당 보험료'와 '현역세대 1인당 후기고령자 지원금'의 증가율이 동일하도록 재검토하는 방안과 65세 이상 75세 미만 전기고령자 의료급여비의 보험자 간 조정 구조를 재검토하는 방안이 도입되었다.

셋째, 의료보험제도 기반 강화이다. 도도부현의 의료비 적정화계획 기재사항을 강화하고 계획의 수립과 평가를 실시하도록 하였다. 또한 의료비 적정화를 위한 도도부현의 역할 및 책임을 명확히 하였다. 계획수립 시 목표설정에서는 의료와 개호서비스를 효과적이며 효율적으로 조합하여 제공할 것과 동네 주치의 기능의 확보에 유의하도록 하였다. 그리고 도도부현이 책정하는 국민건강보험 운영방침의 운영기간을 법정화(6년)하여 의료비 적정화와 국민건강보험 사무의 표준화 · 광역화를 추진하고 있다.

넷째, 의료와 개호의 연계기능 및 제공체제 기반 강화이다. 동네 주치의 기능을 강화하여 주치의 기능 보고에 근거한 지역 내 협의체를 구축하고, 협의 내용을 의료 · 개호관련 각종 계획에 반영하도록 하였다. 의료법인과 개호서비스 사업자에게 경영정보 보고의무화를 추진하여 데이터베이스를 정비하도록 하였다. 또한 지역의료연계추진 법인제도와 관련하여, 개인이 설립한 병원과 개호사업소 등이 참여할 수 있도록 하였다.

참고문헌

김상호, 배준호, 심창학, 윤석명, 최영준(2015). 일반국민과 공무원의 노후보장체계국제비교연구. 국민연금공단국민연금연구원 용역보고서, 2014-05.

문성현(2008). 일본 노재보험제도의 운영현황 및 민영화 논의 근로복지공단. 노동보험연구원.

문정희, 이재정, 김형균, 이동현, 오동하, 오재환, 도다정(2017). **부산지역 1인가구 증가에 따른 종합정책연구**. 부산: 부산여성가족개발원 · 부산복지개발원 · 부산연구원.

배준호, 김규판, 김명중, 문성현, 임현정, 선우덕, 오현석, 전영수, 정성춘, 정형선, 조성호, 최동원(2018). **일본의 사회보장제도**. 경기: 나남.

서동민, 김욱, 문성현, 이용재, 임정기(2012). 장기요양 종사인력 중장기 수급전망 및 대책. 국민건강보험공단, 백석대학교.

최은희(2025). 인구구조 변화에 맞춘 전(全)세대형 사회보장구축. 복지이슈투데이 142호.

公益財団法人東京市町村自治調査会. (2021). 基礎自治体におけるひきこもりの支援に関する調査研究報告書.
国立社会保障, 人口問題研究所. (2021). 令和元年度社会保障費用統計.
堀内雄斗. (2019). 子どもの貧困の把握と対策. 調査と情報 ISSUE BRIEF, 1061, 1–12.
近藤怜. (2013). 教育を受ける機会を保障し貧困の連鎖 を断ち切るための子どもの貧困対策法の制定. 時の法令, 1938, 23–35.
吉原健三. (2004). ゎが国の公的年金制度: その生い立ちと歩み. 中央法規出版.
年金部会. (2019). 第14回社会保障審議会年金部会. 議事禄. 2019. 11. 13.
読売新聞 社説. (2024). 年金の財政検証 支え手を増やし信頼高めたい. 読売新聞, p. 3.
働き方の多様化を踏まえた社会保険の対応に関する懇談会. (2019). 働き方の多様化を踏まえた社会保険の対応に関する懇談会における議論のとりまとめ. 2019. 9. 20.
鈴木良. (2019). カナダにおける知的障害者の脱施設化から日本が学ぶべきこと. *SYNODOS* (2019. 6. 3.).
鈴木良. (2020). 日本において知的障害者の脱施設化が進まないのはなぜか. 障害学研究, 16, 156–163.
栗田駿一郎. (2024. 1. 1) 認知症基本法の意義と今後への期待. 週刊医学界新聞(通常号): 第3547号, p. 8.
鳫咲子. (2017). 子どもの貧困対策－制度化の経緯と今後の課題－. 日本労働年鑑, 87, 38–66.
齊藤万比古, 中島豊爾, 伊藤 順一郎, 皆川邦直, 皆川邦直, 近藤直司, & 堀口逸子. (2010). ひきこもりの評価・支援に関するガイドライン. 厚生.
朝日新聞. (2009. 10. 20.). 貧困率 07年は 15.7% 政府算出 初めて公表.
朝日新聞. (2017). 知的障害者が暮らす場は 高齢者ら施設を離れられない 地域移行受け入れに壁. (2017. 4. 23.)
朝日新聞. (2018). 知的障害者の暮らしの場とは 地域移行に高齢の壁. (2018. 3. 14.)
厚生労働省. (2013. 6. 25.). ニートの就労を支援する「地域若者サポートステーション」11カ所を追加選定.
厚生労働省. (2020. 9. 11.). 自立生活援助地域相談支援地域移行支援·地域定着支援に係る報酬·基準について〈論点等〉. 障害福祉サービス等報酬改定検討チーム第14回.
厚生労働省. (2024). 国民年金及び厚生年金に係る財政の現況及び見通し―令和6(2024)年財政検証結果―. https://www.mhlw.go.jp/cont ent/001270530.pdf
厚生労働省社会·援護局 地域福祉課. (2022. 6. 10.). *ひきこもり支援施策について*.
厚生労働省. (2013). 地域包括ケア研究. 報告書. 厚生労働省.

厚生労働省. (2017). 被保護全国一齊調査: 基礎調査. 厚生労働省.

IFR. (2018). Why Japan leads industrial robot production: the Japanese robot industry–the past and future. retrieved from

IMF. (2018). Land of the Rising Robots, Finance & Development, Vol. 55, No. 2.

Foster. (2018). Aging Japan: Robots may have role in future of elder care. retrieved from

JDWG. (2023).「認知症施策推進大綱」の今後の展開への期待と展望.

한국 사회복지의 역사[1)]

1. 제1, 2공화국시대(1948~1961년)의 사회복지

당시 우리나라는 절대빈곤의 시대였다.[2)] 사회경제적 혼란으로 정부 주도의 공적 복지는 기대하기 힘들었고, 두레, 향약, 계 등 전통적인 상호부조체계가 와해된 상태였다. 한국전쟁으로 인해 북한의 점령과 수복을 반복하며 사회적 혼란을 겪었고 세계사적으로 유례가 없을 정도로 많은 민간인이 살해당하였다. 게다가 한국전쟁은 400만 명의 피난민과 460만 명의 전재민을 발생시켰고, 가난과 인플레이션으로 인해 수많은 국민이 고통을 겪었는데, 당시 남한 인구가 2,100만여 명이었음을 고려할 때 전체 인구의 최소 절반가량이 구호대상자였음을 의미한다. 특히 전쟁으로 인한 미망인과 고아의 발생으로, 수용시설에 대한 수요가 폭

1) 이 장의 일부 내용은 심상용(2017)에 바탕을 두고 있으며, 본문에서 별도의 언급이 없는 내용은 고용노동부(2019a); 고용노동부(2020a); 국민연금공단(2019); 김수정(2013); 박석돈 외(2019); 보건복지부(2019c); 보건복지부(2019d); 보건복지부(2020c); 보건복지부(2020d); 보건복지부(2020e); 생각의마을(2020); 소득보장정책연구실(2019); 여성가족부(2020a); 여성가족부(2020b); 이수천(2020); 이준상, 박애선, 김우찬(2018); 주재선 외(2020); 한국노동연구원(2019a); 한국노동연구원(2019b); 홍나미(2019)를 참고한 것이다.

2) 일부 연구에 의하면, 1945년 이후 1960년대 초까지의 정치적 변화에 의한 소득불평등 완화 효과가 있었지만, 산업화 이전 시기였기 때문에 빈곤율이 매우 높았다고 한다. 소득불평등 완화는 토지개혁, 한국전쟁을 거치며 토지 중심의 기득권층이 상당수 붕괴했기 때문이다. 반면, 당시의 빈곤수준은 세계적으로 가장 높은 수준이었다. 이 때문에 당시는 한마디로 '빈곤의 평등'시대였다고 말할 수 있다(Adelman, 1974).

표 13-1 제1, 2공화국시대(1948~1961년)의 사회복지 개요

	세부 내용
사회보험	•「공무원연금법」 제정(1960년)
보훈복지	•「군사원호법」 제정(1950년) •「경찰원호법」 제정(1951년)
사회복지서비스	• 후생시설설치기준령 제정(1950년) • 후생시설운영요령 마련(1952년)
사회복지전달체계	• 사회부 신설(1948년), 보건부 신설(1949년), 보건사회부 신설(1955년) • 국립중앙사회사업종사자훈련소 창설(1956년)
사회복지실천환경	• 인보관 성격의 사회복지관 신설(1956년) • 한국사회사업연합회 창립(1954년)
종합	• 공적 복지는 비전문적인 긴급구호활동에 국한 • 외원기관의 역할 • 구호물자 배준에 주력해 전문적인 사회복지실천 부재

등하였다. 1945년 전국의 시설 47개 중 42개가 고아원이었고 수용된 아동은 2,228명이었는데, 고아원은 1949년에 101개, 아동 수도 7,338명으로 증가하였다. 한국전쟁 후에는 고아원 수가 1953년 440개, 1955년 484개, 1959년 645개로 크게 증가하였다.

1948년 8월 15일 제1공화국이 공식 출범하였다. 1948년 7월 7일 제정된 「대한민국 제헌 헌법」의 제19조에서 노령, 질병, 기타 근로능력을 상실해 생활유지능력이 없는 자는 법률에 의해 국가의 보호를 받는다고 하고 있다. 이에 제1공화국은 먼저 사회복지와 관련된 정부부처를 개편하였다. 미군정기의 보건후생부와 노동부를 통합해 사회부로 개칭하고, 보건, 위생, 노동, 부녀행정을 관장하게 하였다. 1949년에는 보건부가 신설되어 사회부가 관장하던 보건행정을 담당하였다. 1955년에는 보건부와 사회부를 통합해 보건사회부를 만들었다. 이로써 보건사회부는 사회, 복지, 보건, 부녀행정을 총괄하는 부서가 되었다.

당시 한국의 상황은 정상적인 국가능력을 발휘하기에는 한계가 있었다. 극심한 빈곤상태여서 국민 일반의 담세 기반은 매우 취약하였고, 이는 국가의 역량을 제약하는 한계로 작용하였다. 장기간의 일제강점기를 겪었기 때문에 국가를 관리하고 국정을 운영할 수 있는 기반도 약하였다. 이처럼 당시에는 국민의 삶에 필수적인 영역에서 국정운영의 계획을 수립하고 집행하기에는 근본적으로 한계가 있었다. 게다가 극심한 이념대립 속에서 국민통합에 기초해 국정을 운영할 수 있는 상황이 아니었다.

제1공화국의 사회복지시책은 다음의 몇 가지로 정리할 수 있다.

첫째, 1950년에 「후생시설설치기준령」을 제정하였다. 1952년에는 「후생시설운영요령」이라는 훈령을 제정하였다. 두 조치는 당시 구호활동에 전념하던 열악한 육아시설의 설치 기준을 제시하고 운영에 대한 규정을 마련한 것이었다. 당시 육아시설들은 대부분 구호시설이었지만, 이 조치들은 사회복지시설의 설치 · 운영과 지도감독에 대해 국가적인 기준을 제시하려는 시도였다는 점에서 의의가 있다.

둘째, 몇 가지 입법조치를 실시하였다. 1950년 「군사원호법」, 1951년 「경찰원호법」을 제정하였다. 이는 상이군인과 상이경찰에 대한 국가적 보훈정책의 일환이었다. 1960년에는 「공무원연금법」을 제정하였다. 이 법은 극심한 정치적 혼란과 체제경쟁 속에서 공무원들의 충성심을 고취하기 위한 정치적 의도가 반영된 것이며, 민간기업에 비해 보수가 적었던 공무원들의 사기를 고려한 조치이기도 하였다.

당시 정부는 월남피난민, 전쟁고아 및 피해자에 대한 긴급구호활동에 급급하였다. 정부의 사회복지정책은 주택건설사업, 모자복지와 윤락여성교도 등 부녀보호사업, 부녀계몽사업, 생활개선사업, 아동복리사업, 부랑아보호사업 등으로 구성돼 있었다. 사회복지서비스에 지출된 정부예산이 보건사회부 총예산에서 차지하는 비중은 전쟁 중이던 1951년에 17.4%였고 전쟁 직후인 1954년에 23.9%였다.

그러나 전쟁 뒤 정부의 복지시책은 오히려 후퇴하였다. 1957년 사회복지서비스에 대한 정부예산은 보건복지부 총예산의 1.6%로 급속히 떨어졌고, 1959년에도 1.9%로 미미한 비중에 머물렀다. 보건사회부 총예산도 1955년에 정부총예산의 5.9%였다가 1957년에 4.4%, 1958년에는 4.2%로 계속 하락하였다. 당시에는 국민 일반이 적용 대상인 공적 복지제도를 구비하지 않았기 때문에 대부분의 예산이 보훈사업 등에 사용된 것으로 보인다.

종합적으로, 이 시기의 공적 복지는 월남피난민과 전쟁 피해자에 대한 긴급구호활동이 주를 이루었다. 이처럼 전쟁 직후의 가족해체 상황이 매우 심각하고 광범위했음에도 불구하고 1950년대에 정부가 취한 정책적 대응은 실로 미미한 것이었다.

한편, 1960년 4 · 19 혁명으로 제1공화국이 붕괴된 후 1960년 8월 19일 제2공화국이 출범하였다. 그러나 제2공화국은 1961년 5 · 16 군사정변 때까지 짧은 기간만 존속하였다. 따라서 제2공화국은 사회복지에 관한 별다른 시책을 가시화하지는 못하였다.

외국원조기관(외원기관)을 비롯한 민간원조기관들은 국가적인 사회적 보호의 공백을 메우기 위해 긴급구호활동을 적극 전개하였다. 전쟁 후 초유의 가족해체 상황에 직면하면서도 정부가 복지지출예산을 줄여 갈 수 있었던 것은 전적으로 외국 원조기관과 토착 민간단체의 구호사업 덕택이었다. 이들은 전쟁피해자인 고아, 과부, 무의탁노인, 빈민들에 대한 긴급구호활동을 전개하였다. 외국 원조기관들의 총수입 중 본국으로부터의 송금은 83%로 대부분을 차지하였고 정부보조는 0.1%에 불과하였다. 토착 민간단체의 경우 총수입 중 외국 원조기관의 원조가 39%였고, 정부보조는 3.1%에 불과하였다.

외국 원조기관은 1952년 7개 기관을 중심으로 외국민간원조한국연합회(Korea Association of Voluntary Agencies: KAVA)[3)]를 조직하였다(한국사회복지관협회, 2015). 이 단체는 1964년에는 회원 단체가 70여 개 기관이었다. 외국 민간원조기관은 1953~1955년에 39개 단체, 1966~1970년에 123개 단체가 있었다.

이처럼 당시에는 공공영역뿐 아니라 민간 사회복지조직도 비전문적인 긴급구호 위주로 활동하였다. 따라서 실천현장에서는 전문적인 사회복지실천의 필요성이 거의 제기되지 않았다고 볼 수 있다. 실제로 당시 사회복지조직들은 외국 원조기관의 지원을 받아 구호사업을 전개하는 데 몰두해야 하는 상황이었다. 따라서 구호물자의 효과적인 배분이 주요 관심사였다.

이 시기에 인보관 성격의 대학부설 사회복지관과 민간사회복지관이 설립되기 시작하였다. 1956년에 이화여자대학교에 사회복지관이 설립됐고, 그 밖에도 1956년에는 아현복지관, 1962년 목포사회복지관 등 개인 및 민간단체에 의해 사회복지관이 설립되었다.

한편, 1952년 2월 한국사회사업연합회가 창립해 1954년 사단법인으로 인가되었다. 이 단체는 사회복지사업에 종사하는 회원 및 관련 단체 간의 협력과 사회복지사업의 지도를 주 업무로 하고, 정부에 대해서도 사회복지시책을 건의하려는 취지를 갖고 있다. 1956년에는 사회복지 전문인력 단기양성소인 국립중앙사회사업종사자훈련소(국립중앙사회복지연수원으로 개칭되었다가 현재 보건사회연구원에 포함됨)가 창설되었다.

2. 제3, 4공화국시대(1961~1979년)의 사회복지

1961년 5 · 16 군사정변을 계기로 1년 7개월간 군정이 실시되었다. 이어 1963년 12월 17일 제3공화국이 출범하였다. 군정과 제3공화국은 1962년부터 '경제개발 5개년계획'을 실시하

3) 1950년대에는 외원기관들이 보건사회부보다 더 많은 재원을 사용하였다고 한다. 이 때문에 외국민간원한국연합회(KAVA)는 '제2의 보건사회부'라 불릴 정도였다고 한다(강인철, 2015).

였다. 이 계획은 외자를 도입해 정부 주도하에 수출주도형 공업화를 달성하기 위한 것이었다. 이를 위해서는 국가적인 자원을 수출 부문에 집중하고 사회간접자본을 확충하는 데 집중할 필요가 있었다. 이에 따라 저임금 · 저곡가 정책을 유지하고 경제개발을 우선시하는 정책을 폈다. 그 결과, 산업화와 도시화가 이루어지고 급속한 경제성장을 이룰 수 있었다.

제3공화국은 급속한 경제성장 추진과 관련이 없는 지출은 최대한 억제하였다. '선성장 후분배'의 기조에 따라 사회복지정책은 우선순위에서 배제된 것이다. 그러나 사회복지제도에도 진전이 있었다. 체제의 정당성을 강화하거나 경제활동에 기여할 수 있는 제도를 위주로 추진했던 것이다.

제3공화국의 사회복지시책은 다음의 몇 가지로 정리할 수 있다.

첫째, 군정은 국가를 위해 헌신한 희생자들과 재해피해자들에 대한 지원책을 신속히 마련하였다. 1961년에 「군사원호보상법」이 제정되었다. 1962년에는 「재해구호법」 「국가유공사 및 월남귀순자보호법」이 제정되었다.

둘째, 1961년에 「생활보호법」이 제정되었다. 이 법은 근로능력이 없는 저소득층에 대한 최초의 제도적인 공적 부조라고 할 수 있다. 65세 이상 노인, 18세 미만 아동, 장애인 등에게 생계보호를 제공하고자 하였다. 그러나 18세 이상 65세 미만의 근로능력자들에 대해서는 생계보호를 실시하지 않았다. 단, 근로능력이 있지만 자립생활을 하지 못하는 가구에 대해서는 1964년부터 미국의 구호양곡을 제공하였다.[4] 한편, 1968년에 「자활지도사업임시조치법」을 제정해 근로능력이 있는 빈곤층에 대해서는 자조근로사업을 실시하기도 하였다.

셋째, 사회보험을 도입하기 위한 시도가 있었다. 1963년에 「군인연금법」을 제정하였다. 이는 1960년에 제정된 「공무원연금법」과 마찬가지로 국가 엘리트의 충성에 대해 국가가 보상하는 의미도 있었다. 1963년에는 보편적인 사회보험제도로는 최초로 「산재보험법」이 제정되었다. 이 법은 다른 나라와 마찬가지로 산업화 초기에 집중적으로 발생하는 산업재해로부터 핵심노동력을 보호하려는 취지를 반영하였다. 근로자 500명 이상의 광업 및 제조업 분야에 한정해 적용한 것이 이를 입증한다. 1963년에는 의료보험제도를 도입하려는 시도가 있었으나 국가재건최고회의의 거부로 강제보험으로 제도화되지 못하였고, 임의보험형태로 「의료보험법」이 제정되었다. 1965년부터 사업장 3곳에서 직장 및 자영자의료보험 형태로

4) 미국은 자국의 농산물 가격 유지, 농산물수출 진흥, 저개발국의 식량부족 완화를 위해 1954년에 「농업수출진흥 및원조법(Agricultural Trade Development and Assistance Act)」, 즉 「미공법(U.S. Public Law)」 480호(줄여서 PL 480)를 법제화해 잉여농산물을 원조하였다.

표 13-2 제3, 4공화국시대(1961~1979년)의 사회복지 개요

	세부 내용
사회보험	•「군인연금법」제정(1963년) •「산재보험법」제정(1963년): 500인 이상 광업·제조업 분야 적용 •「의료보험법」제정(1963년): 사업장 3곳에 시범사업 실시 •「사립교원연금법」제정(1973년) •「의료보험법」개정(1976년): 500인 이상 사업장에서 조합주의 방식으로 강제 적용
보훈복지	•「군사원호보상법」제정(1961년) •「재해구호법」제정(1962년) •「국가유공자 및 월남귀순자보호법」제정(1962년)
공적 부조	•「생활보호법」제정(1961년): 근로무능력자에게 생계보호 제공 •「자활지도사업임시조치법」제정(1968년): 근로빈곤층 자활근로사업 실시 •「의료보호법」제정(1977년)
사회복지서비스	•「고아의 후견직무에 관한 법」제정(1961년) •「고아입양특례법」제정(1961년) •「윤락행위등방지법」제정(1961년) •「아동복리법」제정(1961년) •「사회복지사업법」제정(1970년) •「입양특례법」제정(1976년) •「특수교육진흥법」제정(1977년)
사회복지전달체계	•「사회보장법」제정(1963년)
사회복지실천환경	• 한국사회사업학교협의회 창립(1965년) • 한국사회사업가협회 결정(1967년) • 사단법인 한국사회복지사업연합회 설립(1977년)
종합	• 보편적인 사회보험제도 도입 및 생활보호제도 정비 • 사회복지서비스는 취약계층 시설보호와 비전문적인 구호활동이 주종 • 외원기관의 활동 지속 • 별화된 사회복지실천 부재

시범사업을 실시하였다(손준규, 2004).

넷째, 사회복지 분야에 대한 법률들이 1961년에 제정되었다.「고아의 후견직무에 관한 법」「고아입양특례법」「윤락행위등방지법」「아동복리법」이 제정되었다. 그러나 요보호자에 대한 시설보호에 치중하였고 실효성 있는 사회복지서비스는 제공되지 않았다.

표 13-3 한국의 공적 사회보험 발달과정

	주요 내용
의료보험제도	• 1976 의료보험 실시(근로자 500인 이상 사업장) • 1979 공무원 · 교사 의료보험 도입 • 1988 의료보험 확대(근로자 5인 이상 사업장, 농어촌지역) • 1989 의료보험 확대(도시지역자영자, 전국민의료보험 달성) • 2000 국민건강보험 도입(직장 및 지역통합) • 2002 국민건강보험 재정통합
산재보험제도	• 1964 산재보험 실시(근로자 500인 이상 사업장) • 2000 산재보험 확대(근로자 1인 이상 사업장)
실업보험제도	• 1995 고용보험 실시(근로자 30인 이상 사업장) • 1998 고용보험 확대(근로자 5인 미만 사업장 및 비정규직) • 2004 고용보험 확대(일용직 근로자)
노후소득보장제도	• 1960 공무원연금 실시 • 1963 군인연금 실시 • 1973 사립학교교직원연금 실시 • 1988 국민연금 실시(근로자 10인 이상 사업장) • 1991 국민연금 확대(근로자 5인 이상 사업장) • 1995 국민연금 확대(농어민) • 1999 국민연금 확대(도시지역 거주자) • 2008 기초노령연금 실시

출처: 심상용(2010a), p. 15 〈표 6〉; 심상용(2010b), p. 502 〈표 7〉; Sim (2018), p. 133 〈표 1〉에서 재구성.

다섯째, 1963년에 「사회보장에 관한 법률」이 제정되었다. 이 법은 사회보장에 관한 국민의 권리와 국가 및 지방자치단체의 책무를 정하고 사회보장제도에 관한 기본적인 사항을 정해 국민의 복지증진에 기여하려는 취지를 갖고 있다. 전문 7조로 구성돼 있는데, 사회보장심의위원회 구성 이외에는 추상적인 내용을 담고 있다는 한계가 지적돼 왔다.

여섯째, 1970년에 「사회복지사업법」이 제정되었다. 이 법은 사회복지사업의 범위, 공급주체, 시설기준, 국가 및 지방자치단체의 보조 등에 대한 기준을 정하려는 취지를 담고 있다. 사단법인이나 재단법인으로 존재하는 사회복지조직들에 대해 보건사회부의 허가로 사회복지법인의 자격을 취득하도록 했으며, 시도지사가 시설에 대한 설치를 허가할 수 있도록 하였다. 사회복지공동모금회 설립 규정을 마련하였다. 또한 국가 및 지방자치단체가 사회복지법인에 대해 보조금을 지급하고 사회복지법인과 시설에 대해 지도 · 감독할 수 있도록 하였다.

「유신헌법」이 제정돼 1972년 12월 27일 제4공화국이 출범하였다. 제4공화국은 제3공화국의 수출지향적 고도성장과 '선성장 후분배'의 기조를 이어받았다. 그러나 이전과는 다른 환경이 생겨나고 있었다. 급속한 고도성장의 결과 산업구조가 현대화되고 도시화가 이루어져 도시산업 인구가 형성되었다. 또한 산재보험 이외에는 질병, 노령, 실업 등의 사회적 위험에 대한 대처가 부족하게 되자 사회문제의 해결을 바라는 국민의 욕구가 증가하였다.

제4공화국의 사회복지시책은 다음의 몇 가지로 정리할 수 있다.

첫째, 취약계층을 보호하고 필요한 서비스를 제공하는 입법이 몇 가지 이루어졌다. 1976년에 「입양특례법」, 1977년에는 「특수교육진흥법」이 제정되었다. 같은 해에 「의료보호법」이 제정되었다. 이 법은 1961년 제정된 「생활보호법」에 명시된 대로 보건소와 공립병원이 생활보호자들에게 의료보호사업을 실시하도록 명문화한 것이었다.

둘째, 이 시기에는 사회보험 도입이 정책적 이슈로 제기되었다. 국민연금제도를 도입해야 한다는 주장이 제기돼 1973년에 「국민복지연금법」의 입법이 추진됐으나 무산되었다. 이 제도를 도입하려는 취지는 산업근로자의 노후생활을 보호하기 위한 것이었지만, 연금기금을 조성해 중화학공업화에 필요한 대규모 자본을 동원하기 위한 의도도 있었다. 그러나 입법이 무기 연기됐는데, 오일쇼크에 따른 경제의 불안정, 종합소득세와 부가가치세의 시행과 「국민투자기금법」에 의한 내자동원의 구조 확립 등 국민연금제도의 필요성 감소, 북한이 직접세를 폐지한 상황에서 준조세 성격의 사회보험료를 갹출하는 데 따른 정치적 부담 등이 작용하였다(양재진, 2008).

1973년에는 「사립교원연금법」이 제정되었다. 이 제도 역시 공무원연금이나 군인연금과 유사하게 국가의 교육엘리트에 대한 보상의 취지를 반영하는 것이었다. 임의가입 형식이었던 「의료보험법」은 1977년에 조합주의방식의 의료보험제도가 500명 이상 사업장부터 강제적용되기 시작하였다. 노사갈등이 심한 상황에서, 이 법은 산업평화에 기여하고 노동자복지에 대한 기업의 부담을 완화하기 위한 취지를 갖고 있었다.

제3, 4공화국시대에는 산재보험과 의료보험이 보편적인 사회보험제도로 도입되기 시작하였고, 생활보호제도가 정비돼 노동능력이 없는 저소득층에 대한 제도적 보호에 착수하였다. 또 「사회복지사업법」이 제정돼 향후 민간사회복지조직 활동의 토대를 구축하였다. 그러나 사회복지서비스 분야에서는 「아동복리법」 등 법제의 도입에도 불구하고 일부 취약계층에 대한 시설보호에 치중할 뿐이었다. 사회복지사업은 시설보호와 구호활동 등 민간사회복지조직들의 자발적인 활동에 크게 의존할 수밖에 없었다.

1960년대에는 이전 시기와 마찬가지로 123개 외국 원조기관인 민간 복지기관들의 저소득층 원조활동이 주종이었다. 1960년대 말 본격적인 경제개발과 함께 외원단체들이 본국으로 철수하기 시작하였다. 그러나 1970년 「사회복지사업법」 제정에도 불구하고 법인 설립에 필요한 자산기준이 턱 없이 높았기 때문에 사회복지법인 및 시설의 설립은 저조한 실적을 보였다. 이에 따라 1970년대에도 역시 사회복지조직의 주류는 외국 원조기관이었다고 볼 수 있다. 1980년 당시 외국 원조기관은 87개가 등록돼 있었지만, 실질적으로 사업을 종결하고 철수를 준비하고 있는 단체도 7~8개에 이르렀다. 국적별로는 미국이 48개(55%), 독일과 이탈리아가 각 7개(16%), 영국과 스위스가 각 4개(10%), 캐나다, 아일랜드, 스웨덴이 각 3개(11%), 기타 8개(10%)였다.

따라서 이 시기 공적 사회복지에서는 「생활보호법」 등 법령에 따른 시행계획 수립과 법정급여 제공에 국한될 뿐 개별화된 서비스는 전혀 고려하지 않았다. 민간 사회복지현장에서도 여전히 시설보호와 비전문적인 구호활동이 내부분이있다. 공공 및 민간 영역에시 모두 전문적인 사회복지서비스가 제공되지 않았다. 외국 원조기관 중 일부는 케이스워크 등 전문화된 서비스를 제공하려 시도하고 다양한 프로그램을 개발하기도 하였다. 그러나 효과적 효율적인 서비스 제공을 위해 사회복지실천의 지식과 기술을 활용하려는 인식은 저조하였다고 한다.

1952년 창립한 한국사회사업연합회는 1961년에 한국사회복지사업연합회로 개칭하였다. 이 단체는 1977년에 사단법인이 되었다. 1965년에는 한국사회사업학교협의회(현재의 한국사회복지대학교육협의회)가 창립됐고, 1967년에는 한국사회사업가협회(현재의 한국사회복지사협회)가 결성되었다.

3. 제5, 6공화국시대(1979~1998년)의 사회복지

1979년 10 · 26 사태로 신군부가 실권을 장악한 뒤 1981년 3월 3일 제5공화국이 출범하였다. 당시 우리나라는 급속한 고도성장의 결과, 이미 최빈국에서 탈피한 상태였다. 1980년 현재 1인당 GDP는 1,719달러였고, 1986년에는 2,643달러에 달하였다. 이미 산업국가의 면모를 갖추었고, 도시화가 어느 정도 완성됐으며, 초등학교 취학률과 중 · 고등학교 진학률이 100%에 육박할 뿐 아니라 대학진학률도 상당히 높아졌다. 정치적 불안정 속에 성립된 제5공화국은 '선성장 후분배'정책의 부산물인 불평등, 지역 간 격차, 각종 사회문제에 대처해야 하는 상황에 놓였다.

제5공화국의 사회복지시책은 다음의 세 가지로 정리할 수 있다.

첫째, 근로능력이 없는 국민을 위한 공적 부조제도로서 1982년에 「생활보호법」을 전면 개정하였다. 이 법은 부양의무자가 없거나 부양의무자가 있어도 부양능력이 없는 65세 이상의 노인, 18세 미만의 아동, 임산부, 폐질 또는 심신장애로 인해 근로능력이 없는 자, 기타 생활이 어려운 자에게 생계보호, 의료보호, 자활보호, 교육보호, 해산보호, 장제보호 등 6종의 급여를 제공하도록 하고 있다.

둘째, 사회보험을 확대하는 획기적인 조치가 취해졌다. 1986년에 「국민연금법」을 제정해 근로자 10인 이상 사업장을 대상으로 1988년부터 시행했으며, 국민연금관리공단이 운영하도록 하였다. 국민의 노후불안과 노인빈곤문제를 더 이상 방치할 수 없었던 현실적인 이유가 작용하였다고 볼 수 있다. 1987년에는 「의료보험법」이 개정되었다. 1988년에 농어촌지

표 13-4 제5공화국시대(1979~1988년)의 사회복지 개요

	세부 내용
사회보험	• 「국민연금법」 제정(1986년) 및 시행(1988년): 10인 이상 사업장 대상 • 「의료보험법」 개정(1987년): 농어촌지역 및 도시자영자 적용
공적 부조	• 「생활보호법」 전면 개정(1982년): 근로무능력자에게 6종의 급여 제공
사회복지서비스	• 「사회복지사업기금법」 제정(1980년) • 「아동복지법」 제정(1981년) • 「심신장애자복지법」 제정(1981년) • 「유아교육진흥법」 제정(1982년): 새마을유아원 설치 · 운영 규정 • 「사회복지사업법」 개정(1983년): 사회복지관 유형 구분 및 지원근거 마련 • 「주택건설기준 등에 관한 규제」 마련(1986년): 주택단지에 사회복지관설치 의무화 • 사회복지관운영 · 국고보조사업지침 수립(1986년): 사회복지관 운영에 대한 규정과 국고보조사업 관리지침 마련 • 「남녀고용평등법」 제정(1987년)
사회복지전달체계	• 국민연금관리공단 운영(1987년) • 별정직 사회복지전문요원 채용(1987년)
사회복지실천환경	• 사회복지사 윤리강령 제정(1982년) • 사회복지사 명칭(구 사회사업가) 변경(1983년) • 사회복지협의회(구 사회복지사업연합회) 법정 단체화(1983년)

역 의료보험을 실시하고, 1989년에 도시자영자 의료보험을 실시하는 내용이었다.

셋째, 사회복지 입법이 이루어졌다. 1980년에는 사회복지사업을 효과적으로 수행하기 위해 필요한 재원을 확충하고자 「사회복지사업기금법」을 제정하였다. 이는 1970년 제정된 「사회복지사업법」에 따라 1971년에 설립된 사회복지법인 한국사회복지공동모금회가 실적 부진으로 1972년 이후 유명무실해지자 별도로 불우이웃돕기운동을 전개하기 위한 것으로, 1991년까지 시행된 것으로 알려져 있다.

1981년에는 기존의 「아동복리법」을 「아동복지법」으로 전면 개정하고 '어린이날'을 제정하였다. 1981년에는 「심신장애자복지법」을 제정해 지체, 시각, 청각 및 언어, 정신박약, 심

표 13-5 노태우 · 김영삼 정부시대(1988~1998년)의 사회복지 개요

	세부 내용
사회보험	• 도시자영자 의료보험 실시(1989년) • 「고용보험법」 제정(1993년): 30인 이상 사업장 대상으로 1995년부터 적용, 직업능력개발사업 실시 • 국민연금 기여율 인상(1993년): 3% → 6% • 「국민의료보험법」 시행(1998년): 통합주의방식 적용
사회복지서비스	• 「모자복지법」 제정(1989년) • 「장애인복지법」 제정(1989년): 기존 「심신장애자복지법」 대체 • 「주택건설촉진법」 개정(1989년): 영구임대아파트 사회복지관 의무화 • 「사회복지관설치 및 운영규정」 마련(1989년): 사회복지관 위탁운영 규정 • 「장애인고용촉진법」 제정(1990년) • 「영유아보육법」 제정(1991년) • 「고령자고용촉진법」 제정(1991년) • 「사회복지사업법」 개정(1992년): 사회복지법인의 설립 허가업무는 시도, 시설 설치 허가는 시군구청장에 위임 • 「성폭력처벌및피해자보호법」 제정(1994년) • 「정신보건법」 제정(1995년) • 「사회복지사업법」 전문개정(1997년): 사회복지시설 설치 신고제 도입, 사회복지시설 위탁운영 규정 마련 • 「사회복지공동모금회법」 제정(1997년) • 「청소년보호법」 제정(1997년) • 「장애인 · 노인편의증진법」 제정(1997년) • 「가정폭력및피해자보호법」 제정(1997년) • 「여성발전기본법」 제정(1997년)

사회복지전달체계	• 「사회복지전문요원의 직무 및 관리운용에 관한 규정」 마련(1991년): 사회복지전문요원의 직무 및 관리운용에 대한 근거규정 마련 • 「사회복지사업법」 개정(1992년): 사회복지전담공무원 및 복지사무기구 도입 근거 마련 • 「지방공무원임용령」 개정(1992년): 사회복지직렬 5급까지 설치 • 「지방공무원임용령」 개정(1993년): 사회복지전담기구 설치 근거 마련 • 「사회복지전문요원의 직무 및 관리운용에 관한 규정」 개정(1995년): 생활보호업무 이외에 사회복지서비스 업무까지 확대 • 「사회보장법」 제정(1995년) • 국민의료보험관리공단 출범(1998년)
사회복지실천환경	• 사회복지사협회 법정 단체화(1997년) • 시 · 도사회복지협의회 독립 법인화(1997년) • 사회복지사 1급 국가시험에 대한 규정 마련(1997년)
종합	• 주요 사회보험제도 확립 및 별도의 전달체계 구축 • 공공 사회복지전달체계 구축 • 정부지원–민간공급의 사회복지서비스 전달체계 확립 • 지역사회중심의 사회복지서비스 제공 확대 • 민간영역을 중심으로 전문적인 사회복지실천 발전

신장애 등 다섯 가지 장애등급을 규정하였다. 같은 해 「노인복지법」을 제정해 노인복지시설의 범위를 규정하였다. 1982년에는 새마을유아원(구 탁아소)의 설치 및 운영에 대한 규정을 담은 「유아교육진흥법」을 제정하였다. 1987년에는 「남녀고용평등법」을 제정하였다.

1988년 2월 25일 제6공화국이 출범하였다. 1987년 10월 29일 공포된 「헌법」에 따라 구성된 제6공화국의 헌정체제는 현재까지 이어지고 있다. 무엇보다 제6공화국은 대통령직선제 중심의 민주적인 정치질서와 국민의 기본권 신장을 근간으로 하고 있다. 이 시기는 과거의 고도성장이 둔화되기 시작하고 산업화가 완성되는 상황과 밀접한 관련이 있다. 민주주의가 실현되고 국민의 기본권이 신장되면서 과거의 '선성장 후분배' 정책으로는 삶의 질에 대한 국민의 요구를 억누를 수 없는 현실적인 상황이 전개되었다.

1995년에는 지방자치제도가 전면 실시돼 사회복지환경이 변화하였다. 1991년에 지방의회선거가 실시된 데 이어 1995년부터 지방자치단체장선거가 실시된 것이다. 이로써 지방정부가 스스로 지역의 사회문제를 해결하고 지역주민의 욕구를 충족시킬 수 있도록 사회복지시책을 개발할 필요가 제기되었다. 나아가 지역주민의 복지수요를 충족하기 위해 공공 및 민간 사회복지전달체계를 구축해야 하는 현실적인 과제가 부여되었다.

이 시기의 사회복지시책은 다음의 몇 가지로 정리할 수 있다. 여기에서는 1988년 2월~1993년 2월까지의 노태우 정부, 1993년 2월~1998년 2월까지의 김영삼 정부에 국한해 살펴본다.

첫째, 이전 시기와 마찬가지로 사회보험은 지속적으로 발전해 왔다. 1987년에 개정된 「의료보험법」에 따라 1988년에 농어촌지역 의료보험이 실시된 데 이어, 1989년에 도시자영자 의료보험을 실시하였다. 이로써 전국민의료보험시대가 시작되었다. 당시에는 조합주의 방식을 채택해 1998년 현재 지역의료보험조합 22개, 직장의료보험 139개가 운영되고 있었다. 1993년에는 「고용보험법」이 제정돼 근로자 30인 이상 사업장을 대상으로 1995년부터 시행되었다. 1996년부터는 직업능력개발사업도 실시되었다. 국민연금은 1993년에 기여율이 종전의 3%에서 6%로 인상되었다. 1997년에 기존의 「의료보험법」을 대체해 「국민의료보험법」이 새로 제정돼 1998년부터 시행되었다. 기존의 조합주의방식 대신 통합주의방식을 채택해, 227개 지역의료보험조합이 통합되고 공무원과 사립학교교직원의료보험관리공단이 단일화되었다. 이와 함께 1998년에 국민의료보험관리공단이 출범하였다.

둘째, 사회복지 입법이 대거 이루어졌다. 1989년 「모자복지법」「장애인복지법」, 1990년 「장애인고용촉진법」, 1991년 「영유아보육법」「고령자고용촉진법」이 제정되었다. 「장애인복지법」은 옛 「심신장애자복지법」을 대체한 것으로, 장애자 대신 장애인의 용어를 사용하고 '장애인의 날'을 법정기념일로 삼도록 하였다. 「영유아보육법」은 여성경제활동 참여가 증가하고 보육에 대한 욕구가 커지자 보육시설의 종류를 다양화하였다. 1994년 「성폭력처벌및피해자보호법」, 1995년 「정신보건법」, 1997년 「청소년보호법」「장애인 · 노인편의증진법」「가정폭력및피해자보호법」「여성발전기본법」이 제정되었다.

1995년에는 「사회보장에 관한 법률」을 전문개정한 「사회보장법」이 제정되었다. 「사회보장에 관한 법률」은 추상적인 규정만 담고 있어, 법 제정 후 30여 년 동안 새로 생겨난 제도 간의 연계성 부족과 관리운영상의 비효율 등의 문제를 극복하기 어려웠기 때문이다. 이에 이 법은 경제 및 사회 발전 수준과 국민의 복지욕구에 부합하기 위해 시대적 변화에 맞는 사회보장제도를 확립하려는 취지를 갖고 있다. 국가 및 지방자치단체의 책임, 사회보장을 받을 권리, 사회보장심의위원회 구성, 사회보장장기발전방향 수립, 사회보장제도의 운영 등의 규정을 담고 있다.

이 시기에는 지방자치제도 실시와 함께 사회복지의 전문성과 행정의 효율성 · 효과성을 제고하기 위해 사회복지전달체계를 개선해야 한다는 주장이 강력하게 대두되기 시작하였다. 제5공화국과 노태우 정부 및 김영삼 정부 시기에는 사회복지행정과 관련이 있는 중요한 변화들이 생겨났다.

첫째, 공공 분야 사회복지전달체계가 마련되기 시작하였다. 사회보험제도가 확립되면서 독립적인 공단이 사회보험을 관리하게 됨으로써 정부의 편제와는 별도로 사회보험관리체계가 구축되었다. 또한 1991년 「사회복지전문요원의 직무 및 관리운용에 관한 규정」을 제정해 사회복지전문요원의 직무 및 관리운용에 대한 근거규정을 마련한 것을 시작으로, 중앙정부 및 지방정부 공식직제 내에 공공 사회복지전달체계가 갖추어지기 시작하였다.

1992년 「사회복지사업법」 개정 때에는 사회복지전담공무원 및 복지사무기구의 도입에 대한 법적 근거를 마련하였다. 또한 1992년에 「지방공무원임용령」을 개정해 행정직군 내에 사회복지직렬을 9급에서 5급까지 설치하였다. 1993년에는 「지방공무원임용령」을 개정해 사회복지전담기구 설치의 근거를 마련함으로써 중앙정부 및 지방자치단체의 사회복지행정에 전문화의 기반을 다지게 되었다. 1995년에는 「사회복지전문요원의 직무 및 관리운용에 관한 규정」이 개정돼 사회복지전문요원의 업무가 생활보호업무 이외에 아동, 노인, 장애인, 모자가정 등에 대한 사회복지서비스 업무로까지 확대되었다.

1987년에 49명의 별정직 사회복지전문요원을 채용하였다. 사회복지전문요원은 1990년 무렵까지 6대 도시 동사무소에 324명이 배치돼 기존 일반 행정직을 대신해 본격적으로 생활보호제도의 운영인력으로 대체되기 시작하였다. 지방자치시대의 개막에 즈음해 1994년에는 3천 명(7급 2,481명, 8급 519명)의 사회복지전문요원이 채용되었다. 이들은 전국 읍면동사무소에서 생활보호 업무와 사회복지서비스 업무를 담당하였다. 1998년에는 정원이 3,000명 더 증원되었다.

둘째, 1980년대부터 사회복지서비스 제공이 본격화돼 민간 사회복지 영역이 확충되기 시작하였다. 기존의 시설수용에서 탈피해 사회복지서비스를 확대하는 변화가 이루어졌다. 아동 분야에서는 소년소녀가장 보호, 가정위탁 시범사업, 어린이 찾아 주기 종합센터 설치 등의 활동이 전개되었다. 영유아 분야에서는 어린이집이 확대되기 시작하였다. 장애인 분야에서는 재활과 직업훈련을 실시하는 등 지역사회중심의 재활사업이 시작되었다. 노인 분야에서는 1987년부터 재가노인복지사업이 실시되고, 재가보호서비스도 가정봉사원 파견시설, 주간보호시설, 단기보호시설로 다양해졌다. 1989년부터는 노인여가활동을 위해 경로당과 노인복지회관이 설치되었다.

정부는 사회보험과 공적 부조 관리, 각종 서비스의 자격과 서비스 제공 관리를 맡았지만 사회복지서비스를 직접 제공하지는 않았다. 따라서 사회복지서비스의 제공은 전적으로 민간 영역의 업무로 규정되었다. 이로써 우리나라의 사회복지전달체계에서는 '정부지원-민간공급'의 구조가 만들어지고 있었다(김영종, 2019).

1970년 제정된 「사회복지사업법」에 근거해 사회복지법인에 대해 보조금을 지급할 수 있도록 한 바 있다. 1976년 외국원조기관의 철수가 완료되자 정부는 민간사회복지조직에게 보조금을 지급하며 사회복지서비스 제공업무를 지원하게 된다. 1983년 「사회복지사업법」 개정 때 사회복지관은 종합복지관 가형과 나형 그리고 사회복지관으로 나뉘면서 공식적으로 국가의 지원을 받게 되었다. 주택 200만 호 건설 정책과 함께 1986년 「주택건설기준 등에 관한 규제」에 일정 규모 이상의 주택단지를 건설할 때에는 사회복지관을 설치하도록 의무화하였다. 같은 해에 사회복지관 운영에 대한 규정과 국고보조사업 관리지침을 담은 「사회복지관운영 · 국고보조사업지침」이 수립되었다. 1989년에는 「주택건설촉진법」에서 저소득층 영구임대아파트 건립 시 사회복지관 건립을 의무화하였다.

정부는 민간 부분의 복지 신규 공급을 창출하기 위해 지원책을 마련하였다. 기존의 민간이 건립하고 정부가 보조하는 방식은 한계가 있었기 때문이다. 생활시설에 대해서는 1980년대 후반부터 정부가 설립하고 민간에 운영을 맡기는 규정이 운영되었다. 사회복지관에 대해서는 1989년 「사회복지관설치 및 운영규정」에 위탁운영을 할 수 있도록 규정하였다. 위탁운영 방식은 1990년대 후반 장애인복지관, 노인복지회관, 청소년시설 등 지역사회 이용시설을 확충하는 과정에서 적극 활용되었다. 1997년 「사회복지사업법」 전문개정 때에는 위탁운영에 대한 규정을 마련하였다.

1990년과 1991년에 사회복지관은 각각 58개, 65개가 운영되고 있었고, 1995년 126개, 1998년 305개로 늘었다. 2002년에는 353개였다. 한편, 1992년부터는 재가복지봉사센터를 설치해 운영하기 시작하였다. 1992년 「사회복지사업법」 개정 때에는 사회복지법인의 설립허가 업무를 시도에, 시설설치 허가는 시군구청장에 위임하였다.

1997년 「사회복지사업법」 전문개정 때에는 사회복지시설 설치 신고제를 도입해 사회복지법인이 아닌 다른 법인이나 개인들도 사회복지사업을 할 수 있도록 하였다. 이는 사회복지 공급을 확대하고 기존의 미인가 시설을 개인운영시설로 양성화하려는 의도를 갖고 있었던 것으로 평가된다.

1997년에 「사회복지공동모금회법」이 제정돼 1998년부터 시행됐으며, 같은 해에 사회복지공동모금회가 설립되었다. 민간사회복지 조직들의 재정원천이 다양해지고 경쟁이 활발해지게 된 것이다.

한편, 한국사회사업가협회는 1982년에 사회복지사 윤리강령을 제정하였다. 이후 1988년,

1992년, 1999년에 각각 개정되었다. 한국사회복지사협회는 1997년 「사회복지사업법」 전부개정 때 법정단체로 규정돼 1998년부터 적용되었다. 한국사회복지사업연합회는 1983년 「사회복지사업법」 개정 때 사회복지협의회로 개칭돼 법정단체로 규정되었다. 1997년 개정 때에는 시도사회복지협의회가 독립 법인화되었다. 1983년 개정 때 사회사업가의 명칭을 사회복지사로 변경하였고, 사회복지사의 등급별 자격기준을 명시하였다. 1997년 개정 때에는 사회복지사 1급 국가시험에 대한 규정을 마련하였다.

이처럼 이 시기는 사회복지행정과 관련해 다음과 같은 다섯 가지 특징을 갖고 있는 것으로 정리할 수 있다.

첫째, 산재보험, 건강보험, 연금보험, 고용보험 등 주요 사회보험제도는 사회복지제도의 발달을 선도했지만, 정부의 일반 행정체계와는 별도의 전달체계가 구축돼 사회복지실천현장으로 포괄되지 못하는 한계가 있었다. 둘째, 생활보호제도를 운영하고 사회복지서비스의 관리를 담당하는 사회복지 전문요원제도가 운영되기 시작해, 공공 부문 사회복지 전달체계를 구축할 수 있는 기반이 만들어졌다. 셋째, 사회복지서비스 분야에서는 과거의 시설보호에 머무르지 않고 지역사회 중심의 사회복지서비스 제공으로 영역을 확충해 나갔다. 넷째, 이 시기의 사회복지서비스는 정부지원 아래 민간 영역을 중심으로 제공돼 민간 영역에서 전문적인 사회복지실천이 발달하기 시작하였다. 다섯째, 공공과 민간 부문에서 전문적인 사회복지실천을 관리할 필요성이 제기되었다. 본격적으로 사회복지실천 영역이 확대되고 있는 민간 영역에서는 전문적인 사회복지실천을 관리할 필요성이 제기됐고, 공공 부문에서는 법정급여 제공에 머무르지 않고, 향후 전문적인 사회복지실천을 전개하며, 이를 관리할 과제가 제기되었다.

4. 최근의 사회복지

지금까지 보건복지부는 어려운 경제 여건에도 불구하고 사회적 약자에 대한 보호를 강화하였다. 기준중위소득을 3년 연속 최대 인상(2023년 5.47% → 2024년 6.09% → 2025년 6.42%)하고 7년 만에 생계급여 선정기준을 완화(2024년, 기준중위소득 30% → 32%)하여 최저생활보장을 강화하였다. 자립준비청년 수당 인상(2022년 35만 원 → 2024년 50만 원), 노인일자리 100만 개 돌파 및 최중증 발달장애인 24시간 일대일 돌봄체계 구축 등 대상별 맞춤형 보호도 확대하였다.

지역 · 필수의료 위기 극복을 위해 '의료개혁 4대 과제'를 수립(2024. 2.)하고, 당면 과제 중심으로 '1차 실행방안'을 발표(2024. 8.)하였다. 시급한 필수의료 인력 확보를 위해 '25년 의대정원을 확대하고 진료지원간호사 시범사업을 실시하였다. 상급종합병원이 중증 · 응급진료에 집중할 수 있도록 구조전환 사업(~2027.)에 착수하고, 지역 · 필수의료 분야 집중투자를 위한 5년간 총 30조 원(국가재정 10조 원+건강보험 20조 원+α) 규모의 투자계획도 수립하였다.

인구구조 변화에 대응하여 출산 · 양육지원을 강화하고, 연금개혁을 추진하였다. 난임 시술비 건강보험 지원을 확대(부부당 → 출산당 25회)하고, 필수 가임력 검사비 지원도 신설하였다. 모든 아동의 생명을 보호하기 위한 출생통보 · 보호출산제를 시행(2024. 7.)하고, 부모급여를 도입하고 확대하는 등 영아기 돌봄지원도 강화하였다. 지속 가능성 · 세대형평 · 소득보장 강화를 위한 연금개혁을 추진하기 위해 '제5차 국민연금 종합계획'을 수립하고, 21년 만에 정부 단일 개혁안(2024. 9.)을 제시하였다. 2025년을 기점으로 '국민이 행복하고 건강한 복지국가'를 비전으로 네 가지 핵심 과제를 적극적으로 추진한다.[5)]

1) 더욱 두텁고 촘촘한 약자복지

(1) 두터운 취약계층 보호

생계급여 등 74개 복지사업 선정기준이 되는 기준중위소득을 역대 최대수준으로 인상(6.42%↑)해 복지 문턱을 낮춘다. 생계급여를 월 11.8만 원 인상(4인 가구)하고, 의료급여 수급자 소득산정 시 포함하는 부양비 부과비율도 16년만에 완화(30% 또는 15% → 10%)하는 등 취약계층 생계 · 의료비지원을 강화한다. 취약계층별 맞춤형 지원을 확대하기 위해 노인일자리를 약 110만 개까지 확대하고, 기초연금과 장애인연금(기초급여)도 인상(2.3%↑)한다. 아동의 권익을 강화하기 위해 민간 입양기관 중심의 국내외 입양절차를 국가 중심으로 개편(2025. 7. 「국내입양에 관한 특별법」 및 「국제입양에 관한 법률」 시행)한다. 또한 보호출산 신생아가 최종 보호기관 확정 전까지 안전한 돌봄을 제공받을 수 있도록, 긴급보호비(월 100만 원, 약 3개월 지원)도 신설한다.

5) 2025년 보건복지부 주요 업무 계획 재구성.

(2) 촘촘한 위기가구 발굴

47종 위기정보의 중요도 · 활용도 차이를 고려한 고도화된 의심가구 선정기준을 마련하여, 위기가구 발굴의 정확도를 제고한다. 동시 상담채널을 확대하는 등 AI 초기상담을 본격 제공(22만 명 → 50만 명)하고, 독거노인 · 장애인 응급안전서비스도 확대(27만 대 → 30만 대)한다. 또한 모바일 행복이음 활용지역도 전국으로 넓혀, 현장조사 단계에서 즉시 상담 및 급여 신청이 가능하도록 지원한다.

(3) 탈빈곤 자립지원 강화

근로를 통한 취약계층 자립을 지원하기 위해, 자활근로 참여자가 생계급여 탈수급하는 경우 연 최대 150만 원을 지원하는 자활성공지원금을 신설한다. 촘촘한 사례관리 제공을 위해 자활사례관리사를 2배로 확충, 전국 250개 모든 지역자활센터에 배치한다. 기회 사다리 제공을 위한 자산형성지원도 강화한다. 취약아동의 초기 사회진출 지원을 위한 디딤씨앗통장 가입대상을 차상위계층까지 확대(20.6만 명 → 27.3만 명)하고, 소득기준 완화 등을 통해 청년내일저축계좌 신규 가입자를 4만 명 추가 모집한다. 또한 차상위계층의 장기근속 유도를 위해, 희망저축계좌 II의 정부지원금도 가입 연차별로 차등 인상한다.

2) 국민이 체감하는 의료개혁

(1) 생명을 살리는 의료개혁 가시적 성과 창출

중증 · 응급환자 진료에 차질이 발생하지 않도록, 「설 연휴 대비 응급의료체계 유지 특별대책」을 마련하는 등 비상 · 응급의료체계 유지에 역량을 집중한다. 또한 의료체계 정상화 및 의정갈등 해소를 위한 의료계 대화 · 설득 노력도 지속한다. 의료인력 수급 추계과정 및 결과에 대한 사회적 수용성을 제고하기 위해, 직종별 인력수급 추계기구를 구성 · 운영한다. 또한 수련수당 확대 등 전공의 수련에 대한 국가지원을 대폭 확대하고, 근무시간 단축 시범사업(주당 근무 : 80시간 → 72시간)을 추진하는 등 전공의 근무여건 개선도 본격화한다. 가칭 환자 대변인 제도를 신설하는 등 의료사고 분쟁조정제도를 혁신하여 환자의 권리구제를 강화하고, 가칭의료사고심의위 신설 등 수사절차 개선 및 필수의료 중과실 중심 기소체계 전환 등 의료사고 특화 형사체계 구축도 추진한다.

(2) 역량 있고 신뢰받는 지역·필수의료 제공

지역완결 의료전달체계를 확립한다. 전(全) 상급종합병원(47개소)이 중증 · 응급 · 희귀질환 진료에 집중할 수 있도록 구조전환(~2027.)을 본격화한다. 포괄성 · 진료역량을 갖춘 지역종합병원을 집중 지원하고, 화상 · 뇌혈관 등 필수진료 분야 중심으로 전문병원도 재편한다. 국립대병원 등 권역책임의료기관의 지역 · 필수의료 중추 역할을 확립 강화하고, 지역거점 공공병원에 필수의료 운영비 · 시설 · 장비를 지원한다. 역량있는 전문의의 지역 장기근무를 유도하기 위한 지역필수의사제 시범사업을 도입하고, 전공의 지역배정을 확대한다. 지역 · 필수의료체계에 대한 안정적 투자를 위해, 필수의료특별회계 설치 등을 추진한다.

2027년까지 전체 건강보험 수가에서 저수가 구조를 퇴출하며, 2025년 상반기에는 1천여 개의 수술 · 처치 · 마취 분야를 우선 집중 인상한다. 과학적 수가조정을 위한 의료비용 분석 기반을 확립하고, 상대가치점수 개편 주기를 대폭 단축(5~7년 → 2년)하는 등 수가 상시 조정체계를 구축한다. 또한 사후보상 · 공공정책수가 등 지불제도를 혁신하여 의료 질 및 가치에 대한 투자를 강화한다. 필수의료 및 저평가 분야에 집중 투자하고 의료기관 종별 역전현상을 개선하기 위해 환산지수 개편도 추진한다.

국민에게 꼭 필요한 의료를 적시에 제공할 수 있도록, 응급의료기관 지정기준을 최종치료 역량까지 고려하도록 개편하고, 지역심뇌혈관질환센터 10개소를 신규 지정한다. 급성기 집중치료병원 도입(2025. 7.) 및 권역정신응급센터 확대(11개소 → 14개소) 등 정신응급대응체계도 강화한다.

(3) 국민 의료비 부담 완화

치료에 꼭 필요한 비급여는 급여로 전환하고, 과잉 · 남용이 우려되는 비급여는 가칭관리급여로 편입하여 가격과 진료기준에 대한 관리를 실시한다. 중증 · 희귀질환 치료제에 대한 건강보험 등재 기간을 단축(210일 → 150일)하는 시범사업도 추진한다. 또한 재택 중증 소아 요양비(산소포화도 측정기 등) 및 장애인 보조기기 품목(장애인용 유모차 등) 지원 확대도 추진한다.

미래 의료비 부담을 절감하기 위한 예방적 건강관리도 강화한다. 의원급 의료기관이 지속적인 통합 건강관리를 제공하고, 성과에 따라 차등 보상받을 수 있도록 일차의료 혁신 시범사업도 추진한다. 또한 C형 간염 등 적기 치료가 중요한 주요 질환에 대한 확진검사 비용 지원(첫 진료비 본인부담 면제)을 확대한다. 사회복지시설 등의 입소자 대상으로 출장 건강검진도 도입한다.

(4) 미래에 대응하는 보건의료환경 조성

의료기관 평가를 종별 역할 · 기능에 따른 성과중심 평가로 개편하고, 진료량 기반 대신 기관 단위 성과보상 등 보다 합리적인 보상방식을 마련한다. 또한 평가에 따른 행정부담을 경감하기 위해 인력 · 시설 등 유사중복 구조지표를 조정하고, 주요 변수만으로 평가지표가 자동산출되는 변수 수집체계를 시범도입(2025. 下)한다.

새로운 의료환경에 부합하는 제도를 마련한다. 의료 접근성 확대를 위해 비대면진료 제도화를 추진하고, 역량 있는 간호사 확충을 위한 진료지원간호사 교육지원 확대 등 진료지원 업무 제도화(2025. 6.「간호법」 시행)를 차질 없이 준비한다. 또한 간호 · 간병통합서비스 제공 인력 배치를 확대하고 성과보상을 강화하여 우수기관을 육성한다. 국민의 편의 증진을 위해 건강보험 본인확인 의무 예외사유를 확대하는 등 의료현장의 불필요한 규제도 개선한다.

3) 수요자 맞춤형 돌봄안전망

(1) 살던 곳에서 편안한 노후생활 보장

살던 곳에서 편안한 노후생활을 보장하기 위해, 의료–요양–돌봄서비스가 통합적으로 연계 · 제공되는 통합돌봄 지원체계를 마련한다. 2026년 3월 전국 시행(2026. 3.「돌봄통합지원법」 시행)을 위해, 시범사업 지역 · 대상 · 제공서비스를 확대한다. 신청부터 서비스 제공까지 개인별 맞춤형 지원을 위한 통합지원시스템을 구축(~2026.)하고, 지자체가 원활한 통합지원서비스를 제공할 수 있도록 표준조례안과 업무지침도 마련 · 배포할 예정이다. 지역사회 기반 노인돌봄서비스도 확충한다. 중증 수급자 재가서비스 이용한도를 확대하고, 통합재가기관과 재택의료센터를 확충하는 등 장기요양 재가서비스를 강화한다. 또한 신(新)노인세대의 복합적 수요에 대응하기 위해 노인복지주택 최소서비스 기준을 마련하고, 공급부족지역을 중심으로 요양시설 진입요건 개선방안도 검토한다.

(2) 장애인 돌봄 강화

장애인과 가족 모두의 일상을 보호하기 위해, 보호자 입원 등 긴급상황에서 최중증 발달장애인에게 24시간 긴급돌봄을 제공하는 전담 긴급돌봄센터 2개소를 신설한다. 또한 활동지원서비스와 주간 · 방과후 활동서비스를 확대하고, 중증장애아동 돌봄 지원단가도 인상(12,140원 → 14,140원)한다. 장애인 건강보건서비스도 강화한다. 24시간 의료서비스 제공이 가능한 의료집중형 거주시설을 시범 도입한다. 발달재활서비스 장애미등록 연령기준을 완화(6세 → 9세 미만)하고, 대상도 확대(8.6만 명 → 10.4만 명)한다. 또한 의료이용-재활-건강관리를 포괄한 '제1차 장애인 건강보건관리 종합계획' 수립도 추진한다.

(3) 새로운 돌봄수요 대응

고독사 실태 파악 및 위험군 발굴 · 예방을 강화하기 위해 고독사위기대응 시스템을 구축하고, 전담 사례관리사 114명을 신규 배치한다. 위기청년 전담 전달체계의 법적기반을 마련하고, 사례관리에 동의한 청년 자살시도자의 치료비 지원(1백만 원) 요건을 완화한다. 또한 우울 · 불안 등 정서적 어려움을 겪는 국민 대상 심리상담서비스 제공도 확대(전국민 마음투자 지원사업, 16만 명 목표)한다. 돌봄 인프라도 구축한다. 지역 간 사회서비스 수요 · 공급 현황 분석(2025. 上)을 바탕으로, 지역 간 서비스 편차 완화를 위한 서비스 확충방안을 마련(2025. 下)한다. 정확한 사회서비스 산업현황 파악을 위한 별도 산업통계를 생산하고, 수요자 선택권 및 공급사의 자발적 품질 제고를 위한 사회서비스 품질인증제 본 사업도 실시한다.

4) 초고령사회 본격 대응

(1) 지속 가능한 보건복지 체계 구축

지속 가능성 · 세대형평 · 소득보장 강화를 위한 상생의 연금개혁을 추진한다. 정부 개혁안(2024. 9.)을 토대로 국회 논의가 조속히 이루어질 수 있도록 적극 지원하고, 개혁에 대한 국민 공감대 형성을 위한 홍보도 강화한다. 또한 장기수익률 1%p 이상 제고를 위해 기준 포트폴리오도 시행한다. 건강보험 지속 가능성을 제고한다. 보험료 부과의 형평성 제고를 위해 지역가입자 재산보험료 정률제 전환을 검토한다. 또한 매년 건강보험 중기 재정전망을 실시 · 공개하고, 적정 준비금 관리 · 운영계획을 수립하여 투명하고 건전한 재정운영을 도모한다. 또한 신약의 혁신가치를 보상하고, 수급불안정의약품 약가를 신속하고 충분하게 인상하는 등 보건안보 차원의 지속 가능한 생태계 조성도 추진한다. 초고령사회 도래 및 액티브 시니어(Active Senoir)[6] 등장에 따른 사회적 인식변화 등을 고려하여, 노인연령 조정에 대한 사회적 논의도 준비한다.

6) 액티브 시니어(Active Senoir): 은퇴 이후에도 시간적 · 경제적 여유를 바탕으로 건강하고 적극적으로 사회활동 및 여가 생활을 즐기는 50대 이상을 지칭.

(2) 출산율 반등을 위한 출산 · 양육부담 경감

지역 · 혼인여부 등과 관계없이 모든 20~49세 남녀를 대상으로 필수 가임력 검사비 지원을 실시하고, 영구불임이 예상되어 가임력 보존이 필요한 경우를 위한 생식세포 동결 · 보존비 지원(女: 200만 원, 男: 30만 원)도 신설한다. 자연분만과 동일하게 제왕절개 비용을 제로화(본인부담 5% → 0%)하고, 산후조리원서비스 질 제고를 위해, 평가 의무화 및 결과 공표를 추진한다. 난임 · 임산부심리상담센터를 확대(10개소 → 12개소)하여, 산전 · 산후 우울증을 겪는 부부에 대한 심리 · 정서지원도 강화한다. 조기치료 제공을 위해 3세 이하 재활치료료 가산을 확대(30%+α)하고, 이른둥이 외래 본인부담 경감도 강화(생후 5년 → +이른 출산개월)한다. 또한 노인일자리(5,000개)를 통해 아이돌봄서비스를 제공하고, 초등돌봄을 위한 다함께돌봄센터도 확대(1,203개소 → 1,372개소)한다.

(3) 바이오헬스 육성을 통한 미래성장동력 확보

보건의료 R&D에 전년 대비 17% 증가한 약 1조 원을 투자하고, 도전 · 임무형 및 국제공동연구 중심으로 보건의료 R&D체계를 개편한다. 글로벌 도약을 위한 산업별 핵심 규제도 혁신한다. 혁신형 제약기업 인증기준을 개편하고, 시장즉시 진입 가능 의료기술 제도를 시행(2025. 9.)한다. 외국인환자 유치를 위해 유치경로 실태조사를 제도화(「의료 해외진출 통합고시」 개정, 2025. 上) 하고, 'K-의료 해외진출 활성화 전략'도 수립한다. 새로운 부가가치 창출을 위해 의료데이터 및 첨단재생의료도 활성화를 추진한다. 건강정보 고속도로를 全상급종합병원과 연계 완료하고, 국가 통합바이오 빅데이터 참여자 모집규모도 대폭 확대(1.9만 명 → 19만 명)한다. 보다 안전하고 가치 있는 보건의료데이터 활용을 위한 「디지털헬스케어 · 보건의료데이터 진흥 및 촉진법」 제정을 추진한다. 희귀 · 난치질환 극복을 위한 첨단재생의료 치료제도 시행(2025. 2.)을 위해, 사전심의 및 비용 · 이상반응 보고 등 관리 체계를 구축한다.

5. 한국 복지국가의 진단과 전망[7)]

1) 진단과 전망

한국의 경우, 원조복지체제의 근원인 미국의 원조가 급감하면서, 어쩔 수 없는 생산체제와 복지체제의 변화로 한국 복지국가 태동기를 맞이하게 된다. 1961년 쿠데타로 정권을 잡은 박정희 정부는 집권의 정당성을 확보하기 위해 국가주도 산업화 전략을 채택하고 개발주의라는 성장 방식을 선택하였다. 그리고 이러한 생산 체제를 효과적으로 운영하기 위해 정치체제와 복지체제도 개발독재체제와 생산주의 복지체제 성향으로 개편한다. 게다가 이전 시기의 제도적 유산이 거의 부재한 상태였기에 각 체제가 높은 상호보완성 속에 유기적으로 기능하여 매우 권위주의적이며, 억압적인 정치 상황하에서도 엄청난 경제 성장을 달성할 수 있었고, 동시에 낮은 사회 지출을 유지하면서 다양한 사회적 위험에 안정적으로 대응할 수도 있었던 것이다. 문제는 복지국가 태동기가 남긴 역사적 유산들이 이후 복지국가 성장기에 발달 경로를 제한하는 장애물로 작동하게 되었다는 점이다.

발전주의의 유산이 남아 있는 상황, 성장하지 못한 노동계급의 영향력 등 서구 복지국가와 같은 복지확대 경로로 이행하는 데는 일정한 한계를 가진 채 복지국가 체제를 유지해 가고 있다. 일정 정도 우드(Wood)와 고프(Gough)가 설명하는 '생산주의 복지체제'의 특성을 보이고 있는데, 경제정책에 종속된 사회정책의 비자율성, 소득보장보다 교육이나 기초 의료 투자에 집중된 사회정책, 복지제공자보다 규제자로서의 국가와 스스로의 복지에 책임을 지고 있는 가족(가구), 공적복지 기능의 대체물로서 시장복지 등이 그것이다.

그러나 이러한 특징과 함께 한국 복지국가는 여전히 발전주의의 경로에서 이어진 특징들을 가지고 있다. 사회정책을 경제정책의 종속적인 수단으로 보느냐(생산주의 복지체제), 아니면 경제정책을 사회정책의 대체제로 보느냐(개발주의 복지체제)의 차이는 있지만, 경제정책을 사회정책보다 우선시하면서 경제정책을 위시한 모든 정부정책은 경제 성장에 도움이 되는 쪽으로 활용할 수 있다는 정당성을 요구받는 전 사회적 압박은 발전주의의 오랜 뿌리로부터 이어진 것이라 할 수 있다. 다른 국가들과의 군집분석을 통해 한국 복지국가의 특징을 살펴볼 때 여전히 미국과 가까운 군집으로 묶이는 것을 보면 발전주의가 수용한 자유주의 이념의 영향도 강하게 남아 있다고 판단된다.

한국의 경우 낮은 노동조합 가입률, 약한 노사정 합의문화, 좌파정당을 비롯한 여성, 청년의 낮은 의회 진출 등 복지정치의 중요한 부분들에서 취약성을 보여 왔다. 이에 비해 중앙정부가 중심이 되어 의제를 선정하고 관료가 추진해 나가는 관행에서 알 수 있듯이 복지정치에서 정부 관료의 영향력을 상당히 큰 편이다. 이렇게 약한 복지정치를 대체하는 관료의 영

7) 조성은 외(2023)의 자료를 재구성.

향력 구조는 국가중심의 발전주의 경제체제와 맞물리면서 한국 복지국가의 특징을 구성한다. 과거 산업적 시민권(industrial citizenship)을 바탕으로 수립된 복지국가는 현재 불안정 노동, 급속한 돌봄 수요의 확장, 빈곤과 불평등의 확대, 기후위기 심화 등으로 어려움을 겪고 있다. 안정된 고용을 바탕으로 한 사회보험제도, 공공부조, 그리고 사회서비스는 현재의 증가하는 사회적 위험을 대처하는 데 한계를 드러내고 있다.

현재에도 마찬가지 상황에 놓여 있는데, 이러한 제도와 체제의 한계는 1960~1990년대까지 이어 온 한국의 개발주의 복지국가 체제가 새로운 체제로 이행하는 기회가 될 수 있다. 그렇지만 체제 전환은 이상향에 대한 설계로 가능한 것이 아니라 과거 정책에 대한 세밀한 해체 작업이 필요하고, 새로운 정책에 대한 조정(coordination)과 합의가 필요하다.

포스트 성장전략은 기본적으로 전통적인 GDP에 근거한 양적 · 물질적 성장의 패러다임을 넘어 환경과 삶의 질 문제를 동시에 해결할 수 있는 새로운 경제시스템과 복지모델로서의 새로운 차원의 질적 성장모델을 의미한다. 급진적이며 비관적인 탈성장의 관점과 낙관적이며 성공 가능성이 낮은 녹색성장의 관점 사이에서 실용적이고, 현실주의적이면서, 동시에 미래의 기후변화에 대비하고, 자연 · 경제 · 사회가 조화롭게 어울릴 수 있는 삶의 질, 즉 좋은 삶을 누리기 위한 제3의 전략이 필요하다는 관점이다. 포스트 성장전략은 탈동조화를 적극적으로 추진하는 한편, 점진적으로 물질적 성장의 굴레를 벗어나면서 기술 발전의 성과에 공공성을 강화하고, 동시에 복지에 대한 개념을 공동체적 · 관계적 역량향상으로 전환하여 인간, 사회, 경제, 그리고 자연의 조화를 추구하는 것이다. 이는 지구환경을 보전하고 보다 나은 삶의 질과 복지를 유지해야 한다는 전환적인 관점을 받아들이면서, 새로운 자본주의 경제체제와 성장전략, 그리고 복지체제를 보다 실용적으로 구축해야 한다는 것이다.

전통적인 복지국가의 사례와 같이 성장을 담보로 한 복지는 향후 불가능할 수도 있다. 또 최근에 대두되는 고립과 외로움, 고독사의 문제는 한국의 복지체제에 완전히 새로운 과제를 던지고 있다. 자본주의 시기 생성된 복지국가에서 사회보장제도는 주로 노동시장에서 발생하는 노령, 실업, 산재, 상병으로 인해 발생하는 소득 상실에 대한 대응을 중심으로 설계된 반면, 고독사, 고립, 은둔, 단절과 같은 '관계'의 문제는 비경제적 요소를 포함한 새로운 복지국가의 과제로 떠오르고 있다.

2) 정책 제안

(1) 긍정적 요소 강화하기

현재 한국 복지국가의 긍정적 요소를 강화하여 복지국가의 지속 가능성을 높인다. 한국의 복지체제는 기술변화에 따른 노동시장 변화에 불구하고 고용지표와 분배지표를 적어도 지난 10년 동안에는 긍정적으로 관리했다. 이러한 노동시장에서의 불평등 완화는 복지제도의 수요를 감소시키고 복지재정의 공급을 늘릴 수 있으므로 지속적인 개선을 추진해야 한다.

(2) 취약한 부분 개선하기

현재 한국 복지국가의 취약한 부분에 집중하여 정책적 개선을 추진한다. 다음과 같은 정책과제를 우선순위로 추진하는 것을 제안한다.

첫째, 한국의 노인빈곤율은 최근 40% 이하로 떨어졌지만, OECD 국가 가운데 가장 높은 수준이며 사회보장제도의 넓은 실질적 · 제도적 사각지대도 여전히 과제로 남아 있다. 빈곤노인을 비롯하여 취약 계층에 대한 지원 확대는 당분간 지속되어야 한다.

둘째, 소득 및 돌봄 중심의 복지체제는 새로이 부각되는 사회적 위험에 대한 대응에서는 여전히 한계를 보이고 있다. 새로이 부각되는 위험은 고립, 외로움, '도움을 청하지 않음'의 문제 등을 포함하여 새로운 취약계층에 대한 대응이 필요하다. 이와 같은 새로운 유형의 사회적 위험은 전통적인 사회보장의 접근에서 다뤄진 바가 없다. 이를 사회적 위험으로 어떻게 규정할지도 합의가 이뤄지지 않았다. 이와 같은 '관계'의 문제는 사회보장의 근간인 연대와 공동체 의식을 훼손한다는 점에서 위협적인 변수로 부상하고 있기 때문에 적극적으로 대응해야 한다.

셋째, 복지체제의 개선 및 확장의 필요성에도 불구하고 이를 위한 물적 기반이 되는 조세부담에 대한 시민의 지지는 여전히 낮다. 국가에 대한 신뢰도가 높지 않은 것이 주요한 이유 가운데 하나로 꼽힌다. 한국의 복지국가는 외형적 · 양적으로 성장하고 있으나, 그 배경에 '국가'에 대한 시민들의 신뢰는 아직 안정적이지 않다. 한국의 복지국가는 과거의 사회적 위험에 대응하면서 동시에 새롭게 부상하는 사회적 위험에 대응해야 하는 이중의 과제를 안고 있다. 그럼에도 불구하고, 공동의 위험에 대응하기 위한 정치적 · 경제적 토대는 여전히 미약하다.

넷째, 여성, 청년 등 복지가 필요한 계층들이 정치적으로 자신의 요구를 표현하고 실현시킬 수 있는 정치구조 개혁을 통해 복지정치를 활성화시킨다. 역사적으로, 서구 복지국가의 성장은 노동계급의 정치세력화로 표현되는 복지정치 과정의 결과물이다. 한국의 경우 낮은 노동조합 가입률, 약한 노사정합의문화, 좌파정당을 비롯한 여성, 청년의 낮은 의회 진출 등 복지정치의 중요한 부분들에서 취약성을 보여 왔다. 복지정치의 활성화는 복지확대에 중요한 요인이다.

(3) 새로운 차원의 질적 성장모델 추진하기

전통적인 GDP에 근거한 양적 · 물질적 성장의 패러다임을 넘어 환경과 삶의 질 문제를 동시에 해결할 수 있는 새로운 경제시스템과 복지모델로서의 새로운 차원의 질적 성장모델을 추진한다. 이를 위한 세부과제를 다음과 같이 제안한다.

첫째, 기후변화를 막고 지구의 생태적 안전과 인류의 삶의 질을 개선하는 경제체제와 신성장 전략을 세우는 것이다. 핵심은 경제생산, 에너지 소비, 일상생활에서 탄소생산량을 줄이고 친환경적인 생태계를 구축하기 위해 삶의 방식과 제도를 어떻게 새롭게 설계할 것인가이다. 가능한 만큼 경제성장과 소비와의 관계를 점진적으로 탈동조화(decoupling)시키면서 관계적 개념의 좋은 삶을 유지, 개선하는 것이 기본원칙이다.

둘째, 이를 위해서는 현재의 신자유주의화에 의한 경제주의(economization) 헤게모니를 극복하고, 상품화된 자본주의 시장경제의 영역을 줄이는 폴라니안 개념의 다원적 경제를 발전시키는 동시에, 인간과 사회 본연의 사회적 관계를 복원하는 복지개념을 실현할 수 있는 경제시스템으로의 전환이 필요하다.

셋째, 인류 지식 발전의 산물인 기술 발전은 한편으로는 자본주의 체제의 생산시스템과 노동시장을 급격히 변화시키면서, 다른 한편으론 미래 사회에 대한 불확실성과 번영의 양면성을 제공해 준다. 기술은 그 자체적으로는 중립적일지 모르나 그 활용은 정치적인 것이다. 따라서 인류의 기술진보를 통해 어떻게 기후변화와 자본주의의 폐해를 줄이는 방식으로 활용할 수 있는 제도를 구축할 것인가에 대한 고민이 동시에 필요하다.

넷째, 이 모든 체제전환을 이해하는 데 중요한 것은 정치적 행위자로서 시민들의 보다 적극적인 의지와 역량개발 그리고 국가의 역할과 이를 가능하게 하는 새로운 거버넌스의 구축이다.

참고문헌

손준규(2004). 한국의 사회보장. pp. 483-535. 신섭중 편. 세계의 사회보장: 역사, 현황, 전망(전정판). 서울: 유풍.

양재진(2008). 국민연금제도. pp. 103-159. 양재진, 김영순, 조영재, 권순미, 우명숙, 정홍모(공편). 한국의 복지정책 결정과정: 역사와 자료. 서울: 나남.

한국사회복지관협회(2015). 사회복지관과 지역사회복지실천. 경기: 공동체.

찾아보기

인명

내용

저자 소개

임종호(Im Jong Ho)

현 한라대학교 사회복지학과 교수

〈주요 저서〉

『장애인복지론』(6판, 공저, 학지사, 2025)

『사회문제론』(공저, 학지사, 2025)

『사회복지발달사』(공저, 학지사, 2016) 외 다수

심석순(Shim Seok Soon)

현 부산장신대학교 사회복지상담학과 교수

〈주요 저서 및 논문〉

『사회복지발달사』(공저, 학지사, 2016)

「WHO의 지역사회중심재활(CBR) 매트릭스에 입각한 장애인복지관 사업의 개선방안」(한국지역사회복지학, 2020)

「장애인활동지원제도의 비판적 고찰: Gilbert와 Terrell의 정책분석모형과 활동지원서비스 기본원칙을 중심으로」(비판사회정책, 2017) 외 다수

심상용(Sim Sang Yong)

전 상지대학교 사회복지학과 교수

〈주요 저서〉

『사회복지 윤리와 철학』(2판, 학지사, 2020)

『사회복지행정론』(학지사, 2017)

『사회복지발달사』(공저, 학지사, 2016) 외 다수

사회복지역사(2판)

History of Social Welfare (2nd ed.)

2021년 3월 10일 1판 1쇄 발행
2025년 4월 25일 1판 4쇄 발행
2025년 9월 10일 2판 1쇄 발행

지은이 • 임종호 · 심석순 · 심상용
펴낸이 • 김진환
펴낸곳 • (주)학지사
04031 서울특별시 마포구 양화로 15길 20 마인드월드빌딩
대표전화 • 02-330-5114　　팩스 • 02-324-2345
등록번호 • 제313-2006-000265호

홈페이지 • http://www.hakjisa.co.kr
인스타그램 • https://www.instagram.com/hakjisabook

ISBN 978-89-997-3536-3 93330

정가 23,000원